僧詩與江湖

——南宋臨濟宗詩僧研究

張　碩◎著

教育部人文社會科學重點研究基地重大項目『宋元佛教文學史（詩歌卷）』子課題成果，項目編號：13JD750014。

2020年河南省哲學社會科學規劃項目『南宋禪僧與士人群體文學交往研究』（2020CWX033）階段成果。

四川大學出版社

項目策劃：徐　凱
責任編輯：徐　凱
責任校對：毛張琳
封面設計：墨創文化
責任印製：王　煒

圖書在版編目（CIP）數據

僧詩與江湖：南宋臨濟宗詩僧研究 / 張碩著. 一
成都：四川大學出版社，2020.6
　（中國俗文化研究大系. 宋代佛教文學研究叢書）
　ISBN 978-7-5690-3756-2

　Ⅰ. ①僧… Ⅱ. ①張… Ⅲ. ①僧侶－人物研究－中國
－南宋②宋詩－詩歌研究 Ⅳ. ① B949.92 ② I207.22

　中國版本圖書館 CIP 數據核字（2020）第 108481 號

書名		僧詩與江湖——南宋臨濟宗詩僧研究
		SENGSHI YU JIANGHU——NANSONG LINJIZONG SHISENG YANJIU
著　者		張　碩
出　版		四川大學出版社
地　址		成都市一環路南一段 24 號（610065）
發　行		四川大學出版社
書　號		ISBN 978-7-5690-3756-2
印前製作		四川勝翔數碼印務設計有限公司
印　刷		成都金龍印務有限責任公司
成品尺寸		170mm×240mm
插　頁		2
印　張		17.5
字　數		289 千字
版　次		2020 年 6 月第 1 版
印　次		2020 年 6 月第 1 次印刷
定　價		68.00 圓

扫码加入读者圈

四川大學出版社
微信公眾號

總　序

項　楚

　　四川大學中國俗文化研究所，作爲教育部人文社會科學重點研究基地，已經走過了二十年的歷程。不忘初心，重新出發，是我們編輯這套叢書的目的。

　　俗文化是中國傳統文化的重要部分，與雅文化共同形成中國文化的兩翼。俗文化集中反映了中華民族獨特的思維模式、風俗習慣、宗教信仰、語言風格、審美趣味等，在構建民族精神、塑造國民心理方面，曾經起過並正在起著重要的作用。因此，俗文化研究不僅在認知傳統的中華民族文化方面具有重大的學術價值，而且在促進社會主義精神文明建設方面具有傳統雅文化研究不可替代的意義。不過，俗文化和雅文化一樣，都是極其廣泛的概念，猶如大海一樣，汪洋恣肆，浩渺無際，包羅萬象，我們的研究祇不過是在海邊飲一瓢水，略知其味而已。在本所成立之初，我們確立了三個研究方向：俗語言研究、俗文學研究、俗信仰研究，後來又增加了民族和民俗的研究。同時，我們也開展了相關領域的研究，如敦煌文化研究、佛教文化研究等。在歷史上，雅文化主要是士大夫階級的意識形態，俗文化則更多地代表了下層民眾的意識形態。它們是兩個對立的範疇，有各自的研究領域和研究路數，不過在實踐中，它們之間又是互相影響、互相滲透、互相轉化的。當我們的研究越來越深入的時候，我們就會發現它們在對立中的同一性。雖然它們看起來是那樣的不同，然而它們都是我們民族心理素質的深刻表現，都是我們民族性格的外化，都是我們民族的魂。

　　二十年來，本所的研究成果陸續問世，已經在學界產生了廣泛的影響。本套叢書收入的祇是本所最近五年來的部分研究成果，正如前面所說，是在俗文化研究大海中的一瓢水的奉獻。

弁　言

　　禪宗在南宋進入臨濟宗獨盛的時代，南宋禪林基本上成了臨濟宗的天下。而臨濟宗之所以能够一枝獨秀、雄踞禪林，大慧宗杲實有力焉，他革新禪法，倡導"看話禪"，推動了禪宗思想的發展。他因同情朝廷主戰派士大夫而慘遭流放，但不幸的遭遇却讓他得到了士大夫的尊敬與肯定，同時也增强了南宋朝野上下對臨濟宗的好感。可以説，宗杲以其超凡的智慧和獨特的人格魅力，主導了臨濟宗在南宋的全面崛起。所以，在宗杲之後，他的法脉依然興盛繁榮，繼續保持著巨大的影響力。這種影響力也反映在南宋的文學領域，具體來説，就是宗杲門下在南宋中後期涌現了一批享譽禪林内外的"詩僧"，他們是橘洲寶曇、北磵居簡、物初大觀、藏叟善珍、淮海元肇、無文道璨，這些詩僧加上出於虎丘系的覺庵夢真，一起構成了南宋中後期"僧詩"創作隊伍的主體與核心。他們的創作與南宋文學的發展緊密相連，是南宋文學的重要組成部分。這些詩僧是南宋禪宗的文化精英，他們雅好詩文寫作，在生前大多將自己的詩文編成詩卷甚至結集刊行。他們以精英標準來書寫師、祖的形象，弘揚宗風傳統。他們和士大夫一樣，也有尚統結盟的意識，以詩文寫作來團結宗門同好。更重要的是，他們還擁有接近士大夫的知識結構，積極與士大夫精英和江湖士人進行詩文酬唱。由此可見，他們雖然身在江湖①，却是"士大夫化"的江湖精英。

　　從居簡開始，至夢真爲止，這些臨濟宗詩僧成爲南宋中後期的時代見證者。而他們的創作歷程亦與南宋中後期詩壇發展軌迹同步。寶曇是南宋中期臨濟宗詩僧的代表，他寫詩追摹"蘇黄"，崇尚"元祐—江西"文學傳統。在詩歌理論上，他主張作詩應該"要眇雄渾""音醇氣和"，發揚儒

---

　　① 朱剛：《唐宋"古文運動"與士大夫文學》，上海：復旦大學出版社，2013年版，第249頁。

家的詩教觀，反對掐擢胃腎、雕琢肝肺的創作取向。在詩歌創作上，他的詩歌呈現了鮮明的"元祐體"特徵，開南宋臨濟宗詩僧創作"士大夫化"之先河。居簡是南宋臨濟宗詩僧的"集大成"者，他的詩歌眾體兼備，成就足以比肩北宋臨濟宗著名詩僧惠洪，他也是南宋臨濟宗詩僧創作歷程中承前啓後的關鍵人物。和寶曇一樣，居簡也深受"蘇黃"影響，而且以古體詩見長。他的古體詩模仿東坡、山谷，在手法上以文爲詩，在功用上以詩爲文，頗有東坡、山谷遺風。居簡繼承了寶曇的創作傾向，確立了南宋臨濟宗詩僧以"元祐—江西"文學傳統爲正統，垂範後輩，影響了物初大觀、藏叟善珍、淮海元肇等人。在他之後，臨濟宗詩僧的創作在南宋後期走向繁榮。這一階段，臨濟宗涌現出以大觀、善珍、元肇、道璨爲代表的詩僧群體，他們堪稱南宋臨濟宗"詩僧四傑"。他們有尚統結盟的意識，在創作上兼取江西詩派和晚唐體，大觀的古體詩受居簡影響較多，頗有老師的風采；善珍以七律見長，宗黃學杜，自具面目；元肇受葉適影響較深，體裁和風格均屬於晚唐體；道璨詩歌不多，但其詩論主張與大觀接近，創作上主要取法江西詩派。四位詩僧的創作與同時期的晚宋詩壇兼取"江西"和"晚唐"的創作取向而遙相呼應。夢真是南宋末年臨濟宗詩僧的代表，他曾在居簡的幫助下進入詩壇，由於結交江湖人物衆多，故其近體詩呈現出與晚唐體相近的風格。不過他的古體詩頗有江西詩風，樂府、歌行及富有"詩史"意味的作品是他的代表作。

南宋臨濟宗詩僧選擇"元祐—江西"文學傳統作爲本宗的"正始之音"，離不開蜀僧寶曇和居簡的影響，而元肇的《見北磵》詩是這一詩學道統的直接證據。由此可見，儘管南宋一代文人詩發展的總體趨勢是回歸"唐音"，但臨濟宗詩僧却能堅守"宋調"。毫無疑問，在這一進程中，寶曇、居簡兩位蜀僧起到了決定性的作用。而且，這與蜀僧的文字禪傳統以及"蜀學"的影響亦不無關係。

此外，南宋臨濟宗詩僧熱心詩文寫作，實與南宋詩僧的心理補償需求、禪僧群體文化素質提升以及五山制度的影響密切相關。而且從社會學角度看，臨濟宗詩僧熱心詩文也有對宗門發展前景的考慮。畢竟在中國古代，想要獲得世俗政權與皇權的支持，必然要結交各方面的精英；而若想得到這些精英的支持，僧侶展示自我才華，無疑對增進彼此之間的感情、獲取認同是大有助益的。因此，詩文成爲詩僧與世俗社會精英交往的一種廉價且有效的手段，所以這促使南宋臨濟宗詩僧積極投身創作，從而在詩歌創作上取得了可喜的成就。

目　録

緒　論

　　禪宗發展到南宋，終於徹底結束了潙仰、曹洞、臨濟、雲門、法眼五宗並立的局面，迎來了臨濟宗一家獨盛的時代。自唐代以來，臨濟宗主要在中國北方地區傳播發展，因創始人義玄禪師住鎮州（今屬河北省）臨濟院而得名，在晚唐五代，臨濟宗以機鋒峻烈聞名禪林，以棒喝交馳的方式接引徒眾。然而，到了趙宋王朝立國之後，臨濟宗的門風却出現了擺脱粗暴轉向文雅的趨勢，首山省念的弟子汾陽善昭（947—1024）開創了禪宗大量創作頌古詩的風氣，將詩文寫作在本宗內部推廣開來，他的弟子石霜楚圓（986—1039）亦以能詩聞名，而且把傳法基地由北方遷入南方。到了北宋中葉，江西地區的臨濟宗禪僧因與“舊黨”士大夫精英的交往而譽滿天下，其中，東林常總與蘇軾、黃龍祖心與黃庭堅這兩組禪僧和士大夫精英的交往，更是由《五燈會元》以法系的形式載入僧史，爲佛教與文學的交往留下了一段佳話。而臨濟宗與宋代士大夫精英文學的交融由此拉開序幕，真净克文的弟子清凉惠洪（1071—1128）鼓吹文字禪，將詩文作爲自己的重要事業，他以蘇、黃爲典範，創作上大力模仿，成爲有宋一代詩僧的典型代表，掀起了北宋臨濟宗詩僧創作的高潮。

　　靖康之難后，禪宗主要勢力因爲聚集京師均慘遭毀滅性打擊。臨濟宗由於當年東林常總作出留在江西的選擇而得以在戰亂中保全。在南宋政權統治穩定后，當年曾爲惠洪寫過行狀的大慧宗杲（1089—1163）憑藉超凡的禪學造詣、獨特的人格魅力，以及關鍵時刻敢於秉持正義的言行，贏得了南宋朝野上下的尊敬與肯定，將臨濟宗引領到宗教界的最高峰，促成了臨濟宗在南宋的全面崛起，將其帶入獨盛的時代。在獨盛時代，臨濟宗爲宋代的宗教信仰和宋代的文學做出了突出的貢獻。在宗杲之後，一大批臨濟宗詩僧崛起詩壇，他們編寫詩卷，刊行文集，結交士大夫，借此表達自己對社會各種現象的看法，雖然身處江湖，但他們並不封閉，他們是宋代禪僧士大夫化的典型代表，他們的詩歌是中國佛教"雅文學"的結晶。

一、概念梳理及研究範圍

本書的研究對象以南宋臨濟宗詩僧爲主體。"南宋"是本書研究對象所屬的時間範圍，采取的是史學界所公認的時段，以 1127 年南宋王朝建立至 1279 年南宋王朝滅亡爲斷，即宋建炎元年至祥興二年。

關於本書研究對象的身份——"詩僧"，傳統的定義是"能作詩的僧人"或"創作詩歌的僧人"，但是，我們認爲這個定義是不够準確的。因爲"能作詩"及"創作詩歌"這類標準過於籠統、寬泛，實在不能凸顯"詩僧"這一群體的個性與特徵。倘若依照這一定義選取研究對象，難免造成研究對象的泛化。我們認爲作爲一名詩僧，他首先應有雙重身份，即詩人和僧徒。因此，一位詩僧必須是遊走於文壇與叢林之間的，所以，他應有兩類交往群體，即士人和僧侶。其次，既然被稱爲詩僧，那麼其在詩歌創作上也須展示超過常人的稟賦，質言之，作爲詩僧，不僅要有相當數量的詩歌作品，而且其詩才還要被世人認可。所以，本書對"詩僧"的界定將不采用傳統的概念。

在綜合比較之後，本書決定使用孫昌武先生對"詩僧"的定義。孫先生認爲："'詩僧'這個稱呼是有特定含義的。他們不是一般的佛教著作家，也不是普通的能詩的僧人，而專指唐宋時期在禪宗思想影響下出現的一批僧形詩人。他們與藝僧（琴、書、畫）等一樣，自中唐時期出現，兩栖於文壇與叢林，是禪宗大興所造成的獨特社會環境産物。"① 我們之所以采納這個定義，是因爲它包含了很多評價標準，既拈出了詩僧的專門屬性，也帶有明確的排他性。實際上，"詩僧"之所以爲"詩僧"就是因爲他們在詩歌創作上展現了超越普通僧侶的能力，具備詩人的屬性。故本書的"詩僧"就以該定義爲準，略加增益，即"臨濟宗詩僧"是南宋時期以詩才聞名於詩壇和叢林，在詩歌創作上具有一定成就的臨濟宗僧侶。

接下來要説明的是本書的研究範圍。首先，以人而論，本書將那些生

---

① 孫昌武：《禪思與詩情》（增訂版），北京：中華書局，2006 年版，第 317 頁。

活經歷完全處於或大部分處於南宋時期的臨濟宗禪僧列爲研究對象；其次，以作品論，本書將那些編有詩集而且流傳至今的南宋臨濟宗僧侶作爲研究對象的主體。根據上述兩條標準，以及目前的文獻整理情況來看，南宋臨濟宗僧侶有詩集傳世的共七位，即橘洲寶曇、北磵居簡、物初大觀、藏叟善珍、淮海元肇、無文道璨、覺庵夢真。

對於僧人的"詩"，目前學界的劃分標準並不統一。以《全宋詩》爲例，這部總集在收錄"僧詩"時標準比較寬泛，譬如僧人的"贊"，《全宋詩》亦作爲詩予以收入，雖然"贊"經常以齊言的形式呈現，但學界通常認爲其屬於韻文一類而不是詩。因此，在"僧詩"的分類上，爲了避免不必要的混亂與矛盾，本書不以《全宋詩》爲準。我們認爲，對於文體的分類，應本著尊重歷史的態度，必須參考該朝代的文集編纂體例，遵循該朝人對文體的分類方式並以之爲標準。因爲該朝人對文體的區別決定了他們對文體及其功能的認識。儘管這個方法可能有些保守，但自有它的好處，就如同我們對待歷史那樣，不能簡單地"以今日之是，定昨日之非"，我們應對古人做到"理解之同情"，將其放在所處時代與環境進行研究，這樣纔會使我們對研究對象的變化與發展看得更加清晰。因此，在"僧詩"的分類上，本書以這些禪僧的詩集爲準，其詩集裏收錄的詩歌或者集子中明確列於"詩"的條目下的，纔是本書所要研究的作品。

二、選題緣起和意義

事實上，就像宋代文學研究中存在"重北宋，輕南宋"的現象一樣[①]，宋代詩僧研究也面臨著類似的困境。學界過去在書寫南宋文學史時是不大重視南宋詩僧的。如果説我們在撰寫北宋文學史時還能注意到惠洪和道潛的詩文寫作，那麼，在南宋文學史中就很少見到有關詩僧創作的闡釋與評述，這不能不説是個遺憾。因爲無論從作品的數量還是質量而論，南宋詩僧的創作並不遜於北宋詩僧，甚至在有些方面還要超越北宋詩僧，他們應該得到和北宋詩僧同等的重視。而且就南宋詩壇而言，詩僧的創作確實也受到了士人群體的密切關注，南宋的士人不僅同他們保持著積極互動，而且對他們亦不吝贊美之詞，比如史彌遠對寶曇詩才的評價、張自明

---

① 王水照：《南宋文學的時代特點与歷史定位》，《文學遺產》，2010 年第 1 期。

對居簡詩歌成就的論述。可見，詩僧的文學成就在當時很受矚目，他們的創作與南宋文學是有機結合、不可分割的。因此，在宋詩研究領域，這一群體的創作需要關注。

我們認爲對南宋臨濟宗詩僧展開研究，有助於對南宋文學作出合理的闡釋與判斷。以南宋詩歌爲例，目前學界大多認爲從南宋初期到南宋晚期，其發展軌迹是"從宋調向唐音的回歸"——南宋初期，詩壇以學江西詩派爲主，譬如陳與義、吕本中和曾幾等人的創作；到了中期，詩人逐漸擺脱江西詩派的影響，重新學習唐詩，尤、楊、范、陸等中興詩人就是典型代表；進入後期，永嘉四靈及江湖詩人以晚唐體爲宗，對江西詩風全面反撥，最終完成回歸的過程。這似乎已經成爲宋代文學研究中一條公認的發展規律。但是，如果從南宋詩僧的創作來看，我們可能會得出异於這條規律的觀點，看到"不一樣的風景"。因爲從現存南宋臨濟宗詩僧的作品來看，他們有不少作品反倒和"元祐—江西"文學傳統相似。[①] 所以，這些"僧詩"無疑起到了"鏡子的作用"，用這面鏡子觀照南宋詩人的創作，我們就會看到在南宋中後期的詩壇上出現了一種"悖離的現象"[②]。那麽，臨濟宗詩僧爲什麽不跟隨時代潮流？是什麽因素促使他們選擇以"元祐—江西"詩歌爲取法對象？他們又采取了哪些方式來保持這個傳統？這些問題非常值得我們思考。

除了上述考慮，本書選擇南宋臨濟宗詩僧作爲研究對象還有以下幾點原因：

第一，宋室南遷之後，元祐學術重新得到推崇，臨濟宗由於同元祐黨人關係密切而一時勢力大增。[③] 據統計，南宋一代的詩僧，凡有詩文别集者，計有 49 位。[④] 其中，法嗣可考且出於臨濟宗者就有 15 位左右。這個

---

① 關於"元祐—江西"文學傳統的界定，本書采用周裕鍇先生的觀點，即所謂江西詩派，雖以黄庭堅、陳師道爲之宗，實則也受到蘇軾的影響。……而在江西詩派的一些詩話中，也常常是蘇、黄並舉，不分軒輊。這也就不難理解爲什麽韓駒出自蘇門而被歸入江西詩派。事實上，江西詩派不僅是黄庭堅的繼承者，而且是整個元祐體的繼承者（周裕鍇：《元祐詩風的趨同性及其文化意義》，《新宋學》第一輯，上海：上海辭書出版社，2001 年版，第 187 頁）。

② 我們認爲這種"悖離"有兩層含義：一是南宋詩僧對南宋詩歌發展總體趨勢的悖離，二是南宋詩僧對學界給他們所貼的"蔬笋氣"和"酸餡氣"的悖離。

③ 周裕鍇：《文字禪與宋代詩學》，北京：高等教育出版社，1998 年版，第 94 頁。

④ 參見黄啓江：《一味禪與江湖詩——南宋文學僧與禪文化的蛻變》，臺灣：臺北商務印書館，2010 年版，第 3～7 頁。

數據尚不包含那些沒有別集，但在當時被認爲以詩聞名的臨濟宗禪僧。倘若也計入這些僧侶，那麼這個數據恐怕還要有所增加。可惜的是，迄今爲止，保存下別集的僅有 7 位詩僧，即寶曇、居簡、元肇、善珍、大觀、道璨、夢真。寶曇有《橘洲文集》、居簡有《北磵詩集》《北磵文集》、元肇有《淮海挐音》《淮海外集》、善珍有《藏叟摘稿》、大觀有《物初賸語》、道璨有《無文印》和《柳塘外集》、夢真有《籟鳴集》和《籟鳴續集》等。這些人中，詩歌較少者亦有詩一百首左右，如道璨；多者可達一千六百多首，如居簡。可見，作爲一個佛教宗派，南宋臨濟宗僧徒非常熱衷文學寫作，作品數量龐大，足與當時任何文人詩派相匹敵。所以，從文學研究的角度來看，我們完全有必要對其進行深入挖掘，以加深對中國佛教文學的認識。

　　第二，禪宗發展至南宋時期產生了巨大的變革，即從五宗並立走向臨濟宗獨盛。而臨濟宗一枝獨秀，使得這一群體的文學創作成了南宋禪宗文學的絕對主流。因此，研究南宋臨濟宗詩僧創作的學術價值不言而喻。臨濟宗之所以能夠在南宋崛起，大慧宗杲扮演了相當關鍵的角色。對於禪宗，宗杲革新禪法，倡導看話禪，排擊"默照禪"與文字禪，從而推動了禪宗思想的發展。對於世俗社會，宗杲因爲同情朝廷主戰派士大夫而慘遭權臣秦檜的政治迫害。然而，不幸的遭遇反而讓他得到了正直士大夫的尊敬與肯定，從此聲名鵲起，直接增強了南宋朝野上下對臨濟宗的好感。可以說，宗杲以其超凡的智慧和獨特的人格魅力，主導了臨濟宗在南宋的全面崛起。所以，在宗杲之後，他的法脉依然興盛繁榮，繼續保持著巨大的影響力。這種影響力反映在南宋文學領域，就是南宋臨濟宗詩僧的不斷涌現，前文提及的寶曇、居簡、元肇、善珍、大觀、道璨均是大慧派的僧侶，他們積極從事詩文創作，展示了對詩歌語言的濃厚熱情。衆所周知，佛教以綺語爲五戒之一，即戒淫語，包含一切含有美人香草之類的麗語，而禪宗視文字爲障道之本，更不用説寫詩了。[①] 因此，那些熱衷詩文寫作的禪僧，宗門內部往往多予指責和排擠，像北宋臨濟宗著名詩僧惠洪，由於喜好寫詩作文，不僅遭遇非議，甚至死後亦沒有法嗣傳燈。然而，南宋臨濟宗詩僧就罕有類似悲劇的發生，不僅詩僧人數多，而且還有師徒二人

---

① 麻天祥：《禪宗文化大學講稿》，北京：中國人民大學出版社，2009 年版，第 85 頁。

共同熱衷寫詩的現象，居簡和大觀就是典型代表。他們與惠洪的遭遇形成了鮮明的對比。因此，南宋臨濟宗詩僧及其詩歌，作爲一種獨特的禪宗文化現象，也必須予以重視。

第三，以往學界對禪宗與文學的研究大多關注禪宗如何影響文學，探討佛禪思想對士人群體的影響，致力於解讀他們的禪悅之風及其作品所體現的佛禪思維方式，總結佛禪思想對當時文藝思潮所起的催化和激發作用。但是，文化傳播是一種雙向選擇的過程，既然士人群體可以借助佛禪思維改造其文學創作，那麼，禪僧亦可以接受士人群體的詩學理念，模仿他們的創作方法爲己所用。我們認爲，在研究詩僧時，此前學界對於詩僧接受的文學觀念及詩僧選擇的詩學典範重視得還不夠，所以，本書選擇南宋臨濟宗詩僧作爲研究對象，探討文學對禪宗的影響，也是希望從文學層面爲南宋禪僧的“士大夫化”作相對合理的闡釋。

三、研究現狀綜述

隨著宗教文學研究的深入，宋代詩僧已經由冷門變成熱門。很多海內外學人從各種角度探討他們的文學成就，寫出了不少富有創見的論文及專著，使宋代詩僧研究日趨繁榮。儘管學界關於這一群體的研究已取得了相當的成績，但這並不意味著我們的研究就不存在問題，下文將對大陸和臺灣地區的研究情況加以評述。

（一）大陸學界對宋代詩僧的研究現狀

當前大陸學界對宋代詩僧研究顯示出不平衡現象。我們對 20 世紀 90 年代中期至今大陸學界有關宋代詩僧研究論文作了如下統計（數據來源於 CNKI），見表 0-1：

表 0-1

	研究對象	單篇論文	碩士學位論文	博士學位論文
北宋	惠洪	29	4	1
	九僧	14	/	/
	智圓	13	2	/
	契嵩	13	/	1
	道潛	9	2	1
	仲殊	5	/	/
	北宋詩僧	/	/	2
南宋	居簡	3	1	/
	道璨	2	/	/
	寶曇	1	/	/
	元肇	1	/	/
	南宋詩僧	/	/	1

1. 研究論文

　　當前大陸學界關於南宋詩僧的研究論文較少，若只討論這點研究成果，顯然不利於我們總結經驗與教訓。因此，爲了更深入地瞭解有關這一群體的研究情況，作爲背景的北宋詩僧是必須加以關注的。所以，我們也對北宋詩僧的研究情況加以回顧。

　　（1）學位論文

　　目前，對宋代詩僧進行綜合研究的碩、博士學位論文共有三篇，關於北宋詩僧的有成明明的碩士學位論文《北宋詩僧研究》[1] 和高慎濤的博士學位論文《北宋詩僧研究》[2]。兩篇論文在研究方式上存在許多共性，均從考察北宋詩僧的地理分布入手，之後從宏觀的角度分析北宋詩僧與儒家士大夫、禪僧的互動情況，再通過具體的個案研究（九僧、善昭和《頌古百則》、道潛和《參寥子集》、惠洪《石門文字禪》等），闡述儒家和禪宗思想對詩僧創作的影響，概括北宋僧詩的藝術特色，揭示北宋詩僧在創作上的成就。另一篇是許紅霞的博士學位論文《南宋詩僧叢考》[3]，該文以

①　成明明：《北宋詩僧研究》，揚州：揚州大學，2003 年。
②　高慎濤：《北宋詩僧研究》，西安：陝西師範大學，2007 年。
③　許紅霞：《南宋詩僧叢考》，北京：北京大學，2003 年。

文獻整理考證見長，對南宋詩僧寶曇、居簡等十二位詩僧別集的傳播、版本特點、生平交遊等情況進行了詳細的考證，闡釋了南宋詩僧別集的文獻價值，以及南宋詩僧在中日文化交流中所起的作用。作者充分利用域外漢籍，尤其是和刻本漢籍，介紹了這些"湮没已久"的宋代詩僧別集，比如大觀的《物初膳語》、夢真的《籟鳴集》《籟鳴續集》、善珍的《藏叟摘稿》等，使大陸學界對宋代詩僧詩文集的具體情況有了清晰的瞭解。

就個案研究而言，當前學界針對宋代詩僧的碩、博士學位論文也不少，北宋主要集中在惠洪、契嵩、智圓、道潛四人，南宋祇有居簡一人，基本上是"一邊倒"的態勢。

學界關於惠洪的研究成果最多，目前已有李貴《論惠洪的人格心理與詩歌藝術》[①]、于萍《論宋詩僧惠洪的詩學思想》[②]、潘建偉《釋惠洪的詩歌風格論》[③]、范昕《詩僧惠洪詩歌創作研究》[④] 四篇碩士學位論文，以及陳自力的博士學位論文《釋惠洪研究》[⑤]。李文運用人格心理學研究惠洪，研究視角新穎，詳叙了惠洪的雙重人格特徵，總結了他的四組人格心理的矛盾衝突：一是恃才狂傲的個性與佛門持戒自律的要求的矛盾；二是食色本性與禁欲主義的衝突；三是參禪不離文字對傳統不立文字的悖離；四是詩詞好作綺語與釋家忘情割愛之訓的對抗。李貴指出，惠洪爲了宣泄、轉移自身的心理壓抑，擺脱心理的矛盾衝突，采取做夢、長嘯及參禪等方式，從而避免了主體焦慮，揭示了惠洪身爲詩人時的複雜心態。于文主要論述了惠洪的詩學思想，認爲惠洪與以往詩僧的不同在於惠洪能從文學角度來認識詩歌，闡述了惠洪的審美理想、詩歌風格論、詩歌創作論及文品與人品的關係，分析了影響惠洪詩學思想的因素，從文字禪、禪宗和地域文化三個角度，解讀惠洪詩學思想之形成。在方法上，于文從地域文化的角度，注意到了江西詩派對惠洪詩學觀念的影響，運用文學地理學知識辨析了惠洪的詩論。相比之下，潘文主要探究的是惠洪的人生經歷與詩風演變之間的關係，從禪宗"事事無礙"的觀念理解惠洪之詩風，比較了惠洪

① 李貴：《論惠洪的人格心理與詩歌藝術》，成都：四川大學，1998 年。
② 于萍：《論宋詩僧惠洪的詩學思想》，桂林：廣西師範大學，2004 年。
③ 潘建偉：《釋惠洪的詩歌風格論》，杭州：浙江大學，2007 年。
④ 范昕：《詩僧惠洪詩歌創作研究》，開封：河南大學，2012 年。
⑤ 陳自力：《釋惠洪研究》，成都：四川大學，2003 年。

與江西詩派詩風的異同，具體討論了陶淵明、黃庭堅對惠洪詩歌的影響。范文的研究模式則相對傳統，從惠洪的生平經歷、作品的主題內容與藝術特色來評述惠洪詩歌的成就。

陳自力的《釋惠洪研究》對惠洪的生平履歷、禪學思想、僧史撰述、詩歌藝術進行了全方位的考察。全文分上下兩編，上編考察惠洪的生平、師承與交遊、著述情況，下編考察惠洪的禪學理論、文藝主張、詩文創作情況、其僧史觀和僧史著述。作者以文獻考據和理論研究爲主，對惠洪的生活經歷和文學創作進行了詳細分析。在討論惠洪詩文時，作者透過惠洪的禪學、文學主張，總結出惠洪詩的衆多特色，如豪放超逸、音韻坳峭，語言生新而落盡鉛華、衆體兼備而尤以古體爲佳，接近蘇黄之詩；惠洪之文議論生發、縱橫捭闔、揮灑自如、平易暢達，展現了惠洪詩文的不同特色。

除惠洪之外，北宋詩僧的個案研究成果還有不少，比如關於契嵩的詩文研究，如楊鋒兵的博士學位論文《契嵩思想與文學研究》①，該文主體分兩部分：一部分探討了契嵩批判韓愈來反駁儒家排佛的言論，以及契嵩主張儒釋交融的思想；另一部分討論了契嵩的詩文創作面貌，略述其文學主張、散文和詩歌創作。由於作者偏重於佛禪思想研究，因而文學研究部分相對較少。再如天台宗詩僧智圓的詩文研究，有兩篇碩士學位論文：一是袁九生《釋智圓詩文研究》②，二是劉亞楠《釋智圓詩歌研究》③。袁文對智圓生平著述、交遊情況、詩文創作進行了研究，認爲智圓之詩已突破"宋初三體"的狹隘範疇，其散文和文論對宋初古文運動有促進作用。劉文同樣采用個案研究模式，不過該文有對智圓與天台宗之關係以及《閑居編》版本流傳情況的考察，較袁文詳盡。

當然，北宋詩僧道潛的詩文藝術也是這一領域的研究熱點，有同名的碩士學位論文兩篇，即吳慶紅《北宋詩僧道潛研究》④、劉濤《北宋詩僧道潛研究》⑤，博士學位論文一篇，李俊《釋道潛研究》⑥。吳文先對道潛

---

① 楊鋒兵：《契嵩思想與文學研究》，西安：陝西師範大學，2010 年。
② 袁九生：《釋智圓詩文研究》，杭州：浙江工業大學，2010 年。
③ 劉亞楠：《釋智圓詩歌研究》，成都：西南交通大學，2009 年。
④ 吳慶紅：《北宋詩僧道潛研究》，南京：南京師範大學，2006 年。
⑤ 劉濤：《北宋詩僧道潛研究》，成都：四川大學，2007 年。
⑥ 即李俊：《釋道潛研究》，上海：華東師範大學，2008 年。

的生平及交遊情況進行考述，再叙述其詩歌特徵，認爲道潛詩有“清逸本色”和“議論鋒芒”，比較了道潛之詩和惠洪、儲光羲詩的異同，最後概括道潛詩的價值與地位。劉文結構跟吳文相近，也是先從生平交遊的考察入手，之後再論道潛的詩歌創作，總結其詩歌成就。李文以生平考證見長，對道潛的生平、交遊作了相對全面的考證，有利於我們深入瞭解道潛的興趣愛好及人生經歷，審視道潛的文學才華與創作特徵。

就南宋詩僧個案研究而言，目前大陸祇有碩士學位論文一篇，即柴繼紅的《釋居簡及其詩歌研究》①。柴文以居簡的詩爲主要研究對象，闡述了居簡的詩學理論和禪學思想，結合具體作品探討了宋代詩僧“士大夫化”的傾向及居簡“以文爲詩”的詩歌創作主張，並對居簡的詩歌特色如用典、諧趣、以俗爲雅、使用疊字等作了詳細分析。

（2）單篇論文

從單篇研究論文來看，目前對南宋詩僧的研究集中在寶曇、居簡、元肇、道璨四人。值得一提的是，這四人依法系而論，全部爲臨濟宗。

關於寶曇、居簡，祝尚書《論南宋蜀僧寶曇居簡的文學成就》一文所論甚詳。② 首先，該文考證了寶曇和居簡詩文集的版本，詳細梳理了兩人詩文集的流傳情況，使我們得以瞭解寶曇、居簡詩文集的具體面貌。其次，探討居簡的詩歌理論，總結了居簡的詩歌理論有三大特色：第一，居簡以儒家詩教觀批評晚唐詩派之末流；第二，對詩歌藝術的探討，居簡強調詩人應注重詩歌自身的特徵，並能在創作時勇於突破規矩準繩，要有創新思想和獨立意識；第三，居簡推崇煉意、煉字、煉句，力求使詩歌精練簡潔。再次，評論寶曇、居簡二人的詩歌成就。祝先生認爲寶曇詩篇幅較狹窄，多次韻唱和之作，用字造語講究，頗見推敲之功。不少詠懷之作氣格豪邁，而“羈旅行役”是其詩的重要內容。尤其是絕句，有清新可誦的特點。至於居簡，祝先生認爲居簡不僅有精彩深刻的詩論，同時也長於實踐，其詩歌創作成就斐然，卓然可名一家。其現存詩的數量，在宋僧中殆可居最，而且大多數品質高，不僅詩意濃郁，還有很強的思想性。最後，點出寶曇、居簡的散文特色，寶曇文中文學性較強的是卷十“記”類，文

---

① 柴繼紅：《釋居簡及其詩歌研究》，西安：西北大學，2009 年。
② 項楚：《新國學》第二卷，成都：巴蜀書社，2000 年。

風"高妙簡古"。而居簡的散文成就又高於寶曇，各體文寫得都相當純熟，内容扎實，立意新穎警拔，語言簡潔優美，表現了很高的文學修養和非凡的寫作才能。

除祝文之外，討論居簡的詩文的單篇論文還有覃衛媛的《"以自己爲準的"——論南宋詩僧釋居簡的詩歌創作主張》①、常先甫的《南宋僧人釋居簡的辭賦創作》②。覃文考察了居簡所處的時代背景，探討了居簡詩論與禪宗思想的聯繫，認爲"以自己爲準的"的詩歌創作主張一是受到禪宗修證禪法重在自證自悟的影響，二是針對當時南宋詩壇江湖詩派崇尚苦吟、注重煉字琢句的傾向，居簡提倡以自己的内心體驗爲標準進行詩歌創作，追求主觀情感和客觀物境的自然契合，來扭轉這種傾向。覃文以禪宗思維來驗證居簡詩學理論有一定的道理，但覃文所論第二條祝文早已論述，但覃文認爲煉字煉句是受江湖詩派的影響未免武斷，因爲提倡煉字煉句的並非只有江湖詩派，比如推崇江西詩派的任淵就曾説："大凡以詩名世者，一句一字，必月鍛季煉，未嘗輕發，必有所考。"③ 可知煉字煉句不是江湖詩派的專屬。常文以居簡的辭賦爲研究對象，將其辭賦按内容分爲三類：一類是詠物言志，堅持人格操守；一類是表達自己的愛憎，關注社會民情；一類是顯示開闊胸懷，弘揚三教融合。但常文對居簡辭賦的藝術成就談論不多，頗爲簡單，未能使人窺見居簡辭賦的文學性和審美價值。

關於元肇的詩文研究，有辛德勇的《淮海挐音》④一文。辛文主要介紹了元肇詩集《淮海挐音》的版本流傳情況，認爲元肇之詩涉及當時地理環境的描寫，有極大的史料價值，但並不是從文學研究的角度看待《淮海挐音》，故對元肇詩之藝術特色的論述較少。

關於道璨的詩文研究，有黄錦君的《宋末詩僧道璨與士大夫交遊考

① 覃衛媛：《"以自己爲準的"——論南宋詩僧釋居簡的詩歌創作主張》，《傳承》，2011年第21期。
② 常先甫：《南宋僧人釋居簡的辭賦創作》，《重慶文理學院學報》，2011年第1期。
③ ［宋］黄庭堅撰，任淵、史容、史季温注，劉尚榮校點：《黄庭堅詩集注》第1冊，北京：中華書局，2007年第1頁。
④ 辛德勇：《淮海挐音》，《中國典籍與文化》，1998年第1期。

略》①和《宋末詩僧道璨生平及親情作品初探》②。前文以道璨詩文爲基礎，考證了他與南宋末年士大夫江萬里、吳革、吳蒙兄弟、方逢辰、姚勉、謝枋得等人的交往情況，叙述了道璨先入理學家湯巾門下，後入釋門的經歷，黃氏認爲正是道璨早年所接受的儒學教育，使得他在出家之後仍然保持著"知行大要"、講求風操節概，崇尚"硬脊梁"，故其作品凸顯了端正不屈的風範。後文則從道璨的生平考證入手，勾勒出道璨從少年到成年的人生經歷，指出科場失利是道璨轉入佛門的重要因素，介紹了道璨進入叢林之後的人生經歷。通過對道璨詩文内容的分析，作者説明了道璨對母親、好友、晚輩飽含的温暖親情，批駁了理學家所謂"出家弃絶人倫"的偏頗。可以説，黃文主要側重於對道璨生平的考證和作品内容的描述，没有具體討論道璨詩文的藝術成就及審美屬性。

2. 研究專著

當前涉及宋代詩僧的研究專著亦非常豐富，其中與本研究相關的主要有以下幾部：

（1）陳自力《釋惠洪研究》。③ 這本書在其博士學位論文的基礎上修訂而成，很多觀點都是原博士論文中所提出的，茲不再述。

（2）周裕鍇《宋僧惠洪行履著述編年總案》。④ 這是目前學界最詳盡的惠洪年譜。作者整合了衆多有關惠洪研究的優秀成果，綜合其説，駁證錯訛，補其未詳，旁參歷史文獻、宋人别集、禪門典籍與各種傳記資料，周密考證，終成五十餘萬字的巨編，對當前惠洪研究大有補益。由於作者對北宋禪林和文壇有宏觀的瞭解，故能旁參他人行迹，捕捉惠洪作品中隱含的訊息，推求其確鑿的或者最可能的寫作時間，使惠洪著作能以"歷史"面貌呈現出來，生動地再現了北宋晚期禪僧叢林與士大夫知識精英集團互動交往的盛況。⑤

（3）李國玲《宋僧著述考》。⑥ 這是一部考察宋代僧人著述情況的叙録。該書收録宋僧著述 1183 種，其中現存 818 種，每一種書均著録了書

---

① 黃錦君：《宋末詩僧道璨與士大夫交遊考略》，《宗教學研究》，2007 年版，第 1 期。

② 黃錦君：《宋末詩僧道璨生平及親情作品初探》，《天府新論》，2007 年第 4 期。

③ 陳自力：《釋惠洪研究》，北京：中華書局，2005 年版。

④ 周裕鍇：《宋僧惠洪行履著述編年總案》，北京：高等教育出版社，2010 年版。

⑤ 朱剛：《讀〈宋僧惠洪行履著述編年總案〉》，《中華文史論叢》，2011 年第 1 期。

⑥ 李國玲：《宋僧著述考》，成都：四川大學出版社，2007 年版。

名（包括异名）、撰者、卷次、存佚情況，考述書的主要内容、成書情況及撰輯情況。書中還有作者小傳，介紹其姓名、字號大小、籍貫、謚號、生卒年、履歷及主要活動，並注明所引據的史料，尤其是還詳載了宋僧著述的序跋，並節要附録一些重要序跋，這有助於我們瞭解宋代僧人現存著述的面貌，爲宋代詩僧研究提供了豐富的資料綫索。

（4）朱剛、陳珏《宋代禪僧詩輯考》。[①] 這是對宋代禪僧詩歌進行補輯整理的著録。作者利用大量禪籍（《大正藏》《續藏經》）所收的禪僧語録、燈録、傳記、禪僧詩歌别集和總集、筆記雜著等，還包括域外漢籍，如《中興禪林風月集》《江湖風月集》，對《全宋詩》《全宋詩訂補》中所未收録的僧詩作了補編。本書最有特色的地方是，作者按法系來排列每位禪僧的補輯詩歌，先介紹僧人的法系，然後列出詩歌，若有法系不可確考者，則收入法系待考禪僧詩輯録，這使我們能够清楚地看到宋代禪宗詩僧那些未被收録到《全宋詩》等大型詩歌總集中的作品。尤其是該書卷八、卷九輯録了大量南宋臨濟宗僧人的詩歌，爲學界研究增加了材料。

（5）張伯偉等點校的《注石門文字禪》[②] 是對日本江户時代禪僧廓門貫徹的《注石門文字禪》的整理，此書是域外僧人給宋代詩僧文集作的注釋本，爲國内所無。因此，其整理完成不僅讓我們見識到了古代异域學者是如何闡釋和評價宋代詩僧及其作品的，也使我們對古代東亞漢文化圈的文化交流有了新的認識與瞭解。

（6）許紅霞《珍本宋集五種：日藏宋僧詩文集整理研究》（上、下）[③] 對《北磵和尚外集》《籟鳴集》《籟鳴續集》《無象照公夢遊天台偈》《中興禪林風月集》《物初賸語》六部宋代僧人文集作了詳細的整理和校點，爲研究者研究宋代佛教與文學提供了理想的文本。

（二）我國臺灣地區學界對宋代詩僧的研究現狀

與大陸相比，臺灣地區學界的宋代詩僧研究自成體系，尤其是在南宋詩僧研究方面。臺灣地區學者較早地利用域外漢籍，撰寫了不少研究成

---

① 朱剛、陳珏：《宋代禪僧詩輯考》，上海：復旦大學出版社，2012 年版。
② ［宋］釋惠洪：《注石門文字禪》，［日］釋廓門貫徹譯注，張伯偉等點校，北京：中華書局，2012 年版。
③ 許紅霞：《珍本宋集五種：日藏宋僧詩文集整理研究》（上、下），北京：北京大學出版社，2013 年版。

果，對南宋詩僧與當時的士大夫精英的互動情況作了深入的考察。比如黃啓江的《一味禪與江湖詩：南宋文學僧與禪文化的蛻變》①《無文印的迷思與解讀：南宋僧無文道璨的文學禪》②《文學僧藏叟善珍與南宋末世的禪文化：〈藏叟摘稿〉之析論與點校》③三部論著對部分南宋詩僧的文學創作情況進行了解讀，其中的一些詩僧大陸學界尚無人研究，茲以黃先生所著爲例，以見臺灣地區學者對南宋詩僧的研究情況。

《一味禪與江湖詩》共分九章，第一章作者利用《中興禪林風月集》這一近年來頗受關注的域外漢籍，以見於該書的禪僧爲基礎，探討南宋詩僧與文士互動之關係。第二章考察寶曇與江浙官僚、文士之互動，主要闡述寶曇的生平、著作、禪學，以及他與四明史氏、樓氏、汪氏及高氏家族的交往情況。第三章考察居簡與江浙官僚、文士之互動，闡述居簡與江湖詩派高似孫、劉植、劉過、高翥、林憲等人的交往情況。第四章考察大觀及其《物初膡語》，以大觀的詩文唱和爲基礎，揭示大觀同江浙官僚、文士的往來，以及與其他詩僧如道璨、宗定、頤蒙、行海等人的關係。第五章至第八章分析了道璨的懺悔與報恩意識，與官僚、文士的交遊情況，以及道璨的詩論、偈頌和他對書畫的評鑒。第九章考察了南宋書法家張即之同方外之士的交往情況。該書大體上將南宋孝宗朝至度宗朝重要的詩僧的交遊情況進行了梳理，立足詩僧的酬唱詩，通過對作品的分析，總結了南宋詩僧在文學創作上的特點。

《無文印的迷思與解讀》是黃先生在前書第五章至第八章的基礎上擴充而成的，不少內容已見諸《一味禪與江湖詩》，不過也增添了新的內容。比如第三章探討了道璨的詩學淵源、詠物詩的描寫對象和其他題材詩歌的內容。第四章介紹了道璨的禪學根基及其禪法，從道璨的法系入手，考察了道璨與臨濟宗大慧派和虎丘派的複雜關係。第六章闡釋了道璨的孝思和孝行，揭示了道璨的"孝子"形象，表現了道璨對先人教誨的恪守及思家念母的心情。第七章研究了道璨的四六文、銘文和道號序三種文體，反映

---

① 黃啓江：《一味禪與江湖詩：南宋文學僧與禪文化的蛻變》，臺北：臺灣商務印書館，2010年版。

② 黃啓江：《無文印的迷思與解讀：南宋僧無文道璨的文學禪》，臺北：臺灣商務印書館，2010年版。

③ 黃啓江：《文學僧藏叟善珍與南宋末世的禪文化：〈藏叟摘稿〉之析論與點校》，臺北：新文豐出版公司，2010年版。

了南宋禪僧的出處、交遊與互動關係，以及道璨等詩僧帶給叢林的若干文化氣象。

在《文學僧藏叟善珍與南宋末世的禪文化》中，黃先生對善珍和他的《藏叟摘稿》進行了初步研究。此書分兩部分：第一部分介紹了《藏叟摘稿》的版本流傳情況、善珍的生平，以及他與趙汝談、趙葵、尤焴、吳革、劉克莊、林希逸等人的交往情況，同時也包括與元智、元肇、智朋等僧人的交往情況，探討了善珍對杜甫、蘇軾詩歌的學習與接受；第二部分是對《藏叟摘稿》的全文點校，是作者對這部詩文集的整理。

四、研究所面臨的問題

根據以上研究現狀，我們可以清楚地看到當前學界在研究宋代詩僧時頗有些"不平衡"，這主要體現在兩個方面：第一，時代的不平衡，學界對北宋詩僧的研究論著大大超過南宋詩僧；第二，人物的不平衡，北宋的惠洪研究大熱，其他僧人相對較少，而南宋僧人比北宋更少。因此，南宋詩僧的文學創作研究需要強化。

除了"不平衡"外，我們認爲當下對宋代詩僧的研究重複率有些高。當下學界對詩僧尤其是對單個詩僧的研究出現了很多同題現象。當然，同題論文固然對我們全面瞭解某位詩僧有很大幫助，但如果長期專注某一僧人有可能會忽略群體，以致"只見樹木不見森林"。所以，本書在此作一嘗試，對南宋臨濟宗詩僧進行研究，從宏觀上考察該群體的詩歌創作與南宋文學之聯繫。

五、研究方法

針對以上研究狀況和問題，加之研究對象涉及不同的文化領域，故本書在研究中力圖運用多種方法，從多視角、多維度的立場來分析南宋臨濟宗詩僧的文學創作。

第一，運用文體學相關知識和研究範式，從詩僧所用的文體角度考察文本內容，平行比較與他們同代的文人、士大夫等知識精英的同題之作。在研究中，將其文本的形式和内容結合起來考慮，因爲南宋臨濟宗詩僧的創作時代也正是各種詩派盛行的時代。從這種文體的對比中，我們或許有可能看到南宋各體詩風對臨濟宗詩僧創作的影響，以及他們受到這種影響後的反應，這有助於發掘他們的創作與南宋文學走向之間的聯繫。

第二，運用接受美學理論來對南宋臨濟宗詩僧的創作進行分析，爲詩文研究提供新的觀點。接受美學認爲，"每一個時代文學的出發點便是先驅者傳給它的文學傳統"。就具體作家而言，其創作的出發點便是現有文學傳統中的某些方面、某些支脈。無論如何，每個時代的每個作家，當他執筆投入創作之際，他是被前此的文學傳統包圍、浸染著的，有時是直接的、有時是間接的。[①] 南宋臨濟宗的很多詩僧都在創作上學習、模擬唐宋兩朝的前輩大師。比如寶曇爲詩慕蘇軾、黃庭堅，居簡的詩被認爲是合參寥（道潛）、覺範（惠洪）爲一，善珍的詩文常可見少陵及東坡的影子。所以，我們以此爲研究重點，力爭總結出其對前人創作接受的方式和方法。

第三，運用文學地理學來考察詩僧的創作。任何時代的作家都成長於一定的地理文化背景中，他們之於地理系統絕非單一的受動者，他們能在思想意識的作用下，采取"以我爲主"的能動姿態把握和處理人地關係。在文學創作領域，不同區域的地理特徵絕非純客觀的自然存在，受作家環境感知與地理價值判斷的支配，它們被賦予強烈的主觀色彩，承載了創作主體的喜怒哀樂等種種體驗。[②] 絕大部分的詩僧都有漫遊經歷。不同的地域環境帶給他們不一樣的審美感受。以寶曇、居簡爲例，兩人都生長於蜀地，一生多半卻在江浙住持，其詩文中有對長居的江浙或所遊歷的其他地區的風光的表現，從中可以看出其審美體驗，故本書從文學地理學角度來對南宋臨濟宗詩僧的詩文作一番研究，一窺其作品所反映的山水審美心態。

提到心態，本書在研究中也借鑒了文藝心理學方面的知識來分析南宋臨濟宗詩僧的創作。宋代詩僧普遍存在一種"士大夫化"傾向，他們不僅積極地同士人群體開展交往，也展示了和士大夫精英相同的價值取向，他們熱衷文學創作，主動與士人群體交際唱酬。而且在宗門內部還出現了因

---

① 朱立元：《接受美學》，上海：上海人民出版社，1989 年版，第 276 頁。
② 周曉琳、劉玉平：《空間與審美——文化地理視域中的中國古代文學》，北京：人民出版社，2009 年版，第 15 頁。

詩文志趣結合在一起的詩僧"共同體"。所以，本書借助文藝心理學的有
關理論對詩僧的創作心態進行分析。

　　第四，需要指出的是，我們在研究中不可忽視"詩僧文學的理論"和
"詩僧的文學理論"。以往的研究多注重禪宗思想對詩文創作的影響，尤其
是在語言實踐方面，文字禪對宋代文化產生了深刻的影響。禪宗典籍爲詩
人提供了全新的語言資源，以禪語爲詩以及由此引發的以俗語爲詩成爲宋
詩的一大特色。禪宗話頭爲批評家提供了不少全新的術語，形成宋代詩學
"以禪喻詩"的鮮明特色。① 儘管禪學對文學產生了如此之深的影響，但
我們也應注意文學對詩僧創作的反饋作用。對詩僧來說，就要考察他們對
文學創作理念的選擇。所以，本書亦注重總結南宋臨濟宗詩僧在創作上使
用的藝術手法，以瞭解其詩文理論。

六、研究目標及技術性交代

　　根據上述研究方法，本書希望借助對南宋臨濟宗詩僧的研究達成以下
目標：

　　第一，立足南宋臨濟宗詩僧的法系②，以點帶綫，以綫帶面，從詩僧
的交際網絡出發，重點考察他們與士人群體的詩文酬唱活動。透過他們的
作品以觀其文化素質和寫作水準，對其詩文水準作相對合理、公允的
評價。

　　第二，避免對臨濟宗詩僧的作品祇進行内容上的描述，而是在此基礎
上揭示其作品背後的審美價值和文化内涵，探討南宋臨濟宗詩僧創作的勃
興與南宋詩文發展的聯繫及其内在原因，從文化學的立場揭示宋代文化現
象及學術氛圍對南宋臨濟宗詩僧創作的影響。

　　第三，本書希望能够對當前詩僧研究盡一份微薄之力。對待南宋臨濟
宗詩僧，我們並不打算站在純粹的文學或者宗教立場上去批評，而是試圖

---

① 周裕鍇：《禪宗語言》，杭州：浙江人民出版社，1999 年版，第 142 頁。
② 法系是有關禪宗僧人的最重要的基本資訊，嗣法關係在宗教、思想、感情、藝術等人文
聯繫的意義上完成了對宗族血統的模仿，不同時代的禪僧由法系而獲得對精神性傳統的認同，同
時代的禪林則以法系爲紐帶而編織成一張兼具精神性和現實性的網絡，而且這張網絡還有意朝士
大夫、文人的世界延伸，從而也間接地促成士大夫、文人間的聯結。參見朱剛：《讀〈宋僧惠洪
行履著述編年總案〉》，《中華文史論叢》，2011 年第 1 期。

結合歷史學、闡釋學、哲學等學科知識，對其詩文意義進行説明並從中發現其藝術特色，解釋宋代詩僧"士大夫化"的具體原因。

本書撰寫中所面臨的最大困難莫過於研究對象詩集版本的搜集與使用。雖然本書絕大多數的研究對象及作品已收錄於《全宋詩》《全宋文》，但是在研究時也發現這兩部總集所收作品仍有殘缺不全之處。加之不少研究對象的詩集是近些年纔從海外尋得，如大觀的《物初賸語》、夢真的《籟鳴集》《籟鳴續集》等，這都晚於《全宋詩》《全宋文》的成書時間，兩部集子未被收錄。所以，爲了保證研究的順利進行以及成果的可靠，本書不以《全宋詩》《全宋文》爲底本，對於每位南宋臨濟宗詩僧，將選取其詩文別集的宋代刻本或抄本作爲底本，以及今人比較好的整理本。只有在詩文完全找不到的情況下，才考慮使用這兩部詩文總集。

總之，本書希望通過對南宋臨濟宗詩僧的研究，有助於學界對宗教文學和南宋文學的研究，也爲將來研究南宋其他宗派的詩僧做好鋪墊。雖然學力有限，但是盡可能地作出合理解讀與闡釋，這也是本書始終遵循的基本原則和目標。

七、全書構想

本書以研究對象南宋臨濟宗詩僧的法系順序安排章節，共分成五部分，研究了橘洲寶曇、北磵居簡、物初大觀、藏叟善珍、淮海元肇、無文道璨、覺庵夢真的詩文。

從宋代臨濟宗禪僧詩集的編排方式來看，不少詩僧的詩集是按"體"來分類編纂的。如惠洪的《石門文字禪》，卷一至卷八是古體詩、卷九是五律和排律、卷十至卷十三是七律等；寶曇的《橘洲文集》卷一爲古詩、卷二和卷三是律詩、卷四是古體。因此，在具體研究中，本書也從文體入手，對南宋臨濟宗禪僧及其詩文展開研究。而且，南宋詩壇各大詩派也在詩體上各有所長，如江西詩人多用古體、七律；江湖詩人多用五律、七絕。所以，本書對臨濟宗詩僧的研究亦從詩體的角度闡述該群體的詩歌發展變化，以及該群體詩歌的文化內涵，揭示其詩歌風格與宋代詩風的聯繫，論證其對前代詩歌及同代詩歌的借鑒與接受，探討其詩學主張及審美傾向，並分析詩學觀念和手法是如何影響該群體的詩歌創作的。

就研究對象而言，爲了兼顧"佛教"與"文學"研究的平衡，本書在具體章節的撰寫上還遵循以下原則：

　　首先，從禪學思想角度考察研究對象的創作。由於本書的研究對象大多出於大慧宗杲一系，譬如橘洲寶曇、北磵居簡、物初大觀、藏叟善珍、淮海元肇及無文道璨，他們既學宗杲看話禪，就理應對文字禪采取排斥抵觸的態度。但是，這些禪僧無一例外皆好詩文寫作。這種現象説明他們並不反對文字禪，因此，這些詩僧雖出於宗杲門下，但是他們的頭腦中也含有文字禪思想，所以，本書立足研究對象的詩文文本，從中整理出他們對待詩歌文字的態度，進而剖析其禪學思想。

　　其次，從文化意識角度解讀研究對象，探究其是如何突破内部壓力進行詩文創作的。由於禪宗内部對熱衷詩文的禪僧向來評價不高，而且多采取鄙視態度，因此臨濟宗詩僧的處境比較尷尬，而他們在寫作時亦常有慚愧心理。南宋臨濟宗詩僧同樣要面對宗門這一方面的壓力，可是他們當中少有慚愧心理，大多不畏來自宗門的壓力，樂於“執筆硯作佛事”。所以，本書亦從研究對象的文化意識入手，考察他們對師、祖形象的書寫方式，以及對宗門同好的態度。

　　最後，從禪宗文化角度闡釋研究對象及其文學創作。事實上，臨濟宗詩僧的創作始於北宋中後期，至南宋滅亡而結束。這個過程也與臨濟宗在宋代的發展同步，即從邊緣走向中心。因此，本書也選擇從宋代臨濟宗的宗風傳統、詩僧寫作傳統和地域文化這三方面揭示研究對象在南宋興盛的原因。

第一章　橘洲寶曇

正如美國學者包弼德（Peter Bol）所説："我們有必要詢問，那些追隨佛教教義的士人在學習些什麽，以及他們爲什麽認爲它是重要的。同樣，我們應該詢問爲什麽一些僧人修習儒學和文學。"[①] 作爲詩僧，他們的創作必然與其所處時代的文化發展有著緊密的聯繫，並受到該時代各種思潮、文學流派的影響。因此他們在詩歌創作上取法、學習的對象，以及他們是通過哪些方式來實踐的，便是我們關注及研究的重點。

第一節　寶曇的禪學思想

寶曇（1129—1197），字少雲，俗姓許，嘉定龍游（今四川樂山）人。幼學五經，習章句。後因病投本郡德山院出家，從一時經論老師遊，復謁成都昭覺徹庵、白水∴庵。出蜀，從大慧宗杲於育王、徑山，又從東林卍庵道顔、蔣山應庵曇華。出世住四明杖錫山，歸蜀葬親，住無爲寺。復至四明，爲史浩深敬，築橘洲使居，因號橘洲老人。慶元三年四月二十六日卒，年六十九。

作爲禪僧，一旦他表現出對詩文的熱心，或者尊崇文字禪，那麽他肯定會招致宗門的責難與非議，即被批評作"艷詞綺語"。從禪宗的發展情況來看，南宋時期曹洞宗宏智正覺的"默照禪"與臨濟宗大慧宗杲的看話

---

① ［美］包弼德：《斯文：唐宋思想的轉型》，劉寧譯，南京：江蘇人民出版社，2001 年版，第 20 頁。

禪開始興起、流行，儘管兩種禪法在修行方式上有很大差异，而且雙方一直在展開爭論並互相指責，但兩者都是對文字禪的否定。① 尤其是宗杲，他十分反對專尚語言的文字禪，甚至不惜燒毀老師圓悟克勤《碧岩録》的刻板，以示其解構語言的決心。因而這一時期臨濟宗在看話禪的影響之下，禪僧們幾乎對各類"文字"持否定的態度，禪宗内部呈現出新的非文化非理性傾向。自惠洪以後至寶曇之前的時期，臨濟宗一系少有致力於詩文創作的禪僧。

正是在這樣的背景下，臨濟宗詩僧寶曇橫空出世。他繼惠洪之後，於臨濟宗内部再掀禪僧文學創作之風，而且，對以後的諸多臨濟宗詩僧産生了不小的影響，禪宗内部亦將其與惠洪相提並論。② 惠洪是文字禪的典型代表，宗門之人將寶曇與之並列，就説明寶曇也是文字禪的接受者。然而，令人遺憾的是，在現存的寶曇著作中，我們未找到他對文字禪的看法，甚至都没有文字禪三字。對於惠洪這位酷愛詩文的前輩，寶曇也隻字未提。雖然寶曇不提文字禪，但他的《橘洲文集》無疑證明他是一個熱心詩文的禪僧，儘管這種現象發生在寶曇身上似乎有些矛盾。因此，本節就先從其禪學思想談起，以見寶曇的禪學主張對其詩文寫作的影響。

一、寶曇的師承問題

要想確認寶曇的禪法，瞭解他的師承很關鍵。但寶曇的本師是誰，目前尚存爭議。③ 寶曇有《大光明藏》三卷，卷首收録了史浩之子史彌遠所作序文一篇，謂："橘洲老人，蜀英也，有奇才，能屬文，語輒驚人。一日忽放弃所業，參上乘於諸方。後造妙喜室中，了決大事，奔軼絶塵，如空群之月題也。"④ 史家三代跟寶曇交情匪淺，因此，史序對寶曇生平的

---

① 周裕鍇：《禪宗語言》，杭州：浙江人民出版社，1999 年版，第 190～191 頁。
② 如南宋釋道融稱其"學問該博，擅名天下，本朝自覺範後，獨推此人而已"。見《叢林盛事》卷下，《卍續藏經》第 148 册，臺北：新文豐出版公司，1993 年版，第 90 頁上。
③ 許紅霞女士認爲，寶曇是大慧宗杲的弟子（參見許紅霞：《南宋詩僧考》，北京大學博士學位論文，2003 年，第 9 頁）。朱剛先生認爲寶曇是華藏安民的弟子，但寶曇自供己"造妙喜（宗杲）室，了決大事"，然諸燈録、宗派圖等，于安民、宗杲法嗣中皆不列其人。故懷疑寶曇出川之後有改嗣的舉動，爲禪門所不肯（參見朱剛、陳珏《宋代禪僧詩輯考》，上海：復旦大學出版社，2012 年版，第 672 頁）。亦可備一説。
④ 《大光明藏序》，《大光明藏》卷一，《卍續藏經》第 137 册，臺北：新文豐出版公司，1993 年版，第 769 頁上。

描述應該是獲得寶曇認可的。這段文字交代了寶曇"悟道"的經歷，可知在見到大慧宗杲（妙喜）之前，寶曇也曾參訪許多禪師，但都未能令其開悟，只有到了宗杲門下，寶曇纔證悟心性（了決大事）。禪宗特別重視師徒之間的相互印可，弟子在哪位老師門下開悟，那麼那位老師就是他的本師，而這位弟子就是他的法嗣。按照禪宗的這個規矩，很顯然，寶曇就是大慧宗杲的法嗣。既然寶曇自稱在宗杲門下開悟，那麼，他就是大慧派的門人弟子。

然而，《叢林盛事》却説："曇橘洲者，川人，乃別峰印和尚之法弟。"① 又，《增集續傳燈錄》云："別峰印公、橘洲曇公之師弟，曇又同其氣。時人謂師禪與印、詩與曇相頡頏。"② 故知寶曇與別峰寶印、石橋可宣是同門，而可宣、寶印是華藏安民的法嗣，按照這一關係推斷，寶曇就應是華藏安民的弟子。所以想要摸清寶曇的禪學思想，首先要確定其師承淵源。

（一）寶曇參見宗杲的時間

既然寶曇自己説在參宗杲後了決大事，那麼，寶曇所言應該是有事實依據的，這點我們可以通過宗杲的一些事迹來比對、驗證。據《龕銘》記載，寶曇出川之後，"從先大慧於育王、徑山"，但對具體時間學界目前尚無討論，因此本節對此進行考證。按，寶曇有《跋寫法華經》一文，曾叙述其在宗杲門下求學的經歷，其中就提到了參見宗杲的時間：

> 大慧在洋嶼時，四方衲子從之遊，皆一時英傑，時太青老子亦在其中也。大慧噫欠風雨，鞭笞龍象，一夏十三人，如錐處囊，皆脱穎而出。余恨不能如毛遂捧盤歃血，招十三人與堂下也。紹興末，得預千七百衆中。龍蛇混殽，已乏當時之盛，每懷洋嶼師友，心嘗惆然。③

根據上述內容，可知寶曇是在"紹興末"纔進入宗杲門下，成爲其一

---

① ［宋］釋道融：《叢林盛事》卷下，《卍續藏經》第148冊，臺北：新文豐出版公司，1993年版，第90頁上。

② ［明］釋文琇：《增集續傳燈錄》卷六，《卍續藏經》第142冊，臺北：新文豐出版公司，1993年版，第911頁上。

③ 《橘洲文集》卷七，《續修四庫全書》第1318冊，上海：上海古籍出版社，2002年版，第107頁下。

千七百多名弟子中的一員。按《宗杲年譜》記載，宗杲本人曾兩次住持徑山。第一次是紹興七年（1137），應丞相張浚之請，首次住持臨安府徑山寺，結果"宗風大振，號臨濟再興"①。第二次是紹興二十八年（1158）正月初十，宗杲"被旨遷住徑山……三月初九日入院，坐夏千餘眾……道俗傾慕"②。紹興七年宗杲一住徑山，寶曇時年九歲，不大可能前往。因此，寶曇往見宗杲只能是在宗杲二住徑山那年。而上文中"紹興末，得預千七百眾中"之句，亦與《宗杲年譜》的說法在時間、人數上正好相符，可知寶曇首見宗杲當在紹興二十八年（1158），此時寶曇剛好三十歲。又，宗杲於孝宗隆興元年（1163）圓寂，因此可推斷寶曇在宗杲門下求學的具體時間應當始於紹興二十八年，止於隆興元年，前後總共五年。

（二）恩師：寶曇眼中的宗杲形象

寶曇在宗杲門下的那段經歷是他比較難忘的一段時光，在他的文集中，他曾多此回憶或懷念宗杲，言語之間顯得非常尊重、親切。如《送瑞岩行者慶誠求僧序》：

> 大慧晚歲，學者迫趣如夕陽之澌，故衲父子兄弟相與屹立，如諸法樅，然各不相知，亦不相到。大慧既没，鳥驚雲散，其道亦復如百川之東。③

感慨宗杲逝世後，臨濟宗已現頹勢。再如《送空上人之京口序》：

> 先大慧未壯齡，已從李商老、徐師川、張無盡諸公遊，得道以還，平生所聞，似虎插翼。遭世中變，二家學者尚爾嶄然，伊洛諸儒亦登晦堂照默之門。雖不旋踵叛去，然亦假手與我以張吾軍也，我復何憾！道喪既久，天亦嗇斯文而閟之。申包胥有云："人眾勝天，天定亦能勝人。"是天地之間大公不可廢也。予晚學大慧，時千五百眾中俊傑如林。一時士大夫有如李漢老、曾天游、張子韶輩，皆北面受

---

① ［宋］祖詠編，宗演增訂：《大慧普覺禪師年譜》，《宋人年譜叢刊》第7冊，成都：四川大學出版社，2003年版，第4299頁。

② ［宋］祖詠編，宗演增訂：《大慧普覺禪師年譜》，《宋人年譜叢刊》第7冊，成都：四川大學出版社，2003年版，第4316頁。

③ 《橘洲文集》卷六，《續修四庫全書》第1318冊，上海：上海古籍出版社，2002年版，第104頁下。

道。龍象隱没，劫空無人。吾意先師之靈，當爲少林蹲躍一出，使後世竊據師位，貪冒寵榮者縮頭入地。佛祖在上，豈終違吾言乎！①

在這裏寶曇明確提出自己出於宗杲門下，對宗杲主動結交文人士大夫如李彭、徐俯、張商英，以及李邴、曾開、張九成主動受道於宗杲等舉動表示贊賞。而且寶曇直呼宗杲爲"先師"，更是有力地證明宗杲就是他的老師。他還有《跋大慧禪師廣録後》一文：

> 臨濟十二傳而至大慧，其道愈盛。吾意謂必數世而後中微，不幸大慧一傳而數子皆早世。火種既滅，遂使空愚貪僞輩奔潰捷出，盜佛法名器，妄言肆行，使臨濟正宗流爲戲論，賺誤學者，墮大暗處，雖慟哭流涕不足以信吾哀也。……大慧證悟廣大，不在岩頭雪峰下，辨慧駿發，如出南陽大珠間，活殺縱擒，與首山風穴無異。大略如是，學者當自求之。若夫振祖克家，非一言可盡。嗚呼！先哲凋謝，後生無聞，斯言不忘，庶幾爲有心者。②

在這篇跋文中，寶曇對宗杲的離世感到無比哀痛，尤傷其法嗣凋零，無人承續燈火，不滿當下臨濟宗爲空愚貪僞之輩所據，以致衰落。而且，寶曇還聲稱自己要找到法嗣，使宗杲的禪法延續下去，其《跋育王僧圖二》云："吾將見其於百千衆中牢籠一個半個，續佛壽命，以振起吾大慧先師之道。"③ 足見寶曇對宗杲的學識之崇敬，感情之深厚。

還有一例可證明橘洲寶曇確實爲宗杲弟子，這就是他的後輩無文道璨所撰寫的《大光明藏後序》，其序曰：

> 橘洲在大慧門，如孔門游、夏，晚以憂患徙天台，寓紫微陳公館舍，取《傳》《廣》《續》三燈閲之，自七佛至大慧凡若干傳，各疏其說於左方，目之曰《大光明藏》。凡其師友之淵源，證悟之深淺，機圓之向背，關鍵之堅密，异時宿師大衲剖擊不破者，皆支分條解之，

---

① 《橘洲文集》卷十，《續修四庫全書》第1318册，上海：上海古籍出版社，2002年版，第126頁下。
② 《橘洲文集》卷六，《續修四庫全書》第1318册，上海：上海古籍出版社，2002年版，第106頁上。
③ 《橘洲文集》卷六，《續修四庫全書》第1318册，上海：上海古籍出版社，2002年版，第105頁上。

若指諸掌。巍巍乎，其大有功於名教也。然以文章斧斤開知見户牖論
者固，不免以此議之矣。予嘗反覆觀之，其說辨而正，其理微而著，
其出入經史子傳深而遠。道明而學不修者，無以知其詞之所出，學優
而道不勝者，無以知其理之所存。故觀之者如身在上林，目炫紅紫，
造化春色，不知何自而來，奚自而去，所謂知見户牖由是而開者，又
幾何人哉？然則公之低徊末路，寂寥遺書，既不見恕於論者，又不見
知於學者，此予所以重爲之太息也。①

道璨也是一名臨濟宗詩僧，他亦出自大慧派。對於自己本派的師承關
係及淵源，他的說法可靠性極大，因此，寶曇出於宗杲門下，爲禪林所公
認。所以，我們認爲寶曇確實是大慧宗杲的弟子。尤爲值得注意的是，文
章開篇“橘洲在大慧門，如孔門游、夏”一語，道璨形容橘洲寶曇與大慧
宗杲之關係，如孔子和弟子子游、子夏一般。我們知道，游、夏二人在孔
門以“文學”見長。而道璨的這層比喻，無疑說明寶曇在叢林中就是以善
於寫作聞名的，這更能證明寶曇是一位名副其實的詩僧。但是，從現存的
寶曇文集中，看不到他給華藏安民有過什麼評價，以及他在安民那裏求學
的情況。可以推斷，由於石橋可宣在俗與寶曇爲兄弟的這層關係，所以，
寶曇或許也曾跟可宣一起在安民門下學習過，但他和安民却未能結成師徒
關係。

至於有學者提出改嗣之說，我們認爲此說雖有一定的道理，但這種可
能性不大，因爲寶曇沒在安民那裏開悟，自然不能成爲其法嗣，也就不必
改嗣。此外，寶曇《龕銘》中亦謂其“晚見東林卍庵、蔣山應庵，辛苦艱
難，始畢平生之願”。可見，除了宗杲，卍庵、應庵亦對寶曇有影響，也
能證明安民不是寶曇的老師，如果安民真的對寶曇證悟起到了重要作用，
寶曇肯定也會在《龕銘》中說到。因此，寶曇與安民不是師生關係，或者
說寶曇雖見過安民，但由於某些緣故，兩人最終没能契合。而寶曇之所以
爲禪門不肯，諸多燈録、宗派圖不列其名，甚至本人圓寂之後亦無法嗣傳
燈，可能還是因其“以詩著稱”，爲士大夫所欣賞，却難爲禪門所容。寶
曇雖自稱“造妙喜室，了決大事”，但由於自己在禪門一般僧人眼中“名

---

① 《柳塘外集》卷三，《文淵閣四庫全書》第 1186 册，臺北：臺灣商務印書館，1986 年版，
第 100 頁上。

聲不佳", 而且他入室又晚, 故宗杲門下弟子或許並不認可, 也就没能在正統燈録中謀得一席之地。

二、寶曇禪學思想管窺

寶曇認定宗杲是自己的本師, 希望找到法嗣, 將來振興宗杲禪法, 爲其延續燈火。衆所周知, 宗杲之禪以看話爲主, 以之爲坐禪正門, 那麼寶曇亦應主張看話禪。但寶曇又熱衷詩文寫作, 似乎説明他對文字禪也不排斥。可是文字禪正是宗杲所批判的"邪禪"之一。這樣看來, 寶曇對看話禪與文字禪都認可, 因此下文主要辨析寶曇對這兩種禪的看法與態度。

關於看話禪, 在《橘洲文集》現存詩文中, 我們未找到寶曇對看話禪及參話頭的有關評價, 而從寶曇對宗杲的肯定評價來看, 他又對宗杲無比敬仰, 因此他對看話禪不大可能持否定態度; 而文字禪在《橘洲文集》裏也未曾見。其實作爲一名禪師, 寶曇對禪宗否定語言文字的傳統是不敢違背的, 他曾説: "俯仰道德意, 袯除文字淫。"(《仰韓堂連守所作, 謝艮齋爲之記, 取退之陽山縣之詩以名。蓋先作讀書林, 後爲此州》)"我生不願文字習, 亦不願學屠龍方。"(《病寓靈芝寺夜聞講律有作》)這説明寶曇堅決反對義學講師們奉爲圭臬的"經典文字"。但是, 對於"詩歌文字"寶曇的態度就未必如此。

文字禪有廣義與狹義之分。廣義的文字禪即所謂"以文字爲禪", 是包容了佛經文句、古德語録、公案話頭、禪師偈頌、詩僧文藝等形式各異、門風不同的一種極爲複雜的文化現象, 但其中貫穿著共同的精神, 即對語言表意功能的承認甚至肯定。而狹義的文字禪是詩與禪的結晶, 即"以詩證禪", 或就是詩的別稱。① 由此觀之, 寶曇作詩就是變相地在實踐文字禪。此外, 還有一點可以證明, 寶曇對文字禪是推崇的。其在自撰的《龕銘》中説: "憂患一世間, 遊戲翰墨海, 人便謂其以文詞鳴, 是未知我也。"② 衆所周知, 禪宗内部對那些熱衷詩文的僧人常常采取否定批評的態度, 指責他們是在作"淫詞綺語"。因此, 詩僧往往要面臨著内心的矛

---

① 周裕鍇:《文字禪與宋代詩學》, 北京: 高等教育出版社, 1998 年版, 前言第 6 頁。
② 《橘洲文集》卷尾,《續修四庫全書》第 1318 册, 上海: 上海古籍出版社, 2002 年版, 第 131 頁下。

盾和巨大的外部壓力。從寶曇的自述可見，他也遭過宗門的非議與詰難。但他自我辯護説，批評者是不瞭解我的，我不是單純地熱衷詩文。這意味著寶曇必是將"詩文"視作"禪"，方能説出此言。因此，寶曇雖不是公開主張文字禪，但他絕對不會對詩文寫作持否定態度。

綜上所述，我們認爲寶曇雖是看話禪世系的弟子，但他不否定文字禪。但此時的臨濟宗看話禪正盛，所以寶曇大概不敢公開承認自己對文字禪的熱衷，雖然他不像惠洪那樣公開提出文字禪，但他的行爲則明確告訴人們他對詩禪文化的推重。

第二節　寶曇的詩歌理論

寶曇的文字禪與他對詩文的愛好是相輔相成的，這樣寶曇就有了詩人的身份，既然是詩人，那麼他必然有學習、模仿的對象，以及相應的理論主張。這也是詩僧研究中最重要的問題之一，故本節將對寶曇的詩歌理論進行探究。

一、"要眇雄渾"與"約而愈淡"

寶曇熱心於寫詩爲文，也留心對寫作方法的總結，因而建構了自己的詩學觀念。寶曇的詩學觀念散見於他的序跋之中，已有學者進行了初步的討論[1]，但似乎有所遺漏，因此，本節對這些散見於寶曇序跋中的文論加以歸納、考察。先看他的《東山詩集序》：

> 不知貫休者，以爲能詩而已。休見石霜而有發明。余謂言本載道而馳，是誠知言，雖异世殊時，不可得而磨滅。子韓子曰："氣，水也；言，浮物也。"是知厚蓄而深發，務爲要眇雄渾之詞，不知有道

---

① 祝尚書先生《論南宋四川詩文僧寶曇與居簡》一文曾指出："寶曇留下的文論僅隻言片語，如謝伯采《密齋筆記》卷三述史月湖（浩）'傳於曇橘洲'的作文之法'字古不如語古，語古不如意古'之類。"（詳見祝尚書：《宋代文學探討集》，鄭州：大象出版社，2007年版，第394頁）

者之言豐而不腴，約而愈淡，與掐擢胃腎、琢雕肺肝者不可同年語也。①

從這篇序來看，寶曇認同"文以載道"的詩學創作取向，毫無疑問，這是直承中唐韓柳古文運動以來近世儒家所主張的"文道"觀。他用韓愈《答李翊書》的原話，表明了他接受韓愈"氣盛言宜"的思想，重視道德修養對文學創作的影響。寶曇接著提出了他所崇尚的文學風格——要眇雄渾。"要眇"出自《楚辭·九歌·湘君》："美要眇兮宜修。"王逸解釋爲"好貌"。從這段文字的語境來看，此處"要眇"指作品的語言應富於美感，"雄渾"指作品風格。也就是説，寶曇認爲文學作品須用漂亮的語言來表現雄渾的内涵與氣勢。

值得注意的是，"雄渾"也是南宋詩文評論家所推重的風格，誠如周裕鍇先生所言："至南宋'雄渾'成爲批評家最推崇的風格，如葉夢得《石林詩話》卷下云：'言難於氣象雄渾，句中有力，而紆徐不失言外之意。'陸游《讀宛陵先生（梅堯臣）詩》云：'歐尹追還六籍醇，先生詩律擅雄渾。'戴復古《論詩十絶》之三云：'曾向吟邊問古人，詩家氣象貴雄渾。'嚴羽《滄浪詩話詩辨》謂'詩之品有九'，其中即有'雄渾'；他又在《答出繼叔臨安吳景仙書》中指出：'（我叔）又謂盛唐之詩'雄深雅健'，仆謂此四字但可評文，於詩則用'健'字不得。不若《詩辨》'雄渾悲壯'之語爲得詩之體也。'正如我在《宋代詩學通論》中所云，'雄渾'是宋人對宋詩發展過程中出現的雕琢或直露的弊病的自贖性反思的結果。"② 這就説明了寶曇的文論與南宋的主流批評家是一致的。

然而，寶曇雖欣賞"要眇雄渾"，但這並非其所認可的最理想的詩學取向。從後文可知，寶曇認爲真正能承載"有道者之言"的詩歌應表現出"豐而不腴，約而愈淡"的特徵，即語言内涵豐滿，而形式却不可過於繁縟，要簡約，仔細回味則有愈加平淡之感。重要的是，寶曇認爲這種美學特質絶不是詩人通過"掐擢胃腎，琢雕肺肝"的苦吟得來，可見這是他所追求的"淡"，完全是針對晚唐體之流弊而提出的。這種"豐""淡"的審

---

① 《橘洲文集》卷六，《續修四庫全書》第 1318 册，上海：上海古籍出版社，2002 年版，第 102 頁下。

② 周裕鍇：《司空圖〈二十四詩品〉真僞芻議》，《人民政協報》，1998 年 9 月 28 日第 3 版。

美追求恰恰也爲宋儒們所欣賞。尤其是"淡"，歐陽修及其詩友蘇舜欽、梅堯臣最先大張旗鼓地提倡"古淡"和"平淡"。① 在其之後，蘇軾、黃庭堅等元祐文人亦推崇"淡"這種美學特質，如蘇軾評價柳宗元詩曰："所貴乎枯淡者，謂其外枯而中膏，似淡而實美。"② 黃庭堅評價杜甫詩則云："但熟觀杜子美到夔州後古律詩，便得句法。簡易而大巧出焉，平淡如山高水深。"③ 因此，從這點來說，寶曇的詩論實與宋儒詩論一致。

從這篇序文可知，寶曇認爲類似韓愈的"雄渾要眇"之詞固然很好，但蘊含"約而愈淡"這種美學特質的作品更佳。而這種崇尚平淡的審美傾向則是兩宋詩話、詩論中更爲普遍的。④ 所以，寶曇的詩學理念就是爲宋代士大夫精英所公認的詩學觀念。

二、"音醇氣和"

除了追求"約而愈淡"，寶曇還主張"音醇氣和"，他在《跋高端叔詩序》一文中説：

> 詩之道廢久矣，吾何取於斯？雖然，推原人情，模寫物態，無詩不可。凡吾喜怒憤懣，無聊不平，與夫天地山川烟雲風月星辰霜露之變，蟲魚草木珠璣華實之富，莫不可畢見於斯。其間雖工拙不同，而古今取捨亦異。自建安七子涉唐李、杜，至起於吾國，作者數人，其音醇，其氣和，不獨紓憂娛悲，馴至其學，亦可至於道，是亦詩人之遺意。高君端叔，克苦而務深沉者也。其學粹於《春秋》，又能以其餘發爲律詩。方其思慮營度，若將交臂於造物之域，危坐傴僂，口吻聲鳴益悲。及其既成，光怪殆欲發現。如是累歲，幾三百餘篇。君年五十餘，不知加以數年，其富當如何也，恨無前輩爲之印證。余非學者，聞前輩論詩如此，嘗謂君言矣。君喜而使錄之，以爲《茶甘集後

---

① 周裕鍇：《宋代詩學通論》，上海：上海古籍出版社，2007 年版，第 333 頁。

② ［宋］蘇軾著，孔凡禮點校：《蘇軾文集》卷六十七，北京：中華書局，1986 年版，第 2109~2110 頁。

③ 劉琳、李勇先、王蓉貴點校：《黃庭堅全集》第 2 冊，成都：四川大學出版社，2001 年版，第 471 頁。

④ 周裕鍇：《宋代詩學通論》，上海：上海古籍出版社，2007 年版，第 333 頁。

序》。①

高端叔即高元之，是北宋名將高瓊的七世孫，表字端叔，師從程迥，學習《易》《春秋》，著有《茶甘甲乙稿》。寶曇的這篇跋文即爲高元之《茶甘甲乙稿》而作，它也詳細地闡述了寶曇的詩學觀念。開篇 "詩之道廢久矣" 説明寶曇對所處時代的詩歌很不滿意，寶曇認爲詩歌的作用極大，"推原人情，模寫物態，無詩不可"，上至人之各種情感，下及自然萬物的變化，詩歌皆可表現。而這幾乎是套用《論語・陽貨》"小子何莫學夫詩，詩，可以興，可以觀，可以群，可以怨。邇之事父，遠之事君；多識於鳥獸草木之名" 的觀念。寶曇接著闡發了詩道廢久不傳的原因，認爲從建安七子到李、杜，再到宋代，寫詩能達到 "音醇氣和" 者寥寥數人，故詩道不傳。所謂 "音醇氣和" 蓋指詩歌聲韻醇正，情感平和。《禮記・經解》云："孔子曰，入其國，其教可知也。其爲人也，温柔敦厚，詩教也。" 這裏的 "温柔敦厚" 無疑是寶曇 "音醇氣和" 的本源。按徐復觀先生的説法，"温柔敦厚" 是指詩人流注於詩中的感情，儒家認爲詩歌要有中和平正之美，而那些太激烈的感情都是没有彈性、没有吸引力、不易使人親近的。② 由此可知，寶曇的詩學觀念體現了儒家文學觀。

作爲僧人，寶曇文論以 "宗儒" 的面貌呈現並不令人意外。一方面寶曇少年時代曾經受業於儒家，他在自撰的《龕銘》中説："幼始知學，從先生受五經，習爲章句。自少多病，父母許以出家，遂投本郡德山院僧某爲師。"③ 可知他自幼學習五經，因體弱多病被迫改入釋門，即使入佛門後，他也没有對儒家産生質疑、否定，他在《上林侍郎書》中説："嘗論古今人材之不同，惟士不通經，果不可用。蓋經者道之所寓……才有小大，得經以濟之，自格物致知，正心誠意，修身齊家，治國平天下，如運諸掌。"④ 所以，他從骨子裏對儒家是接受的，至少是不排斥的。另一方面，在宋代儒學對僧人的影響極大，僧人廣泛吸收、借鑑儒學來闡發禪

---

① 《橘洲文集》卷六，《續修四庫全書》第 1318 册，上海：上海古籍出版社，2002 年版，第 103 頁下~104 頁上。

② 徐復觀：《中國文學的精神》，上海：上海書店出版社，2006 年版，第 44~45 頁。

③ 《橘洲文集》卷六，《續修四庫全書》第 1318 册，上海：上海古籍出版社，2002 年版，第 130 頁下。

④ 《橘洲文集》附録：《禪門逸書初編》第 5 册，臺北：明文書局，1981 年版，第 79 頁。

理，尤其是臨濟宗的禪僧，很多人都具備融會儒釋的眼光，如清凉惠洪就引用了不少儒家學説來爲自己作文字禪辯護。① 再如大慧宗杲，他公然宣稱："禪狀元即是儒狀元，儒狀元即是禪狀元。"引用理學的人性學説作爲哲學依據："忠義、奸邪與生俱生。忠義者處奸邪中，如清净摩尼寶珠置在淤泥之内，雖百千歲不能染污。何以故？本性清净故。奸邪者處忠義中，如雜毒置於净器，雖百千歲亦不能變改。何以故？本性濁穢故。"② 因此，寶曇持儒家文學觀可能是受到臨濟宗"融會儒禪"的宗門傳統影響。

　　除了反映儒家色彩之外，寶曇的"要眇雄渾""音醇氣和"也具有明確的針對性和指向性。從他對"掐擢胃腎，琢雕肺肝"的否定來看，説明他並不滿意那種嘔心瀝血、刻意求工的詩學傾向。這決定了寶曇的創作走的是與晚唐體詩人相反的道路，他的詩歌必然會在内容與形式上呈現出與傳統詩僧"蔬笋氣"或"酸餡氣"式的作品所不同的面貌。

第三節　寶曇的詩歌及其詩學取向

　　寶曇的創作時期主要處於高宗紹興至寧宗慶元年間。在歷史上，這一時期是南宋文學與文化的"中興"時期。這一時期影響文學最大的政治活動，恐怕非高宗、孝宗先後爲蘇軾等元祐黨人恢復名譽一事莫屬，這一行爲使元祐文學及學術重新得到推崇。《武林舊事原序》云："乾道、淳熙間三朝授受，兩家奉親，古昔所無。一時聲名文物之盛，號'小元祐'。"③ 既然孝宗乾道、淳熙間有"小元祐"的稱號，而生活在此時期的寶曇也可能受到了時代的影響，促使他在創作上主動選擇"元祐—江西"文學傳統。因此，論詩者謂"寶曇雖釋子，然雅慕東坡、山谷詩文，即規撫兩

---

① 周裕鍇：《惠洪文字禪的理論與實踐及其對後世的影響》，《北京大學學報》（哲學社會科學版），2008 年第 4 期。

② 方新蓉：《大慧宗杲與兩宋詩禪世界》，四川大學博士學位論文，2008 年，第 43 頁。

③ ［宋］周密：《武林舊事》，《文淵閣四庫全書》第 590 册，臺北：臺灣商務印書館，1986 年版，第 174 頁下。

家，筆意簡古，厠諸南宋諸名家中，可亂楮葉"① "曇橘洲學問該博，擅名天下，本朝自覺範後，獨推此人而已"②之類的評價，絕不是憑空捏造。以往的研究者雖注意到寶曇詩歌的這一審美取向，但未深入展開。因此本節從寶曇詩的題材入手，探討寶曇詩與宋代詩風之間的聯繫。

一、追摹元祐文學傳統：寶曇的次韻詩

寶曇詩歌中次韻唱和之作數量甚多，按次韻對象可分三類：次韻自作詩、次韻友人詩、次韻古人詩。下面分述之：

（一）自娛與自適：次韻自作詩

這類次韻詩最大的特點是没有他人的參與或其他次韻詩的存在，是寶曇對自己先前作品的次韻。日本學者内山精也認爲，這樣的次韻排除他人的介入，同時也意味著排除了來自作爲次韻詩核心功能的社交作用，只保留了將對比明確化的功能。因爲詩題中記有"用前韻"，故讀者自然會去尋找韻字相同的原作，將兩者對照體會。由於原作跟次韻詩之間字數、句數、韻字等完全相同，所以兩者的差異就會極爲明顯。③ 我們可從寶曇的《劇暑戲成》《倦夜再用前韻》兩首詩一覽"次韻自作詩"的鮮明特點：

> 風怒欲翻屋，汗香仍浹膚。物方矜外武，吾獨畏中枯。璧月團霜簟，湘波浸竹鋪。爲君拼一飲，滿意説江湖。（《劇暑戲成》）
>
> 飢鼠方吟屋，飛蚊已嘬膚。稍虛燈火讀，徑作壁魚枯。辟户從風入，移床就月鋪。曉鐘殘暑破，依約在西湖。（《倦夜再用前韻》）④

前一首詩作者叙述酷暑之時雖然暴風突至，但仍覺汗流浹背，月夜下在竹席上輾轉難眠，希求消暑袪熱。後一首詩作者叙述倦夜之時，自己不堪忍受飢鼠號屋，飛蚊叮咬，故索性開門迎風，移席至月下就寝。結果這

---

① 《橘洲文集》卷尾，《續修四庫全書》第 1318 册，上海：上海古籍出版社，2002 年版，第 131 頁下。

② ［宋］釋道融：《叢林盛事》卷下，《卍續藏經》第 148 册，臺北：新文豐出版公司，1993 年版，第 90 頁上。

③ ［日］内山精也：《傳媒與真相——蘇軾及其周圍士大夫的文學》，朱剛、益西拉姆譯，上海：上海古籍出版社，2001 年版，第 342 頁。

④ 《橘洲文集》卷四，《續修四庫全書》第 1318 册，上海：上海古籍出版社，2002 年版，第 87 頁上。

率意之舉反能讓自己安然入睡，不爲殘暑熱氣所困。從第一首詩題目的
"戲"字來看，作者寫的這兩首詩更强調作詩的遊戲、娛樂性質。兩詩用
韻雖同，但在情感上差异顯著。前者落句"爲君拼一飲"感嘆劇暑之夜無
人相伴，只能以竹爲友，相呼而飲，暗示了作者心中的孤獨煩躁；後者落
句"曉鐘殘暑破"中的"破"字説明作者已不爲暑熱所擾，心情明顯輕鬆
閑適。所以，兩詩韻脚相同且都以戲謔之語抒寫劇暑倦夜之感，但心境却
截然相反。

（二）詩可以群：次韻友人詩

寶曇次韻友人詩數量最多。在寶曇所結交的文人士夫之中，很多人都
與其有過詩文酬唱，如史浩（史魏公）、張鎡（張功父）、李石（李方舟、
李太博）、吳津（吳仲登）、汪大猷（汪仲嘉）、潘畤（潘經略）、孫應時
（孫季和）等。從《橘洲文集》所收次韻詩來看，其中史浩、張鎡、吳津
三人與寶曇的次韻較多，兹以寶曇與他們三人的次韻詩爲例，以觀寶曇與
友人之間的情誼及特色。

1. 史浩

史浩與寶曇過從甚密，自浩始其子、孫三代都與寶曇有深交，而寶曇
的《橘洲文集》中不少詩都是寫給史浩的，就次韻唱和而言，兩人酬唱次
數非常多，如史浩《題蝸室》：

> 平生喜善類，遇之以青目。廣廈千萬間，䏌懱未渠足。唯予自栖
> 身，三椽乃蝸縮。問之何爲然，知足常不辱。人生天地間，渺然如一
> 粟。侈心才動摇，曷厭溪壑欲。紙帳暖有餘，蒲團眠易熟。神遊萬物
> 表，不慮此局促。門外競軒冕，卑哉蠻與觸。[①]

寶曇見之，旋作《史魏公蝸室》次韻唱和：

> 兩趺尺寸地，屹立萬夫目。四海霖雨心，溉沾一夔足。何曾動聲
> 氣，萬象意沉縮。譬猶雷蟄藏，春風不虚辱。世界如許大，借吾體中
> 粟。是心如許寬，不著世間欲。散花果無地，拊卷或可熟。好鳥如可

---

① ［宋］史浩：《鄮峰真隱漫録》卷二，《文淵閣四庫全書》第1141册，臺北：臺灣商務印
書館，1986年版，第545頁下。

人，酣睡勿驚促。八風吹得行，顛倒任振觸。①

蝸室即狹小的居室。史詩意在表明自己擇居蝸室完全出於"知足"心理，他認爲人生天地之間，有如滄海一粟，不能爲了滿足自己的欲望去追求住所的奢華，自己的蝸室雖小但它既溫暖又舒適，根本不會感到局促。尾句借身居蝸室與世俗相隔，抨擊那些追名逐利之徒。寶曇的次韻詩充分讚揚史浩，說他雖身居蝸室，但心胸寬大，了無所欲，就像維摩詰居士不受世俗浸染，寄予了對史浩的敬意。尾句希望鳥兒不要驚擾史浩，讓他在這個蝸室裏能好好休息，酣然熟睡。除了這首《史魏公蝸室》詩，寶曇還作了《和史太師蝸室》三首絕句，說明史浩與寶曇應還有一次關於蝸室的唱和，惜乎史浩的《鄮峰真隱漫錄》未收，無法比對兩人這次次韻唱和的具體情況。

寶曇和史浩還有一次以"柏梁體"次韻唱和的交流，寶曇先作《和史魏公燔黃》，史浩作《次韻曇師以某焚三代贈黃所示長句》予以回應，在這首詩裏史浩高度稱贊了寶曇，如"帝恩欲報方思量，忽睹健句如柏梁。葩華盈軸豔春陽，建安七子誰可當。何止李杜萬丈長，再四披閱予敢忘"等句，可見史浩對寶曇的文采是非常欣賞的。寶曇得到史詩後，又作《病餘用前韻呈魏公》再和，在詩的結尾句，他說"戰酣意定心泰康，依舊爾界還吾疆"，抒發了自己與史浩這次"筆戰"後的愉悦心情。除此之外，寶曇不少詠物詩也是在同史浩的唱和中寫就的，如《和史魏公秋月》《和史魏公荷花》《和史魏公荔枝韻》《和史魏公洗硯》等，就詩的内容來看，兩人在日常交往中情誼深摯，幾乎無話不談。

值得一提的是，史浩雖爲喜好參禪的居士，但是他所宗尚的禪法却是天童正覺的默照禪，他的《贈天童英書記》詩云：

> 學禪見性本，學詩事之餘。二者若异致，其歸豈殊途？方其空洞間，寂默一念無。感物賦萬象，如鏡懸太虛。不將亦不迎，其應常如如。向非悟本性，未免聲律拘。②

---

① 《橘洲文集》卷三，《續修四庫全書》第 1318 册，上海：上海古籍出版社，2002 年版，第 87 頁上。

② ［宋］史浩：《鄮峰真隱漫錄》卷二，《文淵閣四庫全書》第 1141 册，臺北：臺灣商務印書館，1986 年版，第 545 頁下。

此詩中"寂默一念無"，顯然出於正覺默照禪。默照禪主張閉眼合目，沉思冥想，在寂然静坐中進入一種無思慮的直覺狀態，即禪的狀態。史浩的詩學正有取於此，提倡清心虛静的默照狀態，心如鏡鑒，反映萬象，認爲禪思與詩思可以相通。① 而默照禪恰恰爲宗杲所反對，寶曇是宗杲的弟子，亦主張看話禪。換言之，寶曇與史浩兩人的禪法是針鋒相對的，但是兩人過從甚密，並未因之産生矛盾。這就意味著，一方面南宋的習禪士大夫可能不大介意所交往禪僧的門户派别、禪學主張是否與自己相同；另一方面，臨濟宗的詩僧在創作時是以詩人的身份同士大夫、文化精英交際，視彼此爲詩友。因此他們可能也不關心士大夫所習禪法是否與自己相左，也就是説，南宋士人與臨濟宗詩僧是完全因"斯文"事業結交，而不囿於禪宗門户、理念之見。

2. 張鎡

張鎡，字功甫，號約齋居士，是循王張俊的曾孫，有《南湖集》十卷。他本人曾跟隨臨濟宗禪師密庵咸傑多年，稱咸傑爲師，咸傑圓寂後，張鎡還爲《密庵咸傑禪師語録》作序。從臨濟宗法嗣譜系來看，密庵咸傑是應庵曇華的法嗣，寶曇則是大慧宗杲的法嗣，按法系排輩，寶曇與曇華當屬平輩，在年齡上曇華長於寶曇，故寶曇算得上咸傑的師叔。因此寶曇跟張鎡的關係自然非同一般，所以兩人亦多有詩文酬唱。如張鎡《官舍夢歸南湖》：

> 林野相望不隔關，夢魂徑到豈爲難。恍如天上飛升客，忘却人間走俗官。岩桂直通籠鶴檻，水葓斜倚釣魚竿。覺來不忍輕開眼，窗外芭蕉戰曉寒。②

作者叙述了在官舍做夢回歸南湖家中，在夢裏自己恍然間變成飛升仙客，一下子忘掉了世俗的官階。"走俗"暗示出作者對仕宦充滿厭倦之情。頸聯描寫了幽雅閑淡的隱逸生活。尾聯則深化此意，作者因對夢境的喜愛而不願睜眼，並引用"雪中芭蕉"的典故，希望借助"妙觀逸想"達成夢境與現實之間的了無差别。寶曇得見張詩之後，即作《又自官舍夢歸南

---

① 周裕鍇：《文字禪與宋代詩學》，北京：高等教育出版社，1998 年版，第 133 頁。

② ［宋］張鎡：《南湖集》卷六，《文淵閣四庫全書》第 1164 册，臺北：臺灣商務印書館，1986 年版，第 598 頁下～599 頁上。

湖》和之：

> 夢中身世已間關，覺後懸知去不難。陶令歸來猶有酒，子雲老去
> 不遷官。時供采擷花千樹，醉共團欒竹萬竿。想見春風更啼鳥，沉香
> 庭院不勝寒。①

寶曇認爲如果夢中自己的遭遇已是艱辛崎嶇，那麼夢醒之後就會知道
離開夢境不難。很顯然，這是針對原詩主題有感而發的。頷聯用典，以陶
淵明之歸隱飲酒和揚雄老去又復召爲官之事，勸喻張鎡不必糾結於仕與
隱。後來張鎡得到機會，回歸南湖家中，便作《歸南湖喜成》一詩：

> 路轉斜橋似夢醒，擁衾搖兀亦身輕。知期岸鵲如相語，匿笑鄰翁
> 欲鬥迎。見處青山還委麼，遮回居士太呆生。矮籬半路寒球樹，新種
> 渾如舊種成。②

全詩抒發了作者回到南湖的輕鬆愉悅之情，尤其是頸聯，使用世俗口
語自我解嘲，令人可發一笑。寶曇則以《又和歸南湖喜成》應答：

> 吏退文書苦未醒，湖光靧面適全輕。風從北戶來披拂，鵲傍南枝
> 管送迎。許我杖梨來宿昔，觀公詩律自前生。藝蘭九畹辛夷百，續取
> 《離騷》更老成。③

詩的首聯、頷聯幾乎復刻了張詩頭兩聯的原意，想象其回歸南湖的快
樂心情。後兩聯則贊揚張鎡擅長寫詩，仿佛出生前就已具備這高超的詩
藝。自己若想與張氏匹敵較量，只能從《離騷》中續取菁華，使自己的詩
更加老成。實際上，寶曇不止一次在唱和中贊頌張鎡的詩才，如《又和病
中遣懷》：「聞公多病正緣詩，酷似梅花太瘦時。」④ 表面上是調侃張鎡因
寫詩致病，實則褒揚其作詩精於錘煉打磨，以致累瘦了身形，酷似梅花。
《和張功父寄陸務觀郎中》亦云：「新詩老去合名家，猶喜春風在鬢華。恨

---

① 《橘洲文集》卷四，《續修四庫全書》第 1318 冊，上海：上海古籍出版社，2002 年版，第 84 頁下。

② ［宋］張鎡：《南湖集》卷六，《文淵閣四庫全書》第 1164 冊，臺北：臺灣商務印書館，1986 年版，第 602 頁下。

③ 《橘洲文集》卷四，《續修四庫全書》第 1318 冊，上海：上海古籍出版社，2002 年版，第 85 頁上。

④ 《橘洲文集》卷四，《續修四庫全書》第 1318 冊，上海：上海古籍出版社，2002 年版，第 84 頁下。

徹斯文無雪處，竟將好語向誰誇?"① 認定張鎡的新作當其老去之後定會
被世人視爲名家之作，並感嘆如此佳作自己周圍竟無可同賞者。

3. 吴津

吴津也是寶曇的重要詩友之一。吴津，字仲登，台州仙居人，吴芾
子。曾任兩浙東路安撫司幹辦公事，知麗水縣，通判紹興府，終知廣德
軍、興化軍。寶曇有《寄吴知府》《用前韻寄吴知府》《用前韻謝吴知府》
《用前韻寄吴知府歸廣德》四詩，皆是同吴津唱和，很遺憾現存的吴津詩
歌並沒有保存他與寶曇唱和的作品，但從寶曇的四首詩來看，兩人的情誼
也很深厚，如《寄吴知府》：

> 夢中時一到湖山，酷愛山雲似我賢。盡有新詩題葉滿，豈無流水
> 逐人還。經年晏坐追摩詰，盡日提携欠小蠻。白首著書成過計，何時
> 椽筆爲鋤删。②

首句"湖山"乃雙關語，既指湖光山色，又暗合吴津之父吴芾的號
（湖山居士），說明吴津好遊山水，頗有雅致。頷聯用典，借"顧況之典"
引申吴津寄新詩給自己，而自己亦作詩回贈。頸聯"經年"句謂自己長年
參禪追法維摩詰，而"盡日"句蓋指吴津雖得人照顧，可欠缺如白居易之
小蠻那樣的才伎，語言幽默。尾聯作者認爲自己白首寫書亦是錯誤的計
劃，所以還請吴津有機會多多批評自己的詩文。可見，寶曇十分贊賞吴津
的詩才。吴津在得到這首詩後，回贈詩作，寶曇就依前韻唱和，寫下了
《用前韻寄吴知府》：

> 知有堂堂在故山，忘機未許白鷗閑。洗心羲易窺三聖，盥手楞嚴
> 辯八還。剩著林花供笑粲，喚回春夢付綿蠻。聞公已是詩成集，一字
> 千金豈易删。③

從詩的尾聯來看，吴津也有詩集編成，並連同詩歌寄給寶曇，希望他

---

① 《橘洲文集》卷三，《續修四庫全書》第 1318 册，上海：上海古籍出版社，2002 年版，
第 79 頁下。

② 《橘洲文集》卷三，《續修四庫全書》第 1318 册，上海：上海古籍出版社，2002 年版，
第 73 頁下。

③ 《橘洲文集》卷二，《續修四庫全書》第 1318 册，上海：上海古籍出版社，2002 年版，
第 73 頁下。

也爲自己的作品雅正，説明吳津也欣賞寶曇的才華，但寶曇却很謙虛，認爲吳津的作品簡直一字千金，捨不得改。此後，吳津、寶曇又有兩次次韻唱和，據寶曇的詩可判斷，兩人不斷地請對方做自己的"一字師"，如《用前韻謝吳知府》："聞道江南庾子山，新詩脱手意長閑……悲歡怨懟三千首，乞與無思爲一删。"① 《用前韻寄吳知府歸廣德》："五日頌聲今故在，一春詩債共誰還……遥指行雲爲公説，由來此語不須删。"② 就此而言，寶曇和吳津的次韻已近乎通信，互邀對方爲自己改詩。

以上便是寶曇次韻友人詩的一些情況，除了作品的内容，我們認爲寶曇在次韻過程中的身份與態度最值得注意。就上述作品而言，寶曇在身份上多次提及與詩友們的關係，即"我"與"公"。這説明在創作中，他並不是以超然世外的釋子形象出現，而是以文人雅士的身份出現；在態度上，每當讀到史浩等人的作品時，他不是閲後即止，而是積極主動地與友互動，回詩或贊揚其人品，或激賞其才氣，或寬慰其遭遇，充分利用詩歌來與之交際，即以詩代信。而這種現象及詩歌内容很容易讓人聯想到"元祐體"詩歌的某些特徵。

周裕鍇先生認爲元祐時期的大量次韻唱和幾乎都按照詩人"我"（吾）與酬贈對象"君"（公、子、汝、先生）之間的關係模式展開，獨白變成了交談。而且，由於這種唱和是"牽乎人"的次韻，往往要考慮他人原作，所以自我感發的因素相對較少。故元祐諸公詩歌的重心已轉移到交際方面，詩歌成爲日常生活中的交往工具。③ 寶曇與史浩等人的次韻詩同樣以交際爲主。這就意味著寶曇在詩文創作上似乎並不跟隨當時詩壇主流，反而上溯到北宋元祐，完全是在模擬元祐時期蘇、黃諸公的詩歌，效仿其次韻詩，發揮"詩可以群"的交際功能。從這方面來看，寶曇的次韻友人詩實受"元祐體"或"元祐文化"的影響。

（三）尚友古人：次韻古人詩

這種次韻詩基本上取消了次韻行爲原來所具有的社交功能，如果古人

---

① 《橘洲文集》卷二，《續修四庫全書》第1318册，上海：上海古籍出版社，2002年版，第73頁下～74頁上。

② 《橘洲文集》卷二，《續修四庫全書》第1318册，上海：上海古籍出版社，2002年版，第74頁上。

③ 周裕鍇：《詩可以群：略談元祐體詩歌的交際性》，《社會科學研究》，2001年第5期，第131頁。

原詩已經受到當時詩人的高度評價，那麼對它進行次韻，可以說同時也就意味著會被拿去跟這樣的詩比較。這就包含了一種危險性：稍有差池，便會有損此前已經確立起來的自己的詩名，成爲一個無謀的行爲。① 當然，次韻古人詩也有尚友前賢的目的。寶曇也有次韻古人詩，但他似乎並不擔心對自己詩名的威脅，因爲他的次韻古人詩不多，遠未到蘇軾上百首"和陶詩"的程度。不過，從寶曇選擇的古人來看，還是可以發現他所崇拜的古代先賢以及他所追求的詩學範式。

寶曇次韻的古人有三位：陶淵明、黃庭堅和陳與義。我們先看陶淵明。"和陶詩"在宋代是個相當突出的現象，蘇軾的"和陶詩"最爲典型。北宋臨濟宗詩僧惠洪也有和陶之作。大概是受到這種風氣的影響，寶曇亦"和陶"，即《和陶彭澤詠二疏》：

> 人生天地間，賓鴻自來去。歲晚洲渚空，稻粱適歸趣。秋風在羽翮，吾寧且高舉。老倒商山翁，爲人作師傅。二疏於此時，都人壯歸路。登車一慷慨，墮甑誰復顧。黃金壽故人，不爲鄉曲譽。明朝間其餘，曲蘗最先務。徑醉無缺供，餘歡話情愫。賢愚貴通達，父子無悔悟。先人有弊廬，衣食不足慮。此道今寂寥，寄聲謝朝著。②

這首"和陶詩"次韻的是陶淵明的《詠二疏》：

> 大象轉四時，功成者自去。借問衰周來，幾人得其趣。遊目漢廷中，二疏復此舉。高嘯返舊居，長揖儲君傅。餞送傾皇朝，華軒盈道路。離別情所悲，餘榮何足顧。事勝感行人，賢哉豈常譽。厭厭閭裏歡，所營非近務。促席延故老，揮觴道平素。問金終寄心，清言曉未悟。放意樂餘年，遑恤身後慮。誰云其人亡，久而道彌著。③

二疏即漢代的疏廣、疏受叔侄，兩人都曾擔任太子的老師。但是，他們在人生最榮耀的時候選擇急流勇退，故幸免於政治鬥爭，皆以壽終。因

---

① ［日］內山精也：《傳媒與真相——蘇軾及其周圍士大夫的文學》，朱剛、益西拉姆譯，上海：上海古籍出版社，2001年版，第360頁。

② 《橘洲文集》卷三，《續修四庫全書》第1318冊，上海：上海古籍出版社，2002年版，第80頁上。

③ ［晉］陶潛著，龔斌校箋：《陶淵明集校箋》卷四，上海：上海古籍出版社，2011年版，第344頁。

此，陶淵明對疏氏叔侄的行爲非常贊賞，認爲他們功成身退是明智之舉，特別是"問金買酒"的典故，亦與陶淵明的人格精神契合。溫汝能《陶詩匯評》評曰："'趣'字最宜領會，功成而不歸去，不得趣者也。古今得其趣者，曾有幾人？惟二疏知足知止，所以得趣，惟其得趣，所以散金置酒，不以多財遺子孫也。'趣'字實貫徹前後。"① 所以，寶曇的這首次韻詩也强調這種精神，開頭八句先寫自己隱居橘洲所聞所感，中間十二句叙述疏氏叔侄的故事，結尾四句議論，感喟當代再也無此道。

寶曇仰慕黄庭堅，也次韻了一些黄庭堅的詩歌，如《用山谷題借景軒賦史簿清蔭》一詩：

> 竹君如余子琴張，友此百十庸何傷。聽渠風雨夜深語，撼我窗几無邊凉。起來顛倒急穿襪，直恐吾廬變林樾。却煩清影過牆來，已約姮娥借明月。②

所謂"用山谷題借景軒"指的是黄庭堅《借景亭》詩：

> 青神縣中得兩張，愛民財力惟恐傷。二公身安民乃樂，勸葺城頭五月凉。竹鋪不浣吴綾襪，東西開軒蔭清樾。當官借景不傷民，恰似鑿池取明月。③

黄詩前面有序，按序文可知，這首詩主要贊揚張信孺、張介卿二人。因爲二張體恤百姓，故他們在主持修葺青神縣城池之時能做到合理修繕，不勞民傷財。詩的結尾用"鑿池取明月"比喻二張爲政富於人性化。因爲黄詩前序有"觀水竹"等語，故寶曇就以"竹"爲題來賡和次韻。詩中用典，作者引用《莊子·大宗師》視竹爲自己的莫逆之交，書寫出"雨夜聽竹語"的美妙感受，表現出對竹的喜愛。寶曇還有一首次韻山谷詩《和山谷賦黄迪墨竹》：

> 平生黄太史，翰墨四海知。風流過修竹，自弃或若遺。豈伊歲寒

---

① ［晋］陶潛著，龔斌校箋：《陶淵明集校箋》卷四，上海：上海古籍出版社，2011 年版，第 347 頁。

② 《橘洲文集》卷四，《續修四庫全書》第 1318 册，上海：上海古籍出版社，2002 年版，第 85 頁上。

③ ［宋］黄庭堅撰，［宋］任淵、史容、史季温注，劉尚榮校點：《黄庭堅詩集注》第 2 册，北京：中華書局，2007 年版，第 486 頁。

質，似我盤礴時。此君不解語，風雨扶持之。夜窗或蕩撼，燈火皆疑危。龍去恐拔屋，呻吟欲勤追。摩挲古屋壁，想像還依稀。憐公讀書瘦，愛竹何緣肥。飲盡三斗墨，半梢或相宜。爭如鴟夷子，一舸容西施。歲晚意浩蕩，江湖相倚毗。雲幢與烟節，异致仍同歸。多應黑瘦語，絕倒黃初詩。君家百斛力，不解增雙眉。榮枯各本色，玉林亦神馳。我欲學揮掃，十年以爲期。胸中富千畝，二鳳當來儀。簫韶久不作，此恨常依依。會須歸故國，夜夢而晝思。庭空月欲落，斯文還在茲。①

黃庭堅詩是《次前韻謝與迪惠所作竹五幅》：

吾宗墨修竹，心手不自知。天公造化爐，攬取如拾遺。風雪烟霧雨，榮悴各一時。此物抱晚節，君又潤色之。抽萌或發石，懸棰有阽危。林梢一片雨，造次以筆追。猛吹萬籟作，微凉大音希。霜兔束毫健，松烟泛硯肥。盤桓未落筆，落筆必中宜。今代捧心學，取笑如東施。或可遺巾幗，選奕如辛毗。生枝不應節，亂葉無所歸。非君一起予，衰病豈能詩。憶君初解鞍，新月掛彎眉。夜來上金鏡，坐嘆光景馳。我有好東絹，晴明要會期。猗猗淇園姿，此君有威儀。願作數百竿，水石相因依。他年風動壁，洗我別後思。開圖慰滿眼，何時遂臻茲。②

黃詩題目中的"與迪"爲北宋畫家黃與迪，其善畫墨竹。因此寶曇詩題中"黃"下應闕一"與"字。山谷詩意可分三層，首先叙述自己雖然學過如何畫墨竹，但不能得心應手，不像黃與迪那樣構思未好絕不輕易落筆，一旦落筆胸中之竹必將躍然紙上。其次，山谷調侃自己學黃與迪畫竹簡直是在東施效顰，或像三國時期辛毗那般軟弱，暗喻自己畫竹不得法，徒供方家取笑。若不是與迪啓發自己，恐怕仍不得要領。最後，山谷回憶當初與他相識的場景，贈絹布請與迪畫竹，希望能以此寬慰自己對與迪的思念之情。

---

① 《橘洲文集》卷三，《續修四庫全書》第 1318 册，上海：上海古籍出版社，2002 年版，第 81 頁下。

② ［宋］黃庭堅撰，［宋］任淵、史容、史季温注，劉尚榮校點：《黃庭堅詩集注》第 2 册，北京：中華書局，2007 年版，第 526～527 頁。

山谷詩著重表現畫家黃與迪手法高明及其與畫家之間的交情，而寶曇詩則主要抒發的是對山谷的敬仰之情。詩意同樣爲三層，開頭説黃庭堅名聲之盛，其詩文流布海内，贊嘆其人格魅力勝於修竹之美。中間部分想象山谷治學刻苦，以致身形瘦削，發揮了山谷原詩之意，謂其畫技稍遜，但又稱贊其詩勝於畫。最後，作者的思路由山谷轉向自我，謂自己學畫或許還不如山谷，十年之後纔能見出成效，抒發了對山谷超凡才藝的崇拜之情。

寶曇也有次韻陳與義詩，這就是《和簡齋墨梅二首》：

> 爲憐玉色照前除，一室無因舍靜姝。寄語客卿煩想像，萬花困苦乞爲奴。
>
> 風物凋零欲盡年，此花黑瘦故應然。暗香疏影渾無賴，爲我中分亦可憐。①

陳詩爲《和張規臣水墨梅五絶》其一、其二：

> 巧畫無鹽醜不除，此花風韻更清姝。從教變白能爲黑，桃李依然是奴僕。
>
> 病見昏花已數年，只應梅蕊固依然。誰教也作陳玄面，眼亂初逢未敢憐。②

寶曇所和詩乃陳的成名之作。張規臣是陳與義的表兄，他爲花光仲仁禪師所畫墨梅題詩，陳與義再唱和，共有五首，寶曇次韻前二首。對於陳詩，程千帆先生評曰：“陳與義這五首詩，既是對花光仁老藝術成就的贊嘆，也是對水墨畫作出的美學解釋。……很精闢地指出了客觀世界中雖無墨梅，但畫家却無妨創作墨梅，反映了我國古典美學中‘遷想妙得’‘離形得似’的追求。”③ 從寶曇次韻詩來看，顯然他也接受了這種美學理念。

加上《和山谷賦黃迪墨竹》一詩，寶曇這三首詩的主題都跟水墨畫有關。墨竹、墨梅是宋代習禪詩人經常品題的對象。我們認爲寶曇選擇黃、

---

① 《橘洲文集》卷三，《續修四庫全書》第 1318 册，上海：上海古籍出版社，2002 年版，第 77 頁上。

② ［宋］陳與義著，白敦仁校箋：《陳與義集校箋》卷四，上海：上海古籍出版社，2002 年版，第 99～103 頁。

③ 程千帆：《宋詩精選》，南京：鳳凰出版社，2002 年版，第 133 頁。

陳這類詩次韻，其中不無佛教思維的影響，這就是大乘佛教諸經尤其是《楞嚴經》中"六根互用"的觀念，《楞嚴經》云："阿難！汝豈不知，今此會中阿那律陀無目而見，跋難陀無耳而聽。"[①] 提出眼根與耳根功能的互用，以眼聽聲，以耳觀色。宋代臨濟宗的禪師也有類似的話頭，如昭覺克勤："眼聽似震雷霆，耳觀如張錦繡。"[②] 禪宗這種耳視目聽的觀念直接影響到僧人的藝術創作。比如，花光仲仁禪師所畫墨梅，將現實中的白梅變爲畫紙上的"黑梅"，就是六根互用，打通聲與色、聽覺與視覺的界限，因而不再介意梅花的顏色，不再拘泥於塵境的束縛。這樣墨梅的創作與觀賞便具有了參禪的意義。[③] 因此，作爲一名禪僧，寶曇在面對墨竹、墨梅之類的作品時，肯定會聯想到其中的禪意，很可能出於這層考慮他會選擇黃、陳的這三首詩來次韻。

　　說到此處，我們認爲寶曇次韻古人詩的創作動機以及選擇對象很值得注意。寶曇不單是表現出對這些前賢的景仰，還宣示了自己的詩學取向及詩學觀念。首先，寶曇的這類次韻詩大都屬於借題發揮，所寫內容與前人原作亦存在不少相似之處，如《和陶彭澤詠二疏》《和山谷賦黃迪墨竹》二詩。因此，我們認爲寶曇在寫這些詩時，可能沒有想同古人較量詩才的目的，或者說這種想法並不占據主導地位。北宋蘇軾寫作"和陶詩"幾乎將陶詩和遍，他說："吾前後和其詩凡百數十篇，至其得意，自謂不甚愧淵明。"[④] 充分説明蘇軾"和陶"是有意識地跟陶淵明的原詩作比較，蘇軾想跟陶淵明一較詩才的想法非常明顯。而寶曇的這類詩數量不多且相對零散，所以，寶曇次韻古人詩多爲偶然嘗試，出於競技心理的可能性較小。其次，寶曇與蘇軾等前賢的次韻古人詩在創作環境上不同，蘇軾一生多次被貶，貶謫之前不請自來的原詩、自然造訪的分韻機會被絕對地減少，相應的結果便是次韻韋應物的詩，以杜甫詩句分韻的作品，再就是

　　① ［唐］般剌蜜帝譯：《大佛頂如來密因修證了義諸菩薩萬行首楞嚴經》卷四，《大正藏》第 19 卷，第 123 頁。

　　② ［宋］釋普濟著，蘇淵雷點校：《五燈會元》卷十九，北京：中華書局，1984 年版，第 1256 頁。

　　③ 周裕鍇：《"六根互用"與宋代文人的生活、審美及文學表現——兼論其對通感的影響》，《中國社會科學》，2011 年第 6 期，第 142 頁。

　　④ ［宋］蘇轍著，曾棗莊、馬德富校點：《欒城後集》卷二十一，上海：上海古籍出版社，1987 年版，第 1402 頁。

"和陶詩"①。因此蘇軾次韻古人詩主要受環境所限，其次韻古人詩實爲緩解無法同其他詩友唱和的苦悶心態。但寶曇没有貶謫的經歷，經常會收到友人詩作，故没有以次韻古人詩來調適心情的必要。

寶曇次韻古人詩既不是出於競技目的，亦非排遣與友人唱和而不得的精神壓抑。那麼，寶曇的次韻很可能衹是出於對古人的敬慕心理。而他所選的三位古人陶淵明、黄庭堅、陳與義乍看起來没有什麼聯繫，貌似隨意挑選。不過，倘若我們回溯歷史就能發現，三人之間的確存在著某種文化層面的關係。陶淵明自北宋元豐開始就大受士人尊崇，尤其是江西詩人，很多人都拜謁過靖節祠，並不是因爲靖節祠在江西，而是因爲他們崇拜陶淵明，作詩師法淵明。② 而黄、陳正是江西詩派所謂的"三宗"。由此觀之，寶曇選擇這三位的作品次韻，很可能是著眼於三人與江西詩派的關係。眾所周知，陶詩的主體風格是平淡自然，黄庭堅謂"彭澤意在無弦"，即主張取法平淡自然的詩歌美學風格，陳與義曾説"天下書雖不可不讀，然慎不可有意於用事"，強調作詩雖須才學，但不能故意在詩中炫才，亦是追求自然而然地寫詩。可見，他們的詩學主張均本乎陶詩的藝術風格。因此，寶曇選擇這三人的詩進行次韻，必是基於寫詩應以自然平淡爲美的觀念。換言之，寶曇在創作上有"追摹江西"的詩學理念。

因此從次韻詩的形態來看，寶曇在次韻詩中相當注重詩歌的交際性，體現了對江西詩派的推崇，他如此熱衷次韻唱和，很大程度反映了他對"元祐—江西"詩風的追求與模仿。

二、"白戰"與"繞路説禪"：寶曇的詠物詩

觀畫、弄帖、撫琴、品茗是宋代文人除吟詩之外的重要日常審美活動，因此與這些活動密切相關的器物，如筆、紙、墨、硯、琴、棋、石、茶等，就成爲宋代文人經常吟詠的對象，譬如蘇、黄等元祐文人的詠物詩，不少都是表現評書觀畫、聽琴對弈、焚香煮茗、玩石賞帖、拈筆弄硯的內容，展現了宋代文人高雅文明的生活情趣。

---

① ［日］内山精也：《傳媒與真相——蘇軾及其周圍士大夫的文學》，朱剛、益西拉姆譯，上海：上海古籍出版社，2001年版，第357頁。

② 李貴：《中唐至北宋的典範選擇與詩歌因革》，上海：復旦大學出版社，2012年版，第269頁。

寶曇雅慕蘇、黄，又與史浩、張鎡等文人士大夫交往，因此其詠物詩也多文士生活氣息，如《隸字》：

> 快劍翻秦後，崩雲稱隸豪。山崖留燕尾，塚刻數牛毛。鐵入中郎腕，書非擇木曹。萬金周鼎價，一字敢論高。[1]

隸字就是隸書。作爲一種書法體式，起初爲隸人（胥吏）使用，故名。隸書在漢代成爲官方用字，故詩的首聯由隸書聯想到秦朝的覆滅和漢朝的興起，賦予描寫對象深厚的歷史内涵，使詩歌奇氣崢兀。頷聯對仗工整，用字巧妙，所謂"燕尾"指的是隸書之形，而"塚刻牛毛"是指此種隸書在山崖、墓冢處頗爲常見。頸聯用典"中郎"和"擇木"，是指隸書名家蔡邕與韓擇木。尾聯則爲隸字估價，將其與周鼎並列，凸顯隸字年代悠久。又如《和史魏公洗硯》：

> 麝煤鼠尾要鐫汝，磧面沃心誰似吾。老子胸中十萬讀，莫年相煦復相濡。[2]

寶曇不僅對書法頗爲内行，在把玩筆墨上亦有心得。詩中"麝煤"又名"麝墨"，是含有麝香的墨，"鼠尾"是以栗鼠毛製成的筆，兩者都是品質上乘的文具。黄庭堅《戲贈米元章》有"麝煤鼠尾過年年"，寶曇即化用之，以贊史浩用墨之貴重。他還有《和月林清玩墨》詩，亦是對麝墨的詠贊。

除了把玩書法、墨硯，寶曇對撫琴、品茗也有獨到的體驗，如《彈琴》：

> 一鼓熏風至自南，再行新月墮瑶簪。高山流水人猶在，笛子弄梅花莫再三。[3]

詩人以白描的手法將暖風月下彈琴、聽琴的幽雅體驗寫得如身臨其境一般。尤其是後兩句以《高山流水》和《梅花三弄》對舉，形象地刻畫出

---

① 《橘洲文集》卷二，《續修四庫全書》第 1318 册，上海：上海古籍出版社，2002 年版，第 70 頁上。

② 《橘洲文集》卷二，《續修四庫全書》第 1318 册，上海：上海古籍出版社，2002 年版，第 71 頁上。

③ 《橘洲文集》卷二，《續修四庫全書》第 1318 册，上海：上海古籍出版社，2002 年版，第 71 頁上。

詩人聽琴時微妙的心理感受，"莫再三"亦起到"猿鳴三聲淚沾裳"之效。再如《茶香》詩：

> 繞甌翻雪不須疑，到齒餘香亦解肥。鼻觀舌根留不得，夜深還與夢魂飛。①

在這首詩中，作者通過切身體驗，表現了品茶時的意猶未盡。其中"鼻觀""舌根"同墨竹、墨梅一樣，也反映了佛教"六根互用"的理念，即鼻根嗅香和舌根嘗味，兩者經常被宋代習禪士大夫並舉，作爲攀援塵境而悟入圓通的重要媒介，並形成了"香禪"和"茶禪"現象。周裕鍇先生說："根據《楞嚴經》的義理，成佛的途徑並非閉目塞聽，徹底斬斷六根，而是可從六根中任意一根進入，悟得圓通之境。這個道理顯然給宋代士大夫一種普遍的啓示，即日常生活中六根中任何一根與塵境發生關係，都可能是覺悟圓通之境的契機；眼、耳、鼻、舌、身、意任何活動，如觀色、聞聲、嗅香、嘗味等等，都可能是參禪悟道的一種方式。就宋代士大夫而言，吟詩、觀畫、品書、烹茶、焚香、賞花、食蜜都可能具有修行的意義。"② 這樣看來，寶曇《茶香》詩也就具備了禪意，既享受到茶香帶給自己嗅覺、味覺的快感，也收獲了參禪的愉悦。

宋代不少詩人都在詩歌中書寫了品茶活動中"六根互用"的現象，"分寧一茶客"的黃庭堅便是其中的典型代表，如其《今歲官茶極妙，而難爲賞音者，戲作兩詩，用前韻》之二：

> 乳花翻椀正眉開，時苦渴羌衝熱來。知味者誰心已許，維摩雖默語如雷。③

《奉同六舅尚書詠茶，碾、煎、烹三首》之三：

> 乳粥瓊糜霧腳回，色香味觸映根來。睡魔有耳不及掩，直拂繩床

---

① 《橘洲文集》卷二，《續修四庫全書》第 1318 册，上海：上海古籍出版社，2002 年版，第 71 頁上。

② 周裕鍇：《"六根互用"與宋代文人的生活、審美及文學表現》，《中國社會科學》，2011 年第 6 期，第 145 頁。

③ ［宋］黃庭堅撰，［宋］任淵、史容、史季溫注，劉尚榮校點：《黃庭堅詩集注》第 4 册，北京：中華書局，2003 年版，第 1300 頁。

過疾雷。①

前一首"知味者誰"二句，很容易使人聯想到維摩詰的"以禪悦爲味"；後一首則書寫碾茶、煎茶、烹茶過程中茶的色、香、味、觸諸根，還有"疾雷"般的聲塵作用於睡魔的耳根。② 而南宋的江西詩人曾幾亦受山谷影響，也曾寫詩表現品茶後的"禪悦之味"，如其《啜建溪茗，李文授有絕句二，次韻》之二："壑源今日爲君傾，可當杯盤瀉濁清。未到舌根先一笑，風爐石鼎雨來聲。"③《黄嗣深尚書自仰山來，惠茶及竹熏爐》："茗椀中超舌界，熏爐上悟香塵。坐我集雲峰頂，對公小釋迦身。"④ 因此，寶曇的咏茶詩亦與江西詩人同題之作類似。

在拈筆弄墨、撫琴品茗之外，寶曇還喜歡吟詠梅、竹、荷花等象徵君子品格的植物，如《龍孫》：

> 自是龍孫貴，時方燕乳云。錦繃無澣濯，玉立有仍雲。未解吟風雨，應須赦斧斤。渭川十萬甲，留以壯吾軍。⑤

這首詩所吟詠的竹不像傳統詠竹詩那樣側重表現竹子形態之美，而是將其人格化，著力展示竹與人之精神的聯繫，頷聯運用"錦繃"形容竹筍外殼，"仍雲"乃仍孫、雲孫之意，比喻竹子繁衍茂盛。而頸聯"未解"二句，寶曇謂人們不要以斧斤斫之，赦免這類竹子。尾聯用典，《漢書》記載渭川有竹千畝，而作者又將竹想象成身被甲胄的士兵，這是立足竹的堅韌本性，以甲胄之堅韌喻竹之堅韌，全詩詠竹，但無一與"竹"字有關之詞語，頗有"白戰體"的味道。

寶曇對梅花情有獨鍾，在其詠物詩中，歌詠梅花者最多，共有四首，如《梅花》：

---

① ［宋］黄庭堅撰，［宋］任淵、史容、史季温注，劉尚榮校點：《黄庭堅詩集注》第4冊，北京：中華書局，2003年版，第1303頁。

② 周裕鍇：《"六根互用"與宋代文人的生活、審美及文學表現》，《中國社會科學》，2011年第6期，第149頁。

③ ［宋］曾幾：《茶山集》卷八，《文淵閣四庫全書》第1136冊，臺北：臺灣商務印書館，1986年版，第538頁上。

④ ［宋］曾幾：茶山集》卷七，《文淵閣四庫全書》第1136冊，臺北：臺灣商務印書館，1986年版，第535頁上。

⑤ 《橘洲文集》卷二，《續修四庫全書》第1318冊，上海：上海古籍出版社，2002年版，第70頁上。

春風不念人寒槁，故遣梅花爲掀倒。溪間隴首欲歸時，月淡風清
著香惱。豈知造物亦兒戲，我苦學詩嫌不早。十分孤瘦爲誰妍，一樹
半開應更好。竹君從旁代渠說，萬恨千愁俱一掃。半生何遜夢可憐，
日暮西湖心獨老。歲寒鐵石乃吾事，水仙兄弟誠小草。更須喚取謫仙
來，細與平章答蒼昊。①

寶曇還有一首七絕《梅花》詩：

江南初見一枝春，隴月霜鐘亦可人。不管玉堂岑寂夜，誤隨驛使
馬蹄塵。②

這兩首詩都透出寶曇對梅花的深深喜愛，第一首是古體詩，在這裏寶
曇采用側面烘托，對梅花不吝贊美之詞。詩的起句就直叙梅花伴隨春風爲
其掀倒寒氣，詩人欣賞梅花的"孤瘦"之美。特别是他說不管如何萬恨千
愁，只要見了梅花就一掃而空。詩中引用何遜典故，因爲何遜《詠早梅》
詩對後世文人同題詩作影響甚大，譬如杜甫曾作《和裴迪登蜀州東亭送客
逢早梅相憶見寄》，詩中就有"東閣官梅動詩興，還如何遜在揚州"之句，
而寶曇於此處提及何遜，可見亦受此文人同題詩歌的影響。之後，寶曇賦
予梅花人格美，在其眼中，梅花仿佛一位高尚的君子，既有堅如鐵石、不
罹凝寒的品質，也有待水仙如兄弟，友誠小草的寬厚人格，將梅花擬
人化。

第二首梅花絕句同樣從側面烘托，首句化用齊已《早梅》詩的典故，
次句"可人"以隴月霜鐘襯托其柔美可愛之感，而後兩句書寫對梅之愛，
以至不願見其被馬蹄所踐，遭逢碾作塵土之厄。另外寶曇《和紅梅》和
《古梅》詩，也都寄托了對梅之喜愛，前者有"爲君繞樹須千匝，老我逢
春付幾回"之語，顯然把梅花當成自己的摯友；後者則有"却盡鉛華固自
奇，更憐鬚髮傲霜姿"之語，贊揚梅花的傲骨英姿。

從上述詠物詩來看，寶曇在處理客體對象上並不重視對外物的具體形
態的描寫，而偏重借周圍景物對物進行側面烘托。這種手法固然是"遺形

---

① 《橘洲文集》卷一，《續修四庫全書》第 1318 册，上海：上海古籍出版社，2002 年版，
第 62 頁下至 63 頁上。

② 《橘洲文集》卷二，《續修四庫全書》第 1318 册，上海：上海古籍出版社，2002 年版，
第 71 頁下。

取神"的書寫方式，但我們認爲，寶曇詠物詩的這些特點亦含有宋代詩學和禪宗思維兩方面的影響。

從詩學特徵來看，寶曇詠物力避出現涉及客觀對象的詞語，忌熟求生。如《和史魏公洗硯》《龍孫》及詠梅諸詩，較少使用前代同題作品中常見的話語，而這種詠物方式頗似"白戰體"，即在寫詩時禁用體物語。"白戰"的規則是不能使用前任詠物詩中常見而成套話的詩歌語言，詩人必須在赤手空拳、無所憑依的艱難情況下，自選奇字、生字、難字，創造出奇麗的境界，從而表現出"出入縱橫，何可拘礙"的藝術功力。[①] 因此，寶曇詠物的這種書寫方式與這種風氣很有關聯。

另外，寶曇本是禪師，因此禪宗語言思維"繞路説禪"對他的詠物詩寫作也起到了相當大的作用。在禪師們看來，"第一義"仿佛是能斬斷一切愚情妄見的利刃，但這利刃却容不得任何語言的觸及，一觸及就"傷鋒犯手"。爲了避其鋒芒，最好的辦法當然是沉默，如果迫不得已要發言，就得避免正面回答，使用迂回包抄、側面烘托的方法。[②] 而寶曇在詠物詩的書寫中，多少會受"繞路説禪"思維的左右，那麽在表現物態的時候，往往就選擇從側面烘托，而不是直接描寫，通過運用與客觀對象有關的典故表現出對象的特徵。

三、對逝者的雅頌：寶曇的挽詩

寶曇的詩中五律不多，除了幾首詠物詩，剩下的幾乎都是挽詩。這是個有趣的現象，因爲從以往的詩僧所選的詩歌體式看，五律最受詩僧偏愛，像宋初九僧的惠崇、希晝等都以五律見長，他們大量使用五律書寫自然小景與山林生活。寶曇却與之相反，非但五律作品不多，而且題材特別集中——以挽詩爲主，這説明寶曇對詩體的應用有獨到見解，有意識地運用不同的詩歌體裁表現不同的題材與感情。

在寶曇的挽詩中，姓名可考者有楊存中（《楊郡王挽詞二首》）、史浩（《詩挽史魏公五首》）、樓錫（《樓與善寺丞挽詩二首》）、魏杞（《魏南夫丞相挽詩二首》）、吳仲登（《吳知府挽詩三首》）、王正己（《王大卿挽詞三

---

① 周裕鍇：《宋代詩學通論》，上海：上海古籍出版社，2007 年版，第 498 頁。
② 周裕鍇：《禪宗語言》，杭州：浙江人民出版社，1999 年版，第 246 頁。

首》）等；姓名不可考者有謝殿撰（《謝殿撰挽詞二首》）、陳提刑（《詩挽陳提刑二首》）、婦人張氏（《詩挽曾舍人張氏二首》）等。

這些人的身份、地位上至郡王、宰輔，下至普通官吏，因此給他們寫的挽詩亦有所區別。如楊存中、史浩、魏杞等人，給他們寫的挽詩在符合莊重、雅切、述哀的一般要求之外，還要盡可能準確地概括出被挽者的功業及其與朝局和國家的命運的關係。所以在詩作中要體現一定的史實，而議論之中又要做到有形象和感情的感染力。① 如《楊郡王挽詞二首》（其一）：

> 智勇吾餘事，精誠死不刊。太山安鼎衛，寶貨發泉端。嫖姚俱前輩，汾陽老故官。麒麟功第一，須作古人看。②

《宋史·楊存中傳》記載高宗曾說："楊存中唯命東西，忠無與二，朕之郭子儀也。"③ 因此寶曇就引用高宗之語，贊揚其在南渡初期匡扶社稷之功。再看《魏南夫丞相挽詩二首》（其一）：

> 未必山東相，能留塞北聲。一身扶國是，九鼎重吾盟。水鏡人材地，風流月旦評。早收霖雨去，屋角看春耕。④

魏杞曾出使金國，爲國立功，《宋史》本傳記載："（魏杞）至燕，見金主褒，具言：'天子神聖，才傑奮起，人人有敵愾意，北朝用兵能保必勝乎？和則兩國享其福，戰則將士蒙其利，昔人論之甚悉。'金君臣環聽拱竦，館伴張恭愈以國書稱'大宋'，脅去'大'字，杞拒之，卒正敵國禮，損歲幣五萬，不發歸正人北還，上慰藉甚渥。"⑤ 可見，魏杞不畏金邦的脅迫，頂住壓力，爲宋朝贏得了外交上的勝利。因此，寶曇在挽詩中頌揚他"一身扶國是，九鼎重吾盟"。又如史浩，《詩挽史魏公五首》（其三）：

> 一語回天力，終年困五丁。時方相司馬，吾不愧元齡。遞奏逾金

---

① 錢志熙：《黃庭堅詩學體系研究》，北京：北京大學出版社，2003年版，第234頁。

② 《橘洲文集》卷二，《續修四庫全書》第1318冊，上海：上海古籍出版社，2002年版，第70頁上。

③ ［元］脫脫等：《宋史》卷三百七十八，北京：中華書局，1977年版，第11483頁。

④ 《橘洲文集》卷三，《續修四庫全書》第1318冊，上海：上海古籍出版社，2002年版，第78頁下。

⑤ ［元］脫脫等：《宋史》卷三百八十五，北京：中華書局，1977年版，第11832頁。

石，斯文粲日星。幡然霖雨手，猶帶禦爐聲。①

史浩是孝宗的老師，在孝宗繼位的過程中立下了汗馬功勞。孝宗繼位後，史浩兩度拜相，執政期間他爲趙鼎、李光、岳飛等人平反昭雪，積極向朝廷舉賢薦能，像陸九淵、葉適、袁燮等人都是他一手提拔起來的。更可貴的是，史浩爲政尚寬厚，甚至爲救一市人不惜犯言直諫，因孝宗不聽，史浩竟主動辭職。因此寶曇在詩中就用"一語回天力""吾不愧元齡""幡然霖雨手"諸語評價史浩爲政之績，贊揚其真有治國之才，不亞於唐代名相房玄齡。可見對於這些在南宋歷史上曾起到重要作用的人物，寶曇的挽詩雖以雅頌其功績爲主却也不失公正，沒有過分地溢美被挽者。

至於那些普通官員、普通人，他們對朝局和國家的影響遠遠低於前者，所以寶曇在給他們書寫挽詩的時候，就多以體現被挽者的高尚品德、對家族或社會的貢獻爲主。如《詩挽曾舍人張氏二首代人》：

> 一代稱賢母，斯文屬故家。大圉新有相，吾質静無華。久已如深定，真堪駕寶車。餘生固無憾，哀動及鄰娃。
>
> 我豈長貧者，終當以儉名。諸郎方佩玉，夫子亦專城。盛德容追想，吾家失老成。東風在蒿里，凝睇不勝情。

婦人張氏只是個普通人，她的作用也僅限於她所在的家族，因此寶曇也就著力表現其女性的美德，如贊譽她爲賢妻良母，説明她是大家閨秀，接受過良好的教育，品性温柔嫻淑，能够相夫教子，培養孩子成才等。再如《詩挽陳提刑二首》：

> 清苦諸生節，廉平御史知。一飢曾忍可，千里舍公誰。落落天人際，拳拳骨鯁詞。秋風又凋物，空有老成悲。
>
> 少日牛力在，中年玉節新。平生無憚吏，老去只憂民。西溯身猶健，東歸迹已陳。丹丘方在夢，喬木想輪囷。②

陳提刑具體名字不可考，但從寶曇的詩中可知他爲官清正廉潔、剛直

---

① 《橘洲文集》卷三，《續修四庫全書》第1318冊，上海：上海古籍出版社，2002年版，第80頁上。

② 《橘洲文集》卷三，《續修四庫全書》第1318冊，上海：上海古籍出版社，2002年版，第80頁上。

不阿、憂國憂民，是一位品行不錯的官員。

以上是我們從被挽者的身份、地位來分析寶曇挽詩對逝者的追憶描寫，可以從親疏程度上一見寶曇對這些被挽者的態度。與寶曇關係親密者，寶曇爲其撰寫的挽詩傷感哀悼之情相對濃烈。如《詩挽史魏公五首》（其五）：

> 爲帝先驅日，非我舊學誰。玉京真可樂，夜壑不勝悲。墓木行人拜，庭蘭造物知。臨風三慟哭，天亦爲低垂。①

史浩是寶曇生前摯友，寶曇曾深得史浩的支持與幫助。因此，寶曇對史浩的辭世格外悲傷，仿佛天地萬物也亦隨他同悲，故在史浩墓前會有"臨風三慟哭"之舉，足見史浩謝世對寶曇影響之深。再如《吳知府挽詩三首》：

> 妙年聲落落，晚歲陳堂堂。政出諸公右，吾寧一老傍。園林春婉娩，墳土泪淒凉。孝友無餘事，新詩入錦囊。
>
> 小試牛刀在，長驅馬足遲。此生空抱負，真宰孰維持。道並湖山重，民深雨露思。何當十圍腹，重作北窗期。
>
> 千里頻年別，人來數寄書。舊題紅葉處，猶記白頭初。薤露危如此，庭蘭賦有餘。摩挲東望眼，歸泣向吾廬。②

吳知府即吳仲登，他也是寶曇的摯友，寶曇在詩中追憶吳仲登對百姓的體恤愛護，深得民衆擁戴。此外就是贊揚吳之文才。前文已述，兩人曾互邀對方刪改自己的文集，故寶曇在挽詩中亦回憶了此場景，感嘆再也無法同吳仲登進行詩文唱和，只得在其墳前灑泪痛哭，傷心地回到自己的住處。又如《王大卿挽詞三首》：

> 白璧連城重，黃金百煉剛。固應須潤色，肯爲世低昂。議論傾餘子，聲名徹上方。馮唐元未老，歸計已包桑。
>
> 少日佳公子，中年古吏師。霜嚴公事畢，韻勝客杯遲。詩律曹劉

---

① 《橘洲文集》卷四，《續修四庫全書》第 1318 册，上海：上海古籍出版社，2002 年版，第 80 頁上。

② 《橘洲文集》卷四，《續修四庫全書》第 1318 册，上海：上海古籍出版社，2002 年版，第 87 頁下。

上，心期籍湜知。用公渾不盡，一世有餘悲。

　　出處誠吾事，園林正及時。乾坤身老大，兄弟日追隨。生死真談笑，過逢類別離。小樓今夜月，照我淚雙垂。①

　　題目中的王大卿可能是王正己。原因有二：其一，與寶曇有交往的樓鑰《攻愧集》中亦有《王大卿挽詞五首》，詩的内容與寶曇的相近；其二，根據樓鑰爲其所撰的墓志銘《朝議大夫秘閣修撰致仕王公墓志銘》，以及爲其文集所作的序《酌古堂文集序》這兩篇文章，可知王正己生前曾任太府寺卿，而“大卿”正好是這一官職的簡稱。所以，寶曇詩中的“王大卿”很可能是王正己。

　　王正己於慶元二年（1196）逝世，比寶曇早一年。王正己是樓鑰的姑父，寶曇跟樓鑰相識，或通過樓鑰而結識王正己。雖然兩人之間並無詩文唱酬，但從詩的内容來看，王正己的詩歌大概寫得不錯，否則寶曇不會褒贊其“詩律曹劉上，心期籍湜知”，而第三首詩最後一聯“小樓今夜月，照我淚雙垂”，亦見王正己的離世也讓寶曇倍感傷心，説明兩人的交情不差。説到樓鑰一家，不能不提樓鑰的仲兄樓鍚（樓與善），他也跟寶曇有交情，故寶曇亦爲他撰寫挽詩《樓與善寺丞挽詩二首》：

　　半世功名在，誰爲磊落人。上方憐我直，公亦愛吾身。一笑知天近，頻年厭馬塵。把麾江上去，得與客星鄰。

　　翰墨今詞伯，規模古吏師。哭親聲未斷，拊枕夢何之。白首侵書幌，青燈耿繐帷。傷心故園路，雲物不勝悲。②

　　此詩不但稱贊了樓鍚光明磊落的品格，也表達了對其文才的喜愛，尤其是第二首詩的頷聯和尾聯直抒悲愴之情，令人動容。

　　以上這些人都跟寶曇有深交，而對那些寶曇並不熟悉，只是受人請托纔爲其作挽詩的人，寶曇的情感就相對淡薄，如《謝殿撰挽詞代人二首》：

　　政自淵源出，聲連海嶽清。固應身列宿，何意晚專城。一代稱遺直，諸公畏老成。棠陰幾人淚，端復爲誰傾。

①《橘洲文集》卷四，《續修四庫全書》第1318冊，上海：上海古籍出版社，2002年版，第89頁下。
②《橘洲文集》卷三，《續修四庫全書》第1318冊，上海：上海古籍出版社，2002年版，第78頁下。

盛德真無愧，吾生亦有涯。千金故人壽，兩部習池蛙。磊落思前
輩，交遊念故家。新阡在何許，目斷莫雲遮。①

　　這些代人而作的挽詩，如前面的《詩挽曾舍人張氏二首代人》等詩，
由於寶曇跟死者關係一般，所以，其在詩中的哀悼多出於人道主義上的悲
傷，感情不大强烈，略顯淡薄。因此在這些作品中，寶曇在處理與死者的
關係上就多用客套化、程式化的語言來志哀，而且，由於與死者接觸不
多，所以，在表現其生平事迹上，寶曇也多用普遍的評價標準對逝者進行
美化，這也暗示了寶曇與之陌生的關係，即他祇是受人所托，爲這些名不
見經傳的人物在歷史上留下一點印記而已。

　　除了以上特徵，我們認爲寶曇創作挽詩的動機也很耐人尋味。挽詩是
文人詩歌常見題材之一，而在僧詩中這一題材却不多見。前代詩僧挽詩寫
得極少，以惠洪爲例，他的詩歌有 1800 餘首，但挽詩僅有四首，而且挽
敬對象的身份與地位普遍不高，像《曹教授夫人挽詞》，所托之人即長沙
縣學教授曹彦清的妻子②；《李道夫母挽辭》，即李道甫（夫）之母，道甫
（夫）名孝遵，時任大名府司録參軍，後曾知分寧縣③；《鄧循道父挽辭二
首》，即鄧沿之父，鄧沿字循道，出身湘陰富户，爲承直郎④。可見惠洪
給這些人寫挽詩大多出於朋友交情，只是對友人喪親致以哀悼。但寶曇挽
詩不僅數量多於惠洪，而且所挽對象大多身份顯貴，堪稱名公鉅卿，其中
不少人都是他的"大檀越"，寶曇能住持四明杖錫山這種規格較高的寺院，
完全得益於史浩的推舉。這樣來看，其寫作動機就不那麼簡單了，可能不
單純出於志哀的目的。這似乎在暗示臨濟宗詩僧身份的一種轉型，即由僧
人而"文士化"，甚至帶有"清客"性質。他們在寫作挽詩時並不是以普
通僧人的身份，而是將自己當作正常的文士，或者是逝者家族的至交，那
麼寶曇創作挽詩的深層意義也就含有聯絡感情，維護雙方關係的意味了。

---

　　① 《橘洲文集》卷四，《續修四庫全書》第 1318 册，上海：上海古籍出版社，2002 年版，
第 86 頁下。
　　② 周裕鍇：《宋僧惠洪行履著述編年總案》，北京：高等教育出版社，2010 年版，第 261
頁。
　　③ 周裕鍇：《宋僧惠洪行履著述編年總案》，北京：高等教育出版社，2010 年版，第 130
頁。
　　④ 周裕鍇：《宋僧惠洪行履著述編年總案》，北京：高等教育出版社，2010 年版，第 287
頁。

換言之，此時期的臨濟宗詩僧無疑具有“走上層路綫”的意識，即積極主動與當世士大夫精英及其家族交際。

四、此詩與畫當無窮：寶曇的題畫詩

寶曇的詩歌中有不少是題畫詩。題畫詩是一種能够全面展示詩人創作能力和水準的詩歌，從題畫詩中可以看到一個詩人的描述功夫、抒情方式、聯想想象能力以及議論水準。[1] 唐宋時期題畫詩大盛，涌現出一批善於題畫的詩人，促成了詩與畫兩種藝術形式的融合，比如杜甫，他的題畫詩重點在於圖畫與真實景物之間的比較，並引入自己對國家前途、人民命運的關心，如《韋諷録事宅觀曹將軍畫馬圖歌》在比較了畫中之馬和真馬之後，以“君不見金粟堆前松柏裏，龍媒去盡鳥呼風”的孤寂意象作結，哀悼玄宗朝逝去的榮耀。相比之下，蘇、黄等元祐文人的題畫詩更傾向於書寫畫家的人品，表現詩人與畫家的關係，甚至詩人與畫的收藏者或題跋者的關係。如蘇軾《書王定國所藏王晋卿畫著色山》，詩中完全不涉及關於著色山畫本身的情況，而全部内容都集中於詩人與藏畫者、畫家三人之間的關係。[2] 可以説，在寶曇之前，題畫詩的創作範式已比較完備，爲其創作題畫詩提供了可資借鑒的經驗。下面就從寶曇在題畫中的描述功夫、抒情方式、聯想能力及其與藏畫者、畫家之關係等方面來探討寶曇的題畫詩。先看《拳毛騧唐太宗所乘馬御墨親題其下》：

> 太宗自是人中龍，黑閻未當鬼蜮雄。穀城洺水龍自若，天遣此馬收全功。欻然一舉雷電起，智名勇力不入耳。身當矢石不忍嘶，我寧飲血不飲水。人間只作拳毛看，誰知忠義事所難。歸來四海一家日，錦茵却覆黄金鞍。萬金賴有不死藥，御手摩挲箭痕落。西風顧影一長鳴，身在天閑意沙漠。驪駬在禦臣的盧，郭家師子誠僕奴。畫師畫肉不畫骨，權奇無乃天之徒。寶墨淋漓三十六，幾代流傳到華屋。真人固在馬不亡，堪愧駑駘費君粟。[3]

---

[1]　吕肖奂：《趙秉文題畫詩文本分析》，《廣州大學學報》，2006 年第 5 期，第 76 頁。

[2]　周裕鍇：《詩可以群：略談元祐體詩歌的交際性》，《社會科學研究》，2001 年第 5 期，第 131 頁。

[3]　《橘洲文集》卷四，《續修四庫全書》第 1318 册，上海：上海古籍出版社，2002 年版，第 82 頁上。

　　"拳毛騧"乃昭陵六駿之一，是唐太宗征討劉黑闥時所乘坐騎，在這次戰役中此馬雖然身中九箭，但力保唐太宗躲避重重險阻，取得勝利，自此役後名揚天下。寶曇給予它極高的評價，如"天遣此馬收全功"，認爲此馬是上天派遣來幫助李世民成功的。而"身當矢石不忍嘶"更是通過細節描寫展示了戰馬雖身受矢石但强忍傷痛，護主脱險的場景，其忠誠之心日月可鑒。詩的最後作者用"枉費君粟"批評那些駑馬，跟拳毛騧形成對比，更彰顯其光輝形象。這首詩雖寫畫馬，但没有對馬的外形、體態進行描畫，而是想象它當年在戰鬥中的英勇表現，以馬喻人，寄寓了對忠誠有爲之士的敬仰，以及對庸碌無能者的鄙視。在題畫的同時表現了其鮮明的愛憎，這點與杜甫題畫詩抒發對國事的關心頗爲類似。

　　在寶曇結交的文人中，不少人都能詩擅畫，如李磐庵（李文授），他曾畫《西潛圖》，邀寶曇爲此畫題詩，寶曇欣然接受，作《題李磐庵西潛圖》一詩：

　　　　何人意行山水重，草木驚笑來天風。茅簷雞飛犬升屋，屐聲疾奏鄰家翁。逢迎初非乃翁事，盆盎淨潔將無同。一犁春雨飽膏沐，千頃秋日加瞳矓。恭惟耕稼我自出，敢與造物論豐凶。樹間井亦頗寒冽，門前石不煩磨礲。願公藉石飲此水，鴨豬肥大牛羊豐。杖藜吾父坐吾祖，日望四海寬租庸。太平果在放船手，此詩與畫當無窮。①

　　從寶曇詩可知《西潛圖》描繪的是鄉村生活景象，詩中主要叙述寶曇觀畫時的感受，至於畫面的色彩、綫條的勾描及人物與背景的搭配則未詳細交代，但只開頭二句"何人意行山水重，草木驚笑來天風"，就足以證明畫面富有强烈的感染力，使寶曇頓覺身臨其境，仿佛穿行於圖畫之中，故而寄托四海安定、民生富庶以及詩畫永流傳的良好祈願。再如《爲李方舟題東坡赤壁圖》：

　　　　大江赤壁黄州村，魚龍吹血波濤渾。腥風不洗賊臣淚，暗濕官樹旌旗昏。城南啞啞一笑入，愁日動地回春温。夜闌魑魅不敢舞，壁月如水舟如盆。客親饋魚婦致酒，北斗可挹天可捫。當時跨鶴去不返，

---

　　① 《橘洲文集》卷一，《續修四庫全書》第1318册，上海：上海古籍出版社，2002年版，第67頁下。

水仙王家真畫存。百年畫史有眼力，東坡曉掛扶桑暾。①

　　李方舟是寶曇的詩友李石（李太博），詩中"水仙王家真畫存"一語道出李石是畫作的收藏者，當他得到這幅《東坡赤壁圖》後，即請寶曇題詩。詩的開端起筆突兀，作者從歷史時空著眼，先由赤壁之戰入手，引出作者對幾百年前那場血腥戰役的回憶，但他並未於此處停留，旋即轉入正題，開始追憶畫中主角蘇軾。感嘆蘇軾當年的不幸遭遇，借助昏暗甚至有些壓抑的背景描寫，回想他貶謫到黃州的情形。由蘇軾又聯想到他的《赤壁賦》，"夜闌"四句實化用東坡《後赤壁賦》，描寫蘇軾當年月夜"携酒與魚，復遊赤壁之下"的情景。不過，作者到此却戛然而止。在結尾處他以有幸觀畫收束：一則欣喜蘇軾泛舟赤壁的畫作被人保存下來；一則贊賞畫師有眼光，選擇蘇軾作爲畫的主角。

　　單純從畫技的角度看，這首詩中的"魚龍吹血波濤渾""暗濕官樹旌旗昏"等場景並不適於用繪畫來表現，很難落實到紙面上。因此我們懷疑寶曇所寫大概是自己的想象與回憶，未必是《東坡赤壁圖》真有之景。換言之，寶曇對畫面是否美觀以及畫家的藝術水準不大關心，他在意的是自己的偶像蘇軾，以及蘇軾在赤壁的生活。所以，寶曇這首詩的主旨不是對畫面景物的再現，而是對蘇軾與赤壁的追憶。寶曇也許的確看到了以蘇軾《後赤壁賦》爲主題的畫作，但這幅畫的藝術價值似乎没有引起他多少興趣。

　　不僅是這首詩，寶曇在其他的題畫詩中也體現出類似的傾向，如《題子陵釣臺圖三絶》：

　　　隱約江天漢客星，夜深曾傍紫微明。山川風物成遷變，猶有洪濤殷嘯聲。

　　　著我巢由稷高中，兩眉未暇笑吾儂。斷雲凍雨嚴家瀨，寂寞何人理釣筒。

　　　帝已龍飛我故魚，乾坤等是一蘧廬。夕陽曬却蓑衣了，試問妻孥有酒無。①

《題峴山圖三絕》：

> 不見輕裘快馬歸，遥憐暮雨濕公衣。峴山十里城南路，燈火家家
> 望翠微。
>
> 湛輩而今豈有知，滔滔江漢定何時。無邊落日丹楓外，有客來看
> 墮淚碑。
>
> 范子當年意崛奇，道人歲晚墨淋漓。北風低草牛羊莫，會有人傳
> 峴首詩。②

前者的畫面主角爲東漢隱士嚴光，後者則是西晉名將羊祜。從這些絕
句中，我們不難發現寶曇對圖畫本身及畫家本人並不大留意，他所表現的
皆是對畫面上的人物及歷史的追憶，並借此抒發對這些歷史名人的仰慕。

通過以上作品可知，寶曇題畫詩不大關注畫作與實景的逼真程度。而
且，同蘇、黃等人的題畫詩比較相似，都不側重對畫本身的叙述。儘管他
跟畫家、藏畫者有時也會有交流，但這些並非詩的重點，他的題畫詩更側
重於對畫中人物和事件的追憶。換言之，他是借題畫展開對歷史人物的回
憶，以詩的形式，希望把自己的回憶連同畫作一起保存下來，一如他在
《題李磐庵西潛圖》中所言"此詩與畫當無窮"，或許寶曇設想，當後人看
到這些圖畫時，會和自己一樣追憶起畫面上的人與事，重要的是他們也會
看到自己的題詩，這樣後人就會知道，在他之前曾有人和自己一樣追憶這
畫上的故事。就像宇文所安（Steven Owen）在《追憶》中對孟浩然《與
諸子登峴山》詩的評價："在朗讀碑文時，人們回憶起了回憶者。孟浩然
告訴我們，他是怎樣回憶起回憶者的，而他自己又把回憶的行爲銘刻在他
的詩裏，對我們讀詩者來説，他又成了回憶者。"③

此外，寶曇創作題畫詩時，基本不關注原畫，他的反應是個人的體
驗，而不是詳述畫作本身。原畫中有什麼具體的圖像，讀者在讀完他的題

---

① 《橘洲文集》卷三，《續修四庫全書》第 1318 冊，上海：上海古籍出版社，2002 年版，
第 75 頁下至 76 頁上。

② 《橘洲文集》卷三，《續修四庫全書》第 1318 冊，上海：上海古籍出版社，2002 年版，
第 76 頁上。

③ ［美］宇文所安：《追憶：中國古典文學中的往事再現》，鄭學勤譯，北京：生活·讀
書·新知三聯書店，2004 年版，第 32 頁。

畫詩後仍然所知甚少。而這正與宋代蘇、黃等人題畫詩的書寫方式一致，蘇、黃都不怎麼關心絹素上的畫是否與現實相符，也覺得無須多寫畫家作畫的情形，他們作爲詩人所持的態度和他們作爲理論家在散文裏論述繪畫所持的態度毫無二致，都是反表現派的。① 因此，寶曇的題畫詩與元祐、江西詩人的同類作品一致，説明他是學習"元祐—江西"文學傳統的。

五、複雜的心靈體驗：寶曇的山水詩

關於宋代詩僧的山水詩，從宋初九僧發展到北宋後期的仲殊、道潛、惠洪，詩的格局和境界已逐漸從狹小細碎變爲雄健宏大，惠洪等人的山水詩題材和體裁更多樣化，思想情感與士大夫文人詩更貼近，藝術上也更成熟。② 寶曇延續了這個發展趨勢，他的山水詩無論題材還是體裁都豐富多樣，既有波瀾壯闊的場面描寫，也有清婉俊麗的細節刻畫，古體、近體皆有，他能够使用不同的體式書寫不同的山水體驗。

就古體詩而言，寶曇多用之題畫、次韻、寄贈等，很少用之描畫山水景觀。因此寶曇古體山水詩雖不多，但從這類作品中，亦可見其善於營構或再現自然山水的能力，兹舉《觀潮行》詩以見之：

> 八月十八錢塘時，潮頭攪海雷怒飛。更遭風日薄於紙，海山數點青依依。爛銀斜侵雲鬢脚，生綃直下鮫人機。玉龍宛轉一千丈，臥噗殘雪吹人衣。天關擊鼓地軸折，想見水府驚顛隮。紅幡綠蓋弄潮者，出没散亂同鳬鷖。操舟之子誇第一，倏忽東涌還沉西。萬人挪揄等兒戲，我説性命如湯雞。似聞潮生到彭蠡，但輥暗浪中黄泥。不知珠宫貝闕何世乃居此，亦有霓旌素節日夜朝京師。又疑春秋戰罷兩蝸角，凍血不洗鋒差差。至今官渡賣牌者，莫雨不管吳儂悲。③

作者描寫的是錢塘江大潮。就體裁而言，這首詩屬七言歌行。根據歌行體詩換韻兼換意的特徵，這首詩可分爲三部分。第一部分是前八句，韻

---

① ［美］艾朗諾：《題畫詩：蘇軾與黃庭堅》，藍玉、周裕鍇譯：《神女之探尋》，上海：上海古籍出版社，1994年版，第132頁。

② 陶文鵬：《唐宋詩美學與藝術論》，天津：南開大學出版社，2003年版，第230頁。

③ 《橘洲文集》卷一，《續修四庫全書》第1318册，上海：上海古籍出版社，2002年版，第66頁下。

脚爲飛、依、機、衣，通押上平聲五微，這部分主要表現江潮的汹涌澎湃、波瀾壯闊之貌；第二部分是中間十句，韻脚爲隮、鷺、西、雞、泥，通押上平聲八齊，這部分主要描寫弄潮兒的神勇；第三部分是最後六句，韻脚爲師、差、悲，通押上平聲四支，這部分主要表現不同群體對江潮的感受。詩的開頭部分屬於場面描寫，頗爲精彩。起句詩人在簡單交代時間之後旋即轉入正題，第二句的"攪"字極富力度感，展現了潮水翻涌跌宕之强勁；"怒"字將驚濤拍岸之聲比爲天雷怒吼，更是震人心弦。作者從視覺與聽覺角度，把江潮的激蕩奔迸之勢活化於紙上。"爛銀"四句描寫得尤爲雄奇壯觀，浪潮燦如白銀，炫目閃光，其勢斜欹，直冲雲霄；而當它倏落之際，又好似海中鮫人所織生綃，素白光潔，垂天而落。不僅如此，巨浪排空也令作者產生奇幻之感，浪潮奔騰橫空起落，宛如千丈玉龍，而打到其身上的浪花如同飛龍口中噴出的殘冬之雪，令人陡生寒意。可以説這一部分在寫景上層層遞進，作者想象新奇，意象雄壯，把潮水的奔騰涌起的氣勢生動地呈現於讀者眼前，而這正是寶曇"要眇雄渾"詩歌美學主張的反映。

同這種雄渾宏大的山水詩相反，寶曇的五古山水詩呈現的却是清寂幽寒，如《和潘經略廣州峽山五首》：

是身猶孤雲，夢入岩下寺。天如護蒼江，山故插厚地。一舟巫峽來，八月新雨霽。烟鬟十二外，野花或垂髻。

雲山最佳處，猿鳥無缺供。人影墮清鏡，花氣來晴峰。苔蘚上佛壁，兔絲蔓寒松。何年發天閟，當在浩劫中。

月林愛山日，竹杖青鞋俱。而今碧油合，見山當緒餘。瘴癘霜雪後，桃李春風徒。吾方友造物，虐焰空焚如。

髮白面黧黝，平生舞魚龍。落月照屋除，仿佛見此翁。白日幾黃壤，世方定雌雄。斯文在九牧，吾道非天窮。

自公湘中去，雁斷致書寡。今年從默齋，五字聞大雅。青燈話疇昔，白首問茅價。十里五里間，水竹肯輕舍。[①]

潘經略即潘時，他曾提點荆湖南路刑獄，知廣州。從題目上看，這是

---

① 《橘洲文集》卷二，《續修四庫全書》第 1318 册，上海：上海古籍出版社，2002 年版，第 73 頁上。

寶曇爲唱和潘時而作。這五首雖是賡和詩，但内容以山水描寫爲主，對湖湘一帶景色進行描畫，如"烟鬟十二外，野花或垂髻"寫洞庭湖之景，化用山谷《雨中登岳陽樓望君山》之句："滿川風雨獨憑欄，縮結湘娥十二鬟。"再如第二首的"人影墮清鏡，花氣來晴峰。苔蘚上佛壁，兔絲蔓寒松"，表現雨過天晴，湖水平如鏡，遠望峰巒，花香彌漫。佛寺中牆壁上已布滿苔蘚，兔絲等藤蔓纏繞於寒松之上，境界顯得清寂幽寒。

寶曇還有一些近體山水詩，就律詩而言，寶曇五律中挽詩、詠物詩居多，而七律則以山水詩居多，由於寶曇主要活動在江浙一帶，他的山水詩集中體現的就是這一地區的自然景觀，比如下面五首詩：

《渡錢塘二首》：

潮生西浦未全平，頃刻潮回岸有聲。落日人從官渡去，西風誰識此時情。不如吳越中流盡，贏得江山老眼明。試問古今沙上路，幾回相送復相迎。

身是行人意未平，江頭已斷午潮聲。旋收去國無邊淚，聊寫臨風有限情。家住青山何處是，眼穿白鳥去邊明。去年今日凄凉意，猶記梅花一笑迎。

《夜過鑒湖用前韻書所見》：

湖光晚作鏡樣平，寂無人聲唯櫓聲。群峰倒影不可辨，新月半鈎如許情。斷蓬散作鳧雁過，漁火静入江天明。移舟快得一枕睡，夢有河神來送迎。

《過曹娥江》：

錢塘雪浪與天平，小入曹娥亦有聲。滄海一時忠孝淚，夕陽無盡古今情。

春秋祭血神如在，一夜行舟挽到明。不是西風白雲客，祠烏争解賦將迎。

《泊通明堰》：

一夜江風故不平，道邊草木亦成聲。豈無老子知津意，尚有秦人逐客情。荒縣已傳三鼓下，並船猶見一燈明。此生已悟身如寄，始送鴻歸又燕迎。①

這五首詩不僅用韻相同，而且詩題中的地名從地圖上看恰好自西向東排列成一綫，因此五首詩應是按行程的先後次序而作。就内容而言，它們也有相似之處，所寫之景皆爲暮景或夜景，在時間上或渡江或泊宿，故多抒發羈旅行路之感。如《渡錢塘二首》（其一），首聯從聽覺角度叙寫錢塘晚渡，同時也傳遞出作者内心的不平。頷聯交代渡江的時間、地點，使詩的節奏變得平緩流暢，"識"字凸顯了詩人離岸而去的孤獨感傷，順承上聯的"不平之意"。頸聯筆勢一變，詩人認爲與其感傷，不如寄情吳越山水或可使自己的"老眼"再明亮起來，希望借俊美的山水景觀冲淡内心的孤獨。尾聯以設問的方式，感嘆往渡頭的沙路之上，古今不知有多少人在這裏迎來送往，借客觀事實自我寬慰，來化解離别之傷。可以説全詩不露痕迹地展示出詩人渡江過程中的情感變化，並同景物巧妙結合，達到寓情於景之目的。

《夜過鑒湖用前韻書所見》的首聯以動襯静，在月色照映下湖水平如鏡，詩人耳畔唯有搖櫓之聲，表現出夜晚鑒湖寂静的氛圍，襯托出詩人此時安逸的心境。頷聯借月抒情，作者將視野從湖上延伸至湖外，儘管在這漆黑的夜中，四周群山的倒影不可識辨，但天邊正有一彎新月與作者相伴，平添一份柔情。頸聯作者深化此種感受，"静入"二字將漁火擬人化，使漁火與夜空之間的明暗對比更爲突出，亦反襯了作者内心的平和淡定。正是有了這樣的心態，所以詩人很快進入夢鄉，以至幻想是否是河神前來相送，才使得自己可以安然渡過鑒湖。

與前面的詩略有不同，《過曹娥江》詩説理議論的成分居多，這可能緣於曹娥江的豐富歷史典故。因此詩人在過江時聯想史實的時間要多於賞景的時間。這首詩起筆峭拔，"錢塘雪浪與天平"雖爲誇張之語，却也寫出傍晚潮勢之迅猛，頗有震撼力。頷、頸聯作者陷入追思，由滔滔不絶的江水聯想到曹娥的故事，進而將自己的情感移入江水，仿佛江上的水花亦化爲點點泪花，使意象生動而真切。尾聯"祠烏"一句也增添了一份悲凉之意。如果説《過曹娥江》叙述的是詩人因聯想古人不幸遭遇而感到壓

---

① 《橘洲文集》卷三，《續修四庫全書》第 1318 册，上海：上海古籍出版社，2002 年版，第 79 頁上。

抑，那麼在《泊通明堰》中，詩人羈旅行役的苦悶更深。首聯"一夜江風故不平"不僅寫景，亦説明詩人内心波動不平，而"道邊"句順承前意，草木本無聲但勁風吹之，故摩擦成聲，暗示了詩人此時内心的煩躁。領聯用典，"豈無"句出自《論語》，隱喻詩人不得賞識而被迫離去；"尚有"句用李斯《諫逐客書》典故，感喟遭人誤解，足見詩人此時心情之差。頸聯寓情於景，"荒縣"形容地域偏僻，"三鼓"交代時間已是三更。可是在這本該入睡的時間，與詩人並行之船仍有一燈照明。"猶有"一詞有雙重含義，一爲作者因愁無眠，一燈相照，更添内心煩悶；二爲作者驚奇同行之舟或有人與己心情相同，愁苦不眠。

就五首詩的感情來看，除了在鑒湖寶曇心情稍好，其餘三處心情都差。可知此次行旅途中，寶曇並未享受到自然山水的懌悦，而這也可從五首詩的首句結尾三字見出，"未全平""意未平""與天平""故不平"，雖是修飾景物之語，亦能視作情語，指示了他在行程中的心態。因此我們認爲寶曇的七律山水詩能在時空的轉移變化中把自我感受與所見山水有機結合，實現了山水與情感的互現。

寶曇絶句不多，五絶最少，僅有三首。剩下的七絶主要是山水詩，在藝術表現上，與古體山水和七律山水相比别具特色。其七絶山水詩不重景色刻畫，而是强調山水中的禪意，如《郊外即事》：

> 春水人家緑繞門，晚風榆柳自村村。一聲牛背《烏鹽角》，鐵作行人也斷魂。①

《平江靈岩》：

> 山斷湖光迸一川，老師黍角過年年。春風步屧長塵静，只有鐘魚取次傳。②

《泊分水》：

> 櫓聲伊軋訴東風，楚語吴歌落枕中。夜半潮頭隨月上，客帆和夢

---

① 《橘洲文集》卷四，《續修四庫全書》第 1318 册，上海：上海古籍出版社，2002 年版，第 88 頁下。

② 《橘洲文集》卷三，《續修四庫全書》第 1318 册，上海：上海古籍出版社，2002 年版，第 77 頁下。

各西東。①

寶曇是禪僧，因此其觀照山水的方式也蘊含了禪宗的思維方式，他的七絕山水詩就蘊含著禪意。上面的第一首詩表現了作者春日傍晚郊行中所見所感，農家門前綠水環繞，晚風徐來，一排排榆柳迎風輕搖。正當詩人沉醉於這可人的春色中時，耳畔忽聽得曠野中騎牛牧童所唱的《烏鹽角》，此時萬籟俱寂，只有這牧歌回蕩在天地之間，這是何等的寂静！倘若詩人心情不平，或喜或躁，那麼他無論如何也感受不到這份寂静。《華嚴經》云："智光明梵，於一切禪等觀寂静善住法門，而得自在。"② 《寶篋經》亦云："一切諸法皆是寂静門。"③ 禪宗以心法相傳，證悟也以心的寂静爲旨歸④，而寶曇詩中所傳達的"寂静"正是這種體驗。

第二首詩中的三、四句寫作者自己伴著春風徜徉在湖光山色之中，周圍同樣一片寂静，只有零星的木魚和寺鐘之聲傳來，此處鐘聲達到了前首詩中牧歌的效果，鐘聲的傳來打破了寧静的虛空，亦象徵詩人心靈上的一次頓悟。而在第三首詩中，起到相同作用的則是櫓聲，它富有節奏感的伊軋聲，如人在低語輕訴，此時作者心情寂然，臥於舟中行將入睡，在這種狀態下感嘆人生如夢，飄忽不定。

通過描寫歌聲、鐘聲、櫓聲從寂静中響起，又在寂静中消散，以達到化動爲静，化實爲虛。這些聲音中一切的迷妄頓覺則幻化爲無恒的永恒，從而在表達禪理禪趣的同時，達到了其言有盡而其意無窮的藝術效果。此外，我們認爲寶曇以七絕山水詩表現禪理禪趣不是偶然的：其一，七絕體式短小，不適宜表現宏大壯闊的山水景觀與錯綜復雜的感情變化，卻適合精緻細膩的情韻；其二，這或許與禪宗偈頌有關，偈頌是表現禪師證悟的佛教文學樣式，而在唐宋時期偈頌多爲七言四句的形式，故寶曇觀照山水後體悟出禪意，便選擇以絕句爲之。

因此我們認爲山水帶給寶曇不同的心靈體驗，而寶曇在不同的情感狀態下，亦會選擇不同的詩歌體裁來觀照山水。當他看到錢塘江潮之時，他

---

① 《橘洲文集》卷三，《續修四庫全書》第 1318 冊，上海：上海古籍出版社，2002 年版，第 77 頁下。

② ［晉］佛馱跋陀羅譯：《大方廣佛華嚴經》卷一，《大正藏》第 9 卷，第 399 頁。

③ ［南朝宋］求那跋陀羅譯：《大方廣寶篋經》卷上，《大正藏》第 14 卷，第 470 頁。

④ 周裕鍇：《中國禪宗與詩歌》，上海：上海人民出版社，1992 年版，第 104 頁。

會被其雄闊的氣勢震撼，故選擇以歌行體來渲染、誇張它的汹涌澎湃，求得“狀難寫之境如在目前”；當他離別獨行時，他選擇以七律將內心不平融入山水時空之中，使山水皆著我之色彩；當自然山水給他帶來寂静時，他選擇七言絕句來表現心靈上的一次頓悟。所以，寶曇的山水詩深刻地反映了他的詩體意識，他會針對不同情況、不同情感來選擇適當的體裁加以表現。

就寶曇詩的體裁而言，我們可知他的次韻詩主要是“牽乎人”的次韻，可見他對江西詩派的模擬；他的詠物詩“遺形取神”，用繞路說禪的方式描畫物的特徵及抒發對物的感受，尤其是詠墨竹、墨梅、詠茶、詠香詩，體現了大乘佛教“六根互用”的觀念；他的挽詩充分考慮逝者的身份、地位與影響，在雅頌中哀悼逝者，抒發沉重的感傷之情；他的題畫詩不重畫作與實景的逼真程度，側重對畫中主題人物的追憶；他的山水詩繼承惠洪以來詩僧山水題材和體裁多樣化、思想情感文人化的特徵，擺脫了九僧晚唐體詩風狹小瑣碎的境界，或寫雄奇壯觀之景，或抒發行旅之感，或表現“空寂”的禪趣。因此，我們認爲寶曇寫詩受當時詩壇影響估計很小，反倒受以蘇、黄爲代表的“元祐—江西”詩風影響極大。所以寶曇雖身處南宋，但在詩文寫作上更傾心於北宋中後期蘇、黄的詩歌範式。

第四節　寶曇詩歌的藝術特色

寶曇作詩非常重視詩歌藝術，他不僅在題材上追求文人化，效仿蘇、黄，而且在藝術手法上也積極向“元祐—江西”詩風靠攏。無論是押韻、用典，抑或對仗、用語，都體現出其對蘇、黄詩風的學習與接受。

一、用韻：傚仿柏梁體與反復次韻

由於寶曇詩多次韻唱和之作，故在押韻上很下功夫。有些作品句句押韻，效柏梁體，如《和史魏公燔黄》：

東城十月天未霜，小輿初學江灩澦。出門千乘波低昂，酒壚厨傳公爲航。潜魚出聽笑語香，月明夜避燈燭光。羲和催日升扶桑，擊鼓

駭駭旗央央。天機滿湖雲錦張，青山十里松髯蒼。下有種玉人堂堂，
公如晨興拊公床。再拜有詔來帝行，温詞寶墨俱琳琅。此不肖子七不
遑，錦標玉軸家襲藏。敬薪誠火來燔黃，須臾樂作三獻嘗。山川鬼神
如抑揚，其間翁仲涕泗滂，聖恩寬大不可量。天子謂公國津梁，如泰
山雲覆其陽。公九頓首不敢當，昆侖源深流且長。公祈寵靈德不忘，
忠孝乃可環吾傍。周用禮樂須文章，世世報國如其吭。壽公千歲汔小
康，尚可憑軾還侵疆。①

按平水韻，全詩每句都押七陽韻（觴字韻），屬於柏梁體。史浩得詩
后立刻賡和，作《次韻曇師以某焚三代贈黃所示長句》：

霽天破曉嚴清霜，宿具贈帛羅豆觴。旌旗蔽野氣軒昂，夾岸更復
飛舟航。金爐細爇百和香，絳籠然蠟影交光。問予何事出柴桑，爲指
白雲山中央。岩岩雙表鶴翅張，松楸靄靄摩青蒼。漸登幽域至饗堂，
向來百物陳滿床。錦囊緗誥列前行，莫酌器皿皆琳琅。祝言小子心不
遑，幾年恤典篋笥藏。抵今方獲燔贈黃，覿靈來兮染指嘗。潛德既拜
天褒揚，後嗣感激兩淚滂。帝恩欲報方思量，忽睹健句如柏梁。葩華
盈軸艷春陽，建安七子誰可當。何止李杜萬丈長。再四披閱予敢忘，
同來親賓皆在旁。共詫粲可能文章，其中一客起鳴吭。眾駭何爲色不
康，未甘釋子侵予疆。②

詩中史浩稱贊道："忽睹健句如柏梁。葩華盈軸艷春陽，建安七子誰
可當。何止李杜萬丈長"，將寶曇與建安七子和李、杜等大家相提並論，
給予寶曇非常高的評價。詩的末尾還說，當史浩把寶曇這首詩與其親友、
來賓共賞時，他們對寶曇能詩都很驚詫，尤其是"未甘釋子侵予疆"一
句，更是借他人之口，從側面肯定了寶曇詩才出眾。得到史浩的回應之
后，寶曇續作《病餘用前韻呈魏公》：

蓬萊仙人雙鬢霜，有蔬一豆酒一觴。長歌勸客聲激昂，車如流水
門如航。幾生道德爲腥香，今年入謝朝明光。歸心有如三宿桑，抱琴

---

① 《橘洲文集》卷一，《續修四庫全書》第 1318 册，上海：上海古籍出版社，2002 年版，
第 63 頁下。

② ［宋］史浩：《鄮峰真隱漫録》卷二，《文淵閣四庫全書》第 1141 册，臺北：臺灣商務印
書館，1986 年版，第 545 頁下至 546 頁上。

一笑江中央。曰余此琴吾翁張，越山入手修眉蒼。不容散花來後堂，毗耶室空唯一床。誰家金釵十二行，春風環佩鳴璆琅。斯須吐握曾未遑，自謂山穩舟深藏。不知有力來昏黃，如人裏飯不得嘗。吾寧萬籟同敷揚，四時花雨仍紛滂，山高水深未易量。可人啼鳥聲繞梁，六窗濯濯如秋陽。天人境界誰適當，我自襪綫無他長。唯餘習氣不可忘，有時睥睨如無傍。爐薰茗碗供平章，一機直欲春其吭。戰酣意定心泰康，依舊爾界還吾疆。①

　　從詩的最後兩句可以看出寶曇對此番用柏梁體唱和雖然滿意，但亦受到“未甘釋子侵予疆”的影響，故略顯無奈地説“依舊爾界還吾疆”，主動停止唱和，暗示了其内心的不甘。

　　值得注意的是寶曇對韻脚的選擇。詩歌首句末尾的“霜”字，很容易讓人聯想到曹丕的《燕歌行》，用七陽韻且句句入韻的七古更少。在唐代若以一韻到底的七古而論，杜甫最善此體。② 比如他的《飲中八仙歌》一韻到底，可押的韻却不是七陽韻。雖然他的《寄韓諫議》《大麥行》等使用了七陽韻，但也只是“部分柏梁體”。在杜甫以後的詩人中像韓愈等也寫過一些句句入韻的古體詩，如《調張籍》，然而這跟曹丕《燕歌行》的體裁、用韻相比仍有不同。直到宋代情況有了顯著變化，許多詩人向傳統回歸，大量使用七陽韻並以逐句用韻的方式創作七古。北宋的歐陽修、蘇軾就是典型代表，如歐陽修的《鸚鵡螺》、蘇軾的《登雲龍山》《真一酒歌》，而蘇軾的《閻立本職貢圖》詩，不僅用柏梁體而且押的還是險韻“三江”，可見宋人對這樣的創作用韻並不感到爲難。北宋末至南宋初，用七陽韻作柏梁體仍大有人在，如陳師道的《贈二蘇公》、韓駒的《戲留圓首座元上人》、吕本中的《別離行》。而與寶曇處於同一時代，喜歡運用七陽韻作柏梁體的詩人要推陸游，陸游在七古上頗有建樹，趙翼《甌北詩話》云：“抑知其古體詩，才氣豪健，議論開闢，引用書卷，皆驅使出之，而非徒以數典爲能事。意在筆先，力透紙背。”③ 他的這類詩歌作品數量

---

① 《橘洲文集》卷一，《續修四庫全書》第1318冊，上海：上海古籍出版社，2002年版，第63頁下~64頁上。

② 王力：《漢語詩律學》，上海：上海教育出版社，2005年版，第366頁。

③ ［清］趙翼著，霍松林、胡主佑點校：《甌北詩話》，北京：人民文學出版社，1963年版，第80頁。

不少，比如《驛舍海棠已過有感》《丹芝行》《長信宮詞》《聽琴》《入榮州境》《夜宴即席作》《玉京行》《大風登城》《觀花》《丙午五月大雨五日不止鏡湖渺然想見湖未廢時有感而賦》《喜雨》。可見，從北宋中期到南宋中期，此類柏梁體詩的寫作綿延不絕。

如果我們留心一下寫作此類柏梁體的詩人的創作取向，就會發現他們幾乎都是屬於"元祐—江西"文學傳統或深受這一傳統影響的詩人。此種現象也説明一方面這些詩人在作柏梁體時有著濃厚的仿古心理，受曹丕《燕歌行》影響較深；另一方面也體現了他們"以才學爲詩"的創作理念，即不懼格律的局限以及條件的複雜，而勇於挑戰自己的智力極限。因此，寶曇以柏梁體詩唱和，很顯然是受到了這一傳統的影響。而且寶曇的這類詩跟宋代乃至前代文人的詩還有一點不同，那就是前代或同代的詩人很少有人用柏梁體次韻唱和，文人柏梁體多創於"獨吟"，寶曇則是通過次韻的方式，如果不是史浩和詩提到他人對寶曇"侵疆"的不滿，估計寶曇可能會繼續以此體來"筆戰"。從這裏我們也能看出寶曇對寫詩用韻非常自信。

寶曇除了作柏梁體，有些作品還以反復次韻見長，因難而見巧。茲以寶曇"圍暉"韻的次韻詩爲例，以觀其詩反復次韻的藝術。《次韻李太博羽扇亭二首》：

> 不許屏間著妓圍，却容半坐對斜暉。官餘戰馬渾無用，雨扼邊雲故一揮。詩入邛峽應更險，身如杜宇肯忘歸。殷勤瀝酒蒼波外，罷點駝酥斫蟹肥。

> 艱難當不減腰圍，過盡瞿塘幾夕暉。萬里江山勞疾置，一番書札枉親揮。塵埃好却西風扇，行李仍從北道歸。底處最關天下事，秋來馬不齕民肥。[①]

這兩首詩賡和的是李石《羽扇亭》詩：

> 十里山光紺碧圍，瘴烟收盡溢春暉。黃紬睡美聞衙唱，白羽風高入指揮。樓角片雲隨雁去，溪頭驟雨送龍歸。君王若問安邊策，首藿

---

① 《橘洲文集》卷二，《續修四庫全書》第 1318 册，上海：上海古籍出版社，2002 年版，第 69 頁上。

漫山戰馬肥。①

　　李石以詼諧、幽默的口吻調侃自己仕宦生活的閑適，抒發對羽扇亭一帶秀美春光的喜愛，詩的最後則表達了厭戰情緒，以及對安定生活的嚮往。而寶曇爲應和李詩，其首要的在於如何用韻，就如楊萬里《答建康府大軍監門徐達書》雲：“蓋我爲嘗覿是物，而逆彼之覿；我不欲用是韻，而抑從彼之用。”在這兩首詩中，寶曇爲了安排韻字，用組詞“妓圍”“腰圍”“斜暉”“夕暉”“一揮”“親揮”“忘歸”“道歸”“蟹肥”“民肥”來巧妙應對。由於韻脚屬於窄韻五微，所以爲它們進行詞語組合，相對於寬韻要困難得多，而寶曇唱和時極思苦求之貌也能從這些詞語中看出。除了這兩首，寶曇还有《再韻謝提舉蘇道山》《再韻謝晁郎中二首》：

　　　　手種梧桐一百圍，天生鸞鳳翳朝暉。西南人物惟公在，汝潁風流祇涕揮。縱有詩筒憐苦李，豈無藥裹要當歸。黑頭未用黄金印，且與斯民共瘠肥。

　　　　病見春山四打圍，茅簷華髮只暉暉。不愁書册無人語，强把杉枝爲客揮。意在未妨身更遠，林疏自是月先歸。百年人物如公少，試問何緣道則肥。

　　　　故著文書盡底圍，要看江漢濯秋暉。眼明自可窮諸妄，語妙何妨爲一揮。今日西州成故里，它年東閣許同歸。胸中袞袞平生事，身瘦緣渠不得肥。②

　　上面三首詩亦押五微，所用韻字也是“圍、暉、揮、歸、肥”，而且次序亦與前詩相同，在《橘洲文集》中五首詩被安排在同卷同頁，因此，我們認爲這五首詩都是廣和李詩而作，從詩題中涉及的人名來看，參加唱和的還有蘇道山、晁郎中等人，可惜的是這些人的詩作已不可見，無法了解他們與李石、寶曇唱和的全貌。唯一可以肯定的是，寶曇應是先與李石唱和，之後蘇、晁等人加入，寶曇再與之唱和，這樣看來，他完全是“以一敵三”，而隨著他人的加入，必然愈和愈難、愈和愈險，説明寶曇在詩

---

　　① ［宋］李石：《方舟集》卷四，《文淵閣四庫全書》第 1149 册，臺北：臺灣商務印書館，1986 年版，第 561 頁上。
　　② 《橘洲文集》卷二，《續修四庫全書》第 1318 册，上海：上海古籍出版社，2002 年版，第 69 頁上。

歌用韻上技藝嫻熟。

至於寶曇的非次韻詩，在用韻上也有上述特點。比如《上魏南夫丞相代人》《上葉丞相代人》，也是逐句押韻的柏梁體。而在反復次韻之外，他也會有意識地押窄韻甚至險韻，如《題道夫東征錄》：

> 老來氣味覺深穩，餘子但知聲擊撞。烟雲合千態萬狀，意氣吞五湖三江。如聞日觀眇天下，俯視坎井非吾邦。丈夫出門各一笑，笑罷歸來心則降。①

全詩用的是三江韻，與蘇軾《送楊孟容》、黃庭堅《子瞻詩句妙一世乃云效庭堅體……即此韻》二詩一樣。而且，寶曇詩的第四句正好套用黃詩的第四句。再如他爲史浩撰寫的《詩挽史魏公五首》（其四）：

> 十載江湖上，三從北闕歸。官花欹帽側，玉帶重腰圍。屬客黃金盡，凌空寶墨飛。夜堂燈火冷，猶下讀書幃。②

詩用五微韻，估計寶曇是想利用窄韻在語音上局促偏狹的特點，烘托其內心悲傷哀痛的情感體驗。

二、用典

典故作爲一種凝聚著濃厚的歷史文化內涵和哲理性美感內涵的藝術符號，在中國古典詩歌的語言形式構成中占有舉足輕重的地位，它能使詩歌在簡練的形式中包含豐富的、多層次的內涵，使詩歌顯得淵雅富贍，精緻含蓄。③ 以蘇、黃爲代表的元祐詩人在用典上積極開拓，形成了獨特的藝術風格。寶曇仰慕蘇、黃，因此，在驅使典故方面，也向蘇、黃兩人學習、借鑒，下面試言之。

（一）語典：點鐵成金

詩歌是一門語言藝術，它的材料就是語言。任何一種語言系統都有巨大的穩固性，詩歌語言也不例外。詩人生活在特定的語言環境中，要表達

---

① 《橘洲文集》卷二，《續修四庫全書》第 1318 冊，上海：上海古籍出版社，2002 年版，第 70 頁上。

② 《橘洲文集》卷三，《續修四庫全書》第 1318 冊，上海：上海古籍出版社，2002 年版，第 80 頁上。

③ 周裕鍇：《宋代詩學通論》，上海：上海古籍出版社，2007 年版，第 511～512 頁。

任何審美意識都不得不運用約定俗成的語言，即廣義的"陳言"，因爲從理論上講，前人未使用過的語言是無法進行交流的。① 寶曇寫詩就好用前人成語，比如《和丐祠未報》中"龍蛇大澤公真是，虎豹重門孰可攀"之句，"龍蛇"語出《左傳》，"虎豹"語出《周易》。又如《鼠狼二首》（其一）"歃血未幹猶竊粟，豈應秦了又生秦"之句，這裏的"秦了又生秦"語出《史記·張耳陳餘列傳》："秦未亡而誅武臣，此又生一秦也。"②

　　從寶曇使用的這些成語來看，它們有個顯著的特色，即在原典中的本義與寶曇吟詠的對象無關。"龍蛇大澤"在《左傳·襄公二十一年》中的原文是："初，叔向之母妒叔虎之母美而不使，其子皆諫其母。其母曰：'深山大澤，實生龍蛇。彼美，余懼其生龍蛇以禍女。'"③ 本義爲美女生禍胎，威脅叔向一族。而寶曇乃以之比喻張鎡的偉岸英姿，如深藏於大澤中的龍蛇；"秦了又生秦"在《史記》中本謂張耳、陳餘處事不當，以致樹敵過多，而在此處却用於諷刺鼬鼠貪得無厭、做壞事一件接一件的惡劣秉性。由於這些成語與原典文本意義相脱離，成爲獨立的富有表現力的語言形象，獲得了全新的審美效果。④ 而這種用語技巧恰好符合黃庭堅所提倡的"點鐵成金"。"點鐵成金"的前提是"用古人語，而不用其意"，也就是説，利用成語典故或襲用前人詩句，必須在意義上與原典文本的意義有相當的距離。因此寶曇詩中使用的語典確實做到了這一點，這也體現出他對黃庭堅詩學理念的接受。

（二）事典：切合對象的身份

　　清人趙翼謂："宋人詩，與人贈答，多有切其人之姓，驅使典故，爲本地風光者。如東坡與徐君猷、孟亨之同飲，則以徐、孟二家故事，裁對成聯；送鄭戶曹，則以鄭太、鄭虔故事，裁對成聯；又戲張子野娶妾，專用張家事點綴繁拂，最有生趣。……山谷贈東坡詩：'人間化鶴三千歲（蘇耽），海上看羊十九年（蘇武）。'皆以切合爲能事。"⑤ 寶曇仰慕蘇、

---

① 周裕鍇：《宋代詩學通論》，上海：上海古籍出版社，2007年版，第175頁。
② ［漢］司馬遷：《史記》卷八十九，北京：中華書局，1963年版，第2576頁。
③ 楊伯峻：《春秋左傳注》第3册，北京：中華書局，1990年版，第1061頁。
④ 周裕鍇：《宋代詩學通論》，上海：上海古籍出版社，2007年版，第178頁。
⑤ ［清］趙翼著，霍松林、胡主佑校點：《甌北詩話》，北京：人民文學出版社，1963年版，第176頁。

黃，故其作詩用典亦效仿蘇、黃。如《送王性之子仲言倅公赴泰州》：“山陰故侯家，受射幾世世。袖有換鵝經，父子固多藝。日高臥東床，吾祖得佳婿。”詩題中的王性之是王銍，而仲言則是其次子王明清，故寶曇以晋代王姓名人王羲之父子比附王銍父子。這種用典將贈別對象和與其同姓的古代先賢相類比，不僅是贊揚其高尚的人品，還能借此説明其榮耀的家世。又如《上劉左史二首》（其一）“鄴下家聲晚更高，南朝徐庾總爾曹”之句，以建安七子之一的劉楨隱喻題中的劉左史，稱贊其詩才之高，家學淵源深厚，既自然貼切，又充滿人情味。

（三）用典範圍的廣博

蘇、黃詩用典的特點是範圍極廣，經史而外、稗官野史、道藏釋典、醫書農書等，無不隨手摘引，顯示出知識學問的廣博。① 寶曇用典也來源廣博，同樣涵蓋了經史子集及釋道經典。如《和史魏公洗硯》“黷面沃心誰似汝”，即引自《尚書》，“黷面”出自《尚書·顧命》“王乃洮靧水”，“沃心”出自《尚書·説命上》：“啓乃心，沃朕心。”寶曇以之形容史浩洗硯時的專注認真。《送王性之子仲言倅公赴泰州》“論士當及時，鹽車有驥駬”之句，“鹽車”出自《戰國策·楚策四》：“夫驥之齒至矣，服鹽車而上太行。蹄申膝折，尾湛胕潰，漉汁灑地，白汗交流，中阪遷延，負轅而不能上。伯樂遭之，下車攀而哭之，解紵衣以冪之。”寶曇以此喻賢才屈沉下僚。《和陶彭澤詠二疏》“登車一慷慨，墮甑誰復顧”之句，“墮甑”出自《後漢書·孟敏傳》：“（孟敏）客居太原。荷甑墮地，不顧而去。林宗見而問其意。對曰：‘甑以破矣，視之何益？’”寶曇以之贊賞疏氏叔侄對榮華富貴的澹泊，而其《用前韻寄吳知府廣德歸》“鼠肝蟲臂窺前輩，蝸角蠅頭戰百蠻”、《病餘用前韻呈魏公》“斯須吐握曾未遑，自謂山穩舟深藏”“又疑春秋戰罷兩蝸角，凍血不洗鋒差差”、《題子陵釣臺圖三絶》“乾坤等是一蘧蒢”之句，自不必説，皆出於《莊子》。

當然，作爲僧人，寶曇作詩用釋門之典亦不可少。如《艤舟南渡有懷》“傍人笑指黃金骨，夜半應須解放光”之句，這裏的“黃金骨”即觀世音菩薩先做馬郎婦，最後又化作黃金鎖子骨來教化衆生的故事。又如《病眼有作》“泪睫陰珠緣底事，金篦刮膜未全疏”之句中的“金篦刮膜”

---

① 張毅：《宋代文學思想史》，北京：中華書局，2006 年版，第 111 頁。

源自《涅槃經》："佛言：善男子，如百盲人爲治目故造詣良醫，是時良醫即以金鉳決其眼膜。"① 像《和史魏公秋日》中"頻伽滿盛空"之"頻伽"（迦陵頻伽鳥）、《病餘用前韻呈魏公》中"歸心有如三宿桑"之"三宿桑"、《用前韻寄吳知府》中"盥手楞嚴辯八還"之"八還"，均出自《楞嚴經》："七處徵心，全是妄性净元明；八還顯見，本來真覺元常住。"② 以上種種都是釋門之語典。這些典故的運用反映了寶曇博通經史、融會儒釋道及以才學爲詩的創作傾向。而且，正是因爲他能博洽諸家經典，他在寫作詩歌時典故才能信手拈來。

前已述及，在寶曇的詩歌中，用典是其重要特色。我們以爲，無論是其用典的方式抑或典故的廣博來源，都與蘇、黄等元祐文人高度相似。可知寶曇的確受到"以才學爲詩"的影響。前面我們在分析寶曇的次韻詩時就指出寶曇的詩流露出"元祐—江西"詩風的氣質，那麼從用典來看，寶曇的詩亦體現了這種氣質。所以這也是他師法蘇、黄詩歌的又一顯例。

三、對仗："工"與"拙"的相伴

對仗是律詩的必要條件之一，律詩的"工對"（或曰"的對""切對"）最能顯示漢語語法詞彙獨特的魅力，它使詩歌語言結構具有一種均衡對稱的建築美。③ 寶曇律詩的對仗亦顯出其匠心獨運的才思，相當多的作品都有屬對精工的佳句，如《與侍講程自靖西歸會於江陵二首》（其一）的頸聯："風休江北一聲櫓，春盡劍南何處山。"以舟上搖櫓之聲襯托江風的休止停歇，以不識所到之山表達春去之興趣闌珊。而且"風休"對"春盡"、"江北"對"劍南"相當貼切。再如：

> 泉鳴石瀨聽愈好，雨浥岩花笑轉新。（《和雪林訪二山》）
> 新綠溝塍鳴布穀，亂紅庭院著流鶯。（《上明州高守喜雨》）
> 茂陵多病書成帙，季子歸來雪滿簪。（《黄待制病中以詩寄之》）
> 錦茵鋪地密，夢蝶繞枝空。（《落花》）

---

① ［北京］曇無懺譯：《大般涅槃經》卷八，《大正藏》第 12 卷，第 411 頁。
② ［唐］般剌蜜帝譯：《大佛頂如來密因修證了義諸菩薩萬行首楞嚴經》卷一，《大正藏》第 19 卷，第 106 頁。
③ 周裕鍇：《宋代詩學通論》，上海：上海古籍出版社，2007 年版，第 479 頁。

璧月團霜箆，湘波浸竹鋪。(《劇暑戲成》)

屐聲喧午枕，人語泣西風。(《苦雨》)

這種貼切精巧、工整嚴密的屬對，展示了寶曇駕馭語言的高超能力，更顯出其構思的苦心妙想。

然而，寶曇律詩屬對並非一味追求"精工"。自宋代黃庭堅及江西詩人開始，不少詩人就在對仗中試圖以"不工"之對化"穩順"爲"奇特"。吳可《藏海詩話》云："凡詩切對求工，必氣弱。寧對不工，不可使氣弱。"① 所謂"氣弱"，大致是指上下聯之間語境太近、結構過分均衡而造成的語言形態的平板呆滯。所謂"不工"，是指律詩對偶詞語分屬不同範疇，上下聯不僅形象迥不相侔，而且語義了不相屬。由於這種"不工"打破了均衡與和諧，在上下聯語境之間形成了一種強大的張力，因而能成醫治"氣弱"的特效藥。② 如黃庭堅《次韻戲答彥和》："天於萬物定貧我，智效一官全爲親。""天"與"智"、"萬物"與"一官"形象差異明顯。又如陳師道《次韻春懷》："老形已具臂膝痛，春事無多櫻笋來。"方回曰："'老形已具臂膝痛'，身欲老也。'春事無多櫻笋來'，春欲盡也。……以一句情對一句景，輕重彼我，沉著深鬱，中有無窮之味。"③

受其影響，寶曇在屬對上也使用了寬對，對聯之中的事類毫不相干，形象異質且語境遠距。如《再韻謝晁郎中二首》(其一)的頸聯"意在未防身更遠，林疏自是月先歸"，上句説理，下句寫景；《和張功父寄陸務觀郎中》的頸聯"自知人物隨時盡，獨倚欄杆到日斜"，上句抒情，下句寫景。這類詩句的對仗分屬不同範疇，像"意在"對"林疏"、"身"對"月"、"人物"對"欄杆"、"時盡"對"日斜"並非意義精準的對仗，彼此間形象差異明顯。而正是這種不工整的對仗打破了均衡與和諧，故在出句與對句的語境中陡然間形成了一種張力，起到提升詩歌氣格之效。

除了寬對，有些對仗寶曇也用"假對"。關於"假對"，吳聿《觀林詩話》云："杜牧之云：'杜若芳洲翠，嚴光釣瀨喧。'此以杜與嚴爲人姓相

---

① [宋] 吳可：《藏海詩話》，《歷代詩話續編》上冊，北京：中華書局，1983 年版，第 331 頁。

② 周裕鍇：《宋代詩學通論》，上海：上海古籍出版社，2007 年版，第 480 頁。

③ [元] 方回選評，李慶甲集評校點：《瀛奎律髓匯評》卷二十六，上海：上海古籍出版社，2005 年版，第 1144 頁。

對也。又有'當時物議朱雲小，後代聲名白日懸'，此乃以朱雲對白日，皆爲假對，雖以人姓名偶物，不爲偏枯，反爲工也。如涪翁'世上豈無千里馬，人中難待九方皋'，尤爲工緻。"[1]"假對"就是利用詞語的多義性，假借某詞的另一意義和對句中相應的詞成爲工對。[2] 吳聿列舉了黃庭堅《過平輿懷李子先時在并州》詩，這裏的"千里馬"和"九方皋"就是假對，乃動物對人，但按對仗的要求看却又極爲精緻。寶曇七律亦有假對，譬如《送林澤之至五夫》的頷聯："眼明自可空群象，筆健何妨力萬牛。"從字面來看，"群象"與"萬牛"都是動物對動物，非常工整，實際上"群象"並非實指大象，而是佛教語，即世間萬物的種種表象，這樣詩的語境就產生出距離感；又如《再韻謝提舉蘇道山》的頸聯："縱有詩筒憐苦李，豈無藥裹要當歸。"其實這兩句詩有可能是寶曇的"奪胎換骨"，因爲陸游《病中偶得名酒小醉》云："詩囊羞澀悲才盡，藥裹縱橫覺病增。"出句的"詩囊"即指李賀騎驢作詩得佳句投入隨身錦囊之事，所以"苦李"與"當歸"乍看是藥名對藥名，但"苦李"很可能隱喻李賀，李賀作詩勞神苦思，故此聯應爲人名對藥名，其實際語境就相距甚遠，拉開了距離。因此寶曇詩的對仗既體現出"精工"之巧妙，亦有"不工"之健力，而這些寬對、假對亦展現了其學習黃庭堅及江西詩派的痕迹。

四、用語：模擬蘇、黃詩文

前文提到寶曇作詩好點化前人成語故實，並能翻出新意，點鐵成金。除了點化翻新前人成句，寶曇作詩也好直接挪用前人的詩句、詞語入詩，如《上魏南夫丞相代人》"公手不動安如山"一句，一看即知出自杜甫《茅屋爲秋風所破歌》之"風雨不動安如山"，《和史魏公荷花》"瀟然獨出泥滓外"則出自《史記·屈原賈生列傳》之"皎然泥而不滓者也"。這就說明寶曇有意識地采用前人詩文原意或語句結構來輔助自己完成創作。

在寶曇詩中，"因襲"或"引用"的前人詩句最多者非蘇、黃莫屬。寶曇援引了大量的蘇、黃詩句、詞語入詩。或模仿、借鑒蘇、黃詩句結

① ［宋］吳聿：《觀林詩話》，《歷代詩話續編》上册，北京：中華書局，1983年版，第118頁。

② 周裕鍇：《宋代詩學通論》，上海：上海古籍出版社，2007年版，第485頁。

構，如《爲高芝大卿壽》之"試將尺箠付其手"，仿《送周朝議守漢州》"君王付尺箠"；而同詩"江南江北梅雨村，山東山西將相門"二句，仿山谷《次元明韻寄子由》"春風春雨花經眼，江北江南水拍天"；《送燈老住翠山》"我家凌雲君蔣城"，仿山谷《寄黄幾復》"我居北海君南海"。

　　或直接"抄襲""照搬"蘇、黃詩文原句，如《病寓靈芝寺夜聞講律有作》"弗學飢鼠吟空墻"，取自東坡《讀孟郊詩二首》（其一）"空壁嚙飢鼠"；《和史魏公荔枝韻》"錦衣何必捲還客"，取自東坡《次韻柳子玉二首·紙帳》"錦衾速捲持還客"；《病餘用前韻呈魏公》"誰家金釵十二行"，取自山谷《夢中和觸字韻》詩原句；《謝陳思遠畫山水》"腕中百斛力"，取自山谷《姨母李夫人墨竹二首》（其一）"白頭腕中百斛力"；《題道夫東征録》"意氣吞五湖三江"，取自山谷《子瞻詩句妙一世乃云效庭堅體……即此韻》"公如大國楚，吞五湖三江"，而同詩之"如聞日觀眇天下"，亦取自山谷《答何靜翁書》"上日觀而眇天下耳"。

　　或套用蘇、黃詩語，如《曾知閣相宜堂》"照我冰雪腸"，套用東坡《九月十五觀月聽琴西湖一首示坐客》"使我冰雪腸，不受麴蘖醺"；《次韻楊綿州二首》（其二）"要學峨眉翠作堆"，套用東坡《出城送客不及步至溪上二首》（其二）"東望峨眉小，盧山翠作堆"；《爲張功父賦寒綠》"歸來一粲然，毋待髮曲局"，套用山谷《寄裴仲謀》"在官與影俱，衣綻髮曲局"；《題老融鬥牛圖》"愧山老觳觫"，套用山谷《題竹石牧牛圖》"御此老觳觫"；《送廬山茶與陳大監》"口香唾繭紙，真是活國醫"，則分別套用山谷《次錢穆父贈松扇》"銀鈎玉唾明繭紙"，山谷《見子瞻粲字韻詩和答三人四返不困而愈崛奇次韻寄彭門》"誠求活國醫，何忍弃和緩"。可見寶曇對蘇、黃詩文非常喜愛與熟悉，這些內容也是其詩宗法"元祐—江西"傳統的又一例證。但必須指出的是，寶曇雖廣引蘇、黃二人詩文，但對比蘇、黃原詩，寶曇所引在意義上跟前者基本相同，沒有賦予這些詞語新的含義及新的審美效果。因此，寶曇模仿、借鑒蘇、黃詩文原詞原句不屬於點鐵成金，僅是他在學習蘇、黃詩文之後於詩歌創作中的一般引用。

　　綜上所述，無論是寶曇詩歌的題材類型還是藝術特色，都與"元祐—江西"文學傳統極爲相似。前人謂其仰慕蘇、黃的說法是非常準確的。他學習蘇、黃詩發揚了他們的詩歌藝術。從他的創作中可以看出，在中興詩人群體之外，部分南宋詩人仍尊崇"元祐—江西"詩風。寶曇是南宋中期的臨濟宗詩僧，他大力寫詩爲文，亦能說明雖然這一階段的臨濟宗内部一再否定文字禪，主張超越文字，解構語言，但他們反文字禪却未必反詩歌創作。而這也延續了北宋以來惠洪等臨濟宗禪僧寫作"士大夫化"的發展趨向，使臨濟宗詩僧這一獨特的創作群體得以繼續發展下去。

第二章　北磵居簡

居簡（1164—1246），字敬叟，號北磵，潼川（今四川三臺）人，俗姓龍（《補續高僧傳》作王氏）。依邑之廣福院圓澄得度。初參別峰寶印、塗毒智策禪師，復往育王參佛照德光禪師。出世住天台般若、報恩，後居靈隱飛來峰北磵十年，故人以北磵稱之。後歷主鐵佛、顯慶、碧雲、慧日諸寺。嘉熙初，奉詔主杭之净慈，晚居天台。理宗淳祐六年卒，年八十三。

居簡是繼橘洲寶曇之後，積極致力於文學創作的最著名的臨濟宗禪僧。對於居簡的文學成就，四庫館臣曾評曰：“第以宋代釋子而論，則九僧以下，大抵有詩而無文。其集中兼有詩文者，惟契嵩與惠洪最著。契嵩《鐔津集》好力與儒者爭是非，其文博而辨；惠洪《石門文字禪》多宣佛理兼抒文談，其文輕而秀；居簡此集（即《北磵集》）不摭拾宗門語録，而格意清拔，自無蔬笋之氣。位置於二人之間，亦未遽爲蜂腰矣。”① 我們認爲這一評價是符合居簡創作的實際情況的。因爲居簡的詩確實展現了濃厚的書卷氣，而且他的詩歌題材與士大夫精英的詩歌題材也很接近，所以自然鮮有“蔬笋氣”。

事實上，四庫館臣對居簡詩才的評價也是源於南宋文人和臨濟宗禪僧的觀點。南宋文人張自明在《北磵集序》中說：“讀其文，宗密未知其伯仲；誦其詩，合參寥、覺範爲一人，不能當也。”② 張氏稱贊居簡詩才，

---

① 《北磵集提要》，《文淵閣四庫全書》第1183冊，臺北：臺灣商務印書館，1986年版，第1頁上。

② 《北磵集原序》，《文淵閣四庫全書》第1183冊，臺北：臺灣商務印書館，1986年版，第2頁下。

謂其成就已超越道潛、惠洪等前輩，這幾乎可看成是四庫館臣評論的原始出處。而在南宋臨濟宗詩僧眼中，居簡的地位更高、影響更大，淮海元肇《見北磵》詩云：

> 橘洲骨冷不容呼，正始遺音掃地無。一代風流今北磵，十年妙語得兩湖。人皆去獻遼東豕，我亦來觀屋上烏。春盡闔門無恙不，楊花飛作雪模糊。①

這首詩是我們研究南宋臨濟宗詩僧的重要文獻，因爲它介紹了這一群體在創作上的傳承譜系。顯然，在元肇眼中寶曇和居簡是臨濟宗詩僧的兩代盟主。在元肇活躍於詩壇時，寶曇已經去世多年，故有“橘洲骨冷不容呼”之語。可悲的是，與元肇一同逝去的還有“正始遺音”。必須指出的是，元肇所謂的“正始遺音”不是嵇康、阮籍的“正始之音”，而是《詩大序》所言“《周南》《召南》，正始之道，王化之基”②之“正始”。換言之，它是“雅正傳統”的意思，不是魏晉正始時期的詩歌創作。因此，元肇的“正始遺音”指的就是南宋臨濟宗詩僧的創作傳統。前已述及，寶曇的創作取向是“元祐—江西”傳統。那麼，居簡接踵寶曇，自然也是這一傳統的繼承者。所以，元肇的這首詩明確告訴我們南宋臨濟宗詩僧也有自己的“文統”，更說明了這一群體在創作取向上是學習東坡詩和山谷詩的，而寶曇、居簡的詩就是臨濟宗詩僧公認的典範。再如，藏叟善珍《看書憶北磵》：

> 無事看書倦即休，心靈遠與古人遊。常尊賈島呼吟佛，盍請劉伶諡醉侯。歲晚庭梅真益友，天寒爐火是重裘。兩冬京浙無消息，老磵年來安健不。③

善珍也是臨濟宗的詩僧，北磵曾對其詩文予以肯定。善珍在此詩中對北磵居簡的身體健康表示關切。由此觀之，居簡是繼寶曇之後當之無愧的臨濟宗詩僧盟主或領袖。

---

① 《淮海挐音》卷下，《全宋詩》第 59 册，北京：北京大學出版社，1998 年版，第 36913 頁。

② 郭紹虞：《中國歷代文論選》第 1 册，上海：上海古籍出版社，2001 年版，第 64 頁。

③ 黃啓江：《文學僧藏叟善珍與南宋末世的禪文化——〈藏叟摘稿〉之析論與點校》，臺北：新文豐出版公司，2010 年版，第 167 頁。

在南宋詩僧研究中，學界對居簡的研究最多，尤其是對居簡之詩的研究已取得了相當多的成果，但這並不意味著居簡的詩歌沒有了闡釋的餘地。譬如居簡雖屬宗杲一系，但他是如何對待看話禪與文字禪的呢？再如居簡的詩歌衆體兼備，其創作時代正值南宋“後江西詩人”與“江湖詩人”的活躍時期，那麼該時期詩壇對他有何影響？更重要的是，儘管同爲臨濟宗詩僧，但居簡比惠洪、寶曇等前輩要幸運，相對於這些飽受宗門非議的詩僧而言，居簡不僅有法嗣傳燈，而且其重視詩文寫作的態度亦得到了法嗣及後輩的高度認同和積極維護。這種發生在臨濟宗内部的“反傳統”現象亦值得深思。因此，本章將從這些問題入手，論證居簡對看話禪文字禪的態度，探究其詩歌體式，闡述居簡與南宋中、晚期詩派的聯繫，揭櫫這一時期臨濟宗禪文化的嬗變。

第一節　居簡的禪學思想

關於居簡的禪法，以往研究者所論甚少。因此，此節將從其師承淵源的角度來探討其禪法。由於居簡屬臨濟宗大慧看話禪世系，並且又酷愛詩文寫作，故我們選擇從看話禪與文字禪的角度，分析居簡對這兩種禪法的態度，剖析其對居簡詩文寫作的影響。

一、居簡與看話禪

從居簡的師承淵源來看，他是佛照德光的弟子，而德光是大慧宗杲的法嗣，那麼居簡就與寶曇一樣，皆屬於大慧看話禪世系。對於宗杲和德光二人，居簡的《北磵集》曾多次提及，在《跋秀紫芝帖》一文中，居簡稱宗杲爲“吾大慧祖”以示尊重，又如《侃都寺重開大慧語錄疏》：

> 濤涌瀾翻，尚想衡陽瘴面；雲開天霽，式符江漢歸心。撚指一十有七年，信口八萬四千偈。人天龍象，在則人，亡則書；草木芝蘭，出乎類，拔乎萃。奎文寵錫，海藏珍收。雖非魯壁之藏，甚於秦火之酷。欲衷衆施，盡與重刊。掃古今螢爝之微，還皎潔蟾蜍之照。遺音

猶在，妙賞須逢。如金聲玉振無遺，免邪説暴行又作。[①]

　　居簡在此疏中對宗杲語録得以重新刊印表示了極大的欣慰，體現了其對宗杲禪學理念的尊崇。而對於自己的老師佛照德光居簡也有很深的感情，德光圓寂之後，他親爲德光撰寫祭文，《祭佛照禪師》：

　　　　嘉泰三年三月二十八，四川、兩浙、二廣、七閩、江淮東西、荆湖南北參學比丘某，與諸比丘衆注香煮茶，奉微供於鄞之東庵佛照禪師拙庵大和尚之靈。於戲！師之所自立，亦難矣哉。方其升應庵之堂，則登東山而小魯；晚入雙徑之室，然後登泰山而小天下。妄庸醜正，嘯群困折，不可奈何而後已。卒能橫翔捷出，縛虎兕，鞭龍象，搏扶摇，跨闔闢。阜陵，英主也，曰兢兢業業，當如禪師之言；史真隱，帝者師也，謂其氣雄萬夫；陸放翁，山陰耆舊也，贊其話行四海。非有大過人，一聖二賢，曷以若此？它日行輩鼎立，更迭而逝；師則歸然，獨殿諸老。紛紛晚進，競春爭妍；秋新露零，一掃而盡。於是時也，方攬阰之木蘭、洲之宿莽，凌霜屬雪以自怡。收卷波瀾，一庵至樂忍死，不敢寧居逸體。今亡矣夫？昧者謂其果亡矣，有法門名無盡燈，冥者皆明，明終不盡，則師長在而不忘，尚何悲焉！[②]

又《祭佛照禪師圓鑒之塔》：

　　　　嗚呼師乎！虛舟悠悠，不知斯文壽命所托；疾雷殷殷，不知蟄户管簹所繫。浩浩乎心與理冥，智與神遇，不知人間世所謂榮枯得喪果何物耶？指後學之心，則皇天后土昭乎其鑒；孚大信於物，則海東日本不約而至。恢拓象末，邈然寡儔。顧不肖似敢稱先德以䰟斷太空，而與世諦流布哉！静惟始終，逾二十年，潛鞭密煉，倒行逆施，雪霜憑陵，陽春煦嫗，恩積丘垤，報未涓塵。故山來歸，靈骨未冷，慚非跨竈，誠謂續貂。無聲之哀，菲薄之奠，哀慕之至，靈其鑒之。[③]

　　① 《北磵集》卷九，《文淵閣四庫全書》第1183册，臺北：臺灣商務印書館，1986年版，第145頁上。
　　② 《北磵集》卷十，《文淵閣四庫全書》第1183册，臺北：臺灣商務印書館，1986年版，第163頁下。
　　③ 《北磵集》卷十，《文淵閣四庫全書》第1183册，臺北：臺灣商務印書館，1986年版，第164頁上。

字裏行間流露出沉痛的哀思，足見居簡對師、祖感情之深。

居簡對宗杲、德光滿懷敬重，那麼，作爲看話禪世系的弟子，居簡理應遵循看話禪。從《北磵集》來看，情況確實如此。居簡對看話禪重要的特徵之———"參話頭"屢有提及，如《臘月初八日疏》云："大空勝義空，不空不有。話頭瞥轉，衆目斯張。拈花則微笑隨之，乞乳則深護至矣。設吾權變適宜之巧，順逆兼資；徇爾顛倒所欲之私，衡從相濟。半字滿字，別傳正傳，莫非塵沙法門，具有智慧德相。"①

又《廣照建藏殿榜》："度經之藏，琅函玉笈俱收；旋軸之樞，福海壽山齊運。諸緣易就，此殿難成。大力量，大富貴，拈起話頭；阿練若，阿闍黎，敢忘恩紀。神龍涌出，行看八面玲瓏；賀燕歸來，坐待一門超越。"②

又《四祖建傳衣閣於中宮講疏》："子生孫，又生子，南陽鹽官唐爲帝者師；今視昔，後視今，佛海拙庵宋致天子問。拈起話頭，雖云記劍。欲開重閣，名曰傳衣。"③在這些例子中，居簡屢次言及"拈起話頭"，可知他推崇看話禪，這説明他對本宗禪法的信仰也是非常堅定的。

二、居簡與文字禪

談到居簡的詩文創作與文字禪的關係，先要明確其對"文字"的態度。與多數禪僧相同，居簡對可能遮蔽其自證自悟的"文字"一直保持著相當的警惕。如《贈立上人》：

> 東陽立上人，以書抵余，袞袞數百語，鋪陳志義，援引古昔，責我以警策後生。是以年大爲先進，而空疏如木偶者爲有道。則謂之曰："子言是也，信之於我，則過矣。子學教矣，是欲以語言文字而達夫道。今又習禪則必忘夫言，忘言之言，豈讀誦云乎哉！且又以他人之言爲警策，猶惡影畏迹，而疾驅亟馳不知息陰處静之爲愈也。況

① 《北磵集》卷八，《文淵閣四庫全書》第 1183 册，臺北：臺灣商務印書館，1986 年版，第 110 頁下。
② 《北磵集》卷八，《文淵閣四庫全書》第 1183 册，臺北：臺灣商務印書館，1986 年版，第 113 頁下。
③ 《北磵集》卷八，《文淵閣四庫全書》第 1183 册，臺北：臺灣商務印書館，1986 年版，第 124 頁下。

余空疏如木偶，何以酬子之辯而求以稱子，則所以益我者至矣，反其言而忘之，則所以益我者益大。①

文中的立上人希望借助經典文字悟道，這種對待"文字"的態度屬於典型的義學僧文字觀。而居簡明確指出禪、教有別，既然你選擇習禪，那麼就該學會"得意忘言"；因此，"忘言之言"又豈能掛在嘴邊誦讀！居簡還用了"惡影畏迹"的比喻，此亦出於《莊子‧漁父》："人有惡影畏迹而去之走者，舉足愈數而迹愈多，走愈疾而影不離身，自以爲尚遲，疾走不休，絕力而死。不知處陰以休影，處静以息迹，愚亦甚矣。"②對此加以形象闡釋，委婉地批評了立上人。可知居簡所否定的"文字"是被義學講師奉爲圭臬的"經典文字"。再如《圓明結夏光明經會榜》：

常轉如是經，盡在筌蹄之外；不省遮個意，徒膠文字之繁。要結千人萬人，豈但一卷兩卷。桃花三級，看喁喁羽化之魚；金鼓一聲，笑栩栩夢回之蝶。③

這裏開篇四句均是批評義學僧的"文字"觀，他們不得參禪法門，糾纏於具有邏輯概念的名相文字，不能做到得蹄忘筌、得意忘言。所以，居簡否定的"文字"實爲義學講師推崇的"文字"。

既然居簡認同看話禪，那麼他對於文字禪似乎應持相同的態度，然而事實並非如此。前文已述，儘管文字禪在宋代的含義非常廣泛，但在喜歡參禪的詩人及臨濟宗詩僧眼中，無論是廣義上的文字禪，抑或狹義上的文字禪，皆包括"詩歌文字"。因此，居簡雖從未公開表露自己對文字禪的態度，但從他的詩文及世人對他的評價之中，可以發現事實上他並不反對文字禪。

首先，居簡非常敬重那些與自己同好詩文的臨濟宗禪僧，比如惠洪，其在《跋甘露滅記韓徐語》中云：

---

① 《北磵集》卷六，《文淵閣四庫全書》第 1183 冊，臺北：臺灣商務印書館，1986 年版，第 90 頁上。

② ［清］郭慶藩撰，王孝魚點校：《莊子集釋》卷三十一，北京：中華書局，2004 年版，第 1026 頁。

③ 《北磵集》卷八，《文淵閣四庫全書》第 1183 冊，臺北：臺灣商務印書館，1986 年版，第 115 頁上。

了翁不喜寂音尊者，稱甘露滅，自是叢林以字稱。妙喜聞後生稱覺範，輒斥之曰，甘露滅乃真净嫡嗣，奈何以字稱。了翁、妙喜豈相反者耶！《送僧序》懲尸素而傲睨高蹈，針衲子之膏肓；《記韓徐語》示古宿之緒餘，所謂雪後見西湖諸峰，則不勝疏爽。今於西湖疏爽中書其後，望爐餘雪後諸峰，不啻於寂音勤止之思。①

"甘露滅"即惠洪，題中"記韓徐語"實應作"記徐韓語"，蓋爲刊刻之誤或居簡自己記錯。它是惠洪寫的一篇散文，"徐"是徐俯，"韓"是韓駒。兩人是著名的江西詩人，且喜好參禪，談論釋典。這篇散文記述了徐俯、韓駒一些對禪宗積極、肯定的言論，故惠洪於文尾處説："徐、韓二公今縉紳之望，皆留神內典，而見識議論如此。聽之令人，如雪中見西湖諸峰不勝疏爽。"②而居簡則轉借此文原話，來表達其對惠洪才華的仰慕。其所提之《送僧序》乃惠洪的另一篇序文《送僧乞食序》③，在文中他批評了那些混入宗門的"妄庸寒乞之徒"敗壞宗門門風，表現了惠洪對宗門發展前途的深切憂慮。居簡援引此文則意在強調惠洪高瞻遠矚，對宗門之弊洞若觀火。再如《題瀟湘八景》：

少時誦寂音尊者《瀟湘八景詩》，詩雖未必盡八景佳處。然可想而知其似也。忽展橫幅於飛來濃翠間，詠少陵所謂湖南清絕地，便覺精爽飛越。④

居簡年少時即能背誦惠洪詩，可見其對惠洪仰慕已久。

除了直接表達對惠洪的敬意之外，居簡在詩歌寫作手法上也有模仿、借鑒惠洪之處。居簡詩中常用一個比喻，如《謝司令惠賜茶》"圭零璧碎不復惜，自候泣蚓聲悲嘶"之句、《劉簿分賜茶》"瓦瓶只候蚯蚓泣，不復浪驚浮俗眼"之句、《上錢昭文代李少潛》"長鬚嫩煮蚓方泣，小龍新破團初瀹"之句，就是將瓶罐燒水發聲比喻成蚯蚓的哭泣。而這種奇特的比喻手法即效法惠洪，惠洪詩中就曾屢次運用，如惠洪《湘山獨宿聞雨》"銅

---

①《北磵集》卷七，《文淵閣四庫全書》第1183冊，臺北：臺灣商務印書館，1986年版，第109頁上。

②〔宋〕釋惠洪：《石門文字禪》卷二十四，《四部叢刊》本。

③〔宋〕釋惠洪：《石門文字禪》卷二十四，《四部叢刊》本。

④《北磵集》卷七，《文淵閣四庫全書》第1183冊，臺北：臺灣商務印書館，1986年版，第106頁下。

瓶蚯蚓爲誰泣"、《明年湘西大雪次韻送僧吴》"瓶響卧聞秋蚓泣"。可知居簡不僅尊崇惠洪的人格、詩才，亦接受其詩法並積極付諸實踐，說明居簡在詩歌創作上的確以惠洪爲榜樣。衆所周知，惠洪經常把自己或他人的詩文（尤其是詩）稱爲文字禪。那麼同樣熱衷於此的居簡，對詩歌文字的態度也就不言自明了。居簡還勉勵、支持那些熱心詩文的後輩，如《書泉南珍書記行卷》：

> 學陶、謝不及，則失之放。學李、杜不及，則失之巧。學晚唐不及，則失之俗。泉南珍藏叟學晚唐，吾未見其失，亦未見其止。覊覊不已，庸不與姚、賈方軌。"薄靄遮西日，歸雕帶北雲"，題金山也。永嘉詩人劉荆山抵掌而作曰："應是我輩語。"暇日裴回孤山南北宕，吊天樂墓田，憩參寥泉。論煉意與煉句、煉字之别，噫！適然得之者，意何煉爲？《書》曰："爾有嘉謀嘉猷，則入告爾后於内，爾乃順之於外，曰斯謀斯猷，惟我后之德。"凡二十九言。《詩》則曰："訏謨定命，遠猷辰告。"八言盡厥旨。《詩》之嚴句與字，均若渾鋼百煉，書以遺珍，識是日博約。①

題中的"珍書記"是藏叟善珍，亦屬臨濟宗大慧派詩僧。他是居簡之後重要的臨濟宗詩僧之一。居簡很欣賞善珍的詩才，對其用以行卷的詩給予積極肯定，認爲其雖學晚唐體，但能得之菁華且創作頗豐，甚至已超越賈島、姚合。當然，居簡亦指出其在寫詩"煉意"上存在的誤區，故勉勵其寫詩應追求"適然得之"。此外，文中最後比較了《尚書》和《诗经》的煉字，《尚书》二十九字的内容，《诗》八字就说盡，因此诗比文要精煉。由此來看，居簡必不會反對文字禪。

其次，就世人對居簡的評價分析，他在當時亦被視作習修文字禪的代表，如《五燈會元》的作者大川普濟云："北磵和尚，自是甘露滅、舟峰庵、秀紫芝之流亞"，把居簡和清涼惠洪、舟峰慶老（舟峰庵）、蜀僧祖秀（秀紫芝）歸爲一流。惠洪自不必説，他絶對是文字禪的代表，而慶老與祖秀二人，據《雲卧紀談》記載，前者"盍以道德文章爲泉南緇素歆艷"，

---

① 《北磵集》卷七，《文淵閣四庫全書》第 1183 册，臺北：臺灣商務印書館，1986 年版，第 107 頁下。

後者"蚤以文鳴於士大夫間，慕嵩明教之風"①。可見三人都傾向文字禪，所以在臨濟宗內部，居簡多半被視作文字禪之徒。再如，南宋詩人劉震孫曰："北磵老師，人品甚高，造道甚深。其爲文章，奇偉峭拔，甚似柳柳州。夫不逸於佛，固當在儒林丈人行。至若沈冥得喪之表，超脫死生之際，則文字語言。又特其遊戲三昧。彼以文訾之者固陋，以禪譽之者亦淺焉耳。非文非禪，妙不可傳而可觀。"② 據此可知，居簡是以"遊戲三昧"的心態從事詩文創作的，而這正是習修文字禪的表徵之一，故其亦曾受到宗門的輕視。這就從反面又證其與文字禪必然有關聯。而且，劉震孫所說的"夫不逸於佛，固當在儒林丈人行"一語亦值得玩味。這說明居簡在文人士夫的眼中很有儒者風範。可見居簡等臨濟宗詩僧不僅有"士大夫化"的傾向，當時的士人也樂於視其若己類。

再次，誠如周裕鍇先生所言，事實上，當一個禪師號稱"不立文字"之時，很可能他仍留下了許多語錄，甚至寫下了不少禪偈，因爲只要他"不立"具有邏輯概念的名相文字既可。換言之，由於"文字"一詞的意義含混，"不立文字"與"不離文字"這兩種貌似衝突的現象可以很好地統一在一個禪師身上。③ 而居簡正是這類禪師的代表，他有語錄、詩文集傳世，證明其絕不否定具有非邏輯性、形象直覺特徵的詩歌。說明居簡作詩與惠洪一樣，都作文字禪，只不過居簡沒有明說而已。

值得注意的是，除了對惠洪等前輩表現出敬仰之外，居簡亦對唐代詩僧有學習、接受。王梵志就是其中之一，尤其是他的"翻著襪"法，居簡就曾多次在詩中提及：

> 襪頭常反著，車轍每殊歸。(《謝張丹霞疏藁》)
>
> 葉生翻襪法，二者竟何有。(《贈寫竹葉生》)
>
> 平生番襪法，背俗細平章。(《次韻吳主簿初度供佛》)
>
> 反騷嫌少作，番襪勤新吟。(《悼趙紫芝》)
>
> 觳觫何如款段騎，襪頭番著副絢絲。(《臨安長官趙兩山約觀將軍

---

① ［宋］釋曉瑩：《雲臥紀談》卷上，《卍續藏經》第 86 册，臺北：新文豐出版公司，1993 年版，第 22 頁下、第 3 頁下。

② ［宋］釋大觀：《北磵居簡禪師語錄》，《卍續藏經》第 121 册，臺北：新文豐出版公司，1993 年版，第 128 頁上。

③ 周裕鍇：《禪宗語言》，杭州：浙江人民出版社，1999 年版，第 5 頁。

木石鏡玲瓏水净土寺》其四）

王梵志詩云："梵志翻著襪，人皆道是錯。乍可刺你眼，不可隱我脚。"翻著襪，即反穿襪。這種精神在宋代文人、禪僧中頗受推崇，黃庭堅《山谷題跋》卷六《書梵志翻著襪詩》："'梵志翻著襪，人皆道是錯。乍可刺你眼，不可隱我脚。'一切衆生顛倒類皆如此，乃知梵志是大修行人也。昔茅容季偉，田家子彌，殺雞飯母，而以草具飯郭林宗，林宗起拜之，因勸使就學，遂爲四海名士，此翻著襪法也。今人以珍饈奉客，以草具飯其親，涉世之事合義則與己，不合義則稱親，萬世同流，皆季偉之罪人也。"黃庭堅引申爲違背世俗之説而創真見的處世原則。惠洪《林間録》卷下："予嘗愛王梵志詩云：'梵志翻著襪，人皆道是錯。寧可刺你眼，不可隱我脚。'寒山子詩云：'人是黑頭蟲，剛作千年調。鑄鐵作門限，鬼見拍手笑。'道人自觀行處，又觀世間，當如是遊戲耳。"惠洪亦將其視爲處世原則。陳善《捫虱新話》下集卷一《作文觀之法》："文章難工，而觀人文章亦自難識。知梵志翻著襪法，則可以作文；知九方皋相馬法，則可以觀人文章。"陳氏則將其引申爲詩文創作原則。而從居簡的詩句來看，他所謂"翻襪"與黃、陳"翻襪"之義完全相同，有指處世原則，如"襪頭常反著，車轍每殊歸""平生番襪法，背俗細平章"；有指藝術創作，如"葉生翻襪法，二者竟何有""反騷嫌少作，番襪動新吟"。可知居簡受王梵志的影響頗深。

綜上所述，我們認爲居簡對看話禪與文字禪均采取接受的態度，這説明他和寶曇情況相類，雖然身屬大慧派却不排斥文字禪。所以，他們或許難免遭遇宗門非議，但是却能受到宗門同好、士大夫精英的支持與青睞。正是有了文人士大夫、宗門同好的支持與響應，居簡與惠洪、寶曇等人一樣，亦不爲宗門非議所動，仍致力於詩文寫作。

第二節　居簡的詩歌及其詩學取向

居簡的詩歌衆體兼備，他的生活時代跨度很長，經過了孝宗、光宗、寧宗和理宗四朝，居簡從事詩文寫作大概始於光宗紹熙（1190—1194）年間，由於這一時期南宋詩壇中的尤、楊、陸、范等早期中興詩人或至暮年，或剛剛逝世。所以，活躍在此時的詩人主要有兩大群體：一是趙蕃、韓淲等"後江西詩人"，一是敖陶孫、姜夔、高翥、劉過等"江湖詩人"。居簡與這兩大群體詩人都有交往。以往的研究者大多表現或描述居簡與他們的交際情況，很少關注這些詩人及其所代表的詩學理念對居簡詩歌所產生的影響。因此，本節將著重探究居簡在詩歌方面的特徵，揭橥居簡詩歌與宋詩發展的關係。

一、追摹江西

黃啓江先生認爲，居簡的興趣在文學，尤其是古、近體詩。他鍾情於古詩賦，遠自《離騷》，近至歐、蘇，他都頗有心得。吟唱之餘，神交古名家巨擘，或賦詩贊頌，或次韻唱和，常表現他對前代詩人之思慕景仰之情。他作詩時，時而鍛煉江西詩派的"奪胎換骨"之法，且樂此不疲，是典型的"詩僧"。① 這一評價比較切合居簡的實際情況。居簡非常仰慕"江西詩派"，不論是其宗派詩人，還是其詩學理念，都被其譽揚、推重，如《大雅堂》詩：

> 少陵何人斯，曰似司馬遷。太史牛馬走，於此何有焉。耆者耆不理，知言超言前。政如春在花，春豈必醜妍。又如發清彈，意豈必在弦。悠悠雲出山，滔滔水行川。雲水山川行，莫測何能然。不知其誰知，軟語黃庭堅。庭堅語弗軟，壯折瀝瀨顛。盡寫劍鋏詩，不數金薤篇。密付草玄後，夜光寒燭天。扁作大雅堂，醉墨猶明鮮。至今百歲後，此意惟心傳。炎宋諸王孫，傳癖不復痊。閉户閲宗派，尚友清社賢。呂韓儼前列，芳蠟然金蓮。三洪偕二謝，病可携瘦權。奪胎換骨法，妙處尤拳拳。疏越正始音，細取麟角煎。亦有老斫輪，堂下時蹁躚。②

這首詩不僅是對北宋江西詩派的禮贊，也是居簡的詩學主張。"大雅堂"出自黃庭堅《大雅堂記》。居簡從杜甫起筆，首二句即運用"奪胎換

---

① 黃啓江：《一味禪與江湖詩——南宋文學僧與禪文化的蛻變》，臺北：臺灣商務印書館，2010 年版，第 211 頁。

② 《北磵詩集》卷一，《宋集珍本叢刊》第 71 冊，北京：綫裝書局，2004 年版，第 252 頁下。

骨"法，直接引用蘇軾之語。據《東坡志林》載："僕嘗問荔枝何所似？
或曰荔枝似龍眼，坐客皆笑其陋。荔枝實無所似也。僕云：'荔枝似江瑤
柱。'應者皆憮然。僕亦不辨。昨日見畢仲游，問杜甫似何人。仲游曰：
'似司馬遷。'僕喜而不答。蓋與曩言會也。"① 可見，居簡亦認同江西詩
派宗法杜甫。接著居簡贊揚黃庭堅，先指出其詩風瘦硬峭拔，謂其貶謫西
南時期的詩作堪稱上乘，語言文字優美，此處化用韓愈《調張籍》"平生
千萬篇，金薤垂琳瑯"二句。之後，居簡稱贊了其他重要的江西派詩人，
著重指出其鮮明的宗派性質，以及他們憑藉"尚友"精神而結合的特徵，
依次列舉呂本中、韓駒、洪朋、洪芻、洪炎、謝逸、謝薖、祖可及善權等
著名江西派詩人，指明其詩法乃"奪胎換骨"，並贊揚此法妙處拳拳，江
西詩風亦因之大盛，説明居簡對"奪胎換骨"推崇備至。實際上，不止是
這首詩，居簡也在其他詩歌中常常提及"奪胎換骨"之法，如："尚憐芳
草春池句，夢破客兒繁舉似。奪胎換骨蜕氛埃，叢霄九萬冷然去"（《松風
閣》）、"故家換骨法，降真合傳衣"（《木犀著雨》）、"降真換骨法，譜牒當
尋披"（《潘子善范先之林自知賦木犀囑和》）、"吟成換得神仙骨，不枉憑
欄撚斷髭"（《酬盤隱別駕》）。可以想見，"奪胎換骨"之法已深入其心。

居簡不僅仰慕北宋江西詩派，學習其詩學理念，也結交"後江西詩
人"，比如韓淲。宋末謝枋得在《蕭冰崖詩卷跋》中説："詩有江西派，而
文清昌之。傳至章泉、澗泉二先生，詩與道俱隆。自二先生没，中原文獻
無足證，江西氣脉將間斷矣。"② "澗泉"是韓淲的號，在謝枋得看來，韓
淲就屬於江西後勁，而且，當他與趙蕃（章泉）逝世後，江西詩風一蹶不
振。除了謝枋得，方回也持同樣的觀點，其《次韻贈上饒鄭聖予沂並序》
云："上饒自南渡以来，寓公曾茶山得呂紫微詩法，傳至嘉定中，趙章泉、
韓澗泉正脉不絶，今之學永嘉四靈者，不復知此。"③ 認爲趙蕃、韓淲乃
繼承江西詩派的正統，深得其詩法。值得注意的是，韓淲等"後江西詩
人"的詩學理念主要源自呂本中的"活法"，譬如韓淲就曾在詩中多次提

---

　　① ［宋］蘇軾：《東坡志林》卷十一，《文淵閣四庫全書》第 863 册，臺北：臺灣商務印書
館，1986 年版，第 90 頁下。
　　② ［宋］謝枋得：《疊山集》卷三，《文淵閣四庫全書》第 1184 册，臺北：臺灣商務印書
館，1986 年版，第 886 頁下。
　　③ ［元］方回：《桐江續集》卷十五，《文淵閣四庫全書》第 1193 册，臺北：臺灣商務印書
館，1986 年版，第 402 頁下。

及"活法",如"安心參活法,一滌塵土污"(《贈潘德久舍人》)、"活法要須能自悟,危機何用苦尋思"(《弈棋》)。因此,居簡所接受的詩學理念也必然包含江西詩派吕本中所主張的"活法"説。

二、兼習江湖

除了江西詩派,居簡對江湖詩人亦有學習、借鑒。然而,必須指明的是,居簡所學的江湖詩人並不都是模仿賈島、姚合晚唐體的江湖詩人。吕肖奐先生《宋詩體派論》謂:"江湖詩派的'唐體',以'晚唐'諸家數爲主,幾乎包括現在所説的中晚唐大小詩人,這一點,劉克莊的《後村詩話》以及不少詩序裏評説得最爲全面充分。……可以説只要'晚唐'詩人有一技之長,江湖詩人都會效仿。"① 陶文鵬先生亦云:"江湖詩派雖然主要的創作傾向是繼四靈之後,反對江西詩派的作風,崇尚晚唐;但是,在這人數衆多的流派裏,思想作風、創作主張、藝術風格與成就均不盡相同,情況比較複雜。有反對江西詩派的,也有受江西詩派影響較深的;有學四靈詩的,也有以楊萬里、陸游乃至杜甫爲詩的;有崇尚賈島、姚合的;也有向中、晚唐其他詩人學習的;有對現實澹漠的,也有比較關注現實的;有清高之士,也有干謁之徒,等等。"② 由此觀之,儘管江湖詩人皆宗"唐體",但所學不一定是賈島、姚合的晚唐體。而居簡交往的江湖詩人中,除了趙師秀等少數詩人之外,剩下的幾乎不是賈、姚晚唐體的追隨者。譬如高翥,居簡在《送高九萬菊磵遊吳門序》中就詳叙了高翥詩所學習的晚唐詩是怎樣的格調:

> 少陵得三百篇之旨歸,鼓吹漢魏六朝之作,遂集大成。《離騷》《大雅》鏗然盈耳。晚唐聲益宏,和益衆,復還正始。厥後爲之彈壓,未見氣力宏厚如此。駸駸末流,著工夫於風烟草木,爭妍取奇,自負能事盡矣。所謂厚人倫、美教化、移風俗,果安在哉?山陰菊磵高九萬,得句法於雪巢林景思,於後山爲第五世,嘗出唐律數十篇,活法天機,往往擅時名者,並驅爭先,加以數年沉潛反復,樹《離騷》

《大雅》之根，長漢魏六朝之幹，發少陵勁正之柯，垂晚唐婆娑之陰，擷百氏餘芳，成溜雨四十圍，俾困頓於風烟草木者息陰休影。方有事於吳門，吳號多士，趙静齋子野、盧蒲江申之柄此能事。第往，必以吾言爲然。①

居簡認爲晚唐初期的詩人及詩作尚能效仿杜詩，作品富有雅正精神，這種風氣後來却遭到抑制。而"駸駸末流"即傳統意義上的晚唐體——模仿賈島、姚合風格的詩人及其詩作，逐漸抬頭，以至那些"氣力宏厚"之作終爲其取代。可知，居簡所謂之"晚唐"與南宋中後期大多數詩人所主張的"晚唐"並不相同。衆所周知，晚唐體詩人熱衷"苦吟"，傾心於字句的鍛煉，好營構細微幽約、淡遠寧静的氛圍和意境，即"著工夫於風烟草木，争妍取奇，自負能事盡矣"。而在居簡眼中"主流"的晚唐詩實有深刻的思想，非氣格卑弱、細密瑣碎的晚唐體。

對於高翥，居簡謂其"得句法於雪巢林景思，於後山爲第五世，嘗出唐律數十篇，活法天機，往往擅時名者，並驅争先，加以數年沉潛反復，樹《離騷》《大雅》之根，長漢魏六朝之幹，發少陵勁正之柯，垂晚唐婆娑之陰，擷百氏餘芳，成溜雨四十圍"。在居簡看來，高翥的律詩是從杜甫到陳師道一脉相传的，雖爲"唐律"却與其他江湖詩人所説的"唐律"不同。還有一個原因就是，儘管高翥屬於江湖詩人，但他並不喜歡賈、姚的詩，其《報友人書》云："古以漢魏爲至，律必開元以前。……天寶以還，五代而上，但堪代燭云爾。"② 明確提出學習律詩，以盛唐爲宗，亦可見出居簡此番言論實乃根據高翥的詩學主張而展開的。

又如薛師石（字景石），居簡曾寫過《泣瓜廬薛景石》一詩，中有"夢與瓜廬別，平明見又玄。偏傍蕃手校，奇正想心傳"之句。據黄啓江先生考證，這不是用來描寫師石擅長的篆書，而是描寫師石刻苦作詩的用心，顯示了他與師石認識與交往之深。③ 而薛師石亦不學賈、姚晚唐體，趙汝回爲薛師石別集所作的《瓜廬集序》云：

① 《北磵集》卷五，《文淵閣四庫全書》第1183册，臺北：臺灣商務印書館，1986年版，第63頁上。
② 吕肖奂：《宋詩體派論》，成都：四川民族出版社，2002年版，第203頁。
③ 黄啓江：《一味禪與江湖詩——南宋文學僧與禪文化的蜕變》，臺北：臺灣商務印書館，2010年版，第236頁。

晋、宋詩，稱"陶、謝"，唐稱"韋、杜"，當其時，人人皆工詩，詩非不盛也，而四人者獨首稱，豈非侯鯖爽口，不若不致之羹，鄭聲悦耳，不若遺音之瑟哉？唐風不競，派沿江西，此道蝕滅盡矣。永嘉徐照、翁卷、徐璣、趙師秀，乃始以開元、元和作者自命，治擇平煉，字字玉響，雜之姚、賈中，人不能辨。水心先生既嘖嘖嘆賞之，於是四靈之名天下莫不聞。而瓜廬翁薛景石每與聚吟，獨主古淡，融狹爲廣，夷縷爲素，神悟意到，自然清空，如秋天迥潔，風過而成聲，雲出而成文。間謂四靈："君爲姚、賈，吾於陶、謝、韋、杜何如也？"夫古詩三百，不過比興；然上下數千年間，騷人文士望而知其難，擬之而弗似矣。四靈陋晚唐不爲，語不驚人不止，而後生常則其步趨聲欬，揚揚以晚唐誇人，此人所不悟也。然則景石脫穎而出，自成一家，真知機之士哉！景石名家子，多讀書，通八陣、八門之變，乃心物外，至忘形骸，築廬會昌湖西，灌瓜貼樹，蔫醇擊鮮，日爲文會，論切闡析，恐不人人陶、謝、韋、杜也。情真氣和，庶幾乎有道者。而年五十一死矣，死後人士無遠近，爭致其詩。其子弟手鈔不能給。于是相與刻之，嗚呼！使景石健至今，詩又止是乎？嘉熙元年清明日東閣趙汝回序。①

可知薛師石對賈、姚晚唐體之流並不滿意，而轉學陶謝、韋杜。除了高翥、薛師石之外，像劉過、劉植、高似孫等江湖詩人亦都與居簡有交，而且他們的師法對象也非晚唐體。以高似孫爲例，他在《選詩句圖序》一文中説：

> 杜公訓兒精《選》理，兒豈能熟，公自熟耳。早參公法，全律用六朝句。不特公也，宋襲晋，齊沿宋，凡茲諸人，互相憲述。神而明之，人莫知之，惟李善知之，予亦知之。乃爲圖詁，略表所以憲述者，法精且密，悟其杜矣。②

高似孫明確地把"選體"看作杜甫律詩的淵源，這就説明高似孫學

---

① ［宋］薛師石：《瓜廬集》，《文淵閣四庫全書》第1171册，臺北：臺灣商務印書館，1986年版，第206頁下。

② 曾棗莊、劉琳：《全宋文》第292册，上海/合肥：上海辭書出版社/安徽教育出版社，2006年版，第199頁。

詩，選擇參習的對象比晚唐體更爲遥遠，直接祖述《文選》。既然居簡結交的江湖詩人大都不喜晚唐體之流，那麼，他受晚唐體影響的可能性估計很小。因此，在創作上也不會展現出類似九僧詩的風格，而這也是其詩形成"格意清拔，自無蔬笋之氣"的重要原因之一。

實際上，居簡對"晚唐"的看法也決定了其不可能師法賈、姚晚唐體一流，如《跋樓雲卧詩》：

> 晚唐之作，《武》盡美矣。李、杜、韓、柳，際天濤瀾，注於五字、七字，不滲涓滴，鏗鎗長佳，盡掩衆作。或曰："晚唐日新，唐風日不競。"莫不嘩而咻之。淳熙初，四明張武子續遺響，數十年間相應酬者，較奇薦麗，視昔無愧。今出新篇逾百。客窗夜爇，昏花爲之落蒂，清警特殊絶，其尤者吾不得而形容。退之招楊之罘云："之罘南山來，文字得我驚。"今得新篇，不覺毛髮嗟痒。①

居簡認爲晚唐詩如《武》樂，《論語·八佾》云："子谓《韶》尽美矣，又尽善也。谓《武》尽美矣，未尽善也。"雖然晚唐詩不能與李、杜、韓、柳等人的詩作相提並論，可是，當有人提出"晚唐日新，唐風日不競"的説法時，居簡的反應是"莫不嘩而咻之"，因此，類似賈島、姚合那種氣格卑弱、境界偏狹的晚唐體，在居簡心中並不是晚唐詩的真正代表。

以往對居簡詩歌的研究中，也有學者注意到其詩與"晚唐"詩或晚唐體之關係，却未清晰界定居簡的"晚唐"觀念，以至誤認爲居簡所習之江湖詩往往是賈、姚晚唐體一系。實則不然，而且從高翥、薛師石、高似孫的師法對象來看，他們所接受的詩學範式幾乎都包含了南北朝詩和杜詩，尤其是杜甫的律詩，因此這類江湖詩人在律詩的創作上是以杜甫、陳師道或以與其接近的"唐體"爲模範的。可知居簡交往的江湖詩人大多是"宗杜"的江湖詩人。所以，受此群體詩學觀念的影響，居簡在近體詩的寫作上也帶有類似特色。

綜上所述，居簡的詩歌創作是在"江西詩派"與"江湖詩派"的影響下進行的，他對這兩派的詩學主張兼容並包。對於前者，居簡一方面仰慕

---

① 《北磵集》卷七，《文淵閣四庫全書》第 1183 册，臺北：臺灣商務印書館，1986 年版，第 108 頁上。

黃庭堅等先賢，積極學習"奪胎換骨"之法；另一方面，他在與韓淲等的交往中，亦接受了呂本中的"活法"説，從而使自己的詩歌烙上了江西派詩的烙印；對於後者，由於居簡交往的詩人大多爲師法杜甫那種"唐詩"的作家，所以，居簡與之酬唱時在潛移默化中也受到了他們的熏染，亦形成了類似的風格，而這並不是賈島、姚合那種晚唐體風格。

第三節　居簡的古體詩

　　居簡在詩學理念上對江西詩派與江湖詩派采取兼容並包的態度，他不排斥其中任何一方。但就主體詩風而言，居簡更傾心於"元祐—江西"文學傳統，《大雅堂》詩就是證明。居簡在創作上亦體現了與這一傳統相似的詩歌美學特徵。尤其是他的古體詩，因此，本節以居簡古體詩爲研究對象，考察居簡對"元祐—江西"文學傳統的接受情況。

　　江西詩人在古體詩歌的創作上獨具一格。譬如黃庭堅的古體詩，清人方東樹云："山谷之妙，起無端，接無端，大筆如椽，轉折如龍虎，掃弃一切，獨提精要之語。每每承接處中亘萬里，不相聯屬非尋常技藝所及。"[①] 這種章法奇崛而又嚴整細密的特點，是宋人"以文爲詩"的最好體現。不僅如此，居簡對黃庭堅的接受還體現在學習山谷的詩學思維。范溫《潛溪詩眼》曰："山谷言文章必謹布置，每見後學，多告以《原道》命意曲折，後予以此概考古人法度。"[②] 而這種思維方式亦深刻影響了居簡古體詩的創作。居簡"以文爲詩"，以往的研究者曾有提及，也總結了居簡"以散文結構入詩""以散語入詩"等部分規律。[③] 但我們認爲這種研究還須顧及居簡的詩歌體式，因爲居簡不可能在各種詩體中都采用"以文爲詩"的方式，他必然要根據具體情況選擇適合的體式加以利用，所以此種手法與居簡詩體的關係有必要進一步探討。

　　以文爲詩是宋代詩學的重要命題之一，即"文中有詩，詩中有文"。

---

① [清] 方東樹著，汪紹楹點校：《昭昧詹言》卷十，北京：人民文學出版社，2006 年版，第 239 頁。
② 郭紹虞：《宋詩話輯佚》上册，北京：中華書局，1980 年版，第 324 頁。
③ 柴繼紅：《釋居簡及其詩歌研究》，西北大學碩士學位論文，2009 年。

宋人陳善對此有著精彩的論述：

> 　　韓以文爲詩，杜以詩爲文，世傳以爲戲。然文中要自有詩，詩中
> 要自有文，亦相生法也。文中有詩，則句語精確；詩中有文，則詞調
> 流暢。謝玄暉曰：“好詩圓美流轉如彈丸。”此所謂詩中有文也。唐子
> 西曰：“古人雖不用偶麗，而散句之中，暗有聲調，步驟馳騁，亦有
> 節奏。”此所謂文中有詩也。前代作者皆知此法，吾謂無出韓、杜。
> 觀子美到夔州以後詩，簡易純熟，無斧鑿痕，信是如彈丸矣。退之
> 《畫記》，鋪排收放，字字不虛，但不肯入韻耳。或者謂其殆似甲乙
> 帳，非也。以此知杜詩韓文，闕一不可，世之議者，遂謂子美無韻語
> 殆不堪讀，而以退之之詩但爲押韻之文者，是果足以爲韓、杜病乎？
> 文中有詩，詩中有文，知者領予此語。①

　　周裕鍇先生曾説若依“當行本色”的觀點，韓愈以文爲詩，所以其詩
只能稱爲“押韻之文”；杜甫“以詩爲文”，所以其文（無韻語）不可卒
讀。然而，依陳善的觀點，詩與文的語言形式之間是一種辯證的關係，互
相依賴對方而存在，或者包容著對方的因子。文中無詩，則語言散漫而乏
味；詩中無文，則語言雕琢而晦澀。反言之，文中有詩，一可使語言精確
簡練，二可使語言節奏富有韻律感；詩中有文，一可使語調流暢圓美，二
可使句法自然清新，無堆砌之病。② 宋代不少大作家都繼承杜甫、韓愈
“以詩爲文”或“以文爲詩”的創作方式，他們並不嚴守詩文之“本色”，
如蘇、黄二人，兩人都曾有意或無意地將散文的特徵移植到詩歌創作上，
並收到了不錯的藝術效果。

　　我們認爲，杜、韓、蘇、黄等大家敢於“破界”以文爲詩或以詩爲
文，詩歌體制所起之作用同樣不容忽視，即長篇古體使“以文爲詩”成爲
可能。唐代杜甫學習古樂府敘事藝術，始開長篇五古之風。中唐諸家踵起
仿效，遂使長篇五古的寫作蔚成風氣。其中韓愈等人一方面使用古文的章
法和句法、詞法，另一方面肆逞筆力，强押險韻，誇多鬥巧，形成後人所
説的以文爲詩的詩風。③ 因此長篇古體爲“以文爲詩”提供了載體，成爲

---

①　［宋］陳善：《捫虱新話》上集卷一，《叢書集成初編》，第 3 頁。

②　周裕鍇：《宋代詩學通論》，上海：上海古籍出版社，2007 年版，第 263 頁。

③　錢志熙：《黄庭堅詩學體系研究》，北京：北京大學出版社，2003 年版，第 274～275 頁。

這種手法最適宜的使用對象。而居簡古體詩亦以長篇爲主，如《別宣城元僚府掾二趙柬諸名勝三十韻》《宋賢良見過二十韻》《代人與趙倉使》《酬鍾省元》《丙申六月二十六日作飄風行》等，所以研究居簡"以文爲詩"必然要跟其古體詩緊密相連。

一、居簡的五古詩

"以文爲詩"和"以詩爲文"看似相同，而實有區別。前者指詩歌的手法，後者指詩歌的作用。而從居簡的五古來看，這兩種特點都得到了充分的體現。下面試述之。

（一）以詩爲書信：居簡五古詩的交際作用

居簡寫了很多五古詩用以酬謝友人，表達其對友人幫助自己的感激之情，發揮了重要的交際作用，如《酬韓澗泉》：

> 鄉來風騷壇，作者肩相摩。遂使宋嘉定，不數唐元和。磵泉一官冷，門館雀可羅。管中既微露，屢倒名勝戈。自笑不入時，獨對兒女哦。錦瑟豈不好，弗好如之何。豈特弗好耳，平地千丈波。泠泠玉藕船，豈曾翻釣蓑。歸與造物遊，坐受醉尉訶。雲月相獻酬，泉石供婆娑。幽芳時自妍，幽鳥時自歌。遺補南磵書，樂勝東山阿。懷哉東華門，白玉鳴朝珂。怩恘避讒謟，赿趄虞轞軻。聊將須臾忍，付與兩鬢皤。聽君閑適篇，所得誰最多。持此壽閑適，金薹空坡陁。思君令人瘦，水遠山峨峨。寄聲謝鴻鵠，爲把青銅磨。莫嫌俗眼白，且惜朱顏酡。①

韓澗泉，即韓淲，字仲則，號澗泉，乃韓元吉之子。他與趙蕃（號章泉）稱"二泉"。韓淲曾作《净慈西堂簡敬叟》詩，其中説"咄哉簡敬叟，老醜復何有。火焰裏翻身，冷地里合口"，稱贊居簡手段高超，即使遇到極難的問題也能應對自如。而居簡詩對韓澗泉的評價也很高，開篇謂詩壇文苑向來作者摩肩接踵，層出不窮，而本朝嘉定（1208—1224）就堪比唐之元和時期（806—820），古語云："詩到元和體變新。"可知居簡認爲嘉

---

① 《北磵詩集》卷一，《宋集珍本叢刊》第71册，北京：綫裝書局，2004年版，第255頁下。

定時期的宋詩亦有新變。而反映這種"新變"的詩人就有韓澗泉。雖然他官階不高，門庭冷落，但是詩歌寫得好，他自我嘲笑詩歌寫得不時髦，只能對自己的兒女吟誦。可是在居簡眼中，他的詩是"幽芳時自妍，幽鳥時自歌"，不必借助他人賞識而已經自我顯露。尤其是他的閑適之作，自己收穫最多，給予自己非常舒適的審美體驗。篇末"思君"等句，甚至直接照搬杜甫《九日寄岑參》詩"出門復入門，兩脚但如舊。所向泥活活，思君令人瘦"，寄托了對韓澗泉的深切思念之情。再如《謝張丹霞序疏藁》：

> 裳纖新雲錦，交尋舊布衣。荆蠻九鼎重，嶺海一官微。心事淵明是，天時伯玉非。談高方諤諤，調古獨巍巍。亦有蘭爲佩，能無簡絶韋。灌纓東磵水，訪舊北山薇。老我家何在，顛風鸛退飛。襪頭常反著，車轍每殊歸。但覺烏仍好，端知驥可睎。草中同臭少，爨下賞音稀。煮字徒相餉，忘言合見譏。牛腰繁卷軸，蚌腹欠珠璣。重借言如史，輕因鼠發機。毳雲甘寂寞，華衮借光輝。雞肋初無取，雲斤不足揮。樓寬長挂榻，月好許敲扉。踵息寧乖衆，心聲願聽希。李雖嘲杜瘦，孟不與韓違。末路宜多助，孤軍佇解圍。載驅慚款段，忍負鏤金幾。①

這首詩本是五言排律，講究平仄對仗、黏對，雖爲近體，但其作用却與古體相同，皆爲應酬、交際之用，故將此詩置於本節研究。張丹霞即《北磵集原序》的作者張自明，字誠子，號丹霞（一作段）。張氏乃寧宗嘉定元年（1208）進士，曾任宜州教授、攝州事，歷衢州教授、江陵戶曹。前文已提及張氏在序中對居簡詩文評價甚高，故本詩自然是以感謝張氏贊賞爲主。詩的開端即以新織雲錦比喻兩人之間的詩文唱酬，"布衣之交"點明兩人之關係。"荆蠻"二句叙述張氏曾於荆楚任高官，但又遭貶謫到嶺南，官職卑微；"心事"二句則謂張氏以陶淵明爲榜樣，爲人磊落豁達，但其命運却似陳子昂，感嘆其生不逢時，沉鬱下僚。蓋因爲他性格耿介敢於直言争辯，尊奉古道。張氏曾從朱熹、陸九淵習性理之學，做人亦受其影響。"老我"句之後，居簡將主題轉向對自己詩文的評介。"襪頭常反著"反映了其受王梵志影響，違背世俗之習慣而特立獨行。蓋自謂其喜好

---

① 《北磵詩集》卷一，《宋集珍本叢刊》第71册，北京：綫裝書局，2004年版，第253頁下。

寫詩爲文，難免遭遇宗門非議，以致成爲這些俗人眼中的"异類"。但居簡認爲自己這樣做，與參禪一樣，是殊途同歸，暗含反駁之意。而"草中"四句更是直抒其知音難覓、缺少理解之痛苦。所以，自己寫詩祇是給張氏等知音欣賞。但是，居簡又自謙其詩稿雖似牛腰般粗細，但實如河蚌腹內缺少珍珠，沒什麼文采，甚至就像雞肋一樣，食之無味、弃之可惜，幸好得到您爲我題寫序言揄揚，給我的作品增加光輝，流露出對張氏深深的感謝。

居簡還以五古"作信"寄贈友人，抒發對友人的懷想與思念，如《寄秋塘陳敬甫》：

> 華風豈不聲，默與靜者吹。凉月自入袖，默許靜者知。風乎豈必爾，月亦聽所之。靜者亦若是，弗與俗子期。俗方日日浮，靜豈忍詭隨。山林隘乾坤，小大各有宜。思君令人老，一見動歲時。下塘通上塘，一葦何遠而。疇曩北山日，皂蓋松間飛。澄潜二三子，喜迓見睫眉。著翁泉上亭，泉石訝久違。透閒觀濤瀾，雪濺冰玉澌。激翁技癢處，泓涌翻文辭。①

陳敬甫即陳善，字敬甫，號秋塘。居簡與陳善交好，兩人常有詩文酬唱。而且陳氏早於居簡逝世，居簡爲其撰寫挽詩《秋塘陳敬父挽章》寄托哀思。這首五古反映了居簡與他深厚的友誼，抒發了真切的懷念之情，"思君令人老，一見動歲時。下塘通上塘，一葦何遠而"，謂其想念陳氏並因之衰老。雖然兩人離得很近，就如相隔一葦，但還是不得相見，徒增傷感。因此，只能回憶當年交往之時的情景，尤其是詩歌的最後兩句"激翁技癢處，泓涌翻文辭"，更是想象陳善遊山玩水時靈感一發而創作不可遏止的景象。再如《寄潼川東路李漕使》：

> 鄉來江西遊，見以旴水陰。博約劍津掾，亦復聆正音。轉眼貼天高，再見無路尋。把茅丹丘城，謝家蘭玉森。君家龍首兄，絳帳開沉沉。有時過蕭寺，借榻清風林。笑我泉石痼，示以膏肓針。欲彈廣陵散，惜無中散琴。欲上南陽疏，不如梁甫吟。琴以歌南風，吟以道古

---

① 《北磵詩集》卷四，《宋集珍本叢刊》第 71 册，北京：綫裝書局，2004 年版，第 290 頁上。

今。一鳴才邕邕，忍見鳳鳥瘖。朣朣垂景星，坤維長照臨。①

漕使是路轉運使的別稱。在這裏居簡深情地回憶其與李漕使兄弟當年交遊的情景。詩的三、四句，居簡自注曰："時在利司理家同飯，漕爲新城簿"，即説當年兩人於旴水首次見面之後，又在劍津一起喫飯的場景。"君家"句，居簡自注"漕使兄狀元，在謝丞相家作館"，言其與李氏之兄亦有交往。而且，有時李氏之兄還到其寺中住宿，並調侃居簡喜歡泉石成癖，願以膏肓金針相救。語言樸實直白，將當年之事娓娓道出，讀之使人倍覺親切。

除了酬謝、寄贈之外，居簡也用五古詩送迎，獻上其對朋友前途的祝福、勉勵，如《送宇文尚書宣撫荆湘》：

> 偉哉不世才，要爲天下奇。一鶚不待薦，自受虛皇知。力精運覽處，心切聞難時。去年鎮南徐，前年來合淝。至今軍與民，念之如母慈。肖象繫遺愛，豈特甘棠思。便合登巖廊，虛襟待疇咨。春風玉笋班，夜光增陸離。荆楚天一方，有生懷保綏。不向繁劇地，何以觀設施。明明九重意，大任端自茲。諸儒浪誇詑，自許傅與伊。重內不重外，圖安不圖危。一旦大典章，蓓然如亂絲。始悟少更歷，雖悔將安追。有商六百年，不待試者誰。版築與烹，中有輔相資。後世伊傅流，紛紛何多爲。公乎風塵際，卓犖起一夔。軒昂氣如虹，霹靂手欲龜。永懷更一行，策勛早言歸。坐理天下事，迎刃而解之。②

宇文尚書，即宇文紹節，四川成都人。《宋史》記載："開禧三年夏四月庚申，以兵部尚書宇文紹節知江陵府，權湖北、京西宣撫使。"③ 因此居簡詩應作於此時。本詩開篇即用散語句式稱讚宇文紹節乃天下奇才，不待他人舉薦，而名聲早已遠播，堪比晋代名將陶侃、祖逖。之後"去年"六句，亦是以散語頌揚宇文氏在南徐、江淮一帶的政績，説明其治民有術，得民愛戴，故朝廷征召，賦予他更重要的任命。"荆楚"六句叙述宇

---

① 《北磵詩集》卷八，《宋集珍本叢刊》第 71 册，北京：綫裝書局，2004 年版，第 329 頁下。

② 《北磵詩集》卷一，《宋集珍本叢刊》第 71 册，北京：綫裝書局，2004 年版，第 256 頁下。

③ ［元］脱脱等：《宋史》卷三十八，北京：中華書局，1977 年版，第 744～745 頁。

文氏出鎮荊湘的原因，由於荊湘一帶形勢、民情複雜，非常需要宇文氏這樣的能吏來安撫。"諸儒"以後八句筆鋒一轉，批判當下許多俗儒、腐儒行爲輕浮，平素自比傅説、伊尹，却只知安逸享樂，毫無應對危機的能力，一旦大事臨頭，立刻慌亂而不知所措。這纔知曉自己缺少鍛煉，以致追悔莫及，反襯出宇文氏之穩重成熟。"有商"等六句，承接前旨，强調官員吏能培養的重要性。作者認爲傅説、伊尹都是在君主考察、試驗之後纔被委以重任的，而且他們在從事築版、烹調時就顯出宰輔之能。但後世統治者似乎不昧此道，致使虚浮誇誕之徒紛出。"公乎"句至篇末，仍贊美宇文氏，喻之爲堯帝的重臣夔，器宇軒昂，氣勢如虹。希望他赴荊湘履政後早日回歸中央，到那時宇文氏就要"坐理天下事，迎刃而解之"。綜覽全詩，語言自然流暢，氣韻高古，猶如一篇散文，既有美頌之意，又有吏能之論。再如，《迂回庵譙卿節東淛》：

> 廷尉天下平，軒輊論錙銖。時稱無冤民，傳載西京于。舊史讀至此，遺恨輒有餘。元康神爵間，趙蓋靡其軀。陵遲至五鳳，繼以韓楊誅。孝宣不足道，定國其爭乎。不得言則去，何苦但囁嚅。大哉平恕心，至是果有諸。公乎開禧末，定見了萬殊。大本固易拔，滋蔓非難圖。在辟疑惟輕，寸田齋以虚。觸藩豈無羝，漏網固有魚。執中事寬大，吹春甦槁枯。近者獲自新，遠者免自洿。至仁不勝用，盛德多陰儲。一節雄東藩，六月馳軺車。歌謡沸先聲，弩矢觀前驅。清風方泠然，列城斯凜如。民物破鬱陶，雲翳亦展舒。歆此一道惠，歸爲商鼎需。①

譙卿即譙令憲，號回庵，曾參臨濟宗松源崇嶽禪師，後來爲其語録作序。這首詩的手法亦是以文爲詩。全詩可分爲兩部分，首句至第十六句爲一部分，第十七句至尾句爲另一部分。前一部分詠史，後一部分叙事。詩前四句咏贊漢代名臣于定國，《漢書・于定國傳》："張釋之爲廷尉，天下無冤民；于定國爲廷尉，民自以不冤。"② 接著抒情兼議論，感嘆漢宣帝

---

① 《北磵詩集》卷三，《宋集珍本叢刊》第 71 册，北京：綫裝書局，2004 年版，第 274 頁下。

② ［漢］班固撰，［唐］顔師古注：《漢書》卷七十一，北京：中華書局，1962 年版，第 3043 頁。

元康至五鳳年間趙廣漢、蓋寬饒、韓延壽、楊惲四人的不幸遭遇。他們都是漢宣帝時有治民之才且剛直高節、志在奉公的能臣，但都結局慘淡，或被斬，或自到。司馬光評曰："以孝宣之明，魏相、丙吉爲丞相，于定國爲廷尉，而趙、蓋、韓、楊之死，皆不厭衆心，其爲善政之累大矣！若廣漢、延壽之治民，可不謂能乎！寬饒、惲之剛直，可不謂賢乎！然則雖有死罪，猶將宥之，況罪不足以死乎！"① 作者認同司馬光的史論，故稱"孝宣不足道"，但是他也認爲于定國身爲廷尉，面對這些"冤案"沒有據理力爭，套用《孟子·公孫丑下》"有言責者，不得其言則去"② 之句，批評其不敢直諫，關鍵時刻選擇"囁嚅"，以致四人冤死。從"公乎"句開始，作者由古及今，議論爲政之道，以爲執政者首要心靈虛静，不偏不倚，方能公平斷案。雖然審案中會遇到進退兩難的境地，難免有漏網之魚，但仍要以寬大爲懷，不能使人蒙冤。要多用儒家的"至仁"之心體諒民情來多積儲盛德。"一節"句之後，居簡盛贊譙令憲，因譙氏有至仁之心，所以當地在其治下民風清正淳樸，百姓以歌謠美其盛德，朝廷亦召之還都委以重任。

（二）以詩説理：居簡五古詩的議論特色

居簡的五古詩不僅可以發揮交際的作用，有時也展現出説理散文的功效，如《有虎》詩：

> 悠悠天壤間，務各得其所。獸蹄交鳥迹，堯憂填肺腑。偉哉神禹功，明德邁前古。九疇既定位，萬生斯按堵。奔馳服牛馬，飛潜適鱗羽。虎豹嗜殘暴，山林托深阻。云胡不奠居，出輒嘯當路。昨來東家嫗，云汝三瞰户。西鄰競相告，豐豕妻攘取。行葦既踐履，生理靡繁蕪。田野日搔動，老羸困病瘻。遂使殿廖歌，不待黄昏廠。唐虞全盛時，四凶怒如汝。赫然雷霆奮，四罪同一舉。彼無罪汝意，汝特犯其怒。商監猶未遠，與汝凶孰愈。蝮遭愚溪宥，鰐避昌黎去。大信及豚魚，二子吾所與。彼暴化爲仁，汝仁亦其伍。猶來仁暴心，不隔毫髮許。度河速遷徙，負嵎毋跋扈。況今屬多事，誅求猛於汝。兩雄不俱立，孤踪曷足怙。勿謂三家市，智勇未易數。智者有餘怒，勇者有餘

---

① [宋] 司馬光：《資治通鑑》卷二十七，北京：中華書局，2011年版，第892頁。
② 楊伯峻譯注：《孟子譯注》，北京：中華書局，2005年版，第96頁。

賈。排雲叫閶闔，長歌捎林莽。四聰若旁達，百揆必鼓舞。毒機發必中，萬悔竟何補。丁寧不汝欺，盍亦聽吾語。苟如不我聽，是不聽堯禹。①

此詩題後有注云："嘉定五年台州有虎入城。"因此，首二句即説世間萬物應須各得其所，各安其分，以喻猛虎離開山林現身城中的不合理。猛虎從山林來到人類聚居地，自然給人的生活帶來極大的威脅，故詩中有云"昨來東家嫗，云汝三畝户。西鄰競相告，豐豕婁攘取。行葦既踐履，生理靡繁縟。田野日搔動，老羸困病窶。遂使炭廖歌，不待黄昏啟"，反映了台州百姓對虎出没於城鄉的恐慌之態。因此，詩人"以詩勸虎"，先强調本來台州百姓起初没有入山殺你之意，但你却出來禍害百姓，引起衆怒，對其行爲進行批評。之後，再以柳宗元《宥蝮蛇文》、韓愈《鱷魚文》之典故，曉之以利害，勸其迅速離開，不要試圖負隅頑抗，縱橫跋扈。而且鄭重其事地告訴它，如若不聽良言相勸，我們就用帶毒的弩箭將你射殺，到時你追悔莫及也於事無補。結尾尤爲詼諧，居簡竟對虎作出囑咐：我這番叮嚀並非欺騙你，你要聽勸；倘若你不聽勸，就是不服從堯、禹。居簡這番説教很容易使人聯想到韓愈的《鱷魚文》：

> 鱷魚有知，其聽刺史言："潮之州，大海在其南；鯨鵬之大，蝦蟹之細，無不容歸，以生以食，鱷魚朝發而夕至也。今與鱷魚約：盡三日，其率醜類南徙於海，以避天子之命吏。三日不能，至五日；五日不能，至七日；七日不能，是終不肯徙也，是不有刺史，聽從其言也。不然，則是鱷魚冥頑不靈。刺史雖有言，不聞不知也。夫傲天子之命吏，不聽其言，不徙以避之；與冥頑不靈爲民物害者：皆可殺。刺史則選材技吏民，操强弓毒矢，以與鱷魚從事，必盡殺乃止。其無悔！"②

可知《有虎》雖爲長篇古體，但内容上簡直是韓愈《鱷魚文》的翻版。再如《宥蟻》：

---

① 《北磵詩集》卷一，《宋集珍本叢刊》第 71 册，北京：綫裝書局，2004 年版，第 257 頁上。

② ［唐］韓愈撰，馬其昶校注：《韓昌黎文集校注》卷八，上海：上海古籍出版社，1986 年版，第 575 頁。

窮山忍調飢，小窗玄豹蹲。百行無一臠，爾類曷所聞。倏忽來往頻，蠢蝡爭奪繁。報王張義氣，賈勇如虎賁。鼓行有行伍，回旋呼弟昆。阤然方解嚴，瀅然新分屯。長蛇偶成勢，偃月非無轅。咂膚甚蟣虱，足駃不可捫。上我古生臺，隙我新堁垣。綴我玄兔穎，飲我陶泓渾。或循伽梨圈，從朝不知昏。小彈復就地，詎忍傷其元。屢掃復屢集，再馳仍再奔。咄哉誦帚兒，輕儇真少恩。不復事掃除，直欲加燀燔。斥兒旋呼蟻，請試爲蟻論。好生乃大德，略聽吾荆荆。爾官大槐國，附庸檀蘿根。南柯在其左，東厢曾偃藩。休云城郭卑，中有侯王尊。蜩甲貢庭實，蟲臂供盤飧。犒享日厭餘，糇粻時有存。可以燕族屬，可以蕃子孫。悠哉天地間，曉然愚智分。鵬則搏扶搖，鷄則止棘樊。蟭螟固微茫，觸蠻方並吞。巨細俱逍遥，彼此適晏温。老我不足慕，負爾猶忍言。爾留固不惡，誦帚真爾冤。去去別處去，我砌休重扳。[①]

這首詩勸誡的對象是螻蟻，儘管居簡對自己房中的螻蟻無比厭煩，但最終仍寬宥之。詩中寫螻蟻成群結隊出入其宅，好似行軍布陣。它們不僅咬傷自己，還損耗他的筆墨。自己不忍傷害其性命，就以驅趕爲主，但是螻蟻們似乎不太領情，反而屢掃屢集，越聚越多，以至詩人大爲惱火，想一把火焚之了事。但詩人最終忍住，故寫詩訓斥，他用唐傳奇《南柯太守傳》之典故，曉喻螻蟻要安居"舒適的蟻穴"，而不要來我家中搗亂，況且我年老體弱，不值得你輩如此仰慕；我也會爲掃清的螻蟻誦經超度，只求你們快些前往別處，否則我就修繕屋板阻止爾等進入。與《有虎》一樣，《宥蟻》都是將動物列爲批判或討檄的對象，仿佛動物有靈，故苦口婆心對其進行勸誡。作品在形式上雖爲古體長篇詩歌，但展示了散文的特色，如韓愈《鱷魚文》、柳宗元《宥蝮蛇文》一樣。

我們以爲，居簡的這類詼諧幽默的五古詩也凸顯了"以文爲詩"的創作手法及追摹古人的創作心理。但居簡寫作這類五古多少與其禪宗思維有關，這一點容易被當下研究居簡詩歌者忽略——禪宗"遊戲三昧"的影響。居簡本崇尚文字禪，而禪宗的"遊戲三昧"無疑從本體論的意義上爲

① 《北磵詩集》卷一，《宋集珍本叢刊》第 71 册，北京：綫裝書局，2004 年版，第 257 頁下。

文字遊戲的存在提供了最充分的辯護理由，只要作者在文字遊戲中擺脫了世俗功名的羈絆，得到了愉悅和放鬆，或是在駕馭語言時進入隨心所欲的境界，就能達到自在無礙的效果。① 因此，居簡效仿韓愈、柳宗元的俳諧文而創作的長篇五古詩，實出禪宗"遊戲三昧"的精神。居簡五古"以文爲詩"，使詩歌看上去成爲截散爲整的押韻之文，與其深厚的古文功底密切相關。

（三）尚友古人：居簡五古詩的文化追求

當然，居簡五古詩中亦有不少短篇，而且題材鮮明，很多作品都體現出其"尚友古人"的思想，如《少陵畫像》：

> 我思浣花翁，夢繞浣花水。有竹一頃餘，杜鵑暮春至。開元天寶間，九州暗風塵。新詩一洗滌，天地皆清明。槐葉一杯春，思君欲走致。悠然憂國心，天地相終始。②

這首詩高度贊揚了杜甫的詩才與其愛國熱忱。再如《賈長江畫像》：

> 苦吟京華春，韓門得歸鄉。但知空啞羊，未暇識龍象。逢人問梓州，策蹇來長江。長江蛟龍怒，濤瀾相舂撞。公來一彈壓，熨帖平如鏡。新吟若爲容，萬古秋濤瑩。③

雖然居簡不喜晚唐體，但賈島也是佛徒，因此，居簡對他同樣具有好感，稱之爲佛門"龍象"。首二句"韓門得歸鄉"不是說賈島回到故鄉，而是說"歸向"韓門，意思是賈島吟詩在韓門找到旨歸，強調其與韓門的聯繫。三、四句化用賈島《赴長江道中》詩："策杖馳山澤，逢人問梓州。長江那可到，行客替生愁。"這裏的兩首五古詩篇幅相對短小，但無疑顯示了居簡"尚友古人"的心理，而這類詩與次韻古人詩的作用相似，在對古代先賢的追思中，亦可見其對所代表的詩歌美學範式的推崇。除此之外，耐人尋味的是杜甫和賈島都曾入蜀，譬如詩中提到的浣花溪和梓州，不僅位於蜀地，也是專屬兩人的地域文化符號。而居簡在此提及這兩地，

---

① 周裕鍇：《文字禪與宋代詩學》，北京：高等教育出版社，1998 年版，第 153 頁。

② 《北磵詩集》卷一，《宋集珍本叢刊》第 71 册，北京：綫裝書局，2004 年版，第 254 頁下。

③ 《北磵詩集》卷一，《宋集珍本叢刊》第 71 册，北京：綫裝書局，2004 年版，第 254 頁下。

蓋與其蜀人身份有關，表現了對家鄉深遠文化傳統的自豪。

在杜甫、賈島之外，寒山也是居簡仰慕的對象之一，如《擬寒山送明、達二侍者歸蜀》：

> 不住有佛處，不住無佛處。萬里一條鐵，孤鸞無伴侶。無處不蹉過，有處還却步。掛角少羚羊，枯樁多死兔。達也二十九，興盡復回首。簡也四十餘，寸長竟何有。人皆笑我愚，我愚學未就。撲碎古菱花，孰與分妍醜。①

寒山詩在宋代禪僧和那些習禪的詩人中曾產生了不小的影響，在禪門之中甚至還出現了"寒山子熱"。尤其是他的白話禪理詩更是引來衆多禪僧、詩人模擬創作，如汾陽善昭、雪竇重顯、王安石、蘇軾等。居簡也不例外，這首詩也充分展示出寒山詩那種蘊含豐富的禪理以及通俗樸素的語言風格。譬如詩中"羚羊掛角"，衆所周知，爲了將學人從對語言的執著與迷失中喚醒，禪師在説法時使用玲瓏剔透、不落痕迹的語言，這就是"羚羊掛角"②，而"掛角少羚羊"即謂禪門之中那些空靈玄妙、不露痕迹的語言蓋不多見。除了"羚羊掛角"，他亦援引了不少禪門之典，如此句的對句"枯樁多死兔"：

> 雪竇初在大陽玄禪師會中典客。與僧夜語。雌黃古今。至趙州栢樹子因緣，爭辨不已。有行者立其旁，失笑而去。客退，雪竇呼至。數之曰："對賓客敢爾耶？"對曰："知客有定古今之辯，無定古今之眼，故敢笑。"曰："且趙州意。汝作麼生會。"因以偈對曰："一兔橫身當古路。蒼鷹纔見便生擒。後來獵犬無靈性。空向枯樁舊處尋。"雪竇大驚，乃與結友。或云即承天宗禪師也。予謂聞此可以想見當時法席之盛也。③

雪竇故事中之"兔"蓋喻禪宗之"活句"，而"枯樁多死兔"蓋指禪門所謂之"死句"。本句與上句相反相對，即居簡批評那些參"死句"的

---

① 《北磵詩集》卷一，《宋集珍本叢刊》第 71 冊，北京：綫裝書局，2004 年版，第 258 頁下。

② 周裕鍇：《百僧一案》，上海：上海古籍出版社，2007 年版，第 144～145 頁。

③ ［宋］釋惠洪：《林間録》卷上，《卍續藏經》第 148 冊，臺北：新文豐出版公司，1993 年版，第 598 頁下。

僧人，他們就像蠢笨的獵狗只會到枯朽的樹樁裏尋求獵物。而像“萬里一條鐵”（見《五燈會元》青原下六世，石門獻蘊禪師）、“孤鸞無伴侶”（見《大慧普覺禪師語録》卷十二，佛燈珣和尚）亦是禪門宗師接引學人所運用的“話頭”，體現出禪宗語言的非邏輯性、譬喻性。居簡用之於詩，無疑是以詩説禪。而本詩後八句，語言通俗且屬散語，可以説居簡是用散文化的語言闡發禪理。再如《擬寒山送洪州因上人省母》和《擬寒山送吉州壽侍者奔父母喪》二詩：

> 爲法來尋訪，病眼翳花發。爲母復歸去，特地重添屑。父母所生口，終不爲汝説。問之何因爾，吾嘗於此切。
>
> 家書報平安，父母没荒草。回首寂無睹，閉眼長相照。合笑不合哭，曠情遠相吊。雖云朴實頭，掠虚尤不少。[1]

兩詩語言通俗曉暢，同樣有散語，如“問之何因爾，吾嘗於此切”“雖云朴實頭，掠虚尤不少”等。而居簡在用此散語、俗語送人、寄贈的同時，亦模擬其詩語、詩風，也間接地向寒山這位前代禪僧前輩致意。

通過以上分析舉例，可以得見居簡的五古在詩法上對前代大家韓愈、黃庭堅的古體詩章法汲取深廣，充分發揮了“以文爲詩”叙議結合的手法，達到了“以詩爲文”的作用，其造詣似已出於南宋臨濟宗詩僧之上，放之於南宋詩壇亦可無愧。

二、居簡的七古詩

居簡的七古詩以長篇居多，其中亦有酬謝、寄贈、送別之作，如《酬秋塘古詩之惠》：

> 鄉來小朵烟蒼蒼，烏紗瘦策尋初凉。囊封借月留雲章，朗吟響答山琅琅。寥寥十載遥相望，尺書不得鴻雁將。揭來屢分讀書床，殘編斷束雜朱黄。梅花楮帳芙蓉裳，書傳騰馥掩衆芳。前日破雨敲竹窗，勃窣倒屣成跟蹌。寒暄一語不暇吐，望之巋然魯靈光。郊寒豈復瘵島瘦，齊大叵堪容楚狂。亭亭雪茸未下榻，采采霜薺先盈筐。長歌爛爛

---

[1] 《北磵詩集》卷一，《宋集珍本叢刊》第 71 册，北京：綫裝書局，2004 年版，第 259 頁上。

古錦段，十詩疊疊秋圍場。《離騷》《大雅》得祖述，夜光明月相抵當。不貽它人乃見及，三咽十襲藏緘箱。葍葵顑頷欠瓊玖，誰羹甘露醫滄浪。車輪裹蒲碾雲漢，爲我舉手瓢天漿。[①]

全詩句句押韻，效柏梁體。詩中"寥寥十載遥相望，尺書不得鴻雁將"之句，謂居簡與陳善相識已達十年之久，交情匪淺。"前日"四句，居簡以叙述的方式，回顧了自己和朋友共同欣賞陳善之詩的場景，那日大雨滂沱敲擊竹窗，自己匆忙間倒屣迎接客人，踉踉蹌蹌，險些摔倒，以至無暇寒暄一語而直接討論陳善之詩，感嘆其詩雄渾大氣，如魯靈光殿宏偉巋然屹立。相比之下，居簡自覺己詩寫得草率，請陳氏海涵。而"郊寒"二句主題轉變，論説唐代詩人及其流派，作者引用蘇軾"郊寒島瘦"之典，謂孟郊、賈島詩歌的差别，就如春秋、戰國時的齊、楚二國互不相讓，此處或形容韓孟詩派與晚唐體在詩風上並不相容。"長歌"諸句高度稱讚陳氏古體長篇寫得極佳，如燦爛閃光的古錦，富有感染力，贊揚陳氏的古體詩祖述《離騷》《大雅》，只有明月之光或可與之相當。而尾句則謂陳氏的贈詩就如從天河舀來的仙漿。再如《謝隨庵趙牧之墨竹》：

　　胸中千畝不願餘，穎也戲劇資軒渠。湖州九原不可作，百年合浦今還珠。玄卿濃淡知權變，淋浪迅疾如馳電。爲君擊節賞此音，孝娥廟刻題黃絹。君胡不歌石鼎聯，兩手笑拍彌明肩。又不釣垂五十犗，六鰲一掣空重淵。幻成群玉參差立，露梢點滴鮫人泣。鵲落還從兔起時，一機纔失嗟無及。我住雙岩峰下寺，夢斷池塘無一語。家山新緑報平安，萬金墮眼寬西顧。葛陂頭角猶完全，鏡中觀影俱茫然。坐令野人破屋壁，萬里風烟生咫尺。[②]

題中的"隨庵"是趙師宰。趙師宰，字牧之，號隨庵，工墨竹。他是宗室，又入真德秀之門。這首詩居簡爲酬謝趙氏贈墨竹而作。故全詩贊頌趙氏手法高妙，所畫墨竹栩栩如生，"玄卿濃淡知權變，淋浪迅速如馳電"之句形容趙氏畫竹善於用墨，而且運筆疾如閃電。故詩人爲其高超手法擊

節贊嘆，並引用蔡邕曹娥碑後題字的典故，美譽趙氏畫竹堪比“絕妙好辭”。除此之外，居簡還有《謝司令惠賜茶》《贈御前梁公幹》《賀宇文樞使》等作品，內容以交際、應酬爲主。不過，這類作品數量上不及其五古詩，藝術效果亦與之相似，故本節不作深入探討。

（一）以詩詠史：居簡七古詩的史論功能

實際上，與五古詩主要發揮“交際”作用不同，居簡的七古詩主要用於詠史論事、寫景狀物。最具代表性的是詠史懷古詩，這類作品在體制上大都篇幅較長，在手法上叙議結合，使其七古詩頗有史論散文之風采，體現出居簡深沉的歷史感悟，如《謁樊將軍舞陽侯廟》：

> 蕭曹筆削宏楷橅，良平智略吞萬夫。巍壇既登跨下士，貢帳謾悅驪山徒。龍爭虎鬥爪牙備，劉怯項勇天淵殊。鹿雖未果死誰手，鼎已潛知開漢圖。將軍最先得所托，亭長之外無貞符。逸群拔萃一人耳，屠城斬將群雄俱。鴻門直入緩危急，虎口僅免纔斯須。宴安鴆毒癐主意，排闥紫禁當前驅。奮身不顧但愛死，嬰鱗未了仍編鬚。帝雖寡恩少善後，吾寧守義如厥初。匈奴無故遺嫚書，在廷如堵方囁嚅。將軍裂眥不願餘，請十萬衆行匈奴。不知十萬行匈奴，果與衛霍功何如。①

本詩詠贊漢初名將樊噲，書寫了樊噲輝煌的人生經歷，並表達了敬仰之情。開篇即將樊噲與蕭何、曹參、張良、陳平等對舉，暗示其功績不遜於這些大功臣。尤其是在“鴻門宴”上，他力保劉邦從虎口脫險，功勞最大。而在漢朝建立、天下安定後，樊噲亦對漢朝的政權穩定發揮了重要作用，這裏居簡引用了“排闥”的典故，稱頌樊噲敢於犯言直諫，警醒主上，使漢家轉危爲安。結尾處居簡又用“翻案法”，他設想若真給樊噲十萬兵馬，他的功績或許不輸衛青、霍去病。再如《昭臺行二首》：

> 昭臺一鎖無開扉，君恩易隨朝露晞。桃笙葵扇果何物，不長相保終奚爲。人言昭臺失其所，殆不知其得其死。當時嫁作將相妻，赤族之頃寧獨遺。父兮久持震主威，兄也景升豚犬兒。負芒之背潛生疑，

---

① 《北磵詩集》卷三，《宋集珍本叢刊》第 71 冊，北京：綫裝書局，2004 年版，第 277 頁下。

禍萌驂乘渠莫知。君王持心亦太薄，滋蔓不圖惟稔惡。立無嗣續勸功臣，只書官氏標麟閣。將軍惜子如惜金，不爲長計誠何心。丈夫事業當驚世，區區烏足私家計。

將軍發機陰中的，功如熟稼生螟蟘。母儀天下極尊榮，非道得之非所得。一朝樂去悲相隨，霜露既降風凄其。惸惸吊景將安之，不自爲計終奚爲。關中舊約三章法，法當夷宗讎逆節。況復曾孫誅大臣，項背相望肩不韡。昭臺不隔昭陽路，花落鳥啼春幾度。麟角鳳觜皆可煎，惆悵君恩非斷弦。①

題中的昭臺指的是漢代的昭臺宮，是西漢時期的冷宮，漢宣帝的皇后霍成君曾被幽禁於此，故本詩就以這段歷史事件爲主。第一首詩開端平鋪直叙，首句謂昭臺宮門一旦鎖閉，就再無開啓的可能，次句將"君恩"比作朝露，表現了宮廷裏面人際關係之冷酷，亦喻霍皇后的失寵。之後開始論史，"人言"句指明他人觀點，即霍皇后人生悲慘，感慨其幽禁冷宮不得其所。但作者認爲霍皇后是相對幸運的，畢竟死得其所。作者認爲，如果當時霍皇后嫁給了普通的將相的話，她又怎能躲避滅族之禍。雖然其父霍光久柄朝綱，功高震主，而其兄長霍禹、霍雲之輩却如後世劉表之子一樣無能，禍事萌發了都無法察覺。而且宣帝内心刻薄寡恩，爲了根除霍氏一族，竟有意放縱霍家，任其惡行滋蔓後再行除去。所以，居簡在詩的末尾説大丈夫固然應以功業爲世所驚嘆，但不要爲私利所惑，否則就如霍家的下場一樣。

第二首詩在内容上延續前詩的主題，論述霍成君悲劇人生的成因，雖然她地位尊貴，但這是其家族以非"道"之法爲其攫取的，因此，她的后位在居簡看來就不屬於其所得，所以，一旦霍家失勢，霍皇后的下場就極爲慘淡。而霍家的"逆節"行爲直接造成了霍成君的悲劇人生。尾句"麟角鳳觜皆可煎"比喻皇權的無情、政治鬥爭的殘酷，相比之下，霍皇后幽居冷宮簡直是幸運。從這兩首詩可以看出居簡對霍皇后很是同情，一方面他認爲霍皇后是權力角鬥的犧牲品，家族是造成其不幸人生的重要因素；另一方面他也批評皇帝"持心太薄"，因家族而遷怒霍皇后，對她不够公

---

① 《北礀詩集》卷一，《宋集珍本叢刊》第 71 册，北京：綫裝書局，2004 年版，第 265 頁上。

正。將封建帝王的自私冷酷、毫無人性的醜惡嘴臉揭露出來，既展示了居
簡的"詩筆"，亦凸顯了其"史才"。又如《讀岳鄂王傳》：

> 百鈞不挽射羿弓，朔望酹酒馬鬣封。從來知子莫若父，許以徇國
> 輸精忠。相州去謁大元帥，是時元帥方潛龍。華風忽與慶雲遇，千載
> 一德明良同。南薰門外衆制寡，鐵路步上雌決雄。浮屠連牆望塵靡，
> 拐子如山隨手空。僞齊可給不可殺，兀术可間毋庸攻。寇連諸道解如
> 瓦，氣吐千丈長於虹。聲先到處皆春風，桀驁怙很摧枯蓬。中原跂踵
> 戴舊德，蕭牆稔禍基元凶。當時劍握不倒置，直北馬首無由東。全尺
> 寸地有餘刃，半九十里瘝奇功。老羆既陷百尺阱，長城遂摧千丈墉。
> 群奸尾搖蜂蠆毒，一蔶吻納蟾蜍宮。強胡妄冀脱虎口，殘喘忽重甦犬
> 戎。難平者事有成算，可投之機無再逢。鄉來望諸報燕惠，無怨無怒
> 方雍容。其誰掩卷輒慟哭，主父偃與齊削通。黃金臺圯置勿論，問之
> 胡不達四聰。昔人已矣不可作，後來更復將焉從。審如機括發必中，
> 誠與日月昭而融。將軍碧電搖百步，跨寵英勇尤折衝。乾坤不朽忠義
> 骨，光騰抔土方朣朣。春秋不書六月雪，是日集霰回泠風。杞傳百世
> 子配食，天定勝人還至公。亂臣賊子生看好，遺臭不老均翻蟲。坐令
> 三光五岳氣，百歲左衽昏濛濛。周南滯留奮椽筆，折奸全直傳無窮。
> 浯溪大字倘可法，燕然蒼蘚知誰礱。開禧之事如昨日，清淮灑血連天
> 紅。動逾二紀不解甲，殘虜尚銳蕲黃鋒。噬臍太息復太息，遺恨黯黯
> 齊崆峒。至今奸血澤遺類，忠憤鬱鬱填人胸。向使二子及見此，慟哭
> 豈止喧旻穹。古愁連環不可解，除是帝舜開重瞳。①

此詩詠贊南宋民族英雄岳飛。詩的前部分高度贊揚這位英雄的傳奇一
生，從其投軍報國寫起，叙述他以寡敵衆而大破金兀术"鐵浮屠""拐子
馬"，以及用"反間計"除掉僞齊劉豫的輝煌功績，抒發了宋朝軍民對他
的愛戴之情。詩的中部在叙述中流露出悲憤、哀痛的感情。如"半九十里
瘝奇功"一句爲岳飛北伐功虧一簣而扼腕嘆息，"長城遂摧千丈墉"之句
爲岳飛蒙冤屈死表達遺憾憤恨。而"群奸尾搖蜂蠆毒，一蔶吻納蟾蜍宮"
諸句將批判矛頭直指那些構陷詆毀岳飛的奸邪小人，正是因爲他們的阻

---

① 《北磵詩集》卷四，《宋集珍本叢刊》第 71 册，北京：綫裝書局，2004 年版，第 284 頁
上。

撓，致使胡虜得以喘息恢復勢力，而收復失地的最佳時機亦一去不返。詩的後部分，作者視角由回顧岳飛之英勇轉向對時事的思考、議論，從岳飛北伐聯想到"開禧北伐"，詩人沉痛地斥責奸臣誤國，以致北伐慘遭失敗。故感嘆收復中原，除非是舜帝再開啓重瞳，暗示了居簡對北方舊土不可復得的傷痛心理。

除了這三首詩，居簡還有《續舞馬行》《桃源行》《虞美人草》《昭君行》等同體作品，皆屬於詠史懷古題材。《續舞馬行》諷詠楊貴妃爲食新鮮荔枝，玄宗不惜用良馬千里運送之事；《桃源行》以陶淵明筆下之"桃花源"爲吟詠對象，結尾二句"恨身不爲治時草，不恨祖龍長不老"，叙述了平民百姓對天下安定的渴望以及對封建帝王的蔑視；《虞美人草》歌詠虞姬，對其不幸遭遇寄予深刻的同情，不僅如此，詩人又由虞姬引申到對劉邦之評價，並諷刺劉邦屠殺功臣之惡行。所以，這類詩歌不僅抒發了居簡讀史之時複雜的心理感受，也體現出他對歷史人物與事件的理性思考。這些詩歌大量運用虛詞，不少詩句爲散語句式，頗似押韻的散文。

（二）以詩爲畫：居簡的七古山水、詠物詩

除了詠史懷古，居簡的山水詩也是其七古的主要題材之一。在五古詩中，只有《蒙泉》《酬竹岩江湖偉觀》等幾首屬於山水詩，其七古中摹寫山水的詩篇就有很多，而且作品亦有"以詩爲文"的特徵，如《白蘋洲新樓曰溪山偉觀》：

> 溪頭烟暖蘋花春，豈獨滿渚亦滿汀。春城綺綉艷溪曲，柔玉摻摻歌采蘋。采采芳鮮日將暮，玉碗瓊盂旋分貯。水晶闕冷禁城寬，蘭櫂夷猶緩歸去。鄉來小亭橫水湄，雨震風凌日榛莽。山鬼嘯梁猿嘯渚，寂寞風烟向誰訴。仙槎忽從銀浦來，吟疆開拓搜吟才。眼前有句未暇著，只著畫樓臨水開。一雙浮圖筆插架，層級高低與樓亞。從來天巧不曾藏，紛紛俗眼空茫羊。賦此須還造樓手，大蘇小杜相先後。柳惲才華更有餘，那堪一等愛樓居。①

"溪山偉觀"一詞或仿自"江湖偉觀"。居簡有《酬竹岩江湖偉觀》一

---

① 《北磵詩集》卷四，《宋集珍本叢刊》第71冊，北京：綫裝書局，2004年版，第286頁下。

詩，《咸淳臨安志》云："江湖偉觀，在葛嶺壽星寺外，江内湖一覽在目，淳祐十年趙安撫與蕭重創，廣厦危欄，顯敞虛曠，旁又爲兩亭，可登山椒。"① 由此觀之，"江湖偉觀"乃西湖之名勝，蓋爲西湖主要景觀之一。"溪山偉觀"則位於嚴州（今浙江睦州），據《景定嚴州續志》載："溪山偉觀在城上，朝京門之南，與南山瀟灑亭相望。群山獻奇，二江成字，甍棟鱗層，桅櫓下上，一舉目而盡得之，真偉觀也。"②

本詩首二句表現了溪山春景，作者登樓遠眺，溪上蘋花如雲烟瀰漫，覆蓋住沙渚和汀洲。三、四句由景及人，此時少女們正在溪畔一邊歌唱，一邊采摘蘋草，她們衣著華麗，明艷動人，與山光溪水交相輝映。五、六句寫少女采擷至日暮結束，她們準備好鮮美的食材並用精美的餐具分類貯存、食用。七、八句寫少女們返歸，"夷猶"反映出少女們出遊尚未盡興，對溪山俊麗的春景留戀不捨，故曰"緩歸"。九、十句由遠及近，少女們倩麗的身影從溪水邊消失，而周遭景致却不甚佳，水邊雖有可供休憩的凉亭，而此亭却遭風雨摧折，四周荆莽叢生，荒蕪破敗，暗示出詩人心境的凄凉。接著詩人從聽覺角度深化此感，溪上輕柔的歌聲不再，取而代之的是山鬼、猿猱凄厲的嘯聲，以動襯靜，而詩中之"寂寞"既指傍晚溪山之空寂，亦是詩人此時之感受。至此，詩人在新樓上眺望"溪山偉觀"的活動終止。從"仙槎"句始，詩歌轉入對"狀物"過程的叙述。居簡在觀賞溪山之後，詩興萌發，遂决意以詩記之。然而，當自己拿起筆後，蓋因所見景致甚多，故無暇寫眼前之景，只能先從自己脚下臨水而建的"新樓"寫起。但居簡寫了數句就覺得"狀物"亦難，並無奈地感嘆"賦此須還造樓手"，只有蘇軾、杜牧在描摹樓宇時纔能做到得心應手。結尾引用柳惲唱和梁武帝《登景陽樓詩》之典故，蓋謂其愛樓，故亦善於"寫樓"。整首詩結構次序井然，作者從觀景起筆，寓情於景，既展示出春季遊樂宴飲的俊美景象，也表達了悵然失落的心情，頗像一篇遊記。再如《飛湍》：

> 飛湍衮衮飛當戶，平地隆隆萬鼉鼓。澎轟亂石震風霆，崩奔千仞無朝莫。濤神何許駕潮來，餘憤未平方震怒。又若飛廉聲萬竅，餘勇

---

① 《咸淳臨安志》卷三十二，《中國方志叢書》本，台北：成文出版社，1970年版，第332頁下。

② 《景定嚴州新定續志》卷一，《中國方志叢書》本，台北：成文出版社，1970年版，第35頁。

尚多無處賈。年時旱潦尚如此，況當八月九月雨。淵潜雖伏不能安，林栖欲寐還驚顧。山翁慣聽如不聞，只應自樂山中趣。對床展轉悲游子，咫尺華胥迷去路。欲隨胡蝶翩翩舉，空過夜遥忘栩栩。起來晨炊惡草具，誤作迅雷仍失箸。呼童秣馬不少駐，不待黎明出山去。出山定入紅塵去，欲去謂言姑小住。此聲不似鄭聲淫，聒耳雖喧君勿惡。①

這首詩生動地描畫了山中急流所發出的劇烈聲響。作者運用比喻手法，從聽覺和視覺的角度表現急流聲音之宏大，氣勢之迅猛，形象地説明其發聲之震撼。而更使人驚奇的是，此時的飛湍尚處於夏季酷熱、干旱之時，因此，詩人感嘆若在秋雨季，飛湍之聲恐怕要更猛於此。而這震撼的聲響亦使詩人心不能安，甚至影響了睡眠。與之形成鮮明對比的是，久居於此的老翁對這巨響却習以爲常，幾乎充耳不聞。“對床”四句叙述了詩人於山中過夜之感。而當他晨起用餐之際，又爲飛湍之聲驚動，借用劉備之典，寫水流激蕩宛如迅雷。因此詩人決意不再停留，馬上出山離開。全詩從聽飛湍之聲起筆，至難以忍受出山收結，如同一篇山中紀行，酷似韓愈《山石》詩。而清人方東樹曾説韓愈《山石》“衹是一篇遊記，而叙寫簡妙，猶是古文手筆”②，居簡的這首七古詩與之相比，在手法上可謂异曲同工。此外，居簡的《孤山行》《佛手岩過雨》《巫山高》等詩亦運用叙事或白描的手法來表現自然山水景觀，並以七古這種詩體呈現出居簡的心理體驗。

居簡在七言古體詩的創作上有時亦用“以文爲詩”的手法，其中詠物題材相當明顯，比如《大雄寺陳朝檜》：

托根陳土隋風烟，送盡鯉魚蜚上天。六騗度江又如許，老彭社櫟將齊年。彭自有商觀五伯，區區社櫟奚爲者。君乎幹老舊時天，剛中紫鐵青銅堅。一年一年看妖妍，年年死在秋風前。輪囷孤頂鸞停翼，脱略霜皮蛟露脊。自古才難人弗惜，江東酒壺澆柱石。夜深風雨卷潭

---

① 《北磵詩集》卷二，《宋集珍本叢刊》第 71 册，北京：綫裝書局，2004 年版，第 269 頁下。

② ［清］方東樹著，汪紹楹點校：《昭昧詹言》卷十二，北京：人民文學出版社，2006 年版，第 270 頁。

湫，霹靂一聲天地秋。①

本詩吟詠的是一株樹齡五百多年的陳朝古檜。作者對這株古樹很感興趣，故從其初生時寫起。它生於陳、隋易代之際，長至宋室南渡，可謂飽經滄桑，堪比人中之彭祖。接著作者描述古檜的具體形象，它的主幹與時代一樣久遠且剛硬無比，如紫鐵和青銅一般。因此每當秋季來臨，妖妍的花草只能紛紛凋零，而古檜則絲毫不受影響，依然挺拔屹立。它不僅有堅硬的軀幹，也有茂密的枝葉，正所謂"良禽相木而棲"，古檜亦能引得鸞鳥停宿歇息，而在樹皮脫落時，其顯露的本色又如蛟龍的脊背，足見其材質之高。所以作者對古檜以酒澆之，表現敬意，深化了其高大威武之形軀。再如《方岩侍郎得靈璧一峰名碧雲》：

> 坡陁巨璞韜玄質，壞斷虜塵天半壁。鄉來誰試小龍文，切得一峰歸笠澤。太湖繞山三萬頃，奇產雖多不足惜。雲邊七十二峰青，強顏亦復無顏色。滑膚弗受莓苔裹，素蘊豈容塵土蝕。雲升霞舉幻瑰奇，玉響金渾隨拊擊。一從越相去悠悠，幾見吳宮春寂寂。方岩委羽在何許，帖天弱水蓬萊隔。泠然一瞬三萬里，風烟浩蕩尋無迹。既伴壺中清晝長，想見袖中東海窄。那知篆鼎銘彝外，尚餘三丈浯溪石。攀窠不到小玲瓏，却須細細蠅頭刻。②

這是一首詠奇石的詩。題中"方岩"是居簡的好友王居安，他收藏了一塊靈璧石，取名"碧雲"。從詩的內容可知，"碧雲"得於險山，被人用利刃切割下來，帶到了太湖。當"碧雲"來到此地，太湖出產的奇石與之相比黯然失色。因爲其質光滑，不長莓苔，不會被塵土腐蝕；其色如雲霞升騰，幻化瑰奇；倘若擊拊它，其發聲如玉之清脆，如金之雄渾。此後，作者從品鑒奇石而延伸到對藏石者的評論。"既伴"句形容王居安生活悠閑、逍遙自在，而"想見"句，化用蘇軾"我持此石歸，袖中有東海"句，謂王居安所得碧雲石和蘇軾的蓬萊石一樣，亦能以小見大，給人以見莊偉奇觀之感。最後，詩人展開議論，他以鐫刻元結《大唐中興頌》的浯

---

① 《北磵詩集》卷七，《宋集珍本叢刊》第 71 冊，北京：綫裝書局，2004 年版，第 323 頁上。

② 《北磵詩集》卷一，《宋集珍本叢刊》第 71 冊，北京：綫裝書局，2004 年版，第 261 頁下。

溪石爲喻，强調奇石上之刻字亦有堪比青銅銘文的價值。雖然供人把玩的奇石向來不須刻字，但居簡認爲，王居安若想讓自己收藏的這方奇石增值，那就用蠅頭小楷將字鎸刻其上吧。

（三）歌行與次韻：居簡七古詩的體制特色

與五古詩不同，居簡的七古詩在體制上展示了比較鮮明的特色，有兩類詩相對較多，一是歌行體，二是限韻、次韻之作。這兩類七古詩在藝術上都有可圈可點之處。而且，這兩類詩無論從體制還是手法都凸顯了其對江西詩派，尤其是黄庭堅詩歌的接受與模仿，下面分述之。

1. 居簡的七古歌行

對於七古歌行，居簡亦常用"以文爲詩"手法，而且，不少作品常常夾叙夾議，似史論散文，與其七古詠史詩相得益彰，如《碧衘霞行》：

> 雙衘金勒明霞碧，暗花隱起雲如刺。霜零燕澗草根甜，長鳴振鬣飛無迹。一朝群空十二閑，在圖八駿亦靦顔。鄉令生並人間世，躑躅吞聲敢伸喙。真人開國宗承祖，猶有幽燕兩扢土。要須馬上駕群雄，九重跨出蒼玉虹。短鞚長驅當峻坂，却後伸前如履坦。紫駝峰薦碧琳腴，餘瀝婁分明玉瓚。圉人太僕不敢侮，爪剔爬搔謹程度。屹立亭亭時却顧，趦嚙誰能犯其怒。鄉聞天馬曾作歌，大宛西極都蒐羅。鳳膺龍脊非凡駟，馬肝遂誤文成死。遂使劉郎葬茂陵，不到昆臺十二層。①

《碧衘霞行》詩前有引曰："折德扆得馬於燕澗，口角碧霞，夾雙勒。從太宗幸太原，善屈伸，上下崗坂如坻。太宗安駕，獲從皇輿於熙陵，數月而斃，瘞於桃花犬旁。竹岩得此二畫，多有名勝著語。"② 可知這是詩人觀畫有感而作，畫中之物爲一馬一犬，並涉及宋初史實，所以這首歌行體兼具題畫與詠史的特點。

本詩畫中主角是一匹名爲"碧衘霞"的戰馬。此馬爲宋初名將折德扆從燕澗一帶獲得，因其口角處色如碧霞，故名。後來它成爲宋太宗的坐騎

---

① 《北磵詩集》卷四，《宋集珍本叢刊》第 71 册，北京：綫裝書局，2004 年版，第 292 頁下。

② 《北磵詩集》卷四，《宋集珍本叢刊》第 71 册，北京：綫裝書局，2004 年版，第 292 頁下。

並隨之出征北漢，它善於攀爬、俯衝，駕馭騎行穩定。居簡的好友錢德載收藏了此馬的繪畫，所以他亦得以觀之。全詩生動地回顧了這匹駿馬的傳奇一生。駿馬在燕澗時就已露出寶馬之天賦，因此被納入太宗麾下，隨其出征。"要須"四句是對引文内容的精彩轉述，著力表現駿馬善於奔馳的超強本領，使駕馭者在險途亦如履平地。"圉人"四句謂駿馬具有鮮明的個性，好似猛將一般，威武不屈。結尾用典，"鄉聞"二句指漢武帝作《西極天馬歌》一事；"馬肝"二句化用楊億《漢武》詩"力通青海求龍種，死諱文成食馬肝"之句，諷刺漢武帝爲方士所騙而執迷不悟。最後兩句亦諷武帝，謂其求仙不得，難免一死。另一幅畫《桃花犬》，居簡亦作題詠，即《桃花犬行》：

> 非玄非黃花蒙茸，炫畫不減原上紅。無功指踪走原野，兔盡倘可逃灾凶。禁林都是秋聲樹，滿身何處沾紅雨。苔痕玉砌卧斜陽，又誤零霞低薄暮。楓宸紫闕芳霧濛，長門永巷泠泠風。夜嚴不聲白晝永，羊車所至隨從容。鬼瞰高明目不瞬，勾連狸怪狐妖逞。百步雖無檻虎威，雙睛何用軒轅鏡。熙陵以西一鉏地，寸金寸土君王賜。平分只與碧衙霞，生死恩榮略相似。相如飛轍自蜀都，初因狗監誦子虛。四夷來王亦典麗，御考自稱前進士。①

阮閱《詩話總龜》前集卷一引《古今詩話》："淳化中，合州貢桃花犬，甚小而性急，常馴擾於御榻之側。每坐朝，犬必掉尾先吠，人乃肅然。太宗不豫，此犬不食。及上仙，號呼涕泗，瘦瘠。章聖初即位，左右引領前道，鳴吠徘徊，章若不忍。章聖諭以奉陵，即搖尾飲食如故。詔造大鐵籠，施素裀，置鹵簿中，行路見者流涕。李至作《桃花犬歌》以寄史官錢若水，末句云：'白麟赤鳳且勿喜，願君書此懲浮行。'"②據此可知"桃花犬"是宋太宗的一隻寵物，被陪葬於太宗墓旁。李至作《桃花犬歌》諷刺真宗葬犬的奢靡、浮誇之舉，而簡詩亦有此意。本詩使用了不少與狗有關的典故，如"無功指踪走原野"一句，用《史記》"功狗功人"之典。桃花犬雖於宋室並無功績，但亦得隆重禮遇，可見這是詩人暗諷真宗之舉

---

① 《北磵詩集》卷五，《宋集珍本叢刊》第 71 册，北京：綫裝書局，2004 年版，第 293 頁下。

② ［宋］阮閱編，周本淳校點：《詩話總龜》，北京：人民文學出版社，1987 年版，第 6 頁。

過分；再如"初因狗監誦子虚"一句，即漢武帝狗監楊得意引薦司馬相如的故事。不僅如此，詩人對桃花犬生前的"榮耀"也刻畫得比較細緻，像"夜嚴不聲白晝永，羊車所至隨從容"兩句，謂此犬常隨太宗出入宮掖。"熙陵"四句指其被恩賜陪葬，與戰馬碧銜霞平分"殊榮"，諷刺之意躍然紙上。尤其是最後兩句，居簡自注曰："錢熙，泉南人，進《四夷來王賦》萬餘言。太宗愛其才，擢館職。有司請試，上笑曰：'試官前進士趙某親自選中。'"可知居簡對宋初太宗、真宗這種在封賞、恩遇問題上的輕率態度頗有微詞。

　　從創作動機來看，二詩皆與錢德載收藏的兩幅畫有關，但居簡對畫的内容叙述不多，而是就畫中主角展開議論，由物及事、由事及理。前者由碧銜霞推及漢武帝，諷刺他爲取得寶馬盲目開邊的暴力行徑；後者由桃花犬推及宋初兩代君主，諷刺他們在恩遇上不公，憑個人好惡亂來。所以，居簡這兩首詩雖因觀畫而作，却未對畫之優劣作出評價，而是以史實討論爲主，諷刺、批判封建帝王的荒唐。

　　不止這兩首歌行體，其他的同體作品如前文提到的《續舞馬行》《昭臺行》《桃源行》《昭君行》等，都有夾叙夾議的特點。事實上，這樣的寫作方式並不是居簡自創或獨創，而是他對前代江西詩人，主要是黄庭堅七古歌行模仿、借鑒的忠實反映。錢志熙先生曾説："傳統的七古歌行，是以事象爲主的。山谷的七古中，也有比較完整的叙事詩，中年之作，不乏再現現實，以寄諷喻之作。但是縱是這類詩歌，唐人重客觀再現，也就是讓事件本身説話，而傾向從叙述中自然流露。離漢樂府的寫實方法更近一些。山谷則並不重在叙述事件的生動傳神，而是叙述與議論相雜而出，其最擅長的引經據史作以評泊。"[①] 可見居簡的七古歌行宗法黄庭堅，在作品中亦常引經據史，以議論爲詩。

2. 居簡的次韻與限韻

　　對於七言古體的限韻、次韻詩，前代的臨濟宗詩僧惠洪寫得比較多，寶曇也有一些。在居簡的古體詩中，不乏相當數量的限韻、次韻之作。事實上，宋代的限韻、次韻之風在北宋元豐、元祐時期始大量出現，尤其是蘇、黄等人。對於蘇軾的七古次韻詩，清人李重華云："次韻一道，唐代

---

① 錢志熙：《黄庭堅詩學體系研究》，北京：北京大學出版社，2003 年版，第 305 頁。

極盛時，殊未及之，至元白皮陸始因難以見巧，然亦多勉强湊合處。宋則眉山最擅其能，至有七古長篇押至數十韻者，特以示才氣過人可耳。"①而黄庭堅的七古亦有大量的限韻、次韻之作，當中不乏《賦陳季張北軒杏花得酒字》《次韻子瞻武昌西山》《次韻文潜》《次韻謝子高讀淵明傳》等佳作，亦呈現了山谷的才氣，正如錢志熙先生的評價："由於韻脚已經決定，所以次韻疊韻的詩，必須逐韻來安排意思和句法，不可能自由地運思，詩的意脉也變爲層層曲折，山谷詩盤屈拗折的章法結構，就是這樣形成的。"②

居簡的五古詩這類作品較少，只有《陳貴卿坐上得貴字》《送陳紫薇分韻得壽字》《經筵賜茶楊文昌席上得貴字》三首。但七古較多，其中有限韻賦詩，如《戁庵約子與素齋赴二石丈江閣之集得頰字》：

> 半山蛇腹彎城頰，層雲鴟尾翔山脇。紫萸獨自對黄花，采筆不須題落葉。山容入秋太瘦生，倚筇欲賦登山行。諸公譚玄若破敵，萬籟爲我俱銷聲。俯瞰市人酣戰蟻，喧寂兩忘同一視。悠然五字隱長城，萬馬循牆看披靡。數峰薄暮方展眉，笑人買山後小支。誰能料理身後計，更復願爲天下奇。滄江潮晚鯨吞吐，白鷗群分復群聚。出門一笑問浮圖，風動琅璫半天語。③

由於在押韻上具有一定的限制性，詩人不易自由發揮。但就本詩的用韻來看，居簡的這首分韻詩並非一韻到底，而是多次換韻，説明居簡寫詩時是比較隨意的。戁庵、素齋是居簡的好友曾黯、于有聲，但兩人與居簡的分韻詩惜乎不存。本詩以叙述爲主，表現了居簡聚會時同友人唱和的愉悦心情。由於唱和的形式是分韻，所以詩人的作品當場立見，故居簡謂"采筆不須題落葉"，贊揚友人詩才高妙。不僅如此，這次聚會除了分韻賦詩，三人還一起探究宗教義理，破敵句比喻曾、于二人對佛法教理的精通，以至居簡聽得入迷，仿佛周圍的一切都安静下來。可知曾、于二人也是喜好佛教的士人。再如《杜侍郎坐上得彝字》：

---

① ［清］李重華：《貞一齋詩説》，《昭代叢書壬集》第五十卷。
② 錢志熙：《黄庭堅詩學體系研究》，北京：北京大學出版社，2003年版，第303頁。
③ 《北磵詩集》卷一，《宋集珍本叢刊》第71册，北京：綫裝書局，2004年版，第264頁下。

春事三分二分了，策勛淑景還宜早。野桃官柳嫌春少，却笑上林鶯易老。豈知老幹空斗南，七八千歲春酣酣。無人聞此不大笑，有口只與莊生談。金鐘大鏞在東序，瑚璉陸離雜雕俎。歌工在列樂在懸，更復明堂須柱礎。一枝老我苕水湄，煮字不充亭午飢。丹崖蒼壁信手題，詠歌事業銘鼎彝。①

這首詩與前一首相似，居簡雖分得"彝"字，但是寫作時也多次換韻，並未全用"彝"字所在韻部裏的字。杜侍郎的具體情況不可考證，但從詩歌內容可推斷，是他邀請居簡參加自己的宴會，並在宴飲中請大家分韻寫詩。而且居簡頗有幽默感，詩云"煮字不充亭午飢"，笑侃作詩不能充飢，可見其對主人"玩文字遊戲"的時間稍嫌過長，以至耽誤衆人中午進食。

居簡的限韻賦詩，論其淵源，應出於南北朝時期分韻集詠的形式。南朝鍾嶸《詩品序》云"嘉會寄詩以親"，即主賓賦詩，增進感情。換言之，通過集會分韻、限韻賦詩，從而發揮出"詩可以群"的作用，並達到"群居相切磋"的目的。居簡的限韻賦詩同樣有此作用及目的。雖然這種做法常爲人所批評，被認爲是"玩文字遊戲"。吳喬《圍爐詩話》卷一記載："詩思如醴泉朱草，在作者亦不知所自來，限以一韻，即束詩思。"② 但是，如果考慮到限韻賦詩的社會交往意義，那麼這種方式無疑在古代社會中扮演著多種角色，賓主之間、朋友之間、同僚之間，通過詩的唱和表達了禮節，調節了關係，增進了友誼，溝通了感情，交流了思想，切磋了技藝，使詩人在酬唱中詩藝和人格都有可能得到提高。③ 對於居簡，他這樣做也是在展示自己的詩文及文化修養水平，暗示其心中的文士意識，渴望與周圍的文化精英平等交流。

居簡七古的次韻詩主要是次韻古人詩和次韻友人詩兩類。對於前者，其中最具代表性的是他的《和六一居士守汝陰禁相似物賦雪》與《和東坡

①《北磵詩集》卷四，《宋集珍本叢刊》第71冊，北京：綫裝書局，2004年版，第291頁下。

②［清］吳喬：《圍爐詩話》，《續修四庫全書》第1697冊，上海：上海古籍出版社，2002年版，第581頁下。

③ 周裕鍇：《詩可以群——略談元祐體詩歌的交際性》，《社會科學研究》，2001第3期，第131頁。

守汝陰禱雨張龍公祠得小雪會聚星堂用歐公故事》二詩：

連漪碎剪成新葑，廉纖帶雨尤輕薄。人間但見巧番騰，天上不知誰制作。九地瑕疵都粉飾，重雲掊塞難恢廓。曉光奪目增眩轉，夜色侵燈尤閃爍。康莊充斥去無路，老幹壓低搖不落。寒棱凍得水生皮，氣艷冷欺裘擁絡。可勝思苦相嘲謔，旋忘手凍爭拿攫。亂委平堆可照書，圓瑳小握供彈雀。靜聞裂竹亟扶顛，勇作探春思躡屩。犯寒果勝附炎熱，苦饑預慶歌豐樂。長鬚嫩煮蚓方泣，小龍新破團初瀹。默觀造物真戲劇，更看一色吞沙漠。載賡險韻付銜枚，孤軍大敵空橫槊。寡和尤知白雪高，非偶自貽齊大噱。

六花蕚蕚都無葉，萬花鬥白都輸雪。緩飄微霰止還集，急趁回風飛欲絕。山固無愁鬢先老，竹非爲米腰頻折。鄉來囊螢本同調，今夕風燈不愁滅。僧窗處處茶烟濕，漁舟個個綸竿掣。老坡不犯汝南令，粲如晴午裁新纈。乾坤蕩蕩無畛畦，比類區區空瑣屑。霧沉雲重記葳蕤，雨收風拾書輕瞥。肯爲忠臣六月飛，賸煩太史從頭説。粗人金帳暖如春，詩人布衾冷如鐵。[①]

這兩首賡和的原作分別是歐陽修的《雪（時在潁州作，玉、月、梨、梅、練、絮、白、舞、鵝、鶴、銀等事，皆請勿用）》：

新陽力微初破葑，客陰用壯猶相薄。朝寒棱棱風莫犯，暮雪綏綏止還作。驅馳風雲初慘淡，炫晃山川漸開廓。光芒可愛初日照，潤澤終爲和氣爍。美人高堂晨起驚，幽士虛窗靜聞落。酒壚成徑集瓶罌，獵騎尋踪得狐貉。龍蛇掃處斷復續，猊虎團成呀且攫。共貪終歲飽虀麥，豈恤空林飢鳥雀。沙墀朝賀迷象笏，桑野行歌沒芒屩。乃知一雪萬人喜，顧我不飲胡爲樂。坐看天地絕氛埃，使我胸襟如洗濬。脫遺前言笑塵雜，搜索萬象窺冥漠。潁雖陋邦文士眾，巨筆人人把矛槊。自非我爲發其端，凍口何由開一噱。[②]

以及蘇軾的《聚星堂雪》：

---

① 《北磵詩集》卷一，《宋集珍本叢刊》第 71 册，北京：綫裝書局，2004 年版，第 253 頁上。

② ［宋］歐陽修撰，李逸安點校：《歐陽修全集》卷五十四，北京：中華書局，2001 年版，第 764 頁。

窗前暗響鳴枯葉，龍公試手初行雪。映空先集疑有無，作態斜飛
正愁絶。衆賓起舞風竹亂，老守先醉霜松折。恨無翠袖點橫斜，秖有
微燈照明滅。歸來尚喜更鼓永，晨起不待鈴索掣。未嫌長夜作衣棱，
却怕初陽生眼纈。欲浮大白追餘賞，幸有回飆驚落屑。模糊檜頂獨多
時，歷亂瓦溝裁一瞥。汝南先賢有故事，醉翁詩話誰續説。當時號令
君聽取，白戰不計持寸鐵。①

　　居簡次韻歐陽修、蘇軾的詩，蘊含著對歐、蘇的仰慕之情，同寶曇次
韻陶淵明、黃庭堅的詩一樣，都體現出“尚友古人”的意味。但是，除了
這層目的之外，居簡選擇歐、蘇這兩首詩次韻，恐怕還有競技較量的想
法。因爲歐、蘇這兩首詠“雪”詩亦被稱爲“禁體詩”或“白戰體”。張
宏生、程千帆二位先生認爲，這種禁體所禁約有以下幾個方面：一是直接
形容客觀事物外部特徵的詞，如寫雪而用皓、白、潔、素等；二是比喻客
觀事物外部特徵的詞，如寫雪而用玉、月、梨、梅、鹽、練、素等；三是
比喻客觀事物的特徵及動作的詞，如寫雪而用鶴、露、蝶、絮等（因爲它
們不但色白，而且會飛翔和飄動，有如雪花飛舞）；四是直陳客觀事物動
作的詞，如寫雪而用飛舞等。這些限制對於崇尚“巧言切狀”“功在密附”
的傳統體物手法來説確實是一種新挑戰。② 所以“禁體詩”增加了詩人寫
詩的難度係數，這對詩人的智力水平也就提出了更高的要求。倘若一位詩
人能在如此嚴苛的規則下完成創作，那麼他寫的詩必然會展現出深厚的學
識與相當的才力，誠如蘇軾所言：“禁體物語，於艱難中特出奇麗。”③ 而
居簡選擇次韻歐、蘇這兩首詩，可以説既表現出對兩位宋代文化精英的致
敬，也蘊含同先賢比肩、競技的心理。

　　從居簡的作品來看，他的“競技”心理是比較明顯的，如第一首詩當
寫到最後四句“載賡險韻付銜枚，孤軍大敵空橫槊。寡和尤知白雪高，非
偶自貽齊大噱”時，即感嘆自己用歐公的險韻唱和，直如銜枚疾走、孤軍

---

① ［宋］蘇軾撰，［清］王文誥輯注，孔凡禮點校：《蘇軾詩集》卷三十四，北京：中華書
局，1982 年版，第 1813 頁。

② 張宏生、程千帆：《“火”與“雪”：從體物到禁體物》，《中國社會科學》，1987 年第 4
期，第 7 頁。

③ ［宋］蘇軾撰，［清］王文誥輯注，孔凡禮點校：《蘇軾詩集》卷三十四，北京：中華書
局，1982 年版，第 1813 頁。

奮戰，不似當日歐公在聚星堂唱和有"巨筆人人把矛槊"的壯觀"筆戰"情景，只能自己"孤軍奮戰"。同時也深刻地瞭解到這類詩之所以"曲高和寡"，是因爲歐公之作確爲"陽春白雪"，而自己作"禁體"詩想同他一比高下（齊大），真是自不量力、貽笑大方。

儘管居簡認爲自己没能超過文壇先賢，但他在詠"雪"上仍大體做到了"禁體詩"對客觀事物特徵進行規避的要求。或借助隱喻，如第一首詩"曉光奪目增眩轉，夜色侵燈尤閃爍。康莊充斥去無路，老幹壓低搖不落"之句、第二首詩"山固無愁鬢先老，竹非爲米腰頻折"之句，都表現了大雪紛飛瀰漫之態；或運用與雪有關的歷史人物典故，如第二首詩"鄉來囊螢本同調，今昔風燈不愁滅"之句，借"車胤囊螢"而暗用"孫康映雪"的故事；"肯爲忠臣六月飛，賸煩太史從頭説"之句引用鄒衍"六月飛霜"的故事，巧妙地避開禁字，又能使讀者一見即知所言是"雪"，足見居簡詩才精妙。而且，由於這首詩不光是一首"禁體詩"，也是一首次韻詩，所以詩人在思想感情的處理上往往不易隨心而發，極受限制。但是，居簡在本詩中體現出非常深摯的感情。尤其是第二首詩的"肯爲忠臣六月飛，賸煩太史從頭説。粗人金帳暖如春，詩人布衾冷如鐵"四句，借助鄒衍之事比附蘇軾因烏臺詩案被貶黃州之冤，"粗人"二句化用杜甫"布衾多年冷似鐵"之句兼用對比手法，謂文人雅士竟生活艱難困陋，而粗笨愚魯之徒却生活得安逸閑適，抒發了其强烈的憤怒與不平，成功地做到了"戴著鐐銬跳舞"。

至於居簡的次韻友人詩，特點同樣鮮明，如《冷水谷桃花未開次竹岩韻》：

> 山行兩袖皆華風，遊人未多花未紅。堂堂春去已無幾，晴趁一日來山中。山人寸金酬天地，都種芳菲留客醉。粉桃商略待緋桃，坐令羯鼓催無計。匆匆歸興如酒濃，零落斷雲流水踪。明朝乘興尚可再，應笑武陵襏笠翁。判花大手今燕許，收拾是中春一塢。小待巴東製錦歸，盡吹紅雨爲霖雨。[1]

由於錢德載的原詩已不可見，因此我們無法對比二人的詩，只能就居

簡詩展開討論。居簡在本詩中表達了其與好友錢德載春遊觀賞桃花，但桃花未開，只得興盡而去的遺憾心情。爲了表達這種心情，他運用"奪胎換骨"之法。"粉桃商略待緋桃"一句取法姜夔《點絳唇》"數峰清苦，商略黃昏雨"之句，喻示桃花盛開宛如人們在商量、等待，"坐令羯鼓催無計"一句則化用蘇軾《有美堂暴雨》"十分瀲灩金樽凸，千杖敲鏗羯鼓催"之句，強調自己即使敲擊羯鼓以催促、命令花開，亦是無計可施。這兩句抒發了其未能一睹鮮花盛開的悵然心情，故詩人頗感掃興，匆匆歸去。詩中將此種迫切心情巧喻爲濃酒，暗示其歸心之強烈，而"零落斷雲流水踪"一句更加形象地抒發了這種乘興而來、敗興而歸的無奈。雖然這次春行未見桃花灼灼之貌，但詩人亦寬慰自己。故下句筆鋒一轉，說"明朝乘興尚可再"，同時還用桃花源之典故嘲笑自己剛才的執著。結尾"判花"四句，用"燕許大手筆"贊揚好友錢德載會評判桃花，就像張說、蘇頲二人的文章，真堪稱大手筆。"巴東"似乎用典，寇準曾任巴東知縣，蓋居簡以此喻錢氏出守外地，無法接續唱和，只好等他回來再行唱和，並寄望於錢氏能造福一方，化紅雨爲甘霖。又如《次韻鄭大參净慈雙井》：

> 山展鳳膺仍欹翩，東井碧通西井白。井花妻欲策茶勛，長恨眼中無此客。夔州病渴夜迢迢，阿段透雲分淒淒。胡爲金錫卓山泉，小倚銀床問庭柏。一杯盍爲龍象供，數尋自是蜿蜒宅。萬斛滔滔隨地出，九地茫茫不須擇。淺清盈甃玉痕圓，深净鏡空雲影拆。江淮行地自南北，河漢如人同血脉。舉瓢高謝滄浪濁，吹簫去覓浮丘伯。遂令天水不違行，洞明爻象元同畫。更將康谷細商評，一笑自知肩可拍。[1]

詩的前四句叙說雙井水質，净慈寺東西二井雖互相連通，但井水之色却迥然不同。東井之水如碧，而西井之水更白，使人倍感驚奇。而且水質極好，適於烹茶，但遺憾的是無人知曉這雙井之水。詩的前四句看似平淡無奇，然自"夔州"二句開始，作者大量用典，如杜甫《示獠奴阿段》詩，詩中有"病渴三更回白首，傳聲一注濕青雲。曾驚陶侃胡奴異，怪爾

---

① 《北磵詩集》卷一，《宋集珍本叢刊》第71册，北京：綫裝書局，2004年版，第322頁上。

常穿虎豹群"①之語，作者借此緊扣詩的井水主題。"胡爲"二句寫僧人以錫杖（金錫）擊泉水，小心倚靠雙井的井欄（銀床），求問趙州和尚"庭前柏子樹"的公案，而趙州和尚又有喫茶去的公案，因此這兩句話表面寫井水，其實暗含了禪宗故實，可見作者用典心思的精巧。之後的"萬斛滔滔隨地出，九地茫茫不須擇"亦是用典，出自蘇軾《自評文》："吾文如萬斛泉源，不擇地皆可出。在平地滔滔汩汩，雖一日千里無難。"②説明居簡對與水有關的典故非常精熟。

居簡的上述次韻七古雖無原詩比對，但皆展示出高超的詩藝，尤其是詩中的用典，表現了其深厚的學識底蘊。次韻詩往往要考慮他人原作，所以自我感發的因素相對較少，不得不在造句、煉字、用事、押韻方面下功夫，使作詩成爲一種智力的競技和句法的較量。③居簡不僅在智力、句法上凸顯出過人的才華，而且亦能表現其對友人真誠、實在的感情，這使作品的思想和藝術皆得到了充分的保證，也讓他者感受到其强烈的文化精英意識。

綜上所述，居簡的七古詩在詠史懷古上發揮了極大的作用，使詩體形式與思想内容完美結合，他發展了蘇軾、黄庭堅七古歌行引經證史的特色，顯現了深厚的史論水平。而他的限韻、次韻七古亦展示出與東坡、山谷同類詩歌相似的特徵，不僅發揮了"詩可以群"之功能，也表現了其高超的智力水平，通過與前代文化精英及當今文人士大夫的唱和，亦傳遞出其渴望躋身其間的心理暗示。毫不誇張地説，居簡雖然身在叢林，但以當時的宋代詩壇觀之，他亦稱得上名家。他不僅是南宋臨濟宗詩僧的典型，更是詩僧領袖。北宋臨濟宗詩僧惠洪雖然在詩文上展示了很高的造詣，可是其生前既少有追隨同好，而身後亦無法嗣傳燈，延續香火。但居簡不然，他有法嗣繼承衣鉢，而且同樣熱心詩文寫作，比如物初大觀，後來也成長爲臨濟宗的著名詩僧。不止大觀一人，還有很多詩僧也是受到居簡影響而成爲詩僧的，譬如道璨，曾寫有《跋康南翁詩集》：

---

① ［唐］杜甫著，［清］仇兆鰲注：《杜詩詳注》卷十五，北京：中華書局，1997 年版，第 1272 頁。

② ［宋］蘇軾著，孔凡禮點校：《蘇軾文集》卷六十六，北京：中華書局，1986 年版，第 2069 頁。

③ 周裕鍇：《詩可以群——略談元祐體詩歌的交際性》，《社會科學研究》，2001 年第 3 期，第 131 頁。

　　南翁早受句法於深居馮君，来江湖，徒北磵遊，而又與吳菊潭、周伯弜、杜北山、肇淮海輩友，故其學益老，深沉古淡，不暴不耀，如大家富室，門深戶嚴，過者不敢迫視。年逾三十，挾貧而死，惜哉！十數年来，士之奇秀者，老天必奪其魄。余識字不多，亦不見恕，然猶後翁死者，文拙之力也。使翁之詩拙於余文，死期必可緩，惜翁不知此耳。余既爲翁惜，且爲士之奇秀者懼焉。①

　　這個康南翁也是一位詩僧，曾與居簡交遊。又如道璨的《潛仲剛詩集序》：

　　詩，天地間清氣，非胸中清氣者不足與論詩。近時詩家艷麗新美，如插花舞女，一見非不使人心醉。移項則意敗，無他，其所自出者有欠耳。仲剛生長藕花汀洲間，天地清氣固以染其肺腑，久從北磵遊。受詩學於東嘉趙紫芝，警拔清苦，無近世詩家之弊，晚登華頂，窺雁蕩、酌飛泉，蕭散閑談，大异西湖、北山。但惜北磵、紫芝不及見也。自風雅之道廢，世之善詩者，不以性情而以意氣，不以學問而以才力，甚者務爲艱深晦澀，謂之托興幽遠，斯道日以不競，風月三千首，自憐心尚在，顧予病長學落，不得與吾仲剛講明此事。②

　　這位潛仲剛也是雅好詩文的宗門弟子，他也久從北磵居簡遊，説明北磵居簡對禪林不僅有禪學的影響，也有文化的影響。可以説，在居簡的人格魅力和文化修養的感召下，大批禪林俊彦熱衷詩文創作，大力推動了南宋臨濟宗禪僧的“士大夫化”。從培養詩學人才來看，居簡不啻臨濟宗的“蘇軾”。

---

　　① 《無文印》卷十，《宋集珍本叢刊》第85冊，北京：綫裝書局，2004年版，第617頁上。
　　② 《柳塘外集》卷三，《文淵閣四庫全書》第1186冊，臺北：臺灣商務印書館，1986年版，第637頁上。

第三章　物初大觀、藏叟善珍、
　　　　淮海元肇與無文道璨

　　在居簡之後，臨濟宗詩僧的創作並未因這位"盟主"的離去而終止衰竭，反倒更加興盛。居簡卒於理宗朝淳祐年間，此時正值理宗朝的中期。從這時起，一批受其影響的臨濟宗禪僧開始活躍於晚宋詩壇，他們繼承了臨濟宗禪僧熱衷詩文、操觚染翰的傳統，仰慕前輩文化精英與宗門同好，一如既往地積極與周圍的文人士夫交往唱和，甚至在宗門師友、同儕之間也出現了互相品題詩文的風氣。而這對那些熱心詩文寫作的臨濟宗前輩來說是難以想象的。因爲前代臨濟宗詩僧投身創作時，如惠洪、寶曇、居簡等，在禪林之中往往是"孤軍橫槊"，最乏同類的呼應。然而，在理宗朝中後期至度宗朝，不少臨濟宗詩僧都熱情地投入詩文創作，雖然他們依然面臨著來自宗門的非議，但在應付這種壓力時，他們比起形單影隻的前輩明顯要輕鬆許多，因爲他們有同儕、弟子的理解與支持。同儕與之酬唱，弟子爲其作品編集。很多詩僧也敢於爲自己的行爲辯護，回擊詰難與非議。所以，這一時期的臨濟宗詩僧在寫詩爲文上常常表現出比較自信、自豪的心態，儘管有時他們也會説些"吾宗素不尚此，毋重吾適"的話語。

　　因此，這一時期的臨濟宗詩文創作，無論是創作主體的人數，還是詩文作品的數量，都達到了前所未有的高度。而出現這種現象的原因就在於宗門內部以若干詩僧爲核心的創作群體彼此間互相影響、互相激勵，團結一氣，在居簡之後，共同推動、促進了臨濟宗禪僧的"文化精英化"，而最具代表性的就是物初大觀、藏叟善珍、淮海元肇和無文道璨四位詩僧，他們與前代惠洪、寶曇、居簡等缺乏同輩支持的境遇形成了鮮明的對比。可以説，正是他們的不懈追求與努力，使得臨濟宗的詩文創作在晚宋呈現出空前繁榮的景象。本章將以大觀、善珍、元肇和道璨爲主要研究對象，通過對這四人的禪學主張、詩文創作情況的考察分析，以觀晚宋臨濟宗詩僧與當時詩壇發展、互動的情況。

第一節　大觀的文字禪思想

物初大觀（1201—1268），字物初，號慈雲，俗姓陸，鄞縣（今浙江寧波鄞州区）人，乃陸佃之後。自幼父母雙亡，仲父使就舉業，後弃之，從道場山北海悟心禪師剃髮受具。首見育王無準師範禪師，後依净慈石田法薰禪師爲掌記。會北磵居簡禪師寓冷泉，訪净慈，參之開悟。之後隨北磵遷道場山、净慈寺。理宗淳祐元年（1241），出世住臨安府法相禪院。後歷住安吉州顯慈禪寺、紹興府象田興教禪院、慶元府智門禪寺、大慈山教忠報國禪寺，景定四年（1263），入住慶元府阿育王山廣利禪寺。度宗咸淳四年（1268）卒，年六十八。

大觀致力於詩文寫作，其師居簡的影響不容忽視。因此，我們在討論大觀詩歌的特點及成就前，有必要梳理其師友淵源，剖析其師徒之關係親疏，爲考察大觀的詩文創作打下研究基礎。

一、禪僧的"文化精英化"：大觀對師、祖形象的書寫

關於臨濟宗詩僧的文化精英意識，在大觀之前，像寶曇、居簡等人，都是表現在對杜甫、歐陽修、蘇軾、黃庭堅等士大夫精英的景仰與崇拜上。他們很少尋求從宗門内部挖掘、構建自己的文化精英意識。但是，到了大觀這裏，臨濟宗詩僧的文化精英意識發生了明顯的變化，即他們不僅推崇士大夫之精英，也開始按士大夫精英的標準書寫、表現自己的祖師以及宗門同好的形象。這改變了以往詩僧相對單一的士大夫精英崇拜模式，而這種變化也是由僧詩創作的繼續流行、詩僧人數的增多以及詩僧的"士大夫化"趨勢等諸多因素引發的。所以，下文將從大觀對師、祖形象的書寫方式談起，來觀察這種文化精英意識的改變。

（一）大觀對居簡形象的書寫

從法嗣傳承來看，大觀是大慧宗杲系的傳人，他的法系師承如下：

大慧宗杲→佛照德光→北磵居簡→物初大觀。

大觀乃居簡的法嗣。我們認爲，大觀在雅好詞章的同時，也在努力爲自己的師、祖"塑造"文化精英的形象。尤其是對自己的老師居簡，大觀在爲文時著力表現居簡的精英氣格，積極地爲其熱心文字作辯護，肯定其行爲的合理性，確立居簡這位擁護文字禪的禪師在大慧世系中的正宗地位。因此，我們先從大觀與居簡的師徒關係談起，探討大觀對居簡形象的表現。

關於大觀於居簡門下開悟一事，大觀弟子釋元熙《鄮峰西庵塔銘》一文有詳細的記載：

> 會澗翁寓冷泉，訪净慈，兩翁夜話滚滚不絶，盡發宗門之秘。師同流，拱立潛聽，遂倒心師事。值澗翁起碧雲挈色徑往入寺，舉"夫子不識字，達磨不會禪"。師云："含血噀人。"澗云："恁么大膽。"曰："因誰致得？"澗云："饒汝三十棒。"云："覆水難收。"澗呵曰："聞見不足以當大事，何不密密體究？"他日翁上堂，舉永嘉道圓頓教没人情，師於言下頓釋疑滯，即趨方丈，未吐，澗翁曰："你會也。"師云："會個什麼？"翁便喝，師握拳吽吽。隨翁遷道場净慈。徵詰無遺，居第一座。①

可以想見，師徒二人初次相逢便互有好感。大觀仰慕居簡的學識，暗下拜師之心；而居簡在多次考問大觀之後，也非常喜歡大觀的悟性，欣賞他的膽識，尤其是當大觀頓悟之時，居簡就已發覺，説明居簡早就有心收他爲徒。大觀最終獲得居簡的印可，登堂入室。

這段文字在叙述師徒結緣之外，還有一點也值得我們注意，即居簡在啓發、引導大觀時所采用的方式是"棒喝交馳"，居簡説"饒汝三十棒"及"翁便喝，師握拳吽吽"即是。它是臨濟宗禪師接引學人、應對禪機的典型方式。關於"棒喝"，"棒"與"喝"既有區別，又有聯繫，表現形式不同，所起作用則一。主賓禪機雙方未契禪機之時，棒就是真棒，打得人生痛；喝也是真喝，震得人耳聾，"總不親"；而主賓一旦言語投機，棒喝

---

① 《明州阿育王山志》卷八下，《中國佛寺史志彙刊》本，臺灣：臺北明文書局，1980 年版，第 390～391 頁。

就是"親處"。"親"是雙關語，既指主賓關係的融洽，又指接近契合禪理。① 由此觀之，居簡對大觀的"棒喝"，顯然屬於主賓禪機相契合的情況。居簡驗出大觀有悟道的慧根，而大觀驗出居簡具有爲師的資格。這樣兩人順理成章地成了師徒。

除上述情況之外，我們認爲居簡與大觀能結成師徒，亦與兩人同好詩文有關。因爲從大觀的身世來看，他本人在出家之前可能就非常喜好詩文。大觀俗姓陸，祖上是陸佃，父親名陸槐，可知大觀與陸游同宗，家學頗有淵源。然而他却自幼失怙，由仲父教育培養成人，並參加了科舉考試。後來由於某種緣故大觀放弃了舉業，剃髮爲僧。所以，大觀出家蓋出於迫不得已。而在出家之後，他先後參訪無準師範、石田法薰，兩人同樣是臨濟宗高僧，其影響力不亞於居簡，而且大觀在法薰處也頗得法薰賞識，法薰與之交談亦覺得大觀悟性高，就將其地位"由侍香，遷悦衆，升掌記"②。按理説法薰應該成爲大觀的本師，但他最終是在居簡處了决大事，那麼出現這樣的結果，居簡熱心詩文、鍛煉辭章的文字禪思想無疑起到了重要作用，這一共同愛好增進了居簡、大觀這對師徒契合的概率。

大觀入居簡門下之後可謂如魚得水。他在《送可侍者序》一文裏，滿懷深情地回憶了當年在師門修習時雖然條件清苦，却精神充實的生活：

> 始予從先師北磵老人於琴川，參學則有定叟諸公，侍旁則有可兄。雪天遥夜，諸友侍坐，醒語倦瞌，老人撥灰默默，燈燼復吐。更闌散去，寒力著人不自禁。予與勝叟，必然枯稭，作暖熱而後寢，率以爲常，此寂寥中至樂也，其可忘乎？自弃把茅，客靈隱。兹又以疾客靈鷲。居閑獨處，有賓朋相從容猶道此。可兄來話別，歸荆門，自顧客簷之下，其兄如何？從先師劚草者不知其幾，兄其陳如也。苦甘備嘗，逆順飽歷，給侍者親密，了無怠容。方是時也，知有師而已，不知有鄉也。範模既遠，眼底荒寒，隻影他山，駸駸暮景。於斯時也，知有鄉而已，師安在？於戲！予因兄而重增予之感。挽之既不得，故道疇昔從師時事以識别。學道貴乎知歸，先師嘗以是教兄矣，

---

① 周裕鍇：《禪宗語言》，杭州：浙江人民出版社，1999 年版，第 233 頁。
② 《明州阿育王山志》卷八下，《中國佛寺史志彙刊》，臺灣：臺北明文書局，1980 年版，第 390 頁。

其果知乎矣？不移跬步，便達本鄉。豈在跂高涉深，三千里往返之勞，而以爲歸哉？儻未以爲然，則澧之欽山、洛浦鳳凰皆吾家昆季也，第往共評之。①

在這段引文中，最值得注意的是居簡的"撥灰"之舉，因爲這很容易讓人聯想到百丈懷海使潙山靈祐開悟的"撥灰得火"禪宗公案。而這樣的暗示實有雙重含義：一方面居簡在大觀心中地位之高，堪比前代禪宗大師；另一方面居簡善於教學，其接引學人的手段極富感染力，是位會啓發學人的宗師。這樣居簡禪門精英的形象立現筆端。而且我們可以看出大觀非常懷念跟隨居簡習禪的生活，雖然條件艱苦，但居簡爲大觀營造了良好的學習氛圍，讓他感到精神充實，而大觀也在居簡營造的濃郁的文化氛圍的熏陶下逐漸成長。所以，對他來説，這個時期當然是人生的至樂。

居簡對大觀的影響，不止是爲其創造良好的禪修氛圍，他還讓大觀真正開悟，實現心中的理想，其在《祭老礄先師》中説：

某支策湖海，於前輩絶無僅有之時，衆楚一齊，其將往焉？自登師門，適我所願，不啻冥行者之獲司南也。碧雲、琴川、虎岩、西湖，步亦步，趨亦趨。合而離，離而復合。炯炯寸丹，自有不容已者。載色載笑，霜之雪之。殃累提撕，積恩成怨。尚記子夜呼燈，力疾危坐，援毫示訓，墨猶新濕。於戲！尚忍文其言以藻繪太虛哉！一香薦誠，真悲無聲。大圓鑒中，了無遁形。②

大觀認爲自己拜居簡爲師，乃"適我所願，不啻冥行者之獲司南"。説明正是有了居簡的開導與扶持，大觀纔能夠頓然領悟佛法。而大觀本人亦常隨居簡左右，亦步亦趨，事事以居簡爲榜樣。可知居簡對大觀的影響幾乎是全方位、全身心的，無論是人格品德，抑或是學識修養。文末寫得尤爲感人，當居簡病重之際，仍保持著一代宗師之本色，讀之令人動容。

當然，最能表現大觀對居簡高山仰止之情的是其親撰的《北礄禪師行狀》（下簡稱《行狀》）。最需注意的是大觀的書寫方式，他對居簡某些在

---

① 《物初賸語》卷十一，許紅霞：《珍本宋集五種》下册，北京：北京大學出版社，2013年版，第748頁。

② 《物初賸語》卷二十一，許紅霞：《珍本宋集五種》下册，北京：北京大學出版社，2013年版，第932頁。

禪林内部頗具影響力的事迹的記述反映了大觀打造居簡禪門文化精英形象的意圖，如：

> 杖策走江西，訪諸祖遺迹。有耆宿瑩仲温者，嘗掌大慧禪師之記，庵於蘿湖，纂所聞成書，發揮祖道。師過焉，與之上下其議論，瑩大奇之，以大慧居洋嶼時一夏打發十三人竹篦付之，師巽焉。①

這段叙述看似平常，但話語背後的寓意却很深刻。瑩仲温，即釋曉瑩，他是《羅湖野録》《云卧紀談》的作者，乃大慧宗杲法嗣，在宗門之中亦算得上與居簡同氣，熱衷文字創作。在這裏大觀强調了一個細節，即仲温把大慧的竹篦交給居簡，但居簡謙虛未收。大觀此處不單是説居簡爲人謙遜，富有德行，實際上是在暗示居簡早已被視爲大慧正統，肯定他是大慧禪法體系的接班人。《行狀》又云：

> 嘉泰三年，出世於台之般若，瓣香供拙庵。火種刀耕，三年如一日。故人蓬山聰以報恩讓，州命迫而後從，英衲争附，叢林翕然。忽勇退，歸靈隱，衆請居第一座。竹岩錢德載分教永嘉，拉遊雁蕩，名勝交納，尤見重於水心葉公，贈詩有"六反掀騰不動身"之句。大參真西山時爲江東部侍者，虛東林以招，以疾辭。復之武林，掃一室於飛來之北磵，梵書盈几，翛然自怡者十年。人不敢以字稱，而以北磵稱之。

這段文字叙述了禪林僧衆對居簡的推重和方外士人對居簡的盛贊，凸顯居簡在當日宗門之絶對影響力，進一步證明其大慧正統傳人之身份，强化了對其精英身份的認可。特别是《行狀》中大觀對居簡的評介：

> 師性端介，以退爲進。嘉定間朝堂鋭意佛法，急於人才，據鼎望禪席者争舉所知，附離者掖而升，師絶不與通把茅。拾人所弃，公論不可廢。樂推者不厭，初何心於其間哉。寥寥季運，老成典刑，絶無僅有。機用如顔卍庵，法材如甘露滅。其遊戲文翰，乃轉調提唱，揭綱宗之要，破學者之惑，樹衛道之功，啓未信之信。豈單見淺聞、偏勝獨得者所可議！或以識字譏之，不直師一笑。平居易樂慈祥，敬老

---

① 《物初賸語》卷二十四，許紅霞：《珍本宋集五種》下册，北京：北京大學出版社，2013年版，第984頁。

憐幼，尤急人之患難，悉力拯救如不及。至其垂訣之際，先期書偈，不差毫髮，如返故廬，如遊園觀。生平所履，可驗於斯。①

在大觀的評價中，居簡作爲文化精英的形象得到了更全面的體現。大觀説："機用如顔卍庵，法材如甘露滅。其遊戲文翰，乃轉調提唱，揭綱宗之要，破學者之惑，樹衛道之功，啓未信之信。"大觀已將其與惠洪相提並論，公然爲其從事詩文創作辯護，並嚴厲地回擊了那些指責居簡熱衷詩文的禪僧。可見，在大觀心中，會"遊戲文翰"的居簡纔是宗門正統。

眾所周知，行狀主要記載死者的世系身份、姓氏籍貫、生卒年月以及一生行事。行狀始於漢，到魏晉南北朝時期成爲獨立的文體，宋代出現了很多長篇行狀。撰寫行狀的目的是"上於史官或求志銘於作者"。行狀内容較詳，質實少文，很少涉及死者的思想感情及生活情趣，沒什麼文學價值。② 但是大觀的這篇《行狀》却很有文采，因爲他在追憶居簡生平時，沒有像一般行狀書寫者那樣，做流水帳式的簡單排列，而是選取了居簡的一些富於影響力、感染力的事件及言論。通過這些事件與言論，讀者能切身感受到居簡光輝的精英形象，並相信只有這樣的精英纔能真正傳承大慧宗風。

（二）大觀對宗杲、德光形象的書寫

大觀對德光、宗杲兩人也推崇備至，如《跋妙喜佛照及北磵先師朴翁真迹》：

> 三世祖父在前，若親聆謦欬，何敢贊一辭。朴翁十二偈，乃在未收歛時，囑束護持惟謹。③

這首詩體現了大觀對宗杲、德光之尊重。不過，與對居簡形象的表述不同，大觀對佛照德光、大慧宗杲的形象展示，更側重凸顯其善於培養後學、道德品質高尚，如《徑山火後再建大慧禪師塔御書閣疏》：

> 光燭五峰，秘隆興之奎畫；道高千古，想普覺之風標。方佛法隨

① 《物初賸語》卷二十四，許紅霞：《珍本宋集五種》下册，北京：北京大學出版社，2013年版，第986頁。

② 曾棗莊：《宋文通論》，上海：上海古籍出版社，2008年版，第968頁。

③ 《物初賸語》卷十七，許紅霞：《珍本宋集五種》下册，北京：北京大學出版社，2013年版，第852頁。

鉅宋中興，宜緇褐被先皇寵錫。四十載鞭笞龍象，雷動風行；十七年痒癘衡梅，川流嶽峙。肉猶暖在，屋亦爐焉。盍飛樓閣之崇，式鳳鸞凰之禮。力求名勝，責在兒孫。吾翁即若翁，孰謂肝膽楚越；一法該萬法，不惟黼黻山川。壯我宗猷，錫公純眼。①

在這篇駢文中，大觀簡述了宗杲一生的重要事件，凸顯了其在南宋禪宗中無與倫比的地位。而且大觀還强調了宗杲因秦檜誣陷被流放湖廣一帶的經歷，説明大觀相當欽佩宗杲的堅貞不屈和堅持正義的精神。

值得一提的是，大觀在文中並不是單純地强調宗杲在道德上的高風亮節及其愛國意識，大觀這樣説亦有推崇宗杲"菩提心即忠義心"的意味。對於這一理念，宗杲在《示成機宜（季恭）》中云："菩提心則忠義心也，名異而體同。但此心與義相遇，則世出世間一網打就，無少剩矣。予雖學佛者，然愛君憂國之心，與忠義士大夫等。"② 宗杲認爲佛家的智慧與儒家的道德是統一的。所謂"一網打就"是説菩提心一旦與忠義心相結合，則世間的善心、道德和出世間的發心、佛法便都囊括無遺了。③ 這充分體現了大觀對宗杲理念的認同。

對於德光，大觀也同懷敬仰之情，如《佛照祖》云：

> 蚤遊四方，泛無適從。忽業風吹入老碙門下，十經換歲，三隨遷席。侍立次火爐頭，扣擊從容，莫非先世遺毒也。黄檗見馬祖，大機之用，此何干涉。若謂時緣所因，豈宜在此？曩冒應緣，自西徂東。茲從慈雲誤膺睿旨，來汛祖席，始敢以一香躬拜宰堵之下，遺蔭所覆，忝冒非宜。追惟我祖，跨門之機，擊石閃電，當時遭者，心死眼活。一門龍象，後先輩出，斯慧命所賴以迎續也。際遇阜陵，君臣合道。啓沃激揚，天顔婁開。斯大法所賴以中興也。子生孫，孫生子，毒種綿綿，清風下載。於戲休哉！④

從題目看，大觀寫的是師祖德光。同表現宗杲的手法類似，大觀對德

---

　　① 《物初賸語》卷十八，許紅霞：《珍本宋集五種》下册，北京：北京大學出版社，2013 年版，第 862 頁。

　　② ［宋］蘊聞編：《大慧普覺禪師語録》卷二十四，《大正藏》第 47 卷，第 912 頁下。

　　③ 方立天：《禪宗概要》，北京：中華書局，2011 年版，第 232 頁。

　　④ 《物初賸語》卷二十一，許紅霞：《珍本宋集五種》下册，北京：北京大學出版社，2013 年版，第 937 頁。

光的書寫亦有此特徵。先稱贊其對宗門影響之深遠，其門下弟子不光數量衆多，而且皆堪大用，頗有建樹，從而延續了臨濟宗燈火；之後強調其高風懿德爲宋孝宗欽仰，被詔入宮中講説佛法，使孝宗龍顔大悦，禪宗因德光得以再度中興。

實際上，這種書寫方式在北磵居簡那裏就有，如《侃都寺重開大慧語録疏》：

> 濤涌瀾翻，尚想衡陽瘴面；雲開天霽，式符江漢歸心。撚指一十有七年，信口八萬四千偈。人天龍象，在則人，亡則書；草木芝蘭，出乎類，拔乎萃。奎文寵錫，海藏珍收。雖非魯壁之藏，甚於秦火之酷。欲哀衆施，盡與重刊。掃古今螢爝之微，還皎潔蟾蜍之照。遺音猶在，妙賞須逢。如金聲玉振無遺，免邪説暴行又作。①

其中的“濤涌瀾翻，尚想衡陽瘴面；雲開天霽，式符江漢歸心。撚指一十有七年，信口八萬四千偈”，便是對宗杲因秦檜構陷流放一事的書寫，表現了宗杲的高風亮節及精英形象。而“草木芝蘭，出乎類，拔乎萃”更是對宗杲後代人才輩出的肯定，暗示了宗門文化興盛的局面實源自宗杲對人才的細心培養，説明宗杲文化精英的特徵。對於自己的老師佛照德光，居簡的《祭佛照禪師》云：

> 嘉泰三年三月二十八，四川、兩浙、二廣、七閩、江淮東西、荊湖南北參學比丘某，與諸比丘衆注香煮茶，奉微供於鄮之東庵佛照禪師拙庵大和尚之靈。於戲！師之所自立，亦難矣哉。方其升應庵之堂，則登東山而小魯；晚入雙徑之室，然後登泰山而小天下。妄庸醜正，嘯群困折，不可奈何而後已。卒能橫翔捷出，縛虎兒，鞭龍象，搏扶摇，跨閶闔。阜陵，英主也，曰兢兢業業，當如禪師之言；史真隱，帝者師也，謂其氣雄萬夫；陸放翁，山陰耆舊也，贊其話行四海。非有大過人，一聖二賢，曷以若此？它日行輩鼎立，更迭而逝；師則巋然，獨殿諸老。紛紛晚進，競春爭妍；秋新露零，一掃而盡。於是時也，方攬阰之木蘭、洲之宿莽，凌霜屬雪以自怡。收卷波瀾，

---

① 《北磵集》卷九，《文淵閣四庫全書》第1183册，臺北：臺灣商務印書館，1986年版，第145頁上。

一庵至樂忍死，不敢寧居逸體。今亡矣夫？昧者謂其果亡矣，有法門名無盡燈，冥者皆明，明終不盡，則師長在而不忘，尚何悲焉！①

又《祭佛照禪師圓鑒之塔》：

> 嗚呼師乎！虛舟悠悠，不知斯文壽命所托；疾雷殷殷，不知蟄戶管籥所繫。浩浩乎心與理冥，智與神遇，不知人間世所謂榮枯得喪果何物耶？指後學之心，則皇天后土昭乎其鑒；孚大信於物，則海東日本不約而至。恢拓象末，邈然寡儔。顧不肖似敢稱先德以黼黻太空，而與世諦流布哉！靜惟始終，逾二十年，潛鞭密煉，倒行逆施，雪霜憑陵，陽春煦嫗，恩積丘垤，報未涓塵。故山來歸，靈骨未冷，慚非跨竈，誠謂續貂。無聲之哀，菲薄之奠，哀慕之至，靈其鑒之。②

字裏行間同樣是以精英形象對老師加以表現，如“方其升應庵之堂，則登東山而小魯；晚入雙徑之室，然後登泰山而小天下。妄庸醜正，嘯群困折，不可奈何而後已。卒能橫翔捷出，縛虎兕，鞭龍象，搏扶搖，跨閶闔。阜陵，英主也，曰兢兢業業，當如禪師之言；史真隱，帝者師也，謂其氣雄萬夫；陸放翁，山陰耆舊也，贊其話行四海。非有大過人，一聖二賢，曷以若此”之句，足以説明德光在宗門的精英氣質，其善於培養弟子、接引學人，於國家、民族有極大的貢獻，充分體現了德光在方内和方外的影響力。而這些影響不正是一位精英所應有的品質嗎？

我們認爲，按精英標準書寫宗門師、祖形象的方式，是這一時期南宋臨濟宗詩僧的顯著特徵。它並不是全體禪師的共識，而是詩僧之間的共識。只有詩僧纔這樣解讀、書寫自己的師、祖形象。前代臨濟宗禪僧除了惠洪之外，很少用精英的標準來書寫自己的老師、師祖。而且，其在追憶並書寫師、祖形象時，所運用的文體亦非祭文、序跋，而是行狀、塔銘、贊等。比如惠洪，他有一些以精英形象書寫師友的作品，如《雪庵真净和尚行狀》《花藥英禪師行狀》《鹿門燈禪師塔銘》《芙蓉楷禪師贊》等。但他的祭文、序跋則少有針對師友形象的刻畫。而序跋、祭文這類文體恰恰

---

① 《北礀集》卷十，《文淵閣四庫全書》第 1183 册，臺北：臺灣商務印書館，1986 年版，第 163 頁下。

② 《北礀集》卷十，《文淵閣四庫全書》第 1183 册，臺北：臺灣商務印書館，1986 年版，第 164 頁上。

是士大夫使用的文體,因此,居簡和大觀用這類文體塑造自己的師、祖形象,充分證明他們追求的就是禪僧"士大夫化",即以士大夫的方式、士大夫常用的文體抒情達意。既然師、祖都是禪僧中的精英,那麼,門下弟子自然會以之爲榜樣,努力效仿。

通過以上探討,我們發現無論是對老師居簡,還是德光、宗杲,大觀非常注重表現他們對禪林與國家的影響。在禪林中,他們是大德高僧,他們熱心説禪、接引學人,善於培養弟子,爲禪林的興盛和發展做出了突出貢獻。而對於國家,他們又是高風亮節、堅守正義的道德楷模,備受世俗社會的推崇與尊敬。所以,大觀筆下的師、祖形象,甚至可以比肩史傳中的士大夫精英。換言之,南宋臨濟宗的發展,正是有了像宗杲、德光、居簡這樣的大師,臨濟宗需要由這樣的禪門文化精英去傳遞、發揚。

二、禪僧的"士大夫化":大觀奉行文字禪的原因

儘管大慧宗杲認爲文字禪有負面影響,甚至做出劈板、燒毀《碧岩録》之舉,另創看話禪。但是,自其去世後,從寶曇到大觀,臨濟宗内部依舊存在不少踐行文字禪理念的僧徒,而且其中有影響力者,大多是宗杲的弟子、門徒。

根據前面的討論,我們認爲大觀對師、祖的書寫方式體現了其强烈的文化精英意識和追求禪宗士大夫化的心理。因爲從大觀描寫宗杲、德光、居簡形象的文字來看,大觀筆下的三位臨濟宗前輩大師,無論在禪林之内,還是世俗社會,均有强大的影響力,基本上得到了僧侶和士人群體的好評。尤其是大觀對老師居簡的書寫,他在《行狀》中特別强調了老師"遊戲翰墨"的精神,而這正是一名文化精英所必須具備的品質。可見大觀和居簡一樣,也都敬仰文化精英,富有精英意識。

既然大觀富有精英意識,那麼,詩文寫作自然也是他表現精英氣質的重要手段之一。但大觀是臨濟宗禪僧,倘若他不離文字,專心詩文辭章,必然會招致宗門的批評與指責,詬病其叛道背行。所以,大觀爲了化解非議、責難,就得和老師居簡一樣,雖入於看話禪世系之下,卻要奉行文字禪,以文字禪作爲擋箭牌,從而實現自己熱心創作的願望。對於自己務爲詩文的行爲,他在《物初賸語》前的自序中説得很清楚:

與世同波，於世無涉。泠然其間，亦聊以自適。萬象爲賓朋，萬籟爲鼓吹，斯亦足矣。籓隙彷徉，白間虛明，奧弗容遏。竺册魯典，遮眼爲樂，或便爲予從事乎討論矣。職提唱外，酬應或需韻句，事功或需記錄，或求於予，性善不拒。然法不孤紀，理不他隔，言在此而意在彼。或便謂予長乎文言矣。纔一脫薰，掃不見迹，如是者有年。吾徒嘿子潛粹成編，擎於予前，恍然永師後身見破甕中物，前身知藏僧，忽省書未了經也。翻揭增赧，自訟斐淺輕出，欲斂而秉畀之。嘿捍護堅甚，則訓之曰："吾宗素不尚此，毋重吾適。"嘿子曰："目連之集異，鶖子之法蘊，泊夫華竺諸賢，率多論著雜華。取淵才雅思，又何如？"予因自笑曰："治亂不關，寵辱不聞，山林自詮，寂默自業，予老之賸人也；謬當知宗，亦有本末。瑣瑣筆墨，臺臺應酬，又吾之賸事也；説而無説，文而非文，又吾之賸語也。人賸、事賸、語賸，惡足識其中有欠賸句，亦或有所取哉？"[1]

從大觀的自述中，我們可以明顯地感覺到，大觀雖然面對責難非議，但他並未感到太多羞愧，也不怎麼自責，相反還有些自信與自豪。他説："竺册魯典，遮眼爲樂，或便爲予從事乎討論矣。職提唱外，酬應或需韻句，事功或需記錄，或求於予，性善不拒"便是推崇文字禪的表現，顯示他對文字、詞章之熱衷，相信這樣做有助於敷演佛禪。雖然他又"吾宗素不尚此，毋重吾適"，強調宗門不好文字的傳統。但是，當徒弟嘿子一再堅持爲其編集時，他却未繼續反對，而是欣然接受並以"賸語"命名其詩文集，説明大觀根本不懼宗門內部的批評，非常享受書寫文字筆墨的快感。再如《會堂詩序》：

士所業不同，而同所好者詩也。世固有長於文字而短於詩者，非不好也，不習而不能耳。僧所業三，云律，云教，云禪。其於外學詞章皆不得爲。然寄娛風月，追琢肺肝，雖古宿於此，興復不淺。才有小大，格有高下，而同夫所發者，有弗容自已。苟陶冶不失其正，亦

---

① 《物初賸語自序》，許紅霞：《珍本宋集五種》下册，北京：北京大學出版社，2013年版，第529～530頁。

焉往而不可？①

在這篇詩序裏，大觀明確肯定了文字禪，他認爲禪林的古宿大德都對外學詞章，甚至對吟風弄月、雕琢詩文有著濃厚的興趣。那麼，我們後輩的禪僧喜好寫詩，又有何不可？這自然是他對那些反對文字禪之徒的有力反駁。

所以，從大觀以上的言論可知，大觀崇尚文字禪的原因就是爲了實現禪林的士大夫化。而這也是南宋寶曇、居簡等臨濟宗禪僧所一直追求的。衆所周知，宗杲推行看話禪而反對文字禪，主要是擔心文字禪把學者的注意力吸引到語言機辯和文字識見方面，而忽視了參禪最要緊的目的，即"如何敵得生死"，從而使形式遮蔽了內容。② 但是，其門徒及後人對看話禪的推崇並沒有阻斷文字禪的發展道路。正如洪修平先生所言："宗杲於南宋時焚毀《碧岩錄》的刻版，在一定程度上限制了《碧岩錄》的流傳，但禪學文字化的趨勢並沒有完全停止。"③

我們認爲，文字禪之所以還能流行於大慧派，與南宋大慧派的禪僧身份以及他們對禪宗發展思路的選擇有關。衆所周知，中國的禪宗是從農禪發展起來的，主要的活動區域是山地村落，自百丈懷海禪師把勞動列爲禪門的"清規"之後，他就推行"普請之法"，即人人參加勞動，"一日不作，一日不食"。此時禪僧的身份主要是下層平民，大都文化水平不高，幾乎沒有文化精英參與。然而，到了宋代大量的文人士大夫開始習禪，爲了更好地與這一群體交往，以達到興盛禪林之目的，禪宗內部不少禪僧亦開始重視"文字"，從"不立文字"走向"不離文字"。而這也要求宗門弟子須具有一定的知識水平與文化修養，因此文字禪得以出現。尤其是臨濟宗僧人多好以詩證禪，熱衷詩文創作，主動與文化精英結交。這使得禪僧的文化素質較之前代有了大幅提高。其中，臨濟宗的代表人物是惠洪。他主張的文字禪在北宋後期繁榮的社會文化的促進下，日趨流行，並愈演愈烈。但此風發展到了極端，就是很多僧人"不明根本，專尚語言，以圖口

---

① 《物初賸語》卷十三，許紅霞：《珍本宋集五種》下冊，北京：北京大學出版社，2013年版，第773~774頁。

② 周裕鍇：《禪宗語言》，杭州：浙江人民出版社，1999年版，第201頁。

③ 洪修平：《禪宗思想的形成與發展》（修訂本），南京：江蘇古籍出版社，2000年版，第374頁。

捷"。這就引起了宗杲的不滿，故其發明看話禪，以否定文字禪。

事實上，宗杲否定文字禪不止是擔憂學人"不明根本"，他也可能擔心一味追求文字禪會使禪宗在民間或下層民衆中的影響變小①，導致禪宗脫離賴以生存的群衆基礎。所以，他也就一再反對專尚文字，以求保證禪宗的本色。而他這樣做並不會成功，因爲他忽略了其弟子及後人的"出身"。這一時期，臨濟宗的僧人已不都是底層的平民或流民，其中不少是自幼飽讀經典的學生或舉子，即讀書人。比如前文提到的寶曇、居簡，還有大觀等人，他們在出家之前就已積累了豐富的文化知識。而讀書人的身份也決定了他們不可能徹底拋弃文字禪。對他們來說，既然"農禪"文字禪看話禪都可以悟道，那麼爲什麼不選擇一種自己最熟悉或最擅長的呢？所以，文字禪就成了他們的首選捷徑，故文字禪也在臨濟宗内繼續盛行。不僅於此，這些人的身份也決定了他們對於禪宗未來發展路綫的選擇，這就是"士大夫化"的模式，走上層路綫。通過詩文唱和結交皇權、政權來擴大禪宗的影響力。而這也能很好地解釋爲什麼在南宋以後，臨濟宗詩僧大都積極、主動地與史浩家族、樓鑰家族、宗室子弟、詩壇大家交往，因爲這是雙方在交往時彼此均能接受的最爲典雅的方式。

綜上所述，大觀雖爲大慧看話禪世系門徒，但他不放弃文字禪，實與其出家之前"讀書人"的屬性有關。而這也就使得其爲老師居簡及自己寫詩而作積極的辯護，並以詩文結交當世士大夫精英，確保、維護世俗社會對南宋臨濟宗詩僧的全面支持。

三、詩僧間的"尚友結盟"：大觀追求文字禪的産物

在宋代，如果一位禪僧熱衷詩文寫作，那麼他在宗門内部往往會遭到詰難，甚至没有法嗣傳燈，處境極其尷尬。因此他們在創作時不得不常向宗門之外尋覓知音，所以，其詩友多爲喜好禪宗的士大夫，而缺乏宗門師友。例如惠洪、寶曇、居簡等人，生前幾乎没有與之呼應的宗門同好，因此，他們在禪僧中顯得相當孤立。由於缺乏宗門同道的扶持、援助，所

---

① 方立天先生認爲，文字禪一方面重語言文字的作用，增添了闡發禪意的新形式，加强了禪宗與文人學士的交往與思想交流，從而推動了禪的發展，擴大了禪的影響；另一方面又使禪宗走上一味追逐華麗詞句的道路，減弱了對禪意的領悟，縮小了在下層平民間的影響（參見方立天：《禪宗概要》，北京：中華書局，2011 年版，第 304 頁）。

以，他們對於自己從事詩文寫作常常抱有愧色，視自己"未忘情之語"。他們不得不獨自面對、承受來自宗門的批評，少有同道爲其出頭辯護，所以，他們在精神上難免表現出孤立無助之感。

但是，到了大觀的時代，臨濟宗詩僧這種尷尬的處境得到改善，其師居簡"以筆硯作佛事"，他亦好寫詩爲文，師徒共同致力於文學創作，是惠洪時代的臨濟宗詩僧所罕見的現象。而且，在臨濟宗内部也涌現了一批擅長詩文的禪僧，大觀書寫的序言就是直接證據。在他的《物初賸語》中，有不少序文就屬於禪僧文集之序，如《無文印序》《不群禪餘序》《吉上人詩引》《康南翁詩集序》《安危峰自成集序》《定勝叟文集序》《藏叟詩序》《淮海外集序》等。可知這一時期宗門内部詩僧輩出，而且這些人在當時就已刊行了自己的文集。所以大觀的時代，宗門禪僧在詩文創作上真是"百花齊放"。

就大觀而言，他對前輩詩僧的不幸遭遇有著清醒的認識。他深知缺乏宗門同好的支持對創作的惡劣影響。因此大觀寫詩爲文，最渴望得到的是宗門的理解。爲了求得理解，大觀就要在宗門内部覓得同志。宗門同好愈多，對於創作愈加有利。宗門同好不僅可以淡化詩僧缺乏援助的孤獨感，而且可以强化其歸屬感，使其在宗門之中能得到心靈慰藉與精神支持。即使遭遇非議責難，在他的身後也有一個"共同體"可以依靠。而這一時期詩僧的涌現，正好爲提供了大觀打造詩僧"共同體"的可能。所以，他的"尚友結盟"意識亦隨之出現，在他題寫的禪僧文集序言中就流露出此種傾向，如《無文印序》：

> 釋子工文爲剩法，至緣飾宗乘，藩衛門，凡舍是，則何以前哲大宗匠，道德滿衍，亦兼工乎此？薩婆多師十二時中，許以一時習外典，鐔津公尊僧謂三藏十二部，百家异道之書，他方殊俗之言，莫不備究。旨哉，斯言乎！今夫沉沉其居，林林其徒，凡所以承上應下，表章斯道，交際紳綏，亦多是矣。使一凡陋者執筆，適足以至笑侮。士之得失，繫吾道重輕，詎不信然？前輩愈遠，人材愈不競。一攻於吟，束大爲小口吻，聲鳴如候蟲，其辛苦而得之者，不離乎風雲月露，所謂春容大篇，寂寥短章，迨篾聞矣，方興秦無人之嘆。於斯時也，吾友槃無文崛起，以參爲主，以學爲張，振南浦、西山之英氣，追寂音、浯溪之逸響。歷掌笑翁、無準、癡絕三老之記，三老咸敬愛

之。筆健如建瓴，間以藁曰《無文印》爲示。余得而備覽之，簡而
足，繁而整，於理脱灑，於事調嘲。蓋假文以明宗，非專文而背宗
也。噫！僧史斷缺，英才不生，網羅遺逸，放失舊聞，此吾黨之責
也。余嘗以此責加諸無文，他日將取償焉。則今之述作，又未遽充余
之饑腹也。無文性耿介，重然諾，秕糠乎聲利。於朋友交，和而不
同，論士則先節概而後事業。蓋躬允蹈之，非自恕以責人，人亦敬服
焉。余謂無文從事乎筆墨間，文采燦然矣。敢問無文印果安在哉?[1]

　　題中的"無文印"也是一位臨濟宗詩僧，即無文道璨，大觀爲其詩文
集作序。文章開宗明義，對宗門崇尚文字寫作之風予以肯定。大觀指出前
代大德高僧皆擅文字，釋子斷不能捨弃這一優良傳統。爲了説明禪僧習修
文字的合理性，他先援引古例，即小乘佛教薩婆多部之師在一日之中为了
辯難佛教經義，要用一個時辰研習外學，以此證明佛徒可以熱心詩文。隨
後他舉出明教契嵩禪師，再證宗門瞭解外學的必要性。既然外學對於禪僧
必不可少，那麼僧人寫作詩文就不應遭受責難。因爲這是"假文以明宗，
非專文而背宗"。接著大觀更進一步，説："僧史斷缺，英才不生，網羅遺
逸，放失舊聞，此吾黨之責也。"大觀覺得禪僧不習文字的危害極大，它
會導致本宗歷史的間斷殘缺、人才儲備的凋零枯竭。爲了避免這種情況的
發生，宗門內部就需要有人去總結、整理前輩的文化遺產，加以傳承保
存，而這就是自己和道璨等人（吾黨）的責任。

　　這裏的"吾黨"二字充分體現出大觀致力於網羅宗門同好，渴望與之
結成"共同體"的心願。從全文來看，大觀十分欣賞道璨的詩文創作才
華，也希望宗門內部多出道璨這樣的禪僧，樂於稱之爲"同黨"。由此觀
之，大觀"結黨"是基於志同道合的文化志趣，而不是出於個人的私利。
儘管大觀説"結黨"是爲保存宗門的歷史與文化，使宗門發揚光大，即
"假文以明宗"，但我們認爲大觀之所以能提出"黨"的觀念，根本原因還
是在於他具有禪宗"士大夫化"的思想。大觀致力於追求宗門的精英化，
但是他也深知個人的力量微乎其微，僅憑一己之力難以成事。所以，他需
要一大批具有較高文化水平的禪僧，並與之結合共同達成這一目標。因

---

　　① 《物初賸語》卷十三，許紅霞：《珍本宋集五種》下册，北京：北京大學出版社，2013 年
版，第 772~773 頁。

此，這時期詩僧人數的劇增就爲大觀實現理想提供了保障。所以，"尚友結盟"的傾向便屢見其所書寫的禪僧文集序之中，先看《定勝叟文集序》：

> 桑門能文者，百不一二，有假文以明宗者，又絕無而僅有。亡友勝叟之作，匠一意，吐一辭，所論必歸源，所發必儆世不規則於文而文成焉。正假文以明宗者。始也，掌癡絕之記餘鍾阜，如擊石拊石，已非凡響。及其依北磵老人於琴川，則玲瓏厥聲，又非鍾阜時可比。嘗以吾宗之史廢缺不續爲己憂，與夫前人紀載舛遺，有補空删冗之志。①

定勝叟，據黃啓江先生考證，他的名號是勝叟宗定②，也是北磵居簡的弟子，與大觀是同門。在大觀眼中，宗定和道璨相似，也是宗門中的傑出人物。而"假文以明宗"亦説明宗定與自己、道璨同屬一黨，都雅好詩文詞章，希望用文化來弘揚本宗。又如《安危峰自成集序》：

> 三瀘安危峰擇地依人，卓犖志操。方宴晦時，有舌若瘖，孰能淺深之？與之別數年，復會與五峰，而危峰已表襮叢林爲偉士，遊戲著述，人多傳之。伽陀蜕玄妙，佛事善提撕。文敏而肆，詩婉而清，同歸於未始有言。非餐采蹈襲、束於一曲者之言也。謂非自得可乎哉？③

又《藏叟詩序》：

> 泉南珍藏叟，用唐人機杼，斥凡振奇，一語不浪發，發必破的。當吟酣思苦時，視聽不行。句活篇圓，汰煉詳穩，人肯之而叟不自肯也。往來南北山者數年，一夕幡然賦歸，將杜門理古書，資討論功以昌其詩。不極其所詣不止也。俗尚謗毗，叟不自滿；士多沿襲，叟則討源；人方奔競，叟以自樂。④

---

① 《物初賸語》卷十三，許紅霞：《珍本宋集五種》下册，北京：北京大學出版社，2013 年版，第 777~778 頁。

② 黃啓江：《一味禪與江湖詩——南宋文學僧與禪文化的蜕變》，臺北：臺灣商務印書館，2010 年版，第 334 頁。

③ 《物初賸語》卷十三，許紅霞：《珍本宋集五種》下册，北京：北京大學出版社，2013 年版，第 777 頁。

④ 《物初賸語》卷十三，許紅霞：《珍本宋集五種》下册，北京：北京大學出版社，2013 年版，第 781 頁。

又《浮清詩序》：

> 浮清一老之作，句煉而熟，字清而響，其匠意成體，則不失乎宗派而似唐者。拔其尤僅七十餘，其子勤慵衲傳之。勤，吾友也，索序以冠編之端，因書予所評者如此。勤蚤有志，舍吟而禪，今爲禪林偉士。拳拳然惟恐乃翁逸響之不聞，孝矣哉。[1]

從上述序文可知，像安危峰、藏叟善珍、浮清一老及他的弟子"勤禪師"這些擅長詩文的禪僧，大觀非常贊賞，爲他們的文學才能所吸引，對其文學成就予以很高的評價。毫無疑問，大觀把他們當作自己的"同黨"。而且，他對"同黨"的評論皆側重凸顯其詩才或文才，闡發他們在禪林文化上的影響。所以在大觀眼中，這些詩僧與居簡等先輩一樣，同屬宗門的文化精英，自然要以"吾黨"的態度來對待他們。

總之，大觀既熱心詩文寫作，又兼有實現禪林文化精英化的理想，他渴望有宗門同好支持。而他所處的時代恰好涌現出不少禪林文化精英，使他有機會依靠、整合群體去實踐理想。可以說，是文字禪催生了他的"尚友結盟"意識。雖然在士大夫精英看來，這是一件非常普通的事，但是對於主張"不立文字"的禪宗來說，此舉却非同凡響。這說明此時南宋臨濟宗的詩僧在創作上已經得到了群體的響應，而不再孤軍奮戰。其實，不止大觀一人，就其交往的宗門同道而言，大家彼此之間都有强烈的文化精英意識。所以，我們認爲文字禪的持續流行從根本上推動了詩僧間的團結與合作，使其最終形成了以文學志趣爲基礎的"共同體"，改變了臨濟宗詩僧"孤軍橫槊"的局面，有力地推動了禪宗的文化精英化。

第二節 大觀的詩歌創作

大觀在詩歌創作上深受老師居簡影響，所以，在作品題材和藝術風格上多與居簡類似。他的詩歌不僅數量多，而且眾體兼備，在作品的內涵上，充分反映了禪僧文化精英的生活趣尚及高雅的精神追求。由於他常在

---

[1] 《物初賸語》卷十三，許紅霞：《珍本宋集五種》下册，北京：北京大學出版社，2013年版，第782頁。

居簡左右，故其在詩學取向上也深受老師居簡的影響。他一方面仰慕蘇軾、黃庭堅等元祐文化精英，師法"元祐—江西"文學傳統，體現出鮮明的"宋調"風格；另一方面，他也結交了不少江湖詩人，如劉震孫、馮去非等，受其熏染，他的詩歌審美取向又有"唐音"的特徵。所以，本節首先探討大觀對這兩種盛行於南宋中後期的詩風的接受情況，再總結其詩歌的藝術特色及風格。

一、徘徊於唐音、宋調之間：大觀的詩學取向

大觀的創作時期主要處於理宗朝的中後期，其繼承了南宋臨濟宗禪僧的詩文寫作傳統，而且他承老師居簡的餘緒，也頗受江浙地區地方官及文士的重視。這樣他的禪居生活中亦添加了相當頻繁的"僧與官"或"僧與士"之互動。① 而在這些互動中，大觀就展示出他對"宋調"與"唐音"兩種詩風的理性認識與思考。

（一）"宗江西者兼有晚唐風味"

前文已述，居簡所結交的詩人群體以江西後勁及江湖詩人爲主。因此，他亦吸收了兩派詩歌的創作特色，其古體詩多學"元祐—江西"詩，章法次序井然，多用散語，手法叙議結合且多用典故；其近體詩多學江湖詩人，多律詩和七絶，但對仗工整，情韻幽雅閑淡，氣格清拔。作爲居簡嫡傳弟子的大觀，其詩歌也呈現出類似的特點，即古體效法江西，近體多似唐律。而這種特徵的形成，正是源於他對兩派在南宋中後期互相融合現象的認識，如《浮清詩序》：

> 詩盟江西爲盛，山谷執牛耳，諸君子争歃血，法度森嚴，追浣花翁而與之偕，過又是强弩之末矣。誠齋忽作，斫風雅輪，體被百家，所謂"刺手拔鯨牙，舉瓢酌天漿"者也。然法度自是一變，終不可復。故今之宗江西者，亦兼有晚唐風味，斯可以觀時矣。②

從文中可知，大觀對當時詩壇的發展有著清晰的認識。他認爲雖然江

---

① 黃啓江：《一味禪與江湖詩——南宋文學僧與禪文化的蜕變》，臺北：臺灣商務印書館，2010 年版，第 302 頁。

② 《物初賸語》卷十三，許紅霞：《珍本宋集五種》下冊，北京：北京大學出版社，2013 年版，第 781~782 頁。

西詩派講求章法，謹於布置，但江西末流却將此風發揚過分了，蓋後人所謂之"以生硬爲高格，以枯槁爲老境，以鄙俚粗率爲雅音"①。因此，繼會出現楊萬里的"誠齋體"糾正這種詩病，而詩人們也開始有意識地借鑒、效仿唐詩的風格，對這種發展畸形的詩風予以矯正。楊萬里等中興詩人及後來的一些江湖詩人早年又都學江西詩派，所以，大觀認爲當今的文人詩歌"宗江西者，亦兼有晚唐風味"。

實際上，大觀的這個觀點是非常有見地的。錢鍾書先生在《談藝録》的《放翁與中晚唐人》中云："放翁五七律寫景敘事之工細圓勻者，與中晚唐人如白香山、浪仙、飛卿、表聖、武功、玄英格調皆極相似，又不特近丁卯而已"，"竊以爲南宋詩流不墨守江西派者，莫不濡染晚唐"。② 指出了陸游詩歌先學江西，後學晚唐的特徵。而且，他在《宋詩選注》楊萬里的小傳中又云："一個學江西體的詩人先得反對晚唐詩，不過，假如他學膩了江西體而要另找門路，他就很容易按照鐘擺運動的規律，趨向晚唐詩人"，"（楊萬里）顯然是想把空靈輕快的晚唐絕句作爲醫救填飽塞滿江西體的藥"。③ 説出了和大觀完全一樣的觀點。很顯然，大觀之"宗江西者，亦兼有晚唐風味"正是錢先生觀點的先導。可以説，大觀對南宋中後期文人詩歌的發展流變極富洞察力。

（二）"尚意而不雕琢肝肺"

對於追摹唐音的江湖詩人大觀並不排斥，他不會把"江西"與"晚唐"對立起來，采取非此即彼的態度。由於江湖詩人學晚唐詩者不少，所以大觀對晚唐詩的態度也是我們考察其詩學取向的關鍵。

從大觀的某些詩序可知，大觀不喜歡那種雕琢肝肺、崇尚苦吟的晚唐體。比如《樵屋吟稿序》：

> 詩至唐而工，至晚唐工而苦，捐古專律，刻約煉磨，雖波瀾光焰非其力所及，而單辭偶句，使人味戀吟嘆不自已，近世爭效之，然亦豈易到哉？至若山林之士，水鏡其中，冰蘖其外，静地景物，一觸靈

---

① ［清］紀昀：《瀛奎律髓刊誤序》，《紀文達公遺集》卷九。
② 錢鍾書：《談藝録》，北京：商務印書館，2011 年版，第 312 頁。
③ 錢鍾書：《宋詩選注》，北京：生活·讀書·新知三聯書店，2002 年版，第 254 頁。

機，天籟自鳴，又非專事乎刻約煉磨也。①

由此觀之，大觀所排斥的晚唐詩應是賈島、姚合那種"工而苦"的作品。不過，大觀在《吉上人詩序》中却説：

> 句中有意，如禪家句中有眼也。此詩人之先務，煉句鍛字則次之。四靈學唐人，淺不失之俗，深不失之晦，所尚者意，意之正者情性存焉。此水心先生所以有取歟。②

大觀不喜歡晚唐體，但是，他對永嘉四靈的詩歌却持肯定態度。衆所周知，永嘉四靈取法的典範就是賈島、姚合之流。對此，南宋學者已明確指出，譬如嚴羽："近世趙紫芝、翁靈舒輩，獨喜賈島、姚合之詩，稍稍復就清苦之風；江湖詩人多效其體，一時自謂宗唐。"③ 這樣看來，大觀在《樵屋吟稿序》和此文中的觀點豈不是自相矛盾？事實上，我們認爲這並不矛盾，因爲大觀對晚唐詩的理解不是以某種風格或者某位詩人爲標準的。須知晚唐詩家衆多，又豈止賈島、姚合，而且風格也不止於晚唐體。就算賈、姚二人崇尚苦吟，可是，創作却未必"雕琢肝肺、掐擢胃腎"。所以，大觀認爲，祇要寫的詩屬於"尚意"之作，是有感而發，即"一觸靈機，天籟自鳴"，那麼這樣的作品就是好的作品，而永嘉四靈學習、模仿這類詩歌，自然淺而不俗、晦而不深，無可挑剔。換言之，大觀不滿意的是崇尚"工而苦"的江湖詩人，因爲這些人學到的是晚唐詩的末流——刻意苦吟、雕琢字句，所以，他主張學習的是晚唐詩中的"尚意"派。

通過這兩部分的探討，我們認爲，大觀的創作是在江西詩和晚唐詩相互整合的背景之下進行的。因此，作爲方外之人，大觀真可謂旁觀者清，他對這兩派的優、缺點都有著深刻、清醒的認識。對於江西詩派，他既注意到了其派作詩法度森嚴，也看到了江西末流汗漫槎椏的毛病；對於江湖詩派，他雖然肯定江湖詩人追摹唐音的審美情趣，但是，他也反對一些江湖詩人爲了表現情趣而"雕琢肝肺、掐擢胃腎"的創作態度，以及"工而

---

① 《物初賸語》卷十三，許紅霞：《珍本宋集五種》下冊，北京：北京大學出版社，2013年版，第772頁。

② 《物初賸語》卷十三，許紅霞：《珍本宋集五種》下冊，北京：北京大學出版社，2013年版，第772頁。

③ ［宋］嚴羽著，郭紹虞校釋：《滄浪詩話校釋》，北京：人民文學出版社，1961年版，第27頁。

苦"的藝術風格。正是在這種"整合"思潮的影響下，加上大觀對兩派詩風理性的認識，他在詩歌的創作上纔能做到去其所短，合其兩長，兼融"江西"與"晚唐"之勝。

二、師法居簡：大觀的古體詩創作

大觀跟隨居簡的時間很長，而且居簡也喜歡這位雅好詩文的弟子。一方面，居簡有意鍛煉大觀詩才，培養其文化修養，時常讓大觀和自己同題賦詩；另一方面，大觀不負老師栽培，也有次韻居簡之作，有些作品就是與居簡同時創作的。所以，在寫作手法和詩歌風格上頗有居簡的遺風。賦詩唱和本是文人士大夫之間的雅事，然而，對於主張"不立文字"的禪宗來説則是很罕見的，所以，居簡、大觀師徒的此類創作意義非凡，這是詩僧有意識地鍛煉自己駕馭語言文字的能力，反映了南宋臨濟宗居簡一系對文化的推崇。

在古體詩上，大觀提倡的是江西詩的法度森嚴。而老師居簡的古體詩學的就是黃庭堅，效法其"以文爲詩"。因此，大觀深受居簡影響，在古體詩上亦選擇學習江西詩派。這可以從師徒二人的同題作品得見，即大觀的《崔中書家藏閻立本醉道士圖北磵老人命同賦》：

> 裳衣顛倒巾幘欹，牽驢搖兀款段遲。呼族嘯類相追隨，且行且歌忘所之。梨花大白更酬酢，百拜三行權倚閣。綠楊岸與杏花村，得高陽伴方爲樂。不到沉醉不肯還，瑟瑟掠耳松聲寒。僮奴酩酊扶歸鞍，駥駥駇駇鞭不前。尋常畫手畫不得，一見便知閻氏筆。想當解衣磅礴時，意態盡從方寸出。醉中不怕白日走，醉鄉便是無何有。江頭月明吊沈湘，獨醒皆醉俱忘羊。[①]

從題目看，大觀此詩是在居簡的"命令"下完成的，這是師徒二人進行的一次同題賦詩活動，也可視爲居簡對大觀創作能力的一次測驗。居簡之作保存於《北磵詩集》中，即《崔中書家藏閻立本醉道士圖》：

> 頹簪墮髻鴻都叟，愛酒如金巵常有。有時得輒止奔鯨，各開吞海

---

① 《物初賸語》卷一，許紅霞：《珍本宋集五種》下冊，北京：北京大學出版社，2013年版，第532頁。

谿谺口。不辭一醉一千日，千日芳鮮致無術。臨風大呼劉伯倫，欲分餘瀝洗濁涇。伯倫拍浮酒船裏，不信人間有涇渭。須臾酒醒騎馬歸，雪精玄犢顛倒騎。半醒僮僕相扶攜，崑岸混涌忘顛隮。狂態百出弗自知，畫手一笑盡得之。如鏡鑄像尤出奇，想當恁時百不理。道德五千風過耳，更復沉酣到六經，六經古人糟粕耳。①

關於閻立本的《醉道士圖》，據劉餗《隋唐嘉話》記載："張僧繇始作《醉僧圖》，道士每以此嘲僧，群僧恥之，於是聚錢數十萬，貿閻立本作《醉道士圖》，今並傳於代。"② 可知此畫來自唐代釋、道二教的一場紛爭。在宋代題詠此畫的詩人還有江西詩人林敏修，其終身不舉進士，與兄林敏功比鄰而居，以文學共隱，世號"二林"，有《無思集》。③ 其詩如下：

> 破除萬事無過酒，有客何須計升斗。解將富貴等浮雲，醉鄉即是無何有。昔人繪事亦有神，丹青寫出畫天真。尊罍未耻月漸傾，更待曉出扶桑暾。餐霞服氣浪自苦，自厭神仙足官府。脫巾解帶衣淋漓，眼花錯莫誰賓主。君不見炙手可熱唯權門，欲觀佳麗遭怒嗔。何如銜杯樂聖藉地飲，安用醉吐丞相茵。

伍曉蔓先生認為"同為隱逸詩人，林敏修詩往往流露兀傲、不平氣息，與乃兄有所不同"④。而這首詩正是林敏修狂狷人格的反映。就如他在詩中所言："君不見炙手可熱唯權門，欲觀佳麗遭怒嗔。何如銜杯樂聖藉地飲，安用醉吐丞相茵。"表現了林敏修對豪強權貴的蔑視與不屑，也說明此畫在幾百年後已不再承載釋、道二教互相鬥氣揭醜的文化符號，而是被改寫成狂士形象的文化符號。這絕對是閻立本等人所不曾料到的。

儘管大觀與居簡出於釋門，但同林敏修詩一樣，他們對閻立本《醉道士圖》的詮釋也都是側重人格、神態的闡發，而不是出於對醉酒道士的嘲諷。對比兩詩，大觀與居簡都運用了白描手法，詩句多用散語，生動再現了道士醉酒後的癲狂不羈之形象。大觀對畫面圖像作了比較細緻的敘述，

---

① 《北磵詩集》卷八，《宋集珍本叢刊》第 71 冊，北京：綫裝書局，2004 年版，第 331 頁上。
② ［唐］劉餗撰，程毅中點校：《隋唐嘉話》，《唐宋史料筆記叢刊》，北京：中華書局，1979 年版，第 22 頁。
③ 伍曉蔓：《江西宗派研究》，成都：巴蜀書社，2005 年版，第 337 頁。
④ 伍曉蔓：《江西宗派研究》，成都：巴蜀書社，2005 年版，第 338 頁。

最後稱贊閻立本畫技高超，能將真人的意態栩栩如生地表現出來，並對道士的心理加以合理想象；居簡則對畫中人物作了比較誇張的處理，表現醉酒道士的豪情與放縱，同時亦贊畫家手法絕妙，盡寫道士之狂態，在最後則用典説理，強調了道家"得意忘言"的精神。

除了同題作詩之外，大觀也主動唱和居簡詩歌，例如他的《喜雨次北碉老人賀王百里韻》：

> 風林瀟瀟草樹枯，甘井欲眢深及塗。山泑清淺蜿蜒閟，安知槁苗扶不起。誠通肸蠁閶靈閣，沛然連夕成翻盆。驚雷一聲旱魃死，霾霼六合雲昏昏。枕簟生秋清夢魂，畎澮暴集波渾渾。大穰畏壘不足計，默感帝力言無文。德酬田祖須牲酒，致敬何須祝鮀口。要見豐年樂事多，試聽野叟醉時歌。①

而居簡的原詩就是《喜雨美王長官》：

> 四月五月河港枯，下田上田龜拆塗。山泑劍汐龍光閟，一呼便爲蒼生超。油然請命朝帝閶，觸翻玉女洗頭盆。女從帝傍輒大笑，紫金蛇挈㩧重昏。田疇九死皆返魂，舳艫銜尾沙水渾。扣如虛谷有逸響，享以明德無繁文。去年老瓦雞豚酒，酒酣説尹終在口。屬聞今復辦多多，更聽醉農新詠歌。②

從大觀、居簡的詩題可知，王百里應是一位體恤民情的官員。當地遭逢大旱，蓋因王長官誠心祈禱，或感動上蒼，終使天降暴雨緩解旱情。這樣居簡、大觀師徒適時地賦詩道賀，與地方官紳積極主動地交往，側面體現其爲了發揚宗門而推行禪僧士大夫化的理念。

我們先看居簡詩，開端平鋪直叙，表現大旱之際河港農田蓄水枯竭之狀。在"油然"句後，詩人以奇幻之想象，輔之以細膩的筆觸，述説天降大雨的緣由。詩人設想王長官的祈禱大概讓天神觸翻了華山玉女的洗頭

---

① 《物初賸語》卷一，許紅霞：《珍本宋集五種》下册，北京：北京大學出版社，2013 年版，第531～532 頁。

② 《北碉詩集》卷八，《宋集珍本叢刊》第 71 册，北京：綫裝書局，2004 年版，第 331 頁上。

盆，此句用典，杜甫《望嶽》詩有"安得仙人九節杖，拄到玉女洗頭盆"[①] 之句，而玉女洗頭盆的典故則見於《集仙錄》："明星玉女者，居華山，服玉漿，白日升天。山頂石龜其廣數畝，高三仞，其側有梯磴，遠皆見。玉女祠前有五石臼，號曰玉女洗頭盆。其中水色，碧綠澄澈，雨不加溢，旱不減耗，祠內有玉石馬一匹焉。"[②] 因此，閃電如金蛇飛馳，甘霖驟至，使得枯萎的禾苗重獲生機，河道上的大小船隻再能行駛。最後詩人借寫百姓得雨後的喜悅情狀，贊美王百里長官治民有方，深得百姓擁戴。

大觀不僅采用同樣的手法──以文爲詩，而且詩歌的結構、次序也與居簡詩相似。大觀也是先從旱情起筆，描寫當地水枯苗焦之慘狀，而後稱贊王百里心誠則靈，感動天帝，祈來降雨，最後強調農民感謝土地神，只需用犧牲與酒，而不是用祝鮀一般的巧言。官員若想看到農民在豐年裏的喜樂，就直接去聽田間野叟們的歌謠吧。全詩運用對比手法叙述了百姓歌謠對考察民衆感情的重要意義。

大觀此詩是次韻詩，而前一首詩是限題詩。因此，他在創作過程中皆受制於居簡所設置的條框，不易自由發揮。然而他却能順利完成，甚至不遜於老師之作，展現了與老師作品近似的風格。這説明居簡有心將自己寫作古體的章法傳授給大觀，大觀也是真心對待居簡的栽培，比較成功地學到了居簡古體的風韻。

（一）歌行與交際：大觀對居簡古體的接受之一

在居簡、大觀之前，臨濟宗禪僧從未有過師徒兩代皆雅好詩文者，當這對師徒及一批熱心與之交往的詩僧出現後，臨濟宗詩僧貌似也出現了類似於"元祐─江西"文人那種單純依靠師友淵源而結成的文學群體。因此考察大觀詩歌的特徵，以及居簡對大觀的影響，或者大觀對居簡詩的接受，就成爲必須考慮的因素。

在古體詩中，大觀對居簡古體的接受非常明顯。就其作品題材而論，大觀古體的形制多與居簡相似。比如歌行體，居簡的古體中歌行體占據不小的比例，而大觀的古體詩中也有不少歌行體，如《荌松行》：

---

① ［唐］杜甫著，［清］仇兆鰲注：《杜詩詳注》卷六，北京：中華書局，1979 年版，第485 頁。

② ［宋］李昉等：《太平廣記》卷五十九，北京：中華書局，1961 年版，第 362 頁。

蒼官矗雲三百尺，蒼皮駁出蛟龍脊。攀天倒退猨猱愁，四山交陰
日色無。西山健樵矜慓悍，晨呼數輩腰鐮伴。各從平地升其顛，剪取
繁枝下供爨。凌高側足輕延緣，進寸退尺良獨難。扳枝抱幹纔頃刻，
置身已在青雲端。不畏顛隮殊自安，旁睨爲爾毛骨寒。危柯割然驚已
解，釵零子落紛岩巒。須臾束薪還負載，背汗肩頹仍不懈。鶴歸舊樹
失幽栖，人訝深宵減虛籟。彼樵見利不見危，如斯蹈險胡不悲。爾足
毋煩鬥便捷，忽然一跌嗟何及。[1]

這首詩描寫了樵夫們攀登高險古松砍樵取薪的場景。古松其勢參天，
樹冠仿佛直插雲端，樹皮斑駁若蛟龍之脊，連猨猱都爲之愁絶倒退，不敢
攀援。但西山的樵夫們却十分慓悍勇猛，相聚清晨共攀高松，砍取松枝作
薪。他們從平地登起，雖然樹幹不易手把脚登，每上一步都非常艱難，但
他們却能在頃刻之間就登到樹冠上，可見其藝高膽大，而在旁觀看之人則
無不爲之膽戰心驚。然而，更令人意想不到的是，旁人還未從驚訝中緩過
之時，這些樵夫已經砍樵完畢，片刻工夫就從樹端下來，雖然他們汗流浹
背、面紅耳赤，但絲毫沒有懈怠之意。因此大觀感嘆道，這些人只看到利
益，竟忘記自己性命的安危，倘若爲圖便捷而一時疏忽，從樹上跌落下
來，那可真是追悔莫及啊！再如《桃源行》：

役遠歲北筑，法重刑弃灰。死法死役等一死，視人弗如蒿與萊。
四海茫茫盡愁若，豈識桃源乃如許。一壺風月自寬閑，滿目兒孫相媚
嫵。山前桃花晴眩晝，漁人舍舟入山口。仙凡相去能幾何，好境有時
還透漏。紅雲灼灼明杯盤，相呼爛醉春風前。不因與客話浮世，只道
祖龍猶御天。小住纔旬便欲旋，凡情葛藟何綿延。明朝躡迹其尋覓，
青山疊疊堆雲烟。世間萬事東流水，亡秦已亡亦秦耳。惆悵柴桑説武
陵，世人往往聞空名。[2]

在這首歌行裏，大觀吟詠的對象是陶淵明筆下的《桃花源》，而居簡
也有一首《桃源行》：

---

① 《物初賸語》卷一，許紅霞：《珍本宋集五種》下册，北京：北京大學出版社，2013年
版，第537頁。
② 《物初賸語》卷一，許紅霞：《珍本宋集五種》下册，北京：北京大學出版社，2013年
版，第544頁。

種桃種得春一原，逃死逃得秦外天。殺雞爲黍替草具，不識晋語猶秦言。昨日相逢今日別，流水落花行路絶。雞黍更從仙隱設，疑是齊東野人説。典午亂多仍治少，此事明明不分曉。一秦才滅一秦生，避世避人還避秦。憶昔怒驅丞相去，猶思上蔡東門兔。縱有封君禄萬鍾，爭如食邑桃千樹。空山惜日見日長，秦民怨日偕日亡。恨身不爲治時草，不恨祖龍長不老。①

　　兩詩在内容上都是對陶淵明《桃花源記》的改寫，而且結構上都很接近，甚至叙述的次序也很一致，都是先從暴秦虐民致使人民逃亡寫起，中間述説漁人尋訪至桃花源的經歷，最後借此事説理議論。可知在古體詩的章法結構上，大觀對居簡頗有借鑒，只是在語言與典故的使用上不及老師那樣自如。由此可見，大觀這兩首歌行體很有居簡古體的風韻，可以明顯看到作品具有清晰的意脉，結構環環相扣，頗具散文色彩。

　　在題材上，大觀的古體詩也以酬唱、贈别爲主，和居簡一樣，其古體詩多用於交際場合，發揮交際功能，比如《壽直院應侍郎》：

玉堂學士蓬萊仙，樓居豐骨清而妍。顔如渥丹髮如漆，陶然閎著胸中天。三光五嶽氣俱足，十洲三島春無邊。嘉期恰恰當半千，出佐真主需真賢。直上鼇峰最上巓，凌玉傍紫高騰騫。淋漓恣揮五色筆，衮衮綸綍俱芳鮮。述作堯典舜典語，接續大雅烝民篇。其餘風月三千篇，泰山一毫海一涓。山藏海蓄經濟具，向上展拓施其全。要見只今淳祐世，淳古便到三王前。②

　　這首詩是爲賀壽而作，明顯出於交際目的。大觀道賀的對象是應㒡，按宋史本傳記載，應氏曾任權兵部侍郎，兼權吏部侍郎兼直學士院，本詩蓋寫於其擔任此二職務時。全詩對應氏極盡贊美之詞，尤其是應氏的文采，大觀非常欽佩，以"五色筆"之典故，誇贊應氏文章寫得好，甚至將其書寫的皇家詔令比作新鮮美味。從"述作"句開始，大觀詳述應氏才華，他不僅富於文采，還會闡述儒家經典、精通學術，他不但能詩且篇數

① 《北磵詩集》卷二，許紅霞：《宋集珍本叢刊》第71冊，北京：綫裝書局，2004年版，第263頁下。

② 《物初賸語》卷一，許紅霞：《珍本宋集五種》下冊，北京：北京大學出版社，2013年版，第541～542頁。

眾多。更讓大觀敬佩的是，應氏不止文采出眾，胸中亦有經世濟時之術，可堪重任，更好地施展其才華，致君堯舜上，再使風俗淳。雖然詩句因交往的目的而有過譽之嫌，但從側面反映了大觀對宋代士大夫精英的嚮往之情。再如《送秋房樓侍郎帥越》：

> 盤盤越都會，事與漢沛同。作牧選重臣，於以見天忠。四海為一家，枌榆情所隆。恩意洽群黎，尚慮多罷癃。執狷未恬柔，執吏為螟螽。循良古所難，何以答四聰。公乎經濟蘊，霽月懸高穹。持橐方論思，懇款輸精忠。往於流虹地，鋪和至年豐。先聲一日馳，歡聲沸兒童。安民與厚俗，一一由匪躬。悠然何所為，七洲自春風。秦望青到眉，鑒湖瑩涵空。好語一彈壓，絕境為動容。為國倚老成，寧容久居東。行當如潁川，報政俄登庸。①

這首詩的贈予對象是樓治，他也是四明樓氏家族的成員。由於居簡與樓氏一族有交，因此大觀亦與樓氏相識。在這裏大觀充分肯定了樓治的政治才能，開篇即說他是天子選擇的重臣，故出鎮越地，而且樓氏體恤民情，秉公執政，堪比古之良吏，因此，當樓氏要出守越地的消息一經傳出，當地的百姓很是高興，歡聲鼎沸。最後，作為好友的大觀對樓氏寄予勉勵之情，希望他能在任上造福一方，為政惠民。

（二）限韻與次韻：大觀對居簡古體的接受之二

居簡的古體詩也有不少限韻、次韻之作，尤其是他對歐陽修、蘇軾的兩首"白戰體"詩的次韻，凸現了其深厚的詩學才華。面對創作難度較大的詩歌體制，大觀同樣可以應對，尤其是對押韻要求嚴苛的體制，如《壽謙齋史尚書柏梁體》：

> 蓬萊岧嶤屏矗紛，視雲可梯天可捫。虹流華渚祥光燉，秦望對峙壓厚坤。表東諸侯稱雄尊，秦篆晉刻勝璵璠。耶溪鏡水清不痕，種稑稑兼草樹苞。生齒樂豐畜產蕃，昔也瘠薄今殷繁。云誰致茲民有言，昔忠定王鎮斯藩。至今遺愛儼爾存，前帥今帥皆王孫。仲氏吹篪伯氏塤，今帥於吾尤用恩。著手抐摩令不煩，獷悍讋縮敢懷諼。城市妥帖

---

① 《物初賸語》卷一，許紅霞：《珍本宋集五種》下册，北京：北京大學出版社，2013年版，第550頁。

連丘園，良月廿七愛景溫。昻躘葉瑞芒彩翻，旌旗戈矛衛轅門。衣冠稱壽歌管喧，願注野水添金樽。看從十連高翔騫，奕葉經綸有困源。運春風手斡化元，長年六合春暄暄。①

再如《厲資相見示邵農紀遊柏梁體次韻》：

> 宿陰消盡天蒼蒼，城角吹曉催冠裳。千騎夙秣戒嚴裝，勸相惟以農事忙。車中一眼遍八方，陽春有脚非尋常。呼農與語和且詳，愷悌意思何深長，月波樽俎同徜徉。民天邦本規先生，九重有爲今成湯。麾節妻煩公肅將，人品黃閣非黃堂。挺挺節操逾修篁，稷卨事業遙相望。粹然如玉出昆崗，又如琪花壓衆芳，誰云伊尹生空桑。維時仲月敷韶陽，戴勝催耕萬卉昌。竣事步入慈雲廊，追想元勳增慨慷。平湖漲綠搖波光，誰家紅紫開新裝。四山古木交顒昻，衣冠凝峀雜緇黃。龍舟盪水勢欲驤，靜看山雲低度牆。旗纛烈烈東風張，願豐秬種多粟粱。公無彼界與此疆，活民如海活鱣魴。諸賢慣鏖翰墨場，從公轆轤連車箱。春容笑語飛瓊觴，風光泛蘭名宇香。共麽抹月批雲章，清夜簫鼓迎歸程。②

大觀的這兩首柏梁體分別寫給史宇之和厲文翁。第一首詩大觀用柏梁體爲史宇之賀壽，史宇之是史彌遠之子，從詩中"至今遺愛儼爾存，前帥今帥皆王孫。仲氏吹簾伯氏塤，今帥於吾尤用恩"之句可以推斷，史宇之對大觀禮遇有加，故大觀感念其知遇之恩。第二首詩則頌揚厲文翁勸農之事，著重表現其重農恤民之心以及高尚的品德，堪比上古時代的賢臣稷與卨。詩的最後部分則展示了厲氏與同僚在勸農之餘的宴集賦詩活動，凸顯了宋代文人士大夫"復合型"人才的特徵，既懂得治國安民，又擅長詩文等高雅文化藝術，暗示了大觀對這類文化精英的仰慕。

除了作柏梁體之外，大觀也擅長反復次韻，不畏用韻之難。如《寄史藍田》：

> 荼蘼殿春發幽芳，綠蔭池閣南薰涼。閑携便面坐白晝，博山一縷

---

① 《物初賸語》卷二，許紅霞：《珍本宋集五種》下冊，北京：北京大學出版社，2013年版，第555～556頁。

② 《物初賸語》卷二，許紅霞：《珍本宋集五種》下冊，北京：北京大學出版社，2013年版，第562頁。

凝清香。借問其中何所有，古書在几琴在床。澹然於此得真樂，幾於世味俱遺忘。不輕蹀躞紫遊疆，不醉綺筵燈燭光。蒔藍盈畹蕙盈畝，芰荷爲衣芙蓉裳。虛空張樂鳴地籟，寂寥知味瓢天漿。明堂材巨飽所養，參天老幹烟蒼蒼。古來治亂靡不載，酌以御今施好方。經濟之用無前後，文武之道有弛張。①

大觀寫詩寄給史藍田，描繪了史藍田隱逸生活的閑適愜意，羨慕其不爲世俗所擾，以及對一張一弛、文武之道的推崇。史藍田得詩後予以回應，而大觀即用原韻再和，兩人即開始往返數次的次韻唱和，可惜的是，史的和詩已不可得見，而大觀第二次唱和之作也不見於《物初賸語》，僅有第三次的兩首詩保存下來，即《藍田三和見教再用前韻》：

心期百世猶流方，乍見踽踽復凉凉。飭躬盡掃富貴習，蟠胸自吐書傳香。清宵客散坐不寐，漏轉隙月斜侵床。想當物理釋然處，却笑漆園誇兩忘。寧容澹泊入頹惰，還從篤實生輝光。入山尋師獨扶杖，臨流鑒影同褰裳。壯如筋弦抨玉軫，爽如金壺澄蔗漿。深紅淺紫與時盡，歲寒之操松柏蒼。活國自來須好手，濟世豈謂無良方。君乎應憶董子語，如御琴瑟思更張。

我生枯寂無餘方，兩丸跳躍從暄凉。一衲盡遺留浮世事，二時猶炷慈雲香。孤褌枝撐骨可數，通宵老脅不印床。畦衣童頂其人弃，分與猿鳥情相忘。月溪向我作青眼，樗散豈復生榮光。披懷犖犖傳秀句，絕勝韓愈留衣裳。試問共挾風雅軏，何如同飲甘露漿。春妍秋落不小駐，轉盼易成鬖鬖蒼。他人聞此定驚怪，大似鑿圓逢柄方。清夜蛙聲來隱几，失曉有如橫浦張。②

第一首寫的是史藍田的隱逸生活，第二首是大觀對自己平常生活的叙述，雖然兩人的生活都很清貧、孤寂，但他們尚友自然，能做到隨境而安，物我兩忘。

大觀的古體詩中還有很多次韻之作，如《次韻酬陳上舍》《次韻山行》

---

① 《物初賸語》卷二，許紅霞：《珍本宋集五種》下册，北京：北京大學出版社，2013年版，第559頁。
② 《物初賸語》卷二，許紅霞：《珍本宋集五種》下册，北京：北京大學出版社，2013年版，第559～560頁。

《次錢槐隱素貒韻》《寄秋房樓大卿用其贈雲竹韻》《廣史省元韻》《次實庵胡提幹食笋韻》等。這類作品都得先按他人詩韻再行命意創作，可見，大觀有意識地寫古體詩，説明他不畏難度，對自己的詩歌語言應用能力非常自信，同時也反映了大觀的詩歌實受老師居簡的影響，也表現了與老師作品相近的體制、風格，這就意味著大觀的詩學理念與老師居簡一致，都以"元祐—江西"文學傳統爲宗。

第三節　善珍的文字禪思想

藏叟善珍（1194—1277），字藏叟，泉州南安（今福建南安縣）人，俗姓吕。年十三，依郡之崇福寺南和尚受業落髮，十六遊方，至臨安，受具足戒。謁妙峰之善禪師於靈隱，入室悟旨。後出世住里之光孝禪寺，升承天寺，繼遷安吉州思溪圓覺寺、福州雪峰禪寺，朝命移四明之育王、臨安之徑山。端宗景炎二年（1277）五月示寂，年八十四。

藏叟善珍與物初大觀同處一代，也是一位臨濟宗詩僧。善珍無論是生前還是逝後，他的詩才都爲宗門内外所稱贊。居簡《書泉南珍書記行卷》謂："泉南珍藏叟學晚唐，吾未見其失，亦未見其止。駸駸不已，庸不與姚、賈方軌。"稱贊善珍雖主學晚唐詩，但詩風却無寒苦艱澀之氣，自成一體。同輩詩僧大觀也對其詩才贊譽有加，其在《藏叟詩序》中云："泉南珍藏叟，用唐人機杼，斥凡振奇，一語不浪發，發必破的。當吟酣思苦時，視聽不行。句活篇圓，汰煉詳穩，人肯之而叟不自肯也。往來南北山者數年，一夕幡然賦歸，將杜門理古書，資討論功以昌其詩。不極其所詣不止也。俗尚誇毗，叟不自滿；士多沿襲，叟則討源；人方奔競，叟以自樂。"足見其效法唐詩，而且作詩頗用苦心。方回在評論南宋詩僧時，亦稱"蓋端平、淳祐以來，方外以吟知名者，肇之後有珍藏叟云"[①]，視其爲宋代端平、淳祐時期詩僧中的翹楚，乃淮海元肇之後的領軍人物。因此，本節將對善珍的文字禪及精英意識進行考述，並對其詩歌藝術特徵作

---

① ［元］方回選評，李慶甲集評、校點：《瀛奎律髓匯評》卷四十七，上海：上海古籍出版社，1986 年版，第 1732 頁。

出評判。

善珍也是臨濟宗大慧世系的門人，他的法系師承如下：

大慧宗杲→佛照德光→妙峰之善→藏叟善珍

可知善珍與大觀一樣，同爲佛照德光的法孫，只是老師不同而已。關於善珍的老師妙峰之善，從僧史對其生平的描述來看，其中並没有他能詩善文的記載，而且他也没有詩文集傳世。雖然妙峰之善不以詩文聞名禪林，但善珍的詩才在宗門的影響甚大。當世很多著名詩僧，像居簡、大觀、元肇等，都樂於與之交往，進行詩文酬唱。可見善珍也屬於宗門文化精英，喜好文字禪。如《跋慶雲谷語録》：

南堂説法，或誦貫休山居詩，或歌柳耆卿詞，謂之不是禪，可乎？①

善珍認爲貫休的詩、柳永的詞都是"禪"，直接駁斥那些反對禪僧吟詩作文之徒。而這就證明了善珍是主張文字禪的。再如《跋倉使劉中書寄題雪峰詩後》：

朔齋先生，文章妙天下，自淳熙戊戌，大史陸公放翁爲閩常平使者，風流消歇，八十九年而先生始來繼之。乾坤清氣，造物甚靳以畀人。故稟之難，遇之尤難。如此，則先生片言隻字，貴於驪珠卞璧，得之而不知寶之，可乎？敬鋟諸梓以詔不朽。②

文中的"朔齋先生"指的是劉震孫，他是北磵居簡的詩友。前已言及，他對居簡的詩才非常欣賞，親自爲《北磵居簡禪師語録》題寫序言，積極肯定禪僧遊戲文字的行爲。由於劉氏喜與詩僧交往，故其亦深得詩僧的尊重。在這里善珍對他亦多有贊譽，稱其"文章妙天下"，甚至還説劉氏"片言隻字，貴於驪珠卞璧，得之而不知寶之，可乎"這樣的話語，足見其對劉氏的敬慕之情。雖然善珍對劉震孫的文采頗有溢美之嫌，但是，從另一個角度看，善珍這樣評價劉氏恰恰説明善珍對詩文創作的熱衷、對

---

① 黃啓江：《文學僧藏叟善珍與南宋末世的禪文化——〈藏叟摘稿〉之析論與點校》，臺北：新文豐出版公司，2010 年版，第 212 頁。

② 黃啓江：《文學僧藏叟善珍與南宋末世的禪文化——〈藏叟摘稿〉之析論與點校》，臺北：新文豐出版公司，2010 年版，第 211 頁。

文化的尊崇，反映了他渴望比肩文章大家的心理。

除了這篇跋文，我們還可以從宗門釋子的叙述中一見善珍崇尚文字禪的精神，如《南宋元明禪林僧寶傳》之《龍濟鏊禪師》：

> 宗鏊禪師者，號友雲，姓王氏，廬陵人也。幼不茹葷，年十九，辭親修大僧事，長者多器之。既而遍見大有道者，不事宗乘章句，獨以睡夢。時不能作宰爲憂。晋陵華藏善公遷靈隱，鏊南渡依之。逾年，機不合，擬别參，未發。偶見僧讀珍藏叟自贊，鏊亦隨玩，乃咀嚼其語。始駭靈隱門賢非泛泛也。其詞曰："參禪無悟，識字有數。眼三角，似燕山愁胡；面百摺，如趙婆呷醋。一著高出諸方，敢道飯是米做。"鏊遂堅志請益於善。而兄事於珍。①

宗鏊是善珍的師弟，他入之善門下逾年却未開悟，便覺得師徒之間不契合，想要離開，轉投别處。可是當他偶然問聽到善珍寫的自贊時，内心豁然開朗，遂決意留下，而且還要像對待兄長一樣對待善珍。我們認爲，宗鏊之所以改變初衷選擇留下，善珍自贊"參禪無誤，識字有數"之句起到了關鍵作用，這兩句話給予宗鏊極大的觸動。這兩句話是説，釋子參禪而未能開悟，是他對文字熟識相對有限的緣故。換言之，一位釋子想要參禪開悟，就要具備豐厚的文化素養。所以善珍選擇熱心詩文，目的便是提升自己的文化素養，促進自己悟道，而這正是他文字禪的特徵。可知雖然善珍没有使用過文字禪三字，但是從其言論來看，他必定是接受文字禪的。

前已述及，文字禪與詩僧的精英意識密不可分。既然善珍推崇文字禪，那麼在其思想中必有精英意識，以及團結宗門同好等意識。因此，下文我們將探討、分析他對宗門祖師及同好的評價與書寫方式，從中發掘善珍的文化精英意識。

---

① ［清］自融撰，性磊補輯：《南宋元明禪林僧寶傳》卷六，《卍續藏經》第 79 册，臺北：新文豐出版公司，1993 年版，第 677～678 頁。

一、善珍對宗杲、德光形象的書寫

與寶曇、居簡、大觀等人一樣，宗杲也爲善珍所禮敬、膜拜，雖然他主張看話禪，否定文字禪。但善珍在書寫宗杲形象時却是從"禪文化"的角度詮釋宗杲的宗門地位。善珍在《跋大慧法語》一文中説：

> 本朝文章至歐、蘇，書至蔡君謨，禪至妙喜，嗚呼至矣、盡矣，後世無以加。[①]

這篇短文與蘇軾的《書吳道子畫後》"故詩至於杜子美，文至於韓退之，書至於顔魯公，畫至於吳道子，而古今之變，天下之能事畢矣"[②]非常相似。蘇軾此言意在表明杜甫、韓愈、顔真卿、吳道子等人是詩、文、書、畫四門藝術的集大成者。那麽，善珍仿造此句，將宗杲與歐陽修、蘇軾、蔡襄等學術、文化精英並舉，就説明在他看來宗杲代表的是"禪文化"的精英，他是南宋禪宗文化的集大成者。再如《跋大慧、應庵墨迹》：

> 語言鼓舞一時市井人易，久遠使天下識者取信難。妙喜天人師也，晚年許與，惟應庵一人。世傳之、信之。予嘗取二老曉學者之語，易以他紙，去其名氏以示人，莫不嘻笑慢易。强視之，則仰睨屋梁矣。他日出真迹復以示之，則面頸發赤，慚悔前言之失，若無所容其身者。蓋《春秋》《離騷》，世之小儒未必能分句讀，一聞爲孔子、屈子之文，則何敢容喙於其間？吾家提倡，新巧浮靡，至近日極矣，不知臨濟正宗如是而已乎？予未敢信也，識者亦不信也，爲之者亦未必自信也。今觀二老墨迹，徒使人有山頽海竭，百身莫贖之嘆。[③]

善珍目睹宗杲、華曇的手墨後，百感交集。文中他稱宗杲爲"天人師"（佛的十大名號之一），予以宗杲如此稱號，可以想見宗杲在其心中分量之重。而"天人師"一詞也凸顯了宗杲在禪林文化的傳承中所起的巨大

---

① 黄啓江：《文學僧藏叟善珍與南宋末世的禪文化——〈藏叟摘稿〉之析論與點校》，臺北：新文豐出版公司，2010 年版，第 210 頁。

② ［宋］蘇軾著，孔凡禮點校：《蘇軾文集》卷七十，北京：中華書局，1986 年版，第 2210 頁。

③ 黄啓江：《文學僧藏叟善珍與南宋末世的禪文化——〈藏叟摘稿〉之析論與點校》，臺北：新文豐出版公司，2010 年版，第 205 頁。

作用，也是善珍對宗杲形象的詮釋。當善珍把宗杲啓發學人的話語換紙書寫並隱去姓名出示給弟子後，這些弟子竟然不能識別，甚至對宗杲"曉學者之語"報以嘲笑、輕慢的態度。這令善珍頗爲傷感，認爲宗杲逝世後臨濟宗已呈現出衰退的趨勢，使我們真切地感受到善珍對宗杲地位的尊崇，及其對宗門人才凋零、禪宗文化不興的憂慮。又如《祭大慧塔》：

> 師紹興間，語觸秦檜。置之嶺海瘴鄉，如居兜帥院内。宗社有靈，權奸自斃。群龍擁金錫之來歸，六丁倒天河而解祟。四碧眼胡，勤演端會，神而明之，千古無對。機辨挾雷霆駿奔，聲名與泰華俱弊。議之，蚍蜉撼山；贊之，太虛生翳。一香拳拳，自訟自愧。①

文中善珍對宗杲形象的展示與大觀在《徑山火後再建大慧禪師塔御書閣疏》對宗杲形象的刻畫非常接近，兩人都提到了宗杲因觸怒奸相秦檜而被流放的經歷。這意味著善珍也注重表現宗杲的深明大義及淑世精神。而這恰好反映出善珍對宗杲形象的解讀：他不僅是宗門的領袖，也是社會與國家的道德楷模。無論是在禪門叢林，還是在世俗社會，宗杲都堪稱一代精英。所以，善珍對宗杲地位的評價及其形象的書寫，充分體現出善珍追求禪僧士大夫化的發展路綫，這點與大觀完全一致。

不衹是宗杲，對於佛照德光，善珍也用此類手法加以解讀，如《祭佛照塔》：

> 師在乾淳，名塞穹壤。據妙喜室，鞭撻龍象。諸子迭出，如鳳如麟。如雷破蟄，何草不春？余不肖孫，亦忝備位。蕪詞匪瀆，惟以識愧。②

善珍在這篇祭文中對德光形象的書寫與大觀《佛照祖》一文對德光形象的構建何其相似。兩人都強調德光對皇權的影響，表現其善於接引學人，培養禪門弟子，最終使大慧一脉興盛至今。可知這種書寫方式在臨濟宗詩僧中是一種共識，即按精英的標準評價、書寫祖師形象，從文化的角度闡發祖師對宗門内外的影響。善珍對宗杲、德光寄予深厚的敬意，著力

---

① 黃啓江：《文學僧藏叟善珍與南宋末世的禪文化——〈藏叟摘稿〉之析論與點校》，臺北：新文豐出版公司，2010 年版，第 236 頁。
② 黃啓江：《文學僧藏叟善珍與南宋末世的禪文化——〈藏叟摘稿〉之析論與點校》，臺北：新文豐出版公司，2010 年版，第 237 頁。

表現其精英形象。但對自己的老師妙峰之善，其文集中却没有類似的描述
與闡釋，不可得見其與老師之關係，殊爲可惜。

二、結交同好：善珍"尚友結盟"意識的反映

作爲詩僧，善珍亦屬於大觀所謂的"同黨"中人。善珍《藏叟摘稿》
的序言就是大觀書寫，説明兩人熟識已久，交情匪淺。前文已述，隨著臨
濟宗詩僧人數的增多，文字禪再度盛行。因此，不少同道者開始尋友結
黨，試圖於宗門之中建立詩僧"共同體"，譬如大觀。不過，這一時期不
僅是大觀一人"尚友結盟"，善珍亦團結了不少宗門同好。其中較有名氣
者當推淮海元肇，元肇有詩集《淮海挐音》、文集《淮海外集》傳世。善
珍曾作《跋淮海塔書軸後》一文，亦表現出對這位宗門同好的欣賞：

> 淮海少年時嘗賫詩謁水心先生，先生和其詩，由是叢林雖不識
> 者，亦稱肇淮海。每得句，必對余朗誦，以手觸余懷，涎沫噴余面，
> 不顧也，然其中恢疏無他腸。水心文章鉅公，禪非其所學，或謂見水
> 心有所得，此語得之烏有先生耶？抑亡是公也？①

從善珍的描述來看，元肇對寫詩非常熱衷與執著，尤喜苦吟，他與南
宋大家葉適唱和，揚名宗門。而且就其寫詩專心的程度而論，説明他雅好
詩歌，非常重視寫作。所以，元肇也是臨濟宗的文化精英。

除了大觀、元肇二人，善珍在叢林中的同道還有愚谷元智、介石智朋
二人。對於前者，兩人之間曾多次酬唱贈答。如善珍的《次韻愚谷遊北山
韻》《寄智愚谷》《歲晚寄愚谷》等，惜乎元智詩已亡佚，故無法一見他的
文采。不過，從善珍寫給元智的詩文來看，我們發現元智同樣追求禪僧的
士大夫化，如《法石請愚谷諸禪山門疏》：

> 某人三代王蠻，一生湔客。乾坤知己少，交遊皆陳編斷簡之間；
> 湖山新意多，領悟在白鳥蒼山之外。鄙近時樣，蛙鳴蟬噪；嘆前輩
> 流，月淡星疏。②

---

① 黃啓江：《文學僧藏叟善珍與南宋末世的禪文化——〈藏叟摘稿〉之析論與點校》，臺
北：新文豐出版公司，2010 年版，第 213 頁。

② 黃啓江：《文學僧藏叟善珍與南宋末世的禪文化——〈藏叟摘稿〉之析論與點校》，臺
北：新文豐出版公司，2010 年版，第 223 頁。

　　元智在宗門內知音甚少，只得靠閱讀古文來尋求慰藉，尚友古人。而
這種行爲反映出他對文化的渴慕與追求。善珍還提到他在遊覽湖山時借文
抒懷，而且文辭特見新意。可見元智不僅崇文，還兼有極高的詩才，屬於
宗門內的文化精英。

　　對於後者，善珍亦與之交情甚篤，蓋因智朋雅好詩文，故兩人志趣相
投，結爲摯友。這可從善珍的《寄朋介石》詩得見：

　　　　詩卷前年手自携，秋風客路易東西。遊淮戰士看飛錫，渡海神魚
　　驚照犀。故國身歸疑化鶴，深山睡穩厭聞雞。一生結交皆奇衲，難得
　　如君無町畦。①

　　詩中叙述了善珍與智朋因詩文而結交，尤其是尾聯，更是表明智朋是
他在宗門中難得的好友。智朋不僅推崇詩文辭章，還具有較高的禪學修
養，頗有著述。對此，善珍亦有相應的表現與詮釋，如《朋介石開語錄
疏》：

　　　　説禪如古德，當有抄紙衣上流傳；賞音付後人，待到覆醬瓿時題
　　品。千金易得，一字難安。出自胸襟，有神龍虛空可質；是大家數，
　　與雕蟲篆刻不同。眾所樂聞，功宜協就。②

　　本文開篇即贊智朋敷演禪法真似古德，故需要哀輯《語錄》使之流
傳。第四句"覆醬瓿"用典，《漢書・揚雄傳下》云："鉅鹿侯芭常從雄
居，受其《太玄》《法言》焉。劉歆亦嘗觀之，謂雄曰：'空自苦，今學者
有禄利，然尚不能明《易》，又如《玄》何？吾恐後人用覆醬瓿也。'雄笑
而不應。"③ 此處比喻智朋禪學深厚，其《語錄》學之不易，擔心後輩不
解，用之"覆醬瓿"。"千金"二句則謂智朋《語錄》幾乎一字千金，不可
改易。而"出自胸襟，有神龍虛空可質；是大家數，與雕蟲篆刻不同"更
是稱贊智朋胸襟開闊，堪比爲人宗尚的名家。而這也是那些氣格狹小、只

---

　　① 黃啓江：《文學僧藏叟善珍與南宋末世的禪文化——〈藏叟摘稿〉之析論與點校》，臺
北：新文豐出版公司，2010 年版，第 174 頁。
　　② 黃啓江：《文學僧藏叟善珍與南宋末世的禪文化——〈藏叟摘稿〉之析論與點校》，臺
北：新文豐出版公司，2010 年版，第 234 頁。
　　③ ［漢］班固撰，［唐］顏師古注：《漢書》卷五十七下，北京：中華書局，1962 年版，第
3585 頁。

會雕蟲篆刻之徒遠不能及的。儘管以上評價有過譽之嫌，但從善珍的書寫方式看，我們發現，他非常側重表現這位宗門同好的文化底蘊，凸顯其身上的文化精英特質。因此，善珍處理智朋的手法與他對宗杲、德光形象的詮釋方法是一致的。由此可知，文化素養不僅是善珍與宗門同好的共同追求，也是他在表現或書寫宗門同好形象時的重點。

綜上所述，善珍與大觀一樣主張文字禪，頭腦中蘊含著精英意識。而在這種意識的觸動下，善珍積極投身詩文創作，致力團結、呼應宗門同好，並以精英標準刻畫祖師及同道者形象，最終成就了其在禪林與世俗社會中的文化精英地位。

第四節　善珍的詩歌創作

從現存的善珍詩歌來看，共有詩 144 首，詳情見表 3−1①：

表 3−1

	五言	七言	雜言	詩歌總數
古體詩	13	32	7	52
律　詩	18	48	/	66
絕　句	2	24	/	26
合　計	33	104	7	144

從以上統計可知，善珍的詩歌中近體詩的數量接近古體詩的兩倍。但是，其五古和五絕在全部詩歌中所占比例最小，而七古和七律所占比例最大，可知善珍所擅長的體裁是七言詩，七古和七律寫得最多。

對於善珍的詩歌特點，居簡與方回都認爲其詩近於"唐詩"，但這個評價比較模糊。眾所周知，居簡所謂的"晚唐"詩非賈島、姚合晚唐體之流，而是充滿氣格的、符合儒家雅正傳統的晚唐詩。方回所謂之"唐詩"大概近於嚴羽所提倡的唐詩，即與以文字爲詩、以才學爲詩、以議論爲詩的"宋調"相反的"唐音"。因此善珍與唐詩之間的淵源並不像這些人評

① 據《全宋詩分析系統》（北京大學數據分析研究中心開發）檢索。

價的那樣一目了然，所以，善珍的詩歌風格就需要通過考察加以明確。

一、轉益多師：善珍的詩學取向

一般認爲，善珍推崇的詩歌是近於“唐音”的作品。然而，善珍的詩歌創作與唐詩格調的契合程度到底能有多少，換言之，居簡和方回對他的詩歌評價是否準確，還需要我們通過善珍的詩歌創作加以判斷。

（一）唐音：崇尚李、杜，兼學張籍、賈島

善珍雅好詩文，傾慕文化精英，而他所贊賞的詩人，其詩歌風格也必定爲他所接受。如果善珍確實有唐詩風貌，那麼，在他所仰慕的詩人中，就會有不少唐代詩人。從善珍的詩文來看，他欣賞的唐代詩人有李白、杜甫、張籍、賈島四人，對於李白，其《題六畫·太白》詩云：

> 脱靴殿上醉陽狂，觸撥春風睡海棠。放逐一身窮不恨，三郎入蜀更郎當。[1]

可見善珍很是欣賞李白豪放飄逸的精神品格。而杜甫則是善珍吟詠次數最多的唐代詩人，他有兩首詩提到了杜甫，一首是《少陵》：

> 少陵弦斷無膠續，鸞鳳巢高隔五雲。老子一身都是膽，要傾東海取龍筋。[2]

另一首是《題六畫·少陵騎驢》：

> 市橋日莫蹇驢嘶，雙袖龍鍾醉似泥。回首長安泪沾臆，落花何處杜鵑啼。[3]

第一首詩表達了善珍對杜甫詩歌的喜愛，他感嘆杜甫後繼無人，因此，詩人想接續杜甫詩歌之弦，此處善珍用典，即“續弦膠”的典故。由於鸞鳳之巢過高，詩人無法攀登，所以不能采得鳳喙製成續弦膠，只能退

---

① 黄啓江：《文學僧藏叟善珍與南宋末世的禪文化──〈藏叟摘稿〉之析論與點校》，臺北：新文豐出版公司，2010 年版，第 193 頁。

② 黄啓江：《文學僧藏叟善珍與南宋末世的禪文化──〈藏叟摘稿〉之析論與點校》，臺北：新文豐出版公司，2010 年版，第 194 頁。

③ 黄啓江：《文學僧藏叟善珍與南宋末世的禪文化──〈藏叟摘稿〉之析論與點校》，臺北：新文豐出版公司，2010 年版，第 193 頁。

而求其次，去傾倒東海之水，取得龍筋接續杜詩之"斷弦"。由此可知，善珍最推崇的唐代詩學範式是杜詩。

至於張籍，善珍有《征婦怨效張籍》一詩：

> 前年鄱兵來，郎戰淮河西。官軍來上功，不待郎書題。淮河在何許，妾身那得去。生死不相待，白骨應解語。天寒無衣兒啼苦，妾身不如骨上土。①

這是善珍對中唐詩人張籍《征婦怨》的摹寫之作，原詩如下：

> 九月匈奴殺邊將，漢軍全沒遼水上。萬里無人收白骨，家家城下招魂葬。婦人依倚子與夫，同居貧賤心亦舒。夫死戰場子在腹，妾身雖存如畫燭。

《新唐書・張籍傳》云："籍性狷直，嘗責愈喜博簺及爲駁雜之說，論議好勝人，其排釋老不能著書若孟軻、揚雄以垂世者。"② 可能是因爲張籍爲佛教打抱不平，所以善珍對他較有好感。張籍擅長樂府詩，善珍亦模仿之。從詩的內容分析，兩詩的情感內涵比較一致，都將征婦的悲苦之情表現得淋漓盡致，凸顯了樂府詩的現實主義特徵。除此之外，善珍古體詩中的《東湖行》《山溪謠》等作品也反映了現實社會的殘酷、批判社會的不公，如《東湖行》：

> 君不見淮水頭，田荒白骨無人收。僧廬箕斂供防秋，健胡長戈春爾喉。使君告爾農，汝今一勞永不憂，汝今一勞永不憂。③

這首詩反映了淮河一帶的荒蕪與衰敗，以及人民所面臨的嚴酷的外族威脅。再如《山溪謠》：

> 官租吏征有故常，官糴吏橫如虎狼。君不見先年春旱牛遇疫，妻兒挽犁代牛力。又不見前年龠米抵金璧，僵尸橫草烏不食。吏奸積久

---

① 黄啓江：《文學僧藏叟善珍與南宋末世的禪文化——〈藏叟摘稿〉之析論與點校》，臺北：新文豐出版公司，2010 年版，第 161 頁。
② ［宋］歐陽修、宋祁等：《新唐書》卷一百七十六，北京：中華書局，1975 年版，第 5266 頁。
③ 黄啓江：《文學僧藏叟善珍與南宋末世的禪文化——〈藏叟摘稿〉之析論與點校》，臺北：新文豐出版公司，2010 年版，第 159 頁。

爲農患，吏愛穀貴農愛賤。①

詩中形象地刻畫了貪官酷吏對貧苦百姓的橫征暴斂，他們不考慮年景之差、耕牛患疫病等困難，仍然禍害百姓，何其狠毒。因此從這方面來看，善珍有效法張籍樂府的一面，所以，這些作品也可視爲善珍對唐代新題樂府的接受。

對於晚唐體詩人推崇的賈島，善珍亦有詩頌讚，其《題六畫·浪仙騎驢》云：

官路騎驢突尹驕，尹曾罵佛去潮州。却從渠問推敲字，千古詩人作話頭。②

從詩中可以推斷，善珍應不大喜歡韓愈，蓋因其曾竭力排佛一事。因此，在賈島這裏對其進行一番調侃。而賈島是晚唐體的代表，這一派詩人崇尚苦吟，故善珍亦於此處拈出其煉字之典故。我們認爲，善珍應該不會排斥賈島之晚唐體。雖然善珍的詩文中並無直接證據，但我們仍可以從那些書寫善珍形象的文章以及善珍自己的作品中作出明確判斷。

首先是大觀的《藏叟詩序》："泉南珍藏叟，用唐人機杼，斥凡振奇，一語不浪發，發必破的。當吟酣思苦時，視聽不行。句活篇圓，汰煉詳穩，人肯之而叟不自肯也。"可見善珍同樣喜歡苦吟，非常在意鍛煉字句，即使別人都認爲寫得可以了，但善珍還要精益求精。因此，善珍與賈島的詩歌寫作方式是一致的。

其次，善珍的五律也展示了比較明顯的雕琢、煉字痕迹，尤其五律中所表現的藝術風格，如：

薄靄遮西日，歸鵬帶北雲。(《題金山寺》)

秋盡斗移柄，曙分河隱流。馬嘶殘月疊，雁入向陽州。(《曉等甘露寺樓》)

瘦草牛羊路，高松鸛鶴巢。病來勤習定，老去懶尋交。(《偶成》)

柳凹人繫馬，萍破鷺窺魚。空冢衣冠蛻，山房水石虛。(《孤山》)

① 黃啓江：《文學僧藏叟善珍與南宋末世的禪文化——〈藏叟摘稿〉之析論與點校》，臺北：新文豐出版公司，2010年版，第160頁。

② 黃啓江：《文學僧藏叟善珍與南宋末世的禪文化——〈藏叟摘稿〉之析論與點校》，臺北：新文豐出版公司，2010年版，第194頁。

　　荒園閑柳色，斜日淡梨花。(《遊下天竺御園》)

　　洗竹去蛛網，疏松留鶴巢。雲衣慵補綴，月戶自推敲。(《郊原》)

　　風吹遊子袂，月照古人墳。舊事殘碑在，荒祠流水分。(《送客宿九日山》)

　　犬眠莎砌日，鴉啄菜池冰。濕蘚侵碑字，空巢綴壁層。(《題狗葬劉家寺》)

　　鐵硯穿何益，金丸跳不回。(《除夕》)

　　樵鳴猿落果，鷹急鳥依人。(《雪峰舊院》)

　　驢蹇馱詩笈，鷗閑傍酒船。啼鵑殘月曉，細雨落花天。(《次蒲心泉韻》)

　　梅嫩有花早，桐衰無葉凋。(《策蹇》)

　　這些詩句都是善珍五律中的頷聯或頸聯，從這些詩句展示的意象與意境乃至承載的情感來看都與賈島的晚唐體詩非常相似。

　　綜上所述，我們認爲善珍詩歌中確實表現了某些唐代詩歌流派的特色，但善珍學唐詩亦有明確的分界，即審美取向追摹李、杜之風，樂府學唐代新樂府，而五律則學賈島、姚合的晚唐體。

(二) 宋調：師法東坡與山谷

　　善珍既爲宋僧，那麼宋代的文化精英對其詩歌寫作的影響自然不可忽略，這一點是我們在善珍研究中所應注意的，故本節就立足善珍詩歌來考察善珍對宋代詩人的學習與借鑒。

1. 儋州禿鬢翁，老氣凌汗漫：善珍對蘇軾的敬仰

　　善珍對宋代詩人也非常敬仰，在他的筆下時常會出現一些前代或當代的著名詩人或文化精英。譬如歐陽修、蘇軾、劉克莊、林希逸等，但我們認爲，儘管善珍提過很多宋代詩人，但是對其詩文寫作産生較大影響的只有兩位，即蘇軾、黃庭堅。

　　關於蘇軾，善珍曾有三首詩以蘇軾及其作品爲主題，如《題東坡儋耳書西江月》：

　　儋州禿鬢翁，老氣凌汗漫。金鑾嶺海等遊戲，盡倒銀河洗憂患。
山村荷瓢感慨欷，買酒獨賞春夢婆。酒酣忽轉商聲急，龍君悲咤波臣

泣，錦瑟無端弦五十。①

可知善珍非常欣賞蘇軾的人生態度，即豁達樂觀、隨遇而安的精神。他認爲蘇軾無論身居廟堂之高，還是處江湖之遠都是“遊戲三昧”。所以他可以做到掀倒銀河之水，洗盡一切憂患。而且，善珍對蘇軾的故事也非常熟悉，詩中“山村荷瓢感慨歆，買酒獨賞春夢婆”之句，出自趙德麟《侯鯖録》：“東坡老人在昌化，嘗負大瓢行歌於田間。有老婦年七十，謂坡云：‘内翰昔日富貴，一場春夢。’坡然之，里人呼此媼爲春夢婆。”②又如《題六畫·蘇軾》：

> 天津橋上聽啼鵑，從此南人弄相權。多少衣冠落沙漠，朱崖宜著玉堂仙。③

這首詩惋惜蘇軾的坎坷遭遇，感嘆前代不知有多少文士被發配到荒漠，蘇軾這位翰林學士流放海南再正常不過了。此句同樣點化自蘇詩，即《舟行至清遠縣，見顧秀才，極談惠州風物之美》“到處聚觀香案吏，此邦宜著玉堂仙”④之句。再如《題東坡墨迹》：

> 黨籍英賢盡，長淮南北分。忠奸論方定，金壁購遺文。⑤

這首詩很有詠史詩的意味。善珍作爲方外之人，對政局與歷史却有著清晰的認識，從首二句可知，善珍認爲北宋滅亡的起因乃在於黨爭，正是殘酷的政治内鬥幾乎把北宋的各類精英和賢士消滅殆盡，最終導致宋室南渡，淮河從此成了國界。幸好後來的高宗、孝宗兩代君主爲蘇軾等元祐黨人平反昭雪，蘇軾親筆書寫的文字其價值也就隨之暴漲，世人竟用千金來求購。可見善珍對蘇軾這種超級文化精英崇敬之深。

善珍還有一些詩也提及蘇軾，兹舉兩例爲證。一是《次徐監簿韻賀吳

---

① 黃啓江：《文學僧藏叟善珍與南宋末世的禪文化——〈藏叟摘稿〉之析論與點校》，臺北：新文豐出版公司，2010 年版，第 163 頁。

② ［宋］趙令時：《侯鯖録》卷七，北京：中華書局，2002 年版，第 183 頁。

③ 黃啓江：《文學僧藏叟善珍與南宋末世的禪文化——〈藏叟摘稿〉之析論與點校》，臺北：新文豐出版公司，2010 年版，第 193 頁。

④ ［宋］蘇軾撰，［清］王文誥輯注，孔凡禮點校：《蘇軾詩集》卷三十八，北京：中華書局，1982 年版，第 2064 頁。

⑤ 黃啓江：《文學僧藏叟善珍與南宋末世的禪文化——〈藏叟摘稿〉之析論與點校》，臺北：新文豐出版公司，2010 年版，第 195 頁。

侍郎新第落成》其二：

> 詞源本本自歐蘇，胸次湖江跨楚吳。縱未押班坐鵷閣，亦須開府佩麟符。拂衣太華今無放，卜築中條昔有圖。久矣笙竽喧衆耳，新聲待奏鳳將雛。①

還有一首是《題三教三隱三仙三賢畫軸》：

> 瞿曇李耳東家丘，不生虞夏生衰周。世亂殺奪無時休，佛現身作大慈舟。老務靜治銷戈矛，孔以筆誅著春秋。學佛亦有絕世流，學老曾見飛升不。最後三人師孔氏，氣節雖同窮達異。淵明不仕義熙歲，傾家釀秫供一醉。翰林謫仙與蘇二，卒以蛾眉招衆忌。脫靴偶忤高力士，觸撥玉環良細事。誰知紹述丞相嚜，銅駝陌上荒荊榛。僧伽擁扶度鯨海，虜酋過墳禁樵采，使我掩卷增感慨。②

第一首詩贊揚的吳侍郎，據黃啓江先生考證是吳革，這裏善珍誇吳氏擅於作詩，説吳革的詩詞源自歐陽修、蘇軾，而其胸襟跨越五湖三江楚吳之地。③ 第二首詩則是對釋迦牟尼、老子、孔子、陶淵明、李白、蘇軾等六人的禮贊，詩中的“蘇二”出於黃庭堅之《避暑李氏園》（其二），“題詩未有驚人句，會喚謫仙蘇二來”，任淵引《王立之詩話》雲：“山谷嘗避暑城西李氏園，題兩詩，其一云：‘未有驚人句，喚取謫仙蘇二來。’秦少游言於東坡曰：‘以先生爲蘇二，大似相薄。’少章爲予言。”④ 善珍以此稱蘇軾，蓋源自山谷，這首詩感慨蘇軾因才招妒，惹得新黨之人忌恨，故被流放至海南蠻荒之地。而“銅駝陌上荒荊榛”，亦點化蘇軾《百步洪》詩“豈信荊棘埋銅駝”之句。從這裏也可看出在善珍心中蘇軾分量之重。

2. 欲傳換骨方，伎工恐無用：善珍對山谷詩學的接受

在蘇軾之外，善珍模仿最力、學習最多的宋代詩人是黃庭堅。然而，

---

① 黃啓江：《文學僧藏叟善珍與南宋末世的禪文化——〈藏叟摘稿〉之析論與點校》，臺北：新文豐出版公司，2010 年版，第 176 至 177 頁。

② 黃啓江：《文學僧藏叟善珍與南宋末世的禪文化——〈藏叟摘稿〉之析論與點校》，臺北：新文豐出版公司，2010 年版，第 162 頁。

③ 黃啓江：《文學僧藏叟善珍與南宋末世的禪文化——〈藏叟摘稿〉之析論與點校》，臺北：新文豐出版公司，2010 年版，第 48 頁。

④ ［宋］黃庭堅撰，［宋］任淵、史容、史季溫注，劉尚榮校點：《黃庭堅詩集注》第 4 冊，北京：中華書局，2003 年版，第 1360 頁。

這個特點却有些不明顯。因爲善珍對山谷的崇拜，不似他對蘇軾那樣，用專門的詩文來表現，所以看起來比較隱蔽。其實，我們完全可以通過善珍的詩歌去發掘這一點，比如他的《和徐國録韻》：

> 當今稱文宗，斗南一和仲。掣鯨力倒海，蘭茗不同夢。百年日苦短，千載事誰共。賦詩推義山，論舊數季重。客持邀我讀，歡喜蹦破甕。疾抄畏紙盡，飢誦忘漿凍。欲傳換骨方，伎工恐無用。塗窗謔成鴉，過門任題鳳。唐僧句月煉，一步不敢縱。高參鬼仙吟，下比古佛頌。湖江大國楚，官闕天府雍。小大材則殊，未易求折衷。公文如珠玉，盛世盍包貢。一鶚刌交騰，萬牛挽難動。造物或困之，鬱怒使快痛。晋康名遠郡，侯印亦久弄。蜃嘘橫跨海，龍潛中興宋。年豐粳稌多，守醉賓客從。時時寫烏絲，虹光穿屋棟。祖帳在何時，行色當倥傯。相期遠公社，後會邂逅洞。擬辦酒椀招，更出虎溪送。①

善珍在這首詩中使用了大量典故，如杜甫的《戲爲六絶句》之 "或看翡翠蘭苕上，未掣鯨魚碧海中"，蘇軾《過於海舶，得邁寄書、酒。作詩，遠和之，皆粲然可觀。子由有書相慶也，因用其韻賦一篇，並寄諸子姪》之 "中夜起舞踏破甕"，陸游《玉局觀拜東坡先生海外畫像》之 "太平極嘉祐，珠玉始包貢" 等。此外，"塗鴉" 援引唐人盧仝《示添丁》"忽来案上翻墨汁，塗抹詩書如老鴉" 之句，"題鳳" 則指《世説新語·簡傲》中呂安題鳳字於嵇喜門上之事。

當然，善珍在本詩裏化用最多的是黃庭堅的詩歌，如 "江湖大國楚"，出自《子瞻詩句妙一世乃云效庭堅體蓋退之戲效孟郊樊宗師之比以文滑稽耳恐後生不故次韻道之。子瞻送楊孟容詩云我家峨眉陰與子同一邦即此韻》之 "公如大國楚，吞五湖三江"，而其 "萬牛挽難動" 同樣化用該詩的 "萬牛挽不前"；善珍的 "祖帳在何時，行色當倥傯" 亦源自黃庭堅《對酒次韻寄懷元翁》之 "樽俎思促坐，有生當倥傯"② 兩句；善珍的 "擬辦酒椀招，更出虎溪送" 則借自黃庭堅的六言詩《戲效禪月作遠公詠並

---

① 黃啓江：《文學僧藏叟善珍與南宋末世的禪文化——〈藏叟摘稿〉之析論與點校》，臺北：新文豐出版公司，2010 年版，第 152 頁。

② ［宋］黃庭堅撰，［宋］任淵、史容、史季温注，劉尚榮校點：《黃庭堅詩集注》第 4 册，北京：中華書局，2003 年版，第 1105 頁。

序》"邀陶淵明把酒椀，送陸修靜過虎溪"①之句。除了點化山谷詩句，善珍還在詩中提出了"換骨"，顯然他對黃庭堅的"點鐵成金"與"奪胎換骨"詩學理念頗爲接受。

不止這一首，善珍引用或套用黃庭堅詩的地方還有很多，如《賀劉後村除兵侍兼直院》：

> 人物依然元祐中，鶯邊繫馬亦金狨。相君惟憶劉夫子，學士須還儋禿翁。翰苑鶴天雙鬢雪，玄都燕麥幾春風。老來始得文章力，前有歐公後益公。②

善珍認爲劉克莊就是當世的元祐人物，此處無疑表明了善珍的宋詩美學取向，即元祐詩歌。而下句"鶯邊繫馬亦金狨"就是點化自黃庭堅《次韻宋楙宗三月十四日到西池都人盛觀翰林公出遊》"金狨繫馬曉鶯邊，不比春江上水船"③之句。而"儋禿翁"的典故亦源於黃庭堅《病起荊江亭即事十首》（其七）"玉堂端要真學士，須得儋州禿鬢翁"④之句。

再如善珍的《送顏主簿之懷安》：

> 古廨大江邊，多閑少俸錢。鳳栖仇覽棘，虹貫米家船。心靜佛三昧，時來官九遷。外臺兼督府，幕下正須賢。⑤

這首詩的頷聯"鳳栖仇覽棘，虹貫米家船"之句，即化用山谷"滄江盡夜虹觀月，定是米家書畫船"⑥之句。可知善珍對山谷詩是非常熟悉的，因此，黃庭堅詩歌及其所代表的江西詩派必爲善珍學詩的模範。

由此觀之，善珍對蘇軾懷有無比敬仰之情，而且他引用山谷詩句信手

---

① 關於此詩用典情況，周裕鍇先生的天涯博客《關於"高參鬼仙吟"及其他（上）》一文已有相關討論。本書參考並予以引用，特此說明。詳見網頁 http://blog. tianya. cn/blogger/post _ read. asp?BlogID=241173&PostID=38422014。

② 黃啓江：《文學僧藏叟善珍與南宋末世的禪文化——〈藏叟摘稿〉之析論與點校》，臺北：新文豐出版公司，2010 年版，第 166 頁。

③ ［宋］黃庭堅撰，［宋］任淵、史容、史季温注，劉尚榮校點：《黃庭堅詩集注》第 1 冊，北京：中華書局，2003 年版，第 337 頁。

④ ［宋］黃庭堅撰，［宋］任淵、史容、史季温注，劉尚榮校點：《黃庭堅詩集注》第 2 冊，北京：中華書局，2003 年版，第 519 頁。

⑤ 黃啓江：《文學僧藏叟善珍與南宋末世的禪文化——〈藏叟摘稿〉之析論與點校》，臺北：新文豐出版公司，2010 年版，第 187 頁。

⑥ ［宋］黃庭堅撰，［宋］任淵、史容、史季温注，劉尚榮校點：《黃庭堅詩集注》第 2 冊，北京：中華書局，2003 年版，第 563 頁。

拈來，使用熟練，可知善珍在詩歌創作上也存在明顯的"元祐—江西"文學寫作傳統，而這一詩學傳統正是"宋調"的典型，因此，我們認爲善珍在詩歌創作上對"唐音"和"宋調"兩種不同的詩歌美學兼收並蓄，他的詩歌既有類似唐代新樂府及晚唐體的作品，也有效法"元祐—江西"傳統的痕迹，絕不是僅有一類風格。

二、宗黃學杜：善珍七律的藝術特色

就詩歌體制而論，善珍詩歌中數量最多者非七律莫屬。善珍的七律從題材上看多爲賀喜、寄呈、送別類作品，寄托了對好友們的深情厚意。除此之外還有一些寫景狀物之作，表現了善珍精微的心理變化及情感體驗。而且善珍在他的七律中非常喜歡用典。前文提到的《次徐監簿韻賀吳侍郎新第落成》《賀劉後村除兵侍兼直院》等詩，都可見出善珍對於前人作品、掌故的精熟，因此，可以認爲他的七律鮮明地反映了他有"以才學爲詩"的傾向。而這種詩歌寫作傳統恰恰是杜甫、黃庭堅律詩的典型特徵之一。

善珍作詩最好用典，其使用的典故都很切合對象的現狀與身份，如《賀趙禮部得祠二首》：

> 曩歲巍冠接俊髦，玄都又種幾番桃。山中供奉猶遭謗，澤畔靈均盍賦騷。世事萬端常倚仗，丈夫百挫見雄豪。旁人妄指籠中翮，不識冥鴻天宇高。（其一）
> 帝賜琳宮散吏名，寄聲黃閣謝弓旌。琴招野客持杯聽，棋看癡人覆局爭。燕頷終當飛食肉，蛾眉最忌美傾城。晴空萬里君知不，蒼狗白雲常變更。（其二）[1]

趙禮部即趙汝談，在這兩首詩中善珍運用了大量典故。先看第一首。首聯次句"玄都又種幾番桃"出自劉禹錫的《元和十年自朗州承召至京戲贈看花諸君子》以及《再遊玄都觀絕句》兩首詩，頷聯之"澤畔靈均盍賦騷"指屈原遭逐，行吟澤畔而賦《離騷》的典故。在第二首詩中，善珍於頸聯使用了班超的典故，《後漢書·班超傳》載："超問其狀相者指曰：

---

① 黃啓江：《文學僧藏叟善珍與南宋末世的禪文化——〈藏叟摘稿〉之析論與點校》，臺北：新文豐出版公司，2010年版，第165頁。

'生燕頷虎頸，飛而食肉，此萬里侯相也。'"① 尾句的 "蒼狗白雲常變更"
則出自杜甫《可嘆》詩："天上浮雲如白衣，斯須改變如蒼狗。"這些典故
應與趙氏得祠之前遭遇政治打擊有關，因此，善珍用古時那些遭受政治迫
害或尚未崛起的名人，像劉禹錫、班超來激勵趙氏，勸其不要意志消沉，
因爲這些人也曾和你有過同樣的經歷，而他們都是不屈不撓的，所以他相
信趙氏和這些前輩一樣早晚會東山再起。再如《送趙禮部提舉江西》：

> 玉節來臨昔治州，儀曹爽氣更橫秋。未誇判筆搖山岳，且喜仙槎
> 近斗牛。童拾棠陰前竹馬，紗籠寺壁舊銀鈎。南塘遺稿公新卷，他日
> 人傳作話頭。②

　　這首詩還是寫給趙汝談的，善珍在這裏仍然大量用典，而且典故比較
符合對象當時的心境，像 "仙槎近斗牛"，即張華《博物志》中的 "八月
浮槎" 之典，此處喻趙氏之高升；頸聯部分的 "竹馬" 則出自《後漢書·
郭伋傳》："始至行部，到西河美稷，有童兒數百，各騎竹馬，道次迎拜。
伋問：'兒曹何自遠來。' 對曰：'聞使君到，喜，故來奉迎。' 伋辭謝
之。"③ 以郭伋喻趙汝談，説他像郭伋一般得民愛戴。下句之 "紗籠" 一
詞則用唐人王播的典故，王定保《唐摭言·起自寒苦》載："王播少孤貧，
嘗客揚州惠昭寺木蘭院，隨僧齋飡。諸僧厭怠，播至，已飯矣。後二紀，
播自重位出鎮是邦，向之題已碧紗幕其上。播繼以二絕句曰：'二十年前
此院遊，木蘭花發院新修。而今再到經行處，樹老無花僧白頭。上堂已了
各西東，慚愧闍黎飯後鐘。二十年來塵撲面，如今始得碧紗籠。'"④ 比喻
趙氏舊地重遊已是身份顯貴，受人尊重。又如《賀曾帥得祠二首》（其
二）：

> 千騎叢中舊擁旄，丹心猶在鬢蕭騷。漢庭重少馮唐老，晋士趨卑

---

① ［宋］范曄撰，［唐］李賢等注：《後漢書》卷三十一，北京：中華書局，1965 年版，第
1571 頁。
② 黃啓江：《文學僧藏叟善珍與南宋末世的禪文化——〈藏叟摘稿〉之析論與點校》，臺
北：新文豐出版公司，2010 年版，第 166 頁。
③ ［宋］范曄撰，［唐］李賢等注：《後漢書》卷四十七，北京：中華書局，1965 年版，第
1093 頁。
④ ［唐五代］王定保：《唐摭言》卷七，《文淵閣四庫全書》第 1035 册，臺北：臺灣商務印
書館，1986 年版，第 168 頁下。

張翰高。静看棋枰争勝負，閑馳筆陣寄雄豪。搶榆擊水公俱樂，却是旁人嘆不遭。①

曾帥是曾從龍，據黄啓江先生考證，這首詩的寫作背景是曾從龍於嘉定十二年（1219）自同知樞密院事除參知政事後，"（曾從龍）疾胡榘憸壬，排沮正論，陳其罪。榘嗾言者劾罷，以前職提舉洞霄宫。起知建寧府。丁内艱，服除，爲湖南安撫使。撫安峒獠，威惠並行，興學養士，湘人紀之石。改知隆興府，復提舉洞霄宫，改萬壽觀兼侍讀，奉朝請"②。這是其"得祠"的經過，故善珍之詩題雖是"賀"其得祠，但詩中實贊其能屈能伸。③ 而這首詩的用典就很切合曾從龍此時的情狀，如頷聯的"漢庭重少馮唐老，晋士趨卑張翰高"中的兩個典故，上句謂漢朝只用年輕的將領，而富於經驗的老將馮唐却不得重用，是善珍爲曾從龍被朝廷罷官而鳴不平。下句是晋人張翰的典故，《晋書·張翰傳》載："翰因見秋風起，乃思吴中菰菜、蒪羹、鱸魚膾，曰：'人生貴得適志，何能羈宦數千里以要名爵乎！'遂命駕而歸。"④ 寬慰曾從龍回歸老家就像張翰一樣，是爲了"適志"，稱贊曾從龍和張翰都是不爲世俗渾濁所污的"高士"。可見，善珍對於前代歷史非常熟悉，有著豐富的知識儲備。

像這樣的用典在善珍的七律中還有很多，如《送楊户部》："兒童不信夷齊涸，黨論嘗攻韓范非。"《送蔡察院將漕廣東》："應似鮮于福京左，還同司馬過臨邛。"《送林南恩入京》："已聞泚水返朱序，亦説漢庭憐孝章。"《寄趙西巖》："紙上雕蟲真害道，山中射虎勝封侯。"《代趙景賢和林定庵韻》："齋後隨僧同洗鉢，醉中得句旋投囊。"《賀洪陽岩帥閩》："衣冠南紀瞻鳴鳳，雲雨東山起卧龍。"等等，都是使用大量的歷史名人來比擬寫作對象，可以説善珍的七律充分展示了他以才學爲詩的創作特徵。

杜甫主張"讀書破萬卷，下筆如有神"，體現了才學對於詩歌的重要性。黄庭堅在《答洪駒父書》中説："自作語最難，老杜作詩，退之作文，

---

① 黄啓江：《文學僧藏叟善珍與南宋末世的禪文化——〈藏叟摘稿〉之析論與點校》，臺北：新文豐出版公司，2010 年版，第 169 頁。
② ［元］脱脱等：《宋史》卷四百一十九，北京：中華書局，1977 年版，第 12548 頁。
③ 黄啓江：《文學僧藏叟善珍與南宋末世的禪文化——〈藏叟摘稿〉之析論與點校》，臺北：新文豐出版公司，2010 年版，第 67～68 頁。
④ ［唐］房玄齡等：《晋書》卷九十二，北京：中華書局，1974 年版，第 2384 頁。

無一字無來處，蓋後人讀書少，故謂韓杜自作此語耳。古之能爲文章者，真能陶冶萬物。雖取古人之陳言入於翰墨，如靈丹一粒，點鐵成金也。"①他認爲杜甫的詩、韓愈的文都是他們才學的體現，後人讀不懂杜詩、韓文，完全是才學儲備不足的緣故。所以，黃庭堅主張學詩人要把學問當成創作的源泉，通過潛心讀書來培養、鍛煉自己的語言才能，從而提升自己的詩歌創作水平。這點後來爲江西詩人所普遍接受，因此江西詩人作詩皆喜用典。所以善珍七律用典，淵源在於黃庭堅的江西詩派，很顯然他是接受以才學爲詩的創作主張的。

善珍的七律體現出其豐富的才學，除了這點之外，善珍的律詩還表現了鮮明的寫意特徵，尤其是寫景狀物之類的詩，比如《小雪》：

> 雲暗初成霰點微，旋聞籤籤灑窗扉。最愁南北犬驚吠，兼恐北風鴻退飛。夢錦尚堪裁好句，鬢絲那可織寒衣。擁爐睡思難撐拄，起喚梅花爲解圍。②

此詩表現了小雪初降時詩人對雪花的憐愛之情。他先從霰雪起筆，雲暗天低，點點微小的霰雪籤籤飄落，灑到了詩人的窗扉，發出了清脆的聲音。這是以動襯靜之法，暗示出詩人很喜歡此時的寧靜。但是，詩人也擔憂南北之犬會因降雪而驚嚇狂吠，打亂此時的寧靜，也怕隨之而來的北風使南下的鴻雁退飛回去。之後，詩人由外及內，轉向對自己情感的抒寫。起風降雪使詩人感到了一陣寒意，可能詩人此時尚缺禦寒衣物，因此，他幻想夢中織出錦緞爲己保暖，還意識到"夢錦"堪比寫出佳句，但是，這就像用鬢絲去織成衣服，虛幻不實。所以詩人只能擁爐取暖，却禁不住要昏昏睡去，爲了清醒，詩人遂決定起身賞梅，以打消睡意。全詩以意遣詞，抒寫詩人胸中意趣，將詩人對小雪突降時的感受形象地傳達出來。再舉《擁爐》一詩，以見善珍七律的這一特點：

> 俗客敲門以病辭，擁爐時復撚吟髭。雀栖梅日印孤影，蛛去簷風吹斷絲。舊友漸稀增感慨，良辰易過莫尋思。六年世態看差熟，惟有

---

① 郭紹虞：《中國歷代文論選》第 2 冊，上海：上海古籍出版社，2001 年版，第 316 頁。

② 黃啓江：《文學僧藏叟善珍與南宋末世的禪文化——〈藏叟摘稿〉之析論與點校》，臺北：新文豐出版公司，2010 年版，第 164 頁。

青山無變姿。①

此詩首聯開門見山，謂詩人對於那些登門的"俗客"一概因病推辭不見。這是因爲詩人在爐邊正爲"吟安一個字"而反復苦思。由於個人吟詩的過程辛苦、艱難，使得詩人的心情比較煩悶，所以他眼中的景物亦帶有其心靈體驗，鳥雀獨立栖於梅花枝頭，背對夕陽印出孤影，而蜘蛛不知去往何處，其苦心織成的網絲被風吹斷，零散地掛在屋簷之下。正所謂物猶如此，人何以堪。因此作者的思緒再由物轉向人，感慨自己又何嘗不是如此。舊友們一個個地故去，讓自己更覺孤獨。這種美好的時光真的易逝，不能再多加以回味尋思。所以詩人於結尾處有些無奈地自我寬慰，這六年自己看透了世態炎涼，紛繁變化，而唯有自己身邊的青山還未改變，一如往昔。除了這兩首詩外，善珍七律中還有不少詠物之作，如《苔徑》：

苔徑長年斷俗踪，亦無交舊可過從。閑憂頹墮自鉏菜，老尚怪奇惟種松。履破背時翻著襪，詩狂見月亂撞鐘。千年陶謝今誰似，恐有山林不易逢。②

又如《倚筇》：

楓葉蘆花滿目秋，倚筇那復少年遊。眼看桑海夢相似，骨瘦匡廬心始休。萬里霜天孤唳鶴，五湖烟水一身鷗。君看清絶無攀處，著得塵埃半點不。③

再如《門徑》：

門徑莓苔古意深，閉門懶復事參尋。棋圖靜見孫吳法，樵唱真聞韶濩音。米盡有方烹白石，丹靈無意化黃金。花飛又是春將暮，小復風前擁鼻吟。④

---

① 黃啓江：《文學僧藏叟善珍與南宋末世的禪文化——〈藏叟摘稿〉之析論與點校》，臺北：新文豐出版公司，2010 年版，第 181 頁。
② 黃啓江：《文學僧藏叟善珍與南宋末世的禪文化——〈藏叟摘稿〉之析論與點校》，臺北：新文豐出版公司，2010 年版，第 166 頁。
③ 黃啓江：《文學僧藏叟善珍與南宋末世的禪文化——〈藏叟摘稿〉之析論與點校》，臺北：新文豐出版公司，2010 年版，第 174 頁。
④ 黃啓江：《文學僧藏叟善珍與南宋末世的禪文化——〈藏叟摘稿〉之析論與點校》，臺北：新文豐出版公司，2010 年版，第 181 頁。

就這些作品來看，其意脉是跳宕的，詩人的視角隨著心情的變化而變化。而且，詩中體現出的感情也不是祇有一個層次或一種維度，而是各種情感的複雜交織。就如《門徑》的開端表現的是詩人一種百無聊賴的感受，心情比較沉鬱，中間兩聯表現的則是他於無聊中覓得樂趣，是一種隨遇而安的心態，心情相對平和，最後感嘆花之飛謝，暮春將盡，帶有淡淡的哀傷，具有典型的寫意性。

事實上，這種詩歌的審美取向也是黄庭堅詩的特徵。對於山谷詩，伍曉蔓曾説："山谷論詩以情爲本，所謂'情之所不能堪，因發於呻吟調笑之聲'。這種情感並非單純的悲喜，而是包含認知、判斷、潛意識在内的複雜個體感受。這種種感受，在山谷詩中，總是由一種精神向上牽引、尋找詩性語言的努力提挈統領，體現爲某種意象、趣味和格調。"① 將這樣的創作方式總結爲山谷詩"以意引領"，具有寫意化的傾向。而善珍七律中的這種特徵與山谷詩恰好符合，因此，在律詩的寫作上善珍必然借鑒了黄庭堅的詩學理念，體現出相似的風貌。

值得一提的是，關於杜甫對宋詩的影響，周裕鍇先生曾説："杜甫詩作爲宋人推崇的典範，其影響和啓示是全方位的。杜詩中出現的某些平常的句子，往往經宋人的經典闡釋、演繹和效仿，而蔚爲一代大觀。就宋人的詩戰比喻而言，也大抵以杜詩爲濫觴。"② 宋代以蘇軾、黄庭堅代表的元祐文人都有"詩戰"之喻，如蘇軾《景貺履常屢有詩督叔弼季默唱和已許諾矣復以此句挑之》：

> 君家文律冠西京，旋築詩壇按酒兵。袖手莫輕真將種，致師須得老門生。明朝鄭伯降誰受，昨夜條侯壁已驚。從此醉翁天下樂，還應一舉百觴傾。③

黄庭堅《奉和文潛贈無咎篇末多見及以既見君子云胡不喜爲韻》（其五）：

① 伍曉蔓：《江西宗派研究》，成都：巴蜀書社，2005 年版，第 338 頁。
② 周裕鍇：《以戰喻詩：略論宋詩中的"詩戰"之喻及其創作心理》，《文學遺產》，2012 年第 3 期，第 78 頁。
③ ［宋］蘇軾撰，［清］王文誥輯注，孔凡禮點校：《蘇軾詩集》卷三十四，北京：中華書局，1982 年版，第 1810 頁。

先皇元豐末，極厭士淺聞。只今舉秀孝，天未喪斯文。晁張班馬
首，崔蔡不足云。當今橫筆陣，一戰靜楚氛。①

而這種"詩戰"之喻在善珍詩歌中也有所反映，如《寄孚老》：

雙眼常時看屋椽，從來不結俗人緣。早年曾悟出師表，晚歲始參
齊物篇。魔壘孤軍降百萬，詩壇一首當三千。清溪結得茆庵未，閑欲
尋君共泛船。②

《賀曾帥得祠二首》（其二）：

千騎叢中舊擁旄，丹心猶在鬢蕭騷。漢庭重少馮唐老，晉士趨卑
張翰高。靜看棋枰爭勝負，閑馳筆陣寄雄豪。搶榆擊水公俱樂，却是
旁人嘆不遭。

兩首詩都有"詩戰"之喻，即"魔壘孤軍降百萬，詩壇一首當三千"
"靜看棋枰爭勝負，閑馳筆陣寄雄豪"。可以說善珍的這種創作思維也是宗
黃學杜的表現。

綜上所述，善珍的創作與"元祐—江西"詩風非常接近，尤其是他的
七言律詩，在其全部詩體中所占比例最大，無疑證明善珍的詩風更近宋
調，當然善珍也有類似唐音的作品，但數量却不及前者。因此，可以認爲
善珍的詩風兼容唐音與宋調，但以"元祐—江西"文學傳統爲主。

第五節　元肇的文字禪思想

淮海元肇（1189—1265），字聖徒，號淮海，通川靜海（今江蘇南通）
人，俗姓潘。年十三即禮本邑利和妙觀爲師，十九剃染受具。初習教觀，
後歸禪宗。首參浙翁如琰禪師於徑山，居無何，往遊台雁，過能仁寺。回
京師，徜徉湖山間，從北磵居簡、天目文禮二禪師遊。登徑山，再參浙

---

① ［宋］黃庭堅撰，［宋］任淵、史容、史季温注，劉尚榮校點：《黃庭堅詩集注》第1册，
北京：中華書局，2003年版，第156頁。

② 黃啓江：《文學僧藏叟善珍與南宋末世的禪文化——〈藏叟摘稿〉之析論與點校》，臺
北：新文豐出版公司，2010年版，第173頁。

翁，契悟，爲掌記。出世通州報恩光孝寺，歷住平江府雙塔壽寧萬歲禪寺、建康府清凉廣慧禪寺、台州萬年報恩光效禪寺、平江府萬壽報恩禪寺、温州江心龍翔興慶禪寺、慶元府阿育王廣利禪寺、臨安府净慈報恩光孝禪寺、景德靈隱禪寺、徑山興聖萬壽禪寺。度宗咸淳元年（1265）六月示寂，年七十七。

淮海元肇也是理宗朝中後期的著名詩僧，他與物初大觀、藏叟善珍三人皆以擅長詩文而名震禪林。而且對於元肇的文學才華，大觀和善珍都表現了拳拳敬意。大觀不僅爲其文集《淮海外集》作序，還爲其撰寫了《淮海禪師行狀》。善珍則在《跋淮海塔書軸後》一文中詳細描述了元肇熱心詩文等事迹，可知三位法眷彼此欣賞對方的才華。而且，從元肇的法系師承來看，三人亦源出同宗：

大慧宗杲→佛照德光→浙翁如琰→淮海元肇

可見元肇也是德光的法孫，關係自然比他者要親近些。由於三人志趣相投，故在對待文字禪及宗門的精英化等問題上，元肇的態度與大觀、善珍二位法眷基本一致。下面即對其文字禪與精英意識試作論述。

一、元肇與文字禪

從善珍對元肇的描述與評價來看，元肇酷愛寫詩，每得佳句就對他人吟誦，如癡如醉。元肇對創作詩歌如此執著，大概與其青年時勤修内、外之學的經歷有關，這在大觀的《淮海禪師行狀》已有記載：

時年十三，即禮觀爲師。十九剃染受具，觀使入教觀家，非其志。智隨年長，習與日新。竺墳魯典，脉絡融攝。取次出語，律吕自諧。[①]

元肇與大觀一樣，都以讀梵書及儒家典籍爲人生之樂事，於修習佛法之外常操觚弄翰。而這也必然使其心向文字禪，追求禪僧的文化精英化。請看他的《跋如晦、橘洲諸帖》：

南渡以來，吾宗之盛，諸老以道鳴世，未易放舉。雖不以語言文

---

① 《物初賸語》卷二十四，許紅霞：《珍本宋集五種》下册，北京：北京大學出版社，2013年版，第1001頁。

字傳，不妨汗牛充棟。此六七作之詞翰，尤魂奇精妙，光照於時，人亦寶之。若作异觀，便落第二。①

元肇認爲禪門雖宗尚"不立文字"，但宗門並未真正、徹底地放弃語言文字，反而是創作及著述頗豐。之後，他對如晦、寶曇二位先輩的文學才華予以肯定，表現了其對宗門前輩文化精英的崇敬之情。結尾處則特別強調，不能將如晦、寶曇的詩文當作"异觀"，否則將落入第二義。這説明元肇對文字禪的態度是肯定與支持的。事實上，元肇在《跋詩後與徑山偃溪和尚》中就將自己傾心詩文而不爲宗門所肯的苦悶表現得非常明顯：

　　頃上凌霄，首被吾偃溪發露所習。後入師爐，日煅月煉銷化未盡，往往爲人指謗。坐此鶺飛，四十年矣。去夏過永嘉，不知爲鄉寓陸氏所刻畫，亦禁其勿廣印。今兩厘到庵，對榾柮話舊，觸著昔癢，輒以一本托心契之深，書後奉納，亦可舟中省瞌睡，切勿示禪流也。②

這篇跋文元肇親自書於自己的詩集《淮海挐音》中，並贈給了偃溪廣文禪師。從他的叙述可知，元肇因熱衷文字禪長期遭受禪門的指責與誹謗，所以他在得知鄉寓陸某爲其刊刻好詩集之後，就不得不禁止陸某大量印行。而且還囑咐廣文禪師不要將自己的詩集交給別的禪僧觀看，以免徒生事端。

儘管這些話語表現的是元肇對自己"未能忘情之語"的自責，但是，從反面來看，元肇在這種自責中亦蘊含著他出離的憤怒，即"後入師爐，日煅月煉銷化未盡，往往爲人指謗。坐此鶺飛，四十年矣"，感嘆自己進入禪門以來堅持詩文寫作，長達四十餘年，但伴隨著自己的却不是贊賞、鼓勵，而是批評、指責。尤其是他説自己的文集"亦可舟中省瞌睡"，此語著實令人悲傷。須知元肇作詩頗用苦心，所寫之詩大多是經過反復吟唱、推敲所得。可是，宗門壓力過甚，自己的文集竟不能廣泛流傳。所以其内心的不平、無奈不言自明。由此可知，元肇的確是熱衷文字禪的詩

① 《淮海外集》卷上，《禪門逸書續編》第一册，臺北：漢聲出版社，1987 年版，第 30 頁上。

② 《淮海外集》卷上，《禪門逸書續編》第一册，臺北：漢聲出版社，1987 年版，第 31 頁上。

僧，並對宗門的指謗深感不滿。在這篇短文中他變相地表達了自己的憤怒。

不過，在同情元肇不幸際遇的同時，也應注意元肇性格上的堅韌。要之，他雖然面對宗門不斷的指謗，卻從未選擇放棄文字禪，而這本身就是一種文化精英的品格。因此，我們認爲元肇雖爲看話禪世系弟子，但同其他詩僧一樣崇尚文字禪，也是一位宗門文化精英。

二、元肇對宗杲、德光形象的書寫

崇尚文字禪者自然仰慕文化精英，這點在元肇這裏也適用。在元肇的作品中，其文化精英意識明顯可見。譬如他對自己的法祖宗杲、德光兩大禪師的形象書寫，這就是《祭大慧禪師文》：

> 猗歟我祖！道大德備，百世一師。中興臨濟，正續楊岐。自閩入吳，佛日天飛。傾湫倒岳，萬衲涌隨。名儒鉅公，一以貫之。衡雲忽擡，梅瘴重黳。十有七年，青天再暉。復還此山，草木生輝。學者争見，夕陽澣衣。遺履歲百，只如前時。彌天聲價，今古罕齊。言滿天下，龍龕護持。五子五孫，爲鑒爲龜。夫何重任，及此么微。再拜真容，愧顙泚而。新屋難提，巨石載碑。生氣凛凛，凌霄巍巍。成住壞空，長劫不移。[1]

《祭佛照禪師文》：

> 九重問道，百世宗師。巋然一塔，舍利同輝。乃子乃孫，來紹雄基。兢兢業業，敢墜前規。大圓鑒中，藏叟所緇。劫石可銷，此處不移。[2]

如果我們再把元肇爲宗杲、德光寫的這兩篇祭文與大觀、善珍的同類作品對比觀看，就會發現三人的寫法近乎一致。他們都提到宗杲因得罪奸相秦檜而流放衡陽、嶺南一事，也都提到德光爲孝宗說法，善於培養人

---

① 《淮海外集》卷下，《禪門逸書續編》第一冊，臺北：漢聲出版社，1987年版，第36頁上。

② 《淮海外集》卷下，《禪門逸書續編》第一冊，臺北：漢聲出版社，1987年版，第36頁上。

才。可以得知，這種按精英標準書寫祖師形象的方式也爲元肇所接受，實爲這一時期臨濟宗詩僧的共識。不過，與大觀、善珍相比，元肇身邊的宗門同好却不多，因此他不能像大觀、善珍一樣，容易團結到一些志趣相投，形成宗門的詩僧“共同體”。所以，他相對缺乏歸屬感，少了同道的支持，其詩文中也沒有表現出明顯的尚友結盟意識。而這也可能是導致其在寫《跋詩後與徑山偃溪禪師》時流露出壓抑情緒的原因之一。

儘管如此，但元肇對文化精英的景仰及其對宗門實現文化精英化的主張却是非常肯定的，並未因承受宗門指責而動搖。對於宗門内的文化精英或追求寫作詩文等高雅志趣的禪師，元肇也給予了崇高的敬意。比如前文提到的如晦、寶曇及居簡，尤其是居簡，元肇的《見北磵》詩有句云：“一代風流今北磵，十年妙語得西湖。”可知在元肇眼中，居簡真是宗門一代文化精英的領袖。再如天目文禮，元肇在《跋天目詩軸》一文中説：

> 天目二作，正所謂“八十翁翁入場屋，一似小兒嬉”。後人玩其詞翰之美耶，若以事事無礙觀之，劍去久矣。[1]

天目文禮和北磵居簡都對元肇有過很大的幫助，對此《淮海禪師行狀》中有述：“公（即元肇）拂袖回京，徜徉湖山間，從北磵、天目二老遊者久之。二老乃佛照會中老龍象，浙翁同參也。徵詰抑揚間，悠然識浙翁前相見時，所以柔其剛、挫其穎處，乃真相爲。即別二老，登雙徑，再參浙翁，得諸眉睫間。公退，翁語傍僧曰：‘肇今番相見，與前時大段不同。’命入記室，終職旋里省矣。”[2] 可知文禮和北磵對元肇的開悟起到了關鍵作用。而在這篇跋文中，元肇評述了文禮的兩首詩。他認爲文禮寫詩，就如八十老翁進場屋參加科舉，好似小兒遊戲一般。這是翻案法，原句出於《圓悟佛果禪師語録》：“師云：‘有句無句，如藤倚樹。……所以道個裏是八十翁翁入場屋，不是小兒戲。個個須是具金剛正眼漢始得。’”[3] 此處元肇反用其意，比喻文禮禪師寫詩爲文乃遊戲三昧。

值得注意的是，本文末處的“事事無礙”一詞是華嚴宗的重要理論。

---

① 《淮海外集》卷下，《禪門逸書續編》第一册，臺北：漢聲出版社，1987 年版，第 32 頁上。

② 《物初賸語》卷二十四，許紅霞：《珍本宋集五種》下册，北京：北京大學出版社，2013 年版，第 1002 頁。

③ ［宋］紹隆等編：《圓悟佛果禪師語録》卷十，《大正藏》第 47 卷，第 758 頁下。

華嚴宗人提倡法界三觀或四重法界觀，作爲證入法界的觀法。法界觀的第三觀"周遍含容觀"，也就是四重法界觀的最後一重"事事無礙"法界觀。這一觀法的對象即現象界的一切存在，是一一都互相周遍地含容著，彼此都不妨礙各自的存在，這是四法界的歸依，也是觀法修持的最高目標。① 這一觀念不僅爲禪宗所接受，也爲北宋習禪詩人所接受。因爲以華嚴的法眼觀照世界，宇宙、人生、藝術之間的界限也就消失了，萬法平等，一切即一，一即一切，詩人因此而在大跨度的聯想和多向推理中獲得理性的自由。② 可知元肇此處引用此觀念，同樣是以華嚴的法眼觀照文禮作詩，認爲他是以詩證禪而不是作綺語口業，對那些認爲文禮寫詩是"玩詞翰之美"的後人予以否定。事實上，文禮的詩歌在數量和成就上均不及居簡。但是，元肇之所以讚揚其詩作，其目的還是在於對文字禪的推崇和對禪僧文化精英化的堅持，爲禪僧作詩正名，希望叢林內部多出一些崇尚文化、追求高雅志趣的禪僧。

綜上所述，元肇與大觀、善珍一道，崇尚文字禪，以精英之標準書寫祖師形象，並致力於推動宗門的文化精英化。但由於可能身旁缺少宗門同道的支持，元肇並不像這兩人那樣帶有具體的"尚友結盟"或主動團結同道者的意識，因此其獨自面對宗門的指謗時，心靈上頗顯壓抑與無奈。這也説明此時期的臨濟宗內部雖然詩僧輩出，人才鼎盛，但仍不免要承受來自宗門的責難、批評。

第六節　元肇的詩歌創作

元肇現存詩歌共有 387 首，數量衆多，其詩歌體裁具體分布見表3-2③：

---

① 方立天：《華嚴宗的現象圓融論》，《文史哲》，1998 年第 5 期，第 68~69 頁。
② 周裕鍇：《文字禪與宋代詩學》，北京：高等教育出版社，1998 年版，第 231 頁。
③ 據《全宋詩分析系統》（北京大學數據分析研究中心開發）檢索。

表 3-2

	五言	七言	雜言	總數
古體詩	39	40	/	79
律　詩	151	69	/	204
絕　句	6	82	/	88
合　計	196	191	0	387

可見元肇的五、七言詩數量大致相同。但是，依體裁而論，其律詩最多，古體最少，在律詩中五律又是最多，七律尚不足五律的一半。在古體詩中，五、七言古體數量幾乎相等。唯獨絕句差異最多，五絕僅 6 首，七絕則有 82 首。可知元肇最擅長的詩歌類型是五律。

在元肇生活的時代，與他結交的文人士大夫很多，其中名氣最大、最爲元肇敬仰的是葉適。關於元肇與葉適的交往情況，許紅霞先生的《南宋詩僧叢考》已有詳細的考證，此處不再贅述。本書在此提到葉適，主要是考察葉適對元肇産生的影響，以及探究元肇五律詩的藝術特徵。

一、晚唐：元肇的詩學取向

作爲永嘉學派的宗主，葉適既反對朱熹的貶抑唐詩，又不滿於江西詩派只學老杜一家的局限，而他又是永嘉四靈的老師，故主張復尊唐體。①他在《徐斯遠文集序》中説：

> 慶曆、嘉祐以來，天下以杜甫爲師，始黜唐人之學，而江西宗派章焉。然而格有高下，技有工拙，趣有淺深，材有大小，以夫汗漫廣莫，徒枵然從之而不足充其所求，曾不如腔鳴吻決，出毫茫之奇，可以運轉而無極也。故近歲學者，已復稍趨於唐而有獲焉。②

因此葉適的詩學主張應是宗唐的，他在《徐文淵墓志銘》中也説：

> 初，唐詩廢久，君與其友徐照、翁卷、趙師秀議曰："昔人以浮

---

① 程千帆、吳新雷：《兩宋文學史》，《程千帆全集》第十三卷，石家莊：河北教育出版社，2000 年版，第 441 頁。

② ［宋］葉適：《水心集》卷十二，《文淵閣四庫全書》第 1164 冊，臺北：臺灣商務印書館，1986 年版，第 242 頁下。

聲切響單字隻句計巧拙，蓋風騷之至精也。近世乃連篇累牘，汗漫而
無禁，豈能名家哉！"四人之語遂極其工，而唐詩縣此復行矣。①

可知葉適認可的詩歌體制是與"元祐—江西"詩風相反的"唐詩"。
元肇現存詩歌作品中，有六首詩是寫給葉適的，分別是《上水心先生三
首》《水心先生挽章二首》《次水心先生雁山韻》。葉適亦有詩贈予元肇，
即《贈通川詩僧肇書記》：

> 海闊淮深萬里通，吟情浩蕩逐春風。却尋斗水龍湫住，裁剪雲烟
> 字字工。②

葉適贊賞元肇"吟情浩蕩""裁剪字字工"。從他的評價來看，元肇的
創作接近賈島、姚合的晚唐體。所以，元肇的詩與他的前輩寶曇和居簡甚
至同輩的大觀、善珍的作品並不相似。他在創作上取法對應的是晚唐體，
而不是"元祐—江西"文學傳統。除了葉適的評價之外，我們還可以從元
肇寫給葉適的詩中發現他不學"元祐—江西"詩歌的原因，這就是《上水
心先生三首》（其三）：

> 十年瓶鉢走天涯，四海聲名一永嘉。不趁新霜嘗橘柚，了無歸夢
> 到蒹葭。江頭來往春強半，門外推敲月又斜。換骨奪胎如得妙，願從
> 勾漏問丹砂。

在這首詩中，元肇對葉適的賞識表達了感激之情，同時也可以看到他
寫詩如賈島一樣在推敲苦吟。詩的後兩句很關鍵，"換骨奪胎"就是黃庭
堅和江西詩人推崇的詩學理念，不過，元肇却説自己如果能掌握這種方法
的妙處，那麼就願意學葛洪，爲了尋訪丹砂而求做勾漏令。這樣看來，元
肇大概認爲"奪胎換骨"之法有些難度，自己尚未領悟它的精妙。而這就
意味著元肇不是沒學過江西詩派的理念，而是自己力所不及。所以，元肇
的詩歌沒有像寶曇、居簡、大觀那樣以之爲典範，可能是由於自己的學識
不足，不能隨意熔裁典故，難於做到"師其意而不師其辭"或者"資書以

---

① ［宋］葉適：《水心集》卷二十一，《文淵閣四庫全書》第 1164 冊，臺北：臺灣商務印書
館，1986 年版，第 385 頁上。
② ［宋］葉適：《水心集》卷八，《文淵閣四庫全書》第 1164 冊，臺北：臺灣商務印書館，
1986 年版，第 186 頁上。

爲詩"，因此，元肇選擇了"捐書以爲詩"的創作取向，而其五律正好是
這種詩學取向的反映。

二、清瘦偏狹：元肇詩歌的意境

元肇詩五律最多，而且最具代表性。因此，本節以元肇五律爲例，以
觀其詩風及其審美取向。五律是四靈及江湖詩人所擅長的體裁。衆所周
知，四靈、江湖詩人學唐詩，主要是不滿意江西詩派而另闢蹊徑。程千帆
先生認爲，他們改變詩風表現出兩大特點：一是他們學習晚唐，與楊萬里
之偏重七絶者不同，而是著意於賈島、姚合一派的五律；二是反對江西詩
派"資書以爲詩"，即喜用成語和故事，而提倡"捐書以爲詩"，即愛好生
造與苦吟。① 這兩大特點也是元肇詩中最爲明顯的特徵。

四靈的詩境比較清瘦偏狹，這點連當初抬擧四靈的葉適也不得不承
認。他在《題劉潛夫南嶽詩稿》中曾指出："往歲徐道暉諸人擺落近世詩
律，斂情約性，因狹出奇，合於唐人，誇所未有，皆自號四靈云。"② 這
種風格元肇的詩也有體現，比如：

> 窗外空無有，清池瞰屋除。去萍嫌礙月，留藻怕驚魚。夜雨知深
> 淺，晨光透碧虛。時時來顧影，照見白髭疏。③（《庭池》）
> 澄徹池光上，鬆龍相對閑。誰將太湖石，疊作小廬山。種樹蟠春
> 長，栽花帶土慳。當時真隱者，只在篆煙間。④（《疊石》）
> 愛竹真成癖，相傳子又孫。蒼寒雲羃羃，碧净玉温温。月散驚龍
> 化，風喧醒鶴魂。幾回清不寐，因雪夜開門。⑤（《竹院》）
> 堂上傳風雅，高標一段奇。韻清梅蘸水，生白月來時。有影皆成

① 程千帆、吴新雷：《兩宋文學史》，《程千帆全集》第十三卷，石家莊：河北教育出版社，
2000 年版，第 443 頁。
② ［宋］葉適：《水心集》卷二十九，《文淵閣四庫全書》第 1164 册，臺北：臺灣商務印書
館，1986 年版，第 523 頁上。
③ 《淮海挐音》卷上，《全宋詩》第 59 册，北京：北京大學出版社，1998 年版，第 36876
頁。
④ 《淮海挐音》卷上，《全宋詩》第 59 册，北京：北京大學出版社，1998 年版，第 36877
頁。
⑤ 《淮海挐音》卷上，《全宋詩》第 59 册，北京：北京大學出版社，1998 年版，第 36877
頁。

畫，無聲總是詩。屋頭春信早，催發向南枝。①（《梅月爲陳碧硐題》）

從上述作品來看，元肇表現的意境是清瘦狹窄的，缺乏深厚的感情與沉鬱的氣魄。雖然表現的景致有些幽清明麗，情感比較閑適淡雅，然而詩中卻有明顯的雕琢詞句的痕迹，像“去萍嫌礙月，留藻怕驚魚”“種樹蟠春長，栽花帶土慳”“月散驚龍化，風喧醒鶴魂”“韻清梅蘸水，生白月來時”等，都算得上是從鍛字煉句中得來，這些詩句寫得雖然優美，但是跟全篇的主題感情相比則顯得比較突兀，可見元肇寫詩重在警句的書寫，以致往往忽略全篇的結構與意境的安排，從而造成了作品有佳句無佳篇。

元肇五律在具體景物的刻畫上也有類似的審美取向。尤其是詠物一類，在摹寫客觀物象上，元肇也給人一種清瘦偏狹之美，比如：

烟雨暝朝昏，龍湫雁蕩濱。移根來別處，終日伴閑身。勁氣衝如髮，寒芒凜辟塵。年年看花者，應笑不曾春。②（《石菖蒲》）

舊説揚州有，移來此地栽。年年送春後，處處見花開。紅藥還相似，朱顔換不回。晴窗添水浸，吟愧謝公才。③（《芍藥》）

造物真成戲，鱗中亦有殊。黄金凡幾尾，碧沼自相濡。衆口安能鑠，懸腰但可模。多因名色誤，不得泳江湖。④（《金魚》）

茗有花難識，山中采得來。試從枝上看，全勝盞中開。綠葉微如桂，黄心大似梅。晴窗澹相對，能遣睡魔回。⑤（《茶花》）

雖然作品是詠物，但從詩中體現出的氣勢和感情來看，元肇的這類作品更多地以摹象爲主，少有托物言志，缺乏興寄。像描寫石菖蒲時，詩人先寫此石菖蒲出自雁蕩山，終日陪伴自己這個閑人，而蒲草很堅韌挺拔，葉芒如刀刃寒光凜凜，仿佛可辟風塵。最後抒懷，表達閑情愜意。《金魚》

---

① 《淮海挐音》卷上，《全宋詩》第 59 册，北京：北京大學出版社，1998 年版，第 36895 頁。

② 《淮海挐音》卷上，《全宋詩》第 59 册，北京：北京大學出版社，1998 年版，第 36874 頁。

③ 《淮海挐音》卷上，《全宋詩》第 59 册，北京：北京大學出版社，1998 年版，第 36873 頁。

④ 《淮海挐音》卷上，《全宋詩》第 59 册，北京：北京大學出版社，1998 年版，第 36874 頁。

⑤ 《淮海挐音》卷上，《全宋詩》第 59 册，北京：北京大學出版社，1998 年版，第 36875 頁。

一詩同樣寫得很平淡，首聯感嘆造物主真是戲人，魚中都有與衆不同者。頷聯摹象，表現金魚之體色、形態，並輔以金魚在水中相濡以沫之情景。頸聯則用了"衆口鑠金"的成語，緊扣金魚之體色，結尾感嘆"金魚"之名與體色，竟讓其遭受誤解，而不得暢遊於江湖之中，暗含憐惜金魚生不逢時之意。由此可知，元肇詩歌的表現方法頗似賈島、姚合之晚唐體，詩中没什麼典故，詞語多爲自造，情感相對平淡，没有强烈的心理波動。

不僅是這些作品，就是表現山水景致，元肇也偏愛清瘦狹窄之境。與大多數臨濟宗詩僧一樣，元肇生活的區域也多是江浙一帶，所以描寫江浙地區的山水之作也是元肇詩中比較常見的題材，例如：

> 雨宿剡中寺，曉行猶未晴。諸峰雲不定，疊磵水争鳴。野店穿心過，村樵當面横。尋思戴安道，千古一溪清。①（《剡中》）
>
> 半月金陵路，今朝渡浙河。回頭吴岫在，到耳越音多。賀監湖邊柳，右軍池上鵝。宛然風物在，人事幾消磨。②（《渡越》）
>
> 枝暗花成子，風飄絮作萍。雨侵溪漲白，山脱晚雲青。又過仙人渡，還登酌水亭。往來人自老，雙鷺立烟汀。③（《台城道中》）
>
> 麥壠桑麻接，行行百里賒。一番飛穀雨，滿地落桐花。水曲成三渡，山坳忽數家。歸來襟袖上，猶带赤城霞。④（《天台道中》）

若論詩歌的境界，此四詩與前面的作品基本一致。因爲詩人的情感非常淡薄平静，幾乎没什麼心理或感情的變化，既無喜悦也無哀傷。只是路過某地看到了具體景象加作以叙述、描畫罷了。而且，詩句帶有雕琢之痕，如"雨侵溪漲白，山脱晚雲青"，描寫雨水侵溪致其暴漲、水流泛白，而傍晚時雲收雨歇，山形從中脱露，讓人更覺青翠。其中"侵"和"脱"一看即爲詩眼，是詩人有意識地安排、組織景物的關鍵詞，很符合葉適給他的評語"裁剪雲烟字字工"。而且這種清瘦偏狹風格在强調交際功能的

---

① 《淮海挐音》卷上，《全宋詩》第 59 册，北京：北京大學出版社，1998 年版，第 36890 頁。

② 《淮海挐音》卷上，《全宋詩》第 59 册，北京：北京大學出版社，1998 年版，第 36889 頁。

③ 《淮海挐音》卷上，《全宋詩》第 59 册，北京：北京大學出版社，1998 年版，第 36893 頁。

④ 《淮海挐音》卷上，《全宋詩》第 59 册，北京：北京大學出版社，1998 年版，第 36894 頁。

寄贈詩中也有體現，比如《寄趙東閣》：

> 與君生己酉，年月日時中。除卻吟相似，其它事不同。夢寒春草綠，天闊莫江空。見面知何處，東華踏軟紅。①

趙東閣即江湖詩人趙汝回也是元肇詩集《淮海挐音》的序作者。趙汝回在此序中指出了元肇的詩有晚唐之風，他説：

> 唐無本師最工，宜傳。使不遇昌黎，傳不傳，要未可知也。予之同庚友曰淮海師，其未遊永嘉時，人固知有淮肇，及見水心，詩聲遂大震。夫山林枯藁之士，吟弄風月，本非求名，一遇名公稱賞，雖逃名，名隨之矣。②

從趙氏的評語可知，元肇與其同歲，因此，元肇《寄趙東閣》詩首聯所言不虛。趙氏將元肇見葉適比作賈島見韓愈，而且又説其“吟風弄月”，這就足以説明元肇詩學的是賈島、姚合的晚唐體，此乃元肇學晚唐詩的又一例證。

元肇詩的首聯叙述自己與趙汝回生於同年，頷聯則謂自己與趙氏都好吟詩，頸聯强調兩人的詩歌審美取向是“夢寒春草綠，天闊莫江空”，皆以這種格調爲主，尾聯感嘆兩人不知以後在何時何地纔能見面，若能相見，則必定一起共踏“落紅”携手同遊，以通感手法收結。再如《寄鄭司業直院右史》：

> 由來行所學，最是得時難。春草書帶綠，東風御柳寒。金爐烟噴曉，玉署漏聲殘。獻納絲綸樣，流傳盛代看。③

又《次韻趙竹所書詩卷後》：

> 江湖三十載，每聽説君詩。古寺過逢處，寒城欲莫時。自看霜落後，唯倚竹相知。吟壘慚無律，虛勞爲出奇。④

---

① 《淮海挐音》卷上，《全宋詩》第 59 册，北京：北京大學出版社，1998 年版，第 36881 頁。

② 許紅霞：《南宋詩僧叢考》，北京大學博士學位論文，2003 年版，第 55 頁。

③ 《淮海挐音》卷上，《全宋詩》第 59 册，北京：北京大學出版社，1998 年版，第 36883 頁。

④ 《淮海挐音》卷上，《全宋詩》第 59 册，北京：北京大學出版社，1998 年版，第 36884 頁。

如果不看題目的話，在風格上，這兩首詩與元肇前面的寫景、詠物之作區別不大，像"春草書帶綠，東風御柳寒。金爐烟噴曉，玉署漏聲殘""古寺過逢處，寒城欲莫時。自看霜落後，唯倚竹相知"等，詩中沒有使用典故，其意境都屬於清瘦偏狹的一類。可以想見，元肇五律詩歌的審美取向就是晚唐體一流，不論作品表現何種題材。

綜上所述，元肇的詩歌帶有明顯的晚唐體特徵，他的詩中很少使用典故，但注重語言的雕琢與錘煉，詩境相對清瘦偏狹，呈現了與其他南宋臨濟宗詩僧不同的審美取向，其他人雖選擇遊走於江西詩派和江湖詩派之間，但主體風格却是追隨"元祐—江西"文學傳統，好在詩中展現深厚的才氣、學識。而元肇却不以"元祐—江西"詩風爲宗，不尚"奪胎換骨""資書以爲詩"，故取法晚唐體一流。儘管他也喜好文字禪，有著文化精英意識，但與宗門同好相比，他更像是一位"傳統"的唐代或宋初詩僧。

第七節　無文道璨的文字禪思想

道璨（1214—1271），號無文，俗姓陶，豫章（今江西南昌）人，爲晋代大詩人陶淵明之族裔。年少時即去母從釋。理宗紹定六年（1233），從其兄陶叔元遊白鹿洞書院，與理學家湯巾講席，聞知行大要，後漫遊吳越二十餘年，歷見禪宗諸老，掌笑翁妙堪、無準師範、癡絕道冲三老之記。寶祐二年（1254），初住饒州薦福寺，開慶元年（1259），住南康軍廬山開先華藏禪寺，景定元年（1260）十月，致開先寺事，寓柳塘。景定五年（1264），再住薦福寺，度宗咸淳七年（1271）卒，年五十八。

無文道璨是這四個人中年齡最小的一位，但他的詩文成就很突出，深受宗門同好、法眷的欣賞，可見其在此時期臨濟宗詩僧中的地位。道璨創作的詩文甚多，其弟子在其圓寂兩年後，裒輯其遺稿二十卷而成書①，使後人得以一見其詩文水平。在這些詩文中，道璨對詩歌語言文字的熱心，

① 黄啓江：《一味禪與江湖詩——南宋文學僧與禪文化的蛻變》，臺北：臺灣商務印書館，2010年版，第378頁。

對前代文化精英的崇拜，以及對宗門文化精英化的追求都有清楚、明晰的表現。

一、道璨對宗杲、妙堪形象的書寫

與前面三位詩僧完全一樣，道璨同樣認可文字禪，而他也是大慧看話禪世系的門人弟子，其法系師承如下：

大慧宗杲→無用淨全→笑翁妙堪→無文道璨

可見道璨是淨全的法孫，而大觀、善珍、元肇等禪師則是德光的法孫。不過，在如何書寫師、祖的形象上，道璨與大觀等人完全相同，即發掘師、祖在禪林與世俗社會的文化意義，凸顯其精英形象。所以，他對於師、祖形象的書寫也就與前面的三位詩僧採取了相同的方式，這也是道璨主張禪僧"士大夫化"的反映。

對於自己的師、祖，道璨均滿懷敬意，譬如大慧宗杲，他在《書趙騰可雲萍錄》中這樣説：

> 東湖僧道璨，姓瞿曇氏，釋迦老子五十三世孫。曾大父妙喜宗杲，大父無用淨全，父笑翁妙堪。曾大父憂國愛君，語忤秦氏，遷衡徙梅，其道大振，千載人也。①

可見道璨對宗杲的書寫也是從他"憂國愛君"的層面來表現的，亦寫宗杲因觸怒秦檜而被流放衡陽、嶺南之事，凸顯了宗杲對於南宋社會的文化意義與精神價值。而對於老師笑翁妙堪，道璨也有類似的書寫、詮釋方式，如《祭笑翁和尚》：

> 道鳴東南，逾四十祀。大節實行，標準一世。其節伊何，竹老松貞；其行伊何，霜清雪明。某也不敏，是則是效。師嘗語人，孺子可教。十年吳越，朝從暮遊。好剛氣直，師不我尤。前年西皈，掩關茅屋。書來謂我，宴安鴆毒。乃命我僕，乃申我車，千里重來，小次中都。老墨淋漓，促之至再。豈不欲往，車顛僕殆。五峰春晚，客以病簡，日既亟矣，載馳載奔。展拜榻前，軒眉相視，曰子速來，乃見道

---

① 《無文印》卷十，《宋集珍本叢刊》第 85 册，北京：綫裝書局，2004 年版，第 622 頁上。

義。問安侍藥，自恨後時，早料及此，亦豈許遲。病爲師憂，貧爲師
累，追念昔者，潸然出涕。我觀諸老，夕陽已春，師又往矣，其誰適
從。嗚乎哀哉！①

道璨强調老師妙堪一生言行如一，他的氣節端正，猶如松竹，他的操
守純潔，猶如霜雪，並且善於培養人才，對於自己這個才能一般的弟子，
老師也能向外人誇我"孺子可教"。道璨還説自己跟隨老師雖有十年之久，
但脾氣過於剛直，而老師却不以其脾氣差爲忤，可見妙堪胸懷寬厚仁愛。
又如《徑山兩浙祭笑翁和尚》：

> 嗚呼！道在叢林，名在天下。公論在衲子，藐焉後學，何敢睥睨
> 其藩籬哉，然觀其進退出處，措注設施，則萬人之傑，一世之師也。
> 忿教嫉邪，議論不恕。如雷霆於心無摶擊，而有歉者適自嬰之。得謗
> 大如屋，孰曰不宜！向非智識之高明，植立之徑正，難乎免於今之時
> 矣。嗟夫！嘉定遺老，十存二三，而师又長住。有志之士不如凛，其
> 衆芳日無，群艾歲長，謂惡不必戒，善不必爲。此論一勝，朋千百而
> 從之，聖人之道，其不大壞而極弊也幾希。簾簾五峰之蒼翠，俎豆雙
> 北之涟漪。合萬象兮配享，師庶幾兮来儀。②

在道璨的心中，老師是叢林和世俗社會的雙料精英，是"萬人之
傑，一世之師也"，而且老師還"忿教嫉邪，議論不恕。如雷霆於心無
摶擊，而有歉者適自嬰之"。在禪法上，他對於教門之法和一切邪説都
予以嚴厲的批判，但妙堪老師只是就事論事，而不是有意地去攻擊、批
評某人。足見妙堪宅心仁厚，頗有長者之風。而這樣的老師逝世，無疑
讓道璨倍感傷悲。可見在道璨看來，師、祖的形象是與精英標準相符合
的。而這種精英模式的書寫，也必然是由道璨修習文字禪而生發的精英
意識所決定的。

---

① 《無文印》卷十二，《宋集珍本叢刊》第 85 册，北京：綫裝書局，2004 年版，第 633 頁
上。
② 《無文印》卷十二，《宋集珍本叢刊》第 85 册，北京：綫裝書局，2004 年版，第 633 頁
下。

二、尚友結盟：道璨文字禪思想的反映

道璨廣結宗門同好，對於同好的詩文創作他都予以肯定讚揚，如他寫給大觀的《江湖勸請觀物初住大慈寺》：

> 惟昔佛祖之道大，學而後知；自離言說之論行，置而不聞。孰知酥酪，初無异致；譬猶江漢，均是朝宗。若非同臭味之人，難與議聖賢之事。某人瘦露秋山之骨，語敷春物之華。爲北磵流末後之遺芳，薄遊滄海；念衛王有大功於吾教，来布慈雲。活死句於翰簡叢中，發生機於葛藤椿上。傳千古文章之印，固不愧於若翁；爲萬乘帝王之師，當毋忘於乃祖。①

大觀曾爲道璨的《無文印》作序，這篇請疏幾乎就是道璨的投桃報李。文中對大觀的文采予以高度評價，體現了道璨對宗門同好的認可。但文中最顯著的觀點自當是道璨的"尚友結盟"意識。道璨首先提出佛祖之道是"不離文字"的，而後表示對文字禪的肯定。在道璨看來，寫詩爲文也是參禪，與其他的參禪方式没有區別，這就像江水與漢水一樣，殊途而同歸，理直氣壯地爲自己熱心詩文進行辯護。所以，他緊接著説出"若非同臭味之人，難與議聖賢之事"。所謂"同臭之人"與大觀《無文印序》中的"同黨"是同樣的道理，均指臨濟宗詩僧，而且道璨把詩文寫作等同於"聖賢之事"，並用一"難"字形容自己和"非詩僧"之間無法交流的尷尬。這説明道璨有強烈的"共同體"意識，對不屬於本群體的僧人帶有排斥心理。因此，道璨與大觀一樣具有"尚友結盟"的意識，而這正是本時期禪宗文化精英的共識，是他們苦心追求文字禪而催生的產物。

既然道璨有宗門"共同體"意識，那麼他對宗門同好者的支持、讚賞也是不遺餘力的。前面我們在討論大觀時，曾説大觀周圍匯聚了一批詩僧，如勝叟宗定、康南翁、安危峰、吉上人、浮清一老等，而這些人也均同道璨有交往。如《跋康南翁詩集》：

> 南翁早受句法於深居馮君，来江湖，徒北磵遊，而又與吳菊潭、

---

① 《無文印》卷十一，《宋集珍本叢刊》第 85 册，北京：綫裝書局，2004 年版，第 625 頁下。

周伯弜、杜北山、肇淮海輩友，故其學益老，深沉古淡，不暴不耀，如大家富室，門深戶嚴，過者不敢迫視。年逾三十，挾貧而死，惜哉！十數年來，士之奇秀者，老天必奪其魄。余識字不多，亦不見恕，然猶後翁死者，文拙之力也。使翁之詩拙於余文，死期必可緩，惜翁不知此耳。余既爲翁惜，且爲士之奇秀者懼焉。①

物初大觀亦有《康南翁詩集序》：

> 今詩與古詩异，承襲體勢，束縛聲律，其視三百五篇相去幾何？夫詩之用大矣。君臣賡歌，告功神明，遺往勞還，皆用也。豈徒寫景狀物以自陶冶而已？雖然，詩則有古今，詩所自出者，果有古今哉？不以俗學翳夫所自出者，皆意完語真，惟所用之，其於古也何异之有？又豈體勢聲律之所能限？吾持此論久矣。與南翁語，忽擊節。翁云："今之以詩名者，瑟竽异好，酸鹹异宜，是皆梏於體勢聲律而懵厥所自出者也。八音諧而樂大成，五采施而繪事備。詩可以一律論耶！"間以所作示予，屬余序。一燈深宵，一字細嚼，知其吟之苦矣。若夫主常用奇，刊陳出新，雲補瘦崖，澗攎蜚瀑，悠揚激躍，自趣其天。翁從深居馮君遊，諗議論之正，以其所以論充其所作，則翁詩之進，其可量哉！②

康南翁是大觀、道璨兩人共同的好友，從這一跋、一序來看，康南翁極富詩才，惜乎英年早逝。道璨之文以回憶爲主，從他的介紹可知，康南翁早期學詩於馮去非，這點也得到大觀的證實。後來跟隨北磵居簡，與不少江湖詩人和淮海元肇交往，他爲人低調，不願張揚。因此，道璨對於同好的英年早逝非常惋惜。再如《祭安危峰》：

> 仰止雲霄，多士如牆。兄於其間，捷出橫翔。挺特自將，豪放自許。白眼自橫，清貧自處。紛紛交道，如馬牛風。概觀等視，僅有危峰。豈無他人，狎比親昵。彼疆此界，自爲區域。相彼三瀘，宅西北隅。風寒不毛，有此人歟。訃音東來，初疑是夢。載問載詢，失聲悲

① 《無文印》卷十，《宋集珍本叢刊》第 85 冊，北京：綫裝書局，2004 年版，第 617 頁上。
② 《物初賸語》卷十三，許紅霞：《珍本宋集五種》下冊，北京：北京大學出版社，2013 年版，第 776 頁。

慟。我慟伊何，非愛與私。爲朋友慟，非君而誰。曰壽與才，天不並
授。得隴望蜀，鬼見失笑。歷觀古人，鮮不若兹。猗歟危峰，又烏
足悲！①

安危峰也是大觀的詩友，道璨亦與之關係匪淺。通過道璨的叙述，我
們知道安危峰雖然生活清貧，但能樂在其中，以清貧自處，做到"貧而無
諂"。可見其人非常有骨氣。當聽説安危峰逝世的消息時，道璨放聲痛哭，
同時認爲他和康南翁一樣，才華與年壽不成正比，才華越大而年齡越短，
對這位宗門精英的逝世非常傷心。除了大觀、康南翁、安危峰三人，道璨
還有數位宗門同好，見於其撰寫的詩序，如《潛仲剛詩集序》：

> 詩，天地間清氣，非胸中清氣者不足與論詩。近時詩家艷麗新
> 美，如插花舞女，一見非不使人心醉。移頃則意敗，無他，其所自出
> 者有欠耳。仲剛生長藕花汀洲間，天地清氣固以染其肺腑，久從北磵
> 遊。受詩學於東嘉趙紫芝，警拔清苦，無近世詩家之弊，晚登華頂，
> 窺雁蕩、酌飛泉，蕭散閑談，大异西湖、北山。但惜北磵、紫芝不及
> 見也。自風雅之道廢，世之善詩者，不以性情而以意氣，不以學問而
> 以才力，甚者務爲艱深晦澀，謂之托興幽遠，斯道日以不競，風月三
> 千首，自憐心尚在，顧予病長學落，不得與吾仲剛講明此事。②

因爲是同好盟友，那麼"題寫詩序"的行爲自然就成了聯絡彼此感情
的有效手段之一。從文中可知，當時與北磵居簡交遊的詩僧還有很多，這
位潛仲剛受學於永嘉四靈之一的趙師秀，可惜他的詩集現已不可得見。在
這裏道璨詳細地爲介紹了潛仲剛詩歌的特點，即"警拔清苦"。此外道璨
也提出了自己的詩論，他認爲詩是天地之間的清氣，而且一個人胸中要有
"清氣"方可論詩，可見道璨的詩歌理論帶有明顯的"道德論"，文中説：
"自風雅之道廢，世之善詩者，不以性情而以意氣，不以學問而以才力，
甚者務爲艱深晦澀，謂之托興幽遠，斯道日以不競。"這就説明道璨和大
觀等人的詩學取向是一致的，均反對晚唐體一流。還有《瑩玉潤詩集序》：

---

① 《柳塘外集》卷四，《文淵閣四庫全書》第 1186 册，臺北：臺灣商務印書館，1986 年版，
第 841 頁上。

② 《柳塘外集》卷三，《文淵閣四庫全書》第 1186 册，臺北：臺灣商務印書館，1986 年版，
第 816 頁上。

詩主性情，止禮義，非深於學者不敢言。大曆、元和後，廢六義
專尚浮淫新巧，聲固艷矣，氣固矯矣。詩之道安在哉？然當時君子要
未必不學，特爲風聲習氣所移，迷不知返耳。數十年東南之言詩者，
皆襲唐聲而於根本之學，未嘗一日用其力。是故淺陋而無節，亂雜而
無章，豈其所自出者有欠歟？予友瑩玉澗，早爲諸生，遊場屋數不
利，於是以緇易儒，胸中所存浩浩不可遏，溢而爲詩。本之禮義以浚
其源，參之經史以暢其文，遊觀遠覽以利其器，反聞默照以導其歸。
由千鍛萬煉以歸於平易，自大江大河而入於短淺，輕不浮，巧不淫，
肥不腴，癯不瘠，吾是以知有本者如是，而非前所謂不學者所能也。
予常謂惟儼詩不傳於後世，而托名於歐陽一序；參寥詩可傳者十數，
解藉東坡一語而盛行，世無二公，孰知玉澗者？雖然，玉澗豈托人以
傳哉。①

據黃啟江先生考證，此處的瑩玉澗是玉澗宗瑩②，道璨認爲宗瑩的詩
足以名動於世。但是，他和前代的詩僧惟演（嚴）、道潛相比差些運氣。
因爲宗瑩尚未遇到歐、蘇那樣的大家爲其譽揚。而惟演、道潛這些人都被
當時的文化精英所欣賞，而後一舉成名。所以在這篇序文裏，道璨要爲宗
瑩詩才進行公正的評價，使他獲得大家的認可。而這也是道璨"尚友結
盟"思維使然，爲同好多加支持與鼓勵。此外，像《韶雪屋詩集序》《仙
東溪詩集序》也都是評論詩僧的，道璨爲宗門同好的詩集所題寫的序在内
涵上往往大同小异，主要表現出對宗門同好的扶持與激勵，抒發自己對同
好的珍視。

通過道璨題寫的詩序可知，這一時期南宋禪宗詩僧人才輩出，彼此之
間非常熟悉。而且，結合大觀使用的"同黨"、道璨使用的"同臭之人"
等語詞來看，這時期的詩僧完全是有意識地尋求同道，來獲取彼此的支
持。而這直接促使叢林内部出現了以詩文志趣相結合的詩僧"共同體"，
這些詩僧的結合正是文字禪或者詩禪文化在南宋臨濟宗盛行的典型表現。
这些人像瑩玉澗、安危峰、勝叟宗定、康南翁、潛仲剛等，均是活躍一時

---

① 《柳塘外集》卷三，《文淵閣四庫全書》第 1186 册，臺北：臺灣商務印書館，1986 年版，
第 816 頁上。

② 黃啟江：《一味禪與江湖詩——南宋文學僧與禪文化的蛻變》，臺北：臺灣商務印書館，
2010 年版，第 389 頁。

的禪宗詩僧，他們對詩文的熱衷使其結成了群體，這些人對文化的崇尚無疑是自發的，超越功利的。因此，他們彼此互相品題，積極鼓勵，充分體現了臨濟宗禪僧對同道的關懷與幫助，從而使得這一時期的臨濟宗詩僧創作或多或少地呈現出文人集團的特質。

第八節　道璨的詩歌創作

關於道璨的詩歌特徵，許紅霞先生認爲"其詩風平易流暢，並無明顯地受江西詩派影響"[1]。確實，道璨某些詩歌寫得比較平易流暢，如《題水墨草蟲》：

蜻蜓低傍豆花飛，絡緯無聲抱竹枝。憶得西湖烟雨裏，小園清曉獨行時。[2]

《過桃花寺懷東叟》：

主人去後客來過，丹竈重重鎖薜蘿。滿院碧桃花寂寞，春風不似舊時多。[3]

《疏山問竹》：

坐對青青仔細看，別來且喜尚平安。山中歲晚風霜惡，不易孤標耐得寒。[4]

《立秋日》：

碧樹蕭蕭凉氣回，一年懷抱此時開。槿花籬下占秋事，早有牽牛上竹來。[5]

《睡起》：

青青岸草綠於袍，雨後江流數尺高。庭院日長春睡足，幽蘭花底

① 許紅霞：《南宋詩僧叢考》，北京大學博士學位論文，2003 年版，第 68 頁。
② 《無文印》卷一，《宋集珍本叢刊》第 85 册，北京：綫裝書局，2004 年版，第 570 頁下。
③ 《無文印》卷一，《宋集珍本叢刊》第 85 册，北京：綫裝書局，2004 年版，第 570 頁下。
④ 《無文印》卷一，《宋集珍本叢刊》第 85 册，北京：綫裝書局，2004 年版，第 571 頁上。
⑤ 《無文印》卷一，《宋集珍本叢刊》第 85 册，北京：綫裝書局，2004 年版，第 571 頁上。

讀離騷。①

從這些作品來看，道璨所表現的情感體驗及風格與傳統的江西詩派的作品有所不同。語言平易淺近，多爲作者自出胸臆，幾乎沒有使用典故。這些詩歌無論是其體現的境界，還是流露的情感，都是比較幽微小巧、細膩瑣碎的，風格甚至有些清苦，近乎晚唐體。這樣來看，道璨的創作似乎與江湖詩派更爲接近。

然而，這些作品能否代表道璨詩歌創作的全部是值得商榷的。因爲這種風格的作品在其全部作品中所占比例並不高。從體裁上看，這些詩歌都是絕句；從寫作方式看，這些詩歌屬於"獨吟"類型。② 但這類作品並不是道璨詩歌的主流，道璨詩中最常見的類型是"賡和"詩，粗略統計，"賡和"型的作品大約有 40 首，主要以古體和七律爲主，接近道璨現存詩歌的一半。而這類"獨吟"絕句僅有 20 餘首。所以僅憑這類作品認定道璨的詩風恐怕是不夠準確的。

我們認爲，道璨的詩歌是否與江西詩派有聯繫，關鍵在於其作品的風格及創作手法的使用是否對江西詩派有明顯的接受與模仿。如果道璨對江西詩派有所接受的話，那麼，他的作品中肯定會表現出類似的特徵，如創作上講求章法、謹於布置，詩歌語言體現"點鐵成金""奪胎換骨"，使用一些僻典等。而道璨的不少作品恰好有這些特色，與上文提到的絕句完全不同。首先就是講求章法、謹於布置，如《和臥龍招隱吟》：

> 武侯與晦翁，千載兩名流。各以一臂力，能鎮百世浮。神遊天地間，或爲山阿留。心期有佳人，駕言寫幽憂。水流崖華開，山空明月秋。桂樹影團團，乳鹿鳴呦呦。薦菊秋盈筐，酌茶花滿甌。兩翁來不來，徘徊駐歸騶。③

从這首五言排律的特徵來看，道璨采用了以文爲詩的手法，開頭六句稱贊諸葛亮和朱熹，強調了兩人在生前死後的巨大影響及功業。之後借景

---

① 《無文印》卷一，《宋集珍本叢刊》第 85 册，北京：綫裝書局，2004 年版，第 571 頁上。
② 本書將詩歌區别爲"酬唱"與"獨吟"兩種形態，借鑒了呂肖奐、張劍先生的觀點，詳見呂肖奐、張劍：《酬唱詩學的三重維度建構》，《北京大學學報》（哲學社會科學版），2012 年第 2 期。
③ 《無文印》卷二，《宋集珍本叢刊》第 85 册，北京：綫裝書局，2004 年版，第 578 頁下。

抒情，既以幽寂明麗之夜色寄托他對兩位先哲的哀思，也流露出隱逸生活的瀟然、閑適，兩者可謂珠聯璧合。

其次，道璨有意識地運用“點鐵成金”“奪胎换骨”之法，如《和汪提幹梅邊》：

> 我愛稽山陰，茂林映修竹。鑒湖八百里，眼看不盈掬。管領天下清，此樂梅邊獨。幾欲驅車去，雲根夜同宿。山空秋月明，安期未可卜。蓬萊水清淺，褰裳同往復。徑謁蔡少霞，不待青童覆。共草新宫銘，調高語圓熟。①

這首詩與前首詩的手法類似，詩的開頭四句抒發了詩人對會稽清雅俊秀環境的喜愛，之後引出詩歌主題“梅”，而“幾欲”句表現出詩人對梅的嚮往之情，“山空”句則是對前詩第十句的改寫，可見詩人非常欣賞“空靈”之美。“徑謁”句用典，詩句中所謂“蔡少霞”乃唐代的隱逸之士，其潛心修煉道家吐納之術，曾夢隨一褐衣鹿幘之人遠遊，至一城廓，遥見玉人當軒獨立，玉人請少霞書寫紫陽真人山玄卿所撰《蒼龍溪新宫銘》，而後少霞“醒然遂寤，急命紙筆，登即記録，自是兖豫好奇之人，多詣少霞，謁訪其事”②。而蘇軾《遊羅浮山一首示兒子過》詩，其中有“負書從我盍歸去，群仙正草新官銘。汝應奴隸蔡少霞，我亦季孟山玄卿”之句。詩人借此典故表現了願與汪提幹共同習修筆墨雅事。本詩蔡少霞之典故見於筆記小説，相對冷僻，而且語句亦有化用蘇詩之痕迹，頗有奪胎换骨、點鐵成金的味道。再看《題善住閣》：

> 閣前溪水聲潺湲，閣後山色空巑岏。取之不得捨不得，善住道人如是觀。浩蕩春風滿天地，飛絮遊絲無定處。去無所至來無踪，善住道人如是住。有所住兮成守株，魚止濼兮鳥栖蘆。無所住兮成漫浪，空中迹兮鏡中像。道人一笑璨琳琅，住不住兮吾已忘。閑倚闌干春晝長，眼看白鳥浮滄浪。③

這首詩的吟詠對象是善住閣，風格詼諧幽默。首二句先從閣樓前後清

---

① 《無文印》卷二，《宋集珍本叢刊》第85册，北京：綫裝書局，2004年版，第575頁下。

② ［宋］李昉等：《太平廣記》卷五十五，北京：中華書局，1961年版，第341頁。

③ 《無文印》卷一，《宋集珍本叢刊》第85册，北京：綫裝書局，2004年版，第570頁下。

秀的景致寫起，接著感嘆此景既難以畫筆取得，又令人難以捨弃；"浩蕩"二句繼續寫景，表現善住閣春季之景觀，並以柳絮的飄揚不定比喻閣中僧人一如柳絮這般往來居住。之後連用兮字句，演説佛理，"有所住"和"無所住"是一對相反的概念，出自《金剛經》，"有所住"是指執著於任何意念和事物，"無所住"正好與之相反。因此詩人認爲一旦人們陷入執著就如同守株待兔；而"無所住"則使世人瞭解到世間一切都是"空中迹""鏡中像"，並不是真實存在。因此詩人在結尾叙述"無所住"爲其帶來的愉悦，使其能閑倚欄杆，欣賞白鳥飛翔於滄浪之上。

通過以上三首詩，我們可以感受到道璨作詩非常講求章法，前後銜接緊密，意脉則一以貫之，詩中運用了點鐵成金、奪胎換骨之法，使用了一些相對生僻的典故，頗有江西詩風。因此，道璨並非對江西詩派沒有借鑒，而且道璨本身就是江西人，所以，地緣因素的影響絕對不可以忽視。道璨詩中所占比例最大的是和韻詩，這説明道璨的詩歌亦偏重發揮交際功能，因此我們認爲道璨的詩與"元祐—江西"文學傳統可能更接近。下文就以這類作品試論之。

一、道璨的唱和詩

在現存的道璨詩歌中，唱和詩有 40 首左右。可見道璨跟寶曇有些相似，都比較喜歡賡和他人之作。有些作品是古體詩，如《和童敬重》：

> 空山木葉下，坐觀不二門。茶香舌本甘，直探天地根。兩袖江海風，眼前見夫君。十年戎馬間，未發詩與文。逐禄士之常，一廉減萬想。六經在日用，論説漫深廣。躬行能尺寸，光焰長萬丈。世波易溺人，外此無保障。①

童敬重是道璨的詩友之一，可惜生平無考，其原詩亦未見《全宋詩》收錄。但在這首詩裏，道璨對童敬重的形象和經歷有一些叙述，如"十年戎馬間，未發詩與文"，可知童氏參軍十年，退伍之後可能纔開始學習詩文。從道璨詩歌的語氣來看，童氏蓋爲道璨的晚輩，似求教於道璨，故道璨和詩就勉勵他説，追逐利禄本是士人之常，但只要你有廉潔之心，就能

---

① 《無文印》卷二，《宋集珍本叢刊》第 85 册，北京：綫裝書局，2004 年版，第 575 頁下。

減去萬種欲望幻想。士人誦讀《六經》的目的在於致用，但其論説則汗漫深廣，很不易把握，若能躬身實踐其中一點，就相當於發揚了萬丈光芒。然而世俗的誘惑又很容易使人沉溺其中，若想不沉溺於此，讀經可能是最好的保障。

這首詩亦體現了"以文爲詩"的特徵，章法結構謹嚴，讀之若書信，就像長輩對晚輩的循循善誘，全無清苦瘦硬之氣。而且，詩中"茶香舌本甘，直探天地根"之句也體現了禪宗"舌根圓通"的觀念，即茶禪。前文在叙述寶曇的茶香詩時曾提到黄庭堅、曾幾等江西詩人也有此類作品。可見這也是道璨與黄庭堅、曾幾等江西詩人在詩歌表現上一致的地方。再如《和余籤判清溪觀荷山南》：

> 東風已老南風急，浪蕊浮花和露泣。翠袖盈盈波上來，相向美人如玉立。軒渠一笑俱動容，彼此一樣冰雪踪。明珠散不論斛斗，清溪化作驪龍宫。大江以東北山北，時樣新妝皆失色。古心一寸誰得知，江上晚來數峰碧。普天之下率土濱，容著不盡胸中春。濂溪愛花我愛葉，難將此意輕語人。探尋勝處到深杳，兩眼眈眈天地小。不離枝葉見花實，紅白紛紛迹如埽。膝間不著無弦琴，酒中清濁時自斟。興寄超然八方内，身在水流香世界。緑雲冉冉撥不開，樂地可中能許大。中通外直真絶奇，一語能覺千古迷。二百年後誰傳衣，清溪滚滚通濂溪。[1]

余籤判的生平也不可考，題目中的"山南"二字或爲其字、號。道璨的這首和韻詩從題材看是詠物一類，但在詠物之餘也表達了他對宋代著名理學家濂溪先生周敦頤的崇敬之情。詩的前四句運用擬人手法描寫荷花之清秀俊美。從"軒渠"句開始，詩人采取側面烘托的手法，深化了對描寫對象的贊美，尤其是"時樣新妝皆失色"一句，足以表現出荷花在詩人心中的分量，簡直勝絶衆芳。而"濂溪"句以後，詩人引用了許多典故，如"濂溪愛花"即指周敦頤之《愛蓮説》；"膝間不著無弦琴"二句則用了陶淵明"蓄無弦琴一張"之典，以及陶詩《和郭主簿》中的"酒熟吾自斟"之句；"緑雲"句似點化蘇軾《有美堂暴雨》"滿座頑雲撥不開"之句；

---

① 《無文印》卷二，《宋集珍本叢刊》第 85 册，北京：綫裝書局，2004 年版，第 576 頁上。

"中通外直"亦出自《愛蓮説》。在這部分，詩人還表達了不少禪理，如
"探尋勝處到深杳，兩眼眈眈天地小"，似指雲門三種語之"函蓋乾坤"
句，即指對合天蓋地、普遍存在的佛性的頓悟①；"不離枝葉見花實，紅
白紛紛迹如埽"則是華嚴法界周遍含容觀的體現，頗似惠洪"如春在花"
的概念；"興寄超然八方内，身在水流香世界"則反映了《楞嚴經》"轉
物"的觀念，强調以我觀物，而不是迷己逐物、人爲物役。

　　除了這些，像前面的"古心一寸誰得知，江上晚來數峰碧"，完全是
"點鐵成金"的運用，前句取自杜甫"文章千古事，得失寸心知"，後句取
自錢起"江上數峰青"。"普天之下率土濱，容著不盡胸中春"同樣體現出
周遍含容的思想，即一微塵中悉具真如全體，一事相中邊含一切法界，一
即一切，一切即一。②而道璨在這裏提及此種佛教義理亦與周敦頤有關，
周敦頤《通書·理性命》曾云："二氣五行，化生萬物。五殊二實，二本
則一。是萬爲一，一實萬分。萬正各一，小大有定。"③可見道璨在詩中
的議論説理與表現對象的身份非常符合。

　　道璨的和韻之作除了古體之外，最多的是七律。比如《和鄭半溪》：

　　　　詞林丈夫安晚氏，筆端有口吞餘子。阿戎在傍横點頭，萬言不直
　　一杯水。文詞於道直毫芒，枉勞平生兩鬢蒼。落花植實願自强，深炷
　　胸中書傳香。④

　　鄭半溪即南宋理宗朝丞相鄭清之，其是南宋末期叢林的外護，出入
禪、教及净土，與不少禪師結爲至交，頗受叢林尊敬。⑤此詩叙述了道璨
評價鄭清之文詞一事。首句就贊揚鄭清之是詞林中之大丈夫，"安晚"是
鄭氏的别號，故稱。次句形容其筆端有巨口，可氣吞餘子。頷聯則筆鋒一
轉，"阿戎"本指晋代王戎，因爲王氏早慧，後來引申美稱他人之子。首
聯道璨對鄭氏的文采予以極大的肯定，但鄭氏之子在旁聞聽後却摇頭示意

---

① 周裕鍇：《文字禪與宋代詩學》，北京：高等教育出版社，1998 年版，第 130 頁。
② 周裕鍇：《法眼看世界：佛禪觀照方式對北宋後期藝術觀念的影響》，《文學遺産》，2006
年第 5 期，第 80 頁。
③ 曾棗莊、劉琳：《全宋文》第 25 册，成都：巴蜀書社，1988 年版，第 271 頁。
④ 《無文印》卷一，《宋集珍本叢刊》第 85 册，北京：綫裝書局，2004 年版，第 573 頁下。
⑤ 黄啓江：《一味禪與江湖詩——南宋文學僧與禪文化的蜕變》，臺北：臺灣商務印書館，
2010 年版，第 485 頁。

不贊同，謂其父雖創作頗豐，然不值一杯水。很明顯這是一種自謙，亦可見鄭氏家風之淳樸志誠。頸聯鄭氏之子接續上聯意思，謂文詞之於“道”就如毫芒一樣微小，而自己的父親在這裏投入大量精力，只落得兩鬢蒼蒼，可見他對鄭清之的文采並不看好。但是，道璨以爲其子的評價過於嚴格，故於尾聯中提出自己的看法，他認爲鄭清之於詩文寫作應自強，就如落花結果實，並要把自己的知識、學問如敬香一般，一炷接一炷地傳遞給後代，表現了道璨對“斯文”的推崇以及對文化傳承的注重。再如《和恕齋吳提刑松陽庵居》：

> 截斷人間名利塵，橫塘深碧護新墳。昏明不定霜天月，開合無心竹屋雲。風雨對床差可喜，乾坤萬事不堪聞。栽松種竹閑功課，却爲憂時一半分。①

詩中的吳提刑即吳革，他亦與道璨相交。此吳革乃南宋臨安知府，與北宋末年抗金將領吳革同名。道璨有《恕齋吳制置》一文，其文曰：“不瞻望道德八九年，光華麾節，照映天壤間，功名獵獵極一時之盛。”② 這說明道璨與吳革相識的時間很長。文中還提到吳革對道的愛護令他非常感謝，如“不弃敝帚，稱之於當軸，誦之於諸公，舉之於僧之有位者”，說明吳氏不但譽揚道璨詩文，還提拔道璨在宗門的地位，所以道璨對吳革的敬意不言自明。這首詩寓情於景，主要表達了道璨對吳革的寬慰。其中，頷聯“昏明不定霜天月，開合無心竹屋雲”描寫了霜天暗月之下竹屋上的雲彩像一位孤寂的人一樣，百無聊賴地開合而使月光忽明忽暗。頸聯則筆鋒一轉，以輕鬆愉悅的口氣，述説兩人在風雨之夜得到對床夜語之機。可見道璨與吳革關係之親密。又如《和吳衡州雲壑》：

> 紛紛世事幾昏明，作計還山又未成。欲學種松消永日，不徒煨芋博虛名。雲開衡岳鵬程闊，秋入鄱湖雁影清。也欲摩挲病來眼，春風暖處望前旌。③

此詩首聯對吳衡州（雲壑）叙述由於世道昏暗不明，自己想歸隱，却

---

① 《無文印》卷一，《宋集珍本叢刊》第 85 冊，北京：綫裝書局，2004 年版，第 571 頁下。

② 《無文印》卷十八，《宋集珍本叢刊》第 85 冊，北京：綫裝書局，2004 年版，第 671 頁下。

③ 《無文印》卷二，《宋集珍本叢刊》第 85 冊，北京：綫裝書局，2004 年版，第 579 頁上。

不可成行。頷聯用典，出自《林間錄》卷下："唐高僧號懶瓚，隱居衡山之頂石窟中。嘗作歌，其略曰：'世事悠悠，不如山丘。臥藤蘿下，塊石枕頭。'其言宏妙，皆發佛祖之奧。德宗聞其名，遣使馳詔召之。使者即其窟，宣言：'天子有詔，尊者幸起謝恩。'瓚方撥牛糞火，尋煨芋食之，寒涕垂膺，未嘗答。使者笑之，且勸瓚拭涕。瓚曰：'我豈有工夫爲俗人拭涕耶？'竟不能致而去。德宗欽嘆之。"[1] 謂自己要效仿懶瓚禪師，不爲博虛名而處實禍，而是要真隱居。頸聯寫景，表現秋季鄱陽湖面水平如鏡，可視天空大雁的倒影，亦暗示了詩人此時心情的舒暢爽朗。尾聯則寄託希望，切盼在來年溫暖的春風裏能望見吳衡州出行儀仗的前導旌旗。

除了使用典故，道璨的唱和詩也追求高超的難度係數，有意挑戰自己的智力水平，如《和山泉喜雪》：

> 高下隨風自在吹，縱橫萬里急還遲。園林頃刻生春意，天地中間有此奇。深入重城垂縛處，不持寸鐵令行詩。夜來竹外生盈尺，凍損梅花人未知。[2]

再如《和吳知府萬竹亭》：

> 風流不減晉諸賢，冰雪精神已凜然。歲晚莫教冰雪盛，聽他明月下青天。[3]

這兩首詩除了是和韻之外，還有一個共同特徵，即"白戰體"。如第一首之"不持寸鐵令行詩"，化用蘇軾"白戰不許持寸鐵"；第二首詩是詠竹詩，但全詩並未見一"竹"字，却暗用了竹林七賢之典故，巧妙地將吳山泉的萬竹亭比爲魏晉時期竹林七賢的竹林。而"白戰體"正是元祐文人挑戰自我智力極限的附屬品，體現了元祐文人的詩文才華。可知道璨和韻詩亦好引用典實，以才學爲詩，講求寫作的難度。因此，我們認爲道璨的創作體現了和"元祐—江西"詩歌相同的文學理念。

---

① [宋] 釋惠洪集，《林間錄》卷上，《卍續藏經》第 148 册，臺北：新文豐出版公司，1993 年版，第 611 頁下。
② 《無文印》卷二，《宋集珍本叢刊》第 85 册，北京：綫裝書局，2004 年版，第 577 頁上。
③ 《無文印》卷一，《宋集珍本叢刊》第 85 册，北京：綫裝書局，2004 年版，第 574 頁下。

二、道璨的古體詩

就體裁而論，道璨的古體詩最多，有 50 多首，上文中提到的不少作品就屬於古體詩。在這些作品中道璨同樣表現了對"元祐—江西"文學傳統的接受。

道璨的古體詩長、短篇皆有，其長篇數量雖少但特徵鮮明，發揮了古體長篇的交際作用，如《樗寮生日》：

> 長庚流輝千丈強，斗南夜氣浮耿光。晉唐以前舊人物，翩然乘風下大荒。平生厭官不愛做，自歌招隱山中住。後園明月手自鋤，多種山前老梅樹。歲寒心事梅花清，滄浪白髮梅花明。有時指花對客道，此是吾家難弟兄。上國春風醉桃李，過眼紛紛付流水。禁得清寒耐後霜，幽獨何曾有如許。今年枝間著子無，黃金作顆應纍纍。想見日長庭院靜，時時繞枝如哺雛。摘來不用供調鼎，且喚麴生相管領。等閑一醉一千年，莫遣東風吹酒醒。①

"樗寮"是張即之，道璨曾從其學習書法。道璨在《無文印》中常以"樗翁""樗寮"或"張寺丞"稱呼張即之。道璨這首詩寫於張即之生日，其目的自然是賀壽，所以主要發揮的是交際功能。詩歌開篇起筆宏闊，以長庚星流輝千丈喻張氏長壽，"斗南"即北斗星之南，猶言中國或海內。而"夜氣浮耿光"亦是贊譽張氏之詞。三、四句將張氏比作晉、唐之前的人物，喻之有魏晉風度，翩然乘風來到當世。五、六句謂張氏雖才高卻無意仕途，因此選擇隱居山間，而不問世事。之後四句描寫張氏在山中的隱居生活，張氏以梅花爲友，並對外客道此乃自己家中的"難兄難弟"，此處引用《世説新語·德行》篇中的"元方難爲兄，季方難爲弟"之語，表現了張氏愛梅之心切。接著詩人以梅喻人，既然張氏愛梅，所以詩人就以梅花高潔傲岸的特徵比擬張氏的人格。春風偏愛桃李，但對梅花來説是過眼雲烟，如流水一般，梅花却耐得住清霜凝寒與孤獨幽寂。作者此處寫梅，實喻張氏不與世俗同流、不慕名利的高尚情操。詩的結尾則繼續表現張氏的隱居生活，他在梅花叢中暢然飲酒，希望自己能沉醉其中一千年，

---

① 《無文印》卷一，《宋集珍本叢刊》第 85 册，北京：綫裝書局，2004 年版，第 571 頁下。

而詩人看到此景時，亦謂老天不要派遣東風吹醒張氏，而能讓其躲避俗世的紛擾。

全詩雖出於賀壽的目的而作，但詩中無一字言壽，而是用張氏最愛之物——梅花來禮贊張氏，凸顯了其獨特的人格魅力，足見道璨構思的精妙，將張氏愛梅之情以及其美德和盤托出。再如《送西苑徑上人見深居馮常簿求寺記》：

> 西苑寶峰麓，占地寬一弓。梵放殷青冥，與峰相長雄。鬼域何方來，包舉歸提封。樓鐘不敢鳴，僧趨鄰寺鐘。徑也鐵石姿，直欲箋天公。天高不可叫，虎豹守九重。六年長安道，往來如飛蓬。雲開日正杲，死草生華風。青山復入手，盡埽狐兔踪。魚鼓發新響，松桂還舊容。掘地尋泉源，鋤荒理菊叢。桃李一家春，萬古無异宗。玉色十丈輝，秀潤净磨礱。大書付誰氏，千載深居翁。他年來讀碑，病眼摩朦朧。爲碑三夕留，臥聽寒岩松。①

詩題中的深居馮常簿即江湖詩人馮去非，不少臨濟宗詩僧都與馮氏有交，道璨也是其中之一。此詩的寫作目的是向馮去非求寫寺院之記，在這裹道璨將緣由寫得生動細緻，富於感染力。此詩講述了一次寺院之地失而復得的經歷，寶峰山麓有塊很小的土地，此地形勝與寶峰爭雄。這原本是寺院用地，僧人於此每天誦經禮佛，梵音之聲可達青天。但不知從何處來的險惡小人竟然無故強奪此地，趕走了寺僧，以致僧人們不得不逃往鄰近的寺廟。而當此寺院危難之際，這位徑上人挺身而出，憑藉其鐵石般的身姿和品格，毅然請朝廷有司來主持公道。但朝廷在上，徑上人在下，想要申訴冤屈又得經過重重關卡。因此他屢次請命上訪，往來於京城的路途就有六年之久，如飛蓬一樣漂泊，終於"精誠所至，金石爲開"，朝廷爲寺僧主持了公道，使死草得生於風華，寺院奪回了土地而重現生機，原來狐兔橫行、荒草叢生的景象亦被一掃而空。這樣僧人們又可以在那裹誦經禮佛，松樹、桂樹亦隨之復還了六年前的容貌。寺僧們還在原地掘井尋泉，芟鋤荒草之後再種植叢菊、桃李等花卉樹木。爲了紀念土地失而復得，寺僧們覓得一塊十丈的玉色石碑，在細心打磨之後，石碑溫潤圓秀，想請人

---

① 《無文印》卷一，《宋集珍本叢刊》第85冊，北京：綫裝書局，2004年版，第574頁下。

書寫碑記，而這自然要請馮先生您這位"千載之士"的大手筆來書寫。而等我他年歸來此地，即使病眼朦朧視物不清，也一定要摩挲著拜讀這篇碑記，爲之留宿三晝夜，在這裏臥聽寒岩旁的陣陣松濤之聲！

就寫作手法而言，道璨此詩基本上是"以文爲詩"，全詩的大部分是在講述寶峰山下寺院失而復得的曲折經歷，僅在最後四句抒情。而且内容很像一篇感人的韻文，生動地再現了寺僧們的冤屈、徑上人的執著堅毅，讀之令人動容。而這種手法、風格也是江湖派詩人少有的，自然與"元祐—江西"文學更爲接近。

這類古體詩歌還有很多，像《送愿上人過雪竇兼呈弁山》《潛上人求菊山》《吳太清有遠役以詩寄別次韻》等都是以交際爲主，類似居簡以詩爲書信，表現了對寫作對象的深情感懷。

與長篇不同，道璨的短篇多用於寫景，表現的多是羈旅行役及人生勞苦之感。比如《蘭溪夜泊》：

> 我泛浙西船，夜泊蘭溪岸。篷窗坐不眠，縣鼓鳴夜半。橋上趁墟人，往來徹清旦。辦此朝夕勞，不博一日飯。復被重氈睡正暖，閉户有人嫌夜短。[1]

詩人乘船夜泊於蘭溪之岸，但因縣鼓之鳴而坐窗不眠。他看到溪水橋上已有趕場之人，在這麼早的時間裏出行，與溫庭筠《商山早行》有異曲同工之妙，故詩人不禁説出"辦此朝夕勞，不博一日飯"之語，喟嘆民生之艱難辛苦，雖然起早貪黑亦不得温飽。而結尾二句"復被重氈睡正暖，閉户有人嫌夜短"與之形成鮮明的對比，當這些小民爲自己的生存起早之時，有的人還在蓋著重重厚被、毛氈，暖暖地睡著而嫌弃夜晚太短！可見道璨非常同情底層勞動人民，有著強烈的厚生愛民意識，表現了"精英"的擔當。再如《野水橫舟》：

> 望之一葉輕，即之萬鈞重。天風吹不去，世波搖不動。送盡千帆飛，濟川已無夢。月冷蘋花秋，此興白鷗共。[2]

野水橫舟取自韋應物《滁州西澗》"野渡無人舟自橫"之句，這裏詩

---

[1] 《無文印》卷一，《宋集珍本叢刊》第 85 册，北京：綫裝書局，2004 年版，第 569 頁下。
[2] 《無文印》卷一，《宋集珍本叢刊》第 85 册，北京：綫裝書局，2004 年版，第 569 頁下。

人以之作爲描寫對象。首二句運用對比表現孤舟的厚重，表面上看如一葉之輕，而坐上之後則覺得有萬鈞之重。三、四句承接此意味，正是小舟有如此厚重之感，纔能橫於野水之上，風吹不去、波搖不動。五、六二句采用擬人手法，孤舟橫浮水上，目送周圍千帆過盡，"濟川"一詞雖本指渡河，此處却指追求人生的成功。此句雖表明小舟之所以橫於野水不行，是因爲已無渡河之念，也就隱喻了"千帆"乃追名逐利之徒。毫無疑問，這也是作者的自喻——自己就像這小舟一樣沒有什麼追求。故結尾二句，謂小舟甘與秋風、冷月、蘋花相伴，與白鷗爲友，而"白鷗"亦多象徵隱逸，可見這也是作者自我的心靈抒懷。在道璨筆下，野水橫舟不止是一個孤寂的畫面，也是其曠達自適的心境的寫照，一葉孤舟因此承載了深刻的人生哲理。

綜上所述，我們認爲道璨絕大多數的詩歌在感情內涵上是比較深沉厚重的，並不是江湖詩人的瑣碎細膩。在手法上，道璨以文爲詩，好用典故，挑戰自我的智力極限。在題材上，道璨的詩以和韻爲主，發揮了詩的交際作用，與"元祐—江西"文學傳統一脉相承。在體裁上，道璨亦采用"元祐—江西"文學傳統常見的詩體——古體，或表達感懷友人的深情，或寄托沉重的人生感悟。道璨的詩歌表現了與"元祐—江西"文學傳統極高的相似度，因此在詩風上，其無疑接受了這一文學傳統的影響。

第四章　覺庵夢真

覺庵夢真（? 1214—? 1288），字友愚，號覺庵，宣城（今安徽宣城）人，俗姓汪。八歲爲僧，十九受具，二十行脚，曾參無準師範於徑山，又見大歇仲謙於雪竇，開悟。在理宗嘉熙二年（1239）至淳祐六年（1246），居簡住常熟縣慧日禪寺、道場山護聖萬歲禪院、净慈報恩光孝禪寺時，曾三同禪席。出世住永慶寺，歷住連雲、何山、承天諸寺。至元二十一年（1284），住平江府雙峨寺。大約卒於至元二十五年（1288），年七十五。①

覺庵夢真是南宋臨濟宗最後一代詩僧，他的創作跨越了宋、元兩代，其作品中對宋元易代之際發生的諸多史實都有記録，堪稱"詩史"或宋末實録②，具有相當的文學及史學價值。而作爲一名南宋末代的詩僧，夢真能寫出如此作品，完全可與我們所熟知的那些遺民詩人如林景熙、汪元量等相提並論。因此就南宋文學而言，夢真的詩歌創作不容小視。由於夢真的禪僧身份，所以本章仍以考察其禪學與詩歌創作的關係爲主，總結夢真的文字禪理念及其文化精英意識，探究夢真詩歌與南宋末代詩壇的交互影響。

---

① 本書對夢真生卒年的界定，依據許紅霞先生的考證（詳見《珍本宋集五種》上册，北京：北京大學出版社，2013年版，第111~112頁）。

② 涉及夢真這類詩歌的研究，目前有金程宇《尊經閣文庫所藏〈籟鳴集〉及其價值》和許紅霞《夢真的詩歌》兩篇文章。詳見金程宇：《稀見唐宋文獻叢考》，北京：中華書局，2009年版，第54~58頁。許紅霞：《珍本宋集五種》上册，北京：北京大學出版社，2013年版，第119~134頁。

第一節　夢真的文字禪思想

　　夢真的詩歌基本上收錄於《籟鳴集》《籟明續集》兩部詩集中。根據許紅霞的統計，兩部詩集共有詩歌 287 首。此外，許先生又從他書輯得佚詩 12 首，故現存可見夢真詩共有 299 首。有五言古詩、七言古詩、律詩、絕句，也有雜古、樂府、竹枝等詩體。其中七絕最多，有百餘首，七律其次，約 60 首。[①] 說明夢真對詩歌文字的熱情絲毫不遜於那些臨濟宗前輩。不過，與本書前面的研究對象稍顯不同，夢真不是出於大慧看話禪世系，而是出於虎丘紹隆一脉。這一世系儘管在南宋也出現了許多譽滿禪林的高僧，但其中却少有熱心詩文的，不像大慧派詩僧輩出，而這也使得夢真在這一法系中顯得比較獨特。因此夢真從事詩歌創作可能不是在本法系禪僧的影響下進行的。

一、居簡的幫助：夢真進入詩壇的關鍵

　　從夢真的法系來看，其師承如下：

　　　　虎丘紹隆→應庵曇華→密庵咸傑→松源崇嶽→大歇仲謙→覺庵夢真

　　夢真是虎丘一脉的傳人弟子。雖然虎丘與大慧並稱，但其門下弟子從事詩文寫作之人却不如大慧一派的多。因此，夢真在虎丘世係裏可能没有覓得多少同好。所以他的詩友除去文人士大夫，就只能從大慧派或其他宗派中結交。從江湖詩人馮去非在《籟鳴集》中的跋語來看，情況也確實如此：

　　　　北磵敬叟與余遊，最後住慧日峰下，所與劇談摘文，皆一時之盛。今其塔既古矣。將復從高菊磵九萬、翁五峰賓暘、趙東閣幾道、尹梅津惟曉、葉靖逸嗣宗、周汶陽伯弜，俯仰之間，相繼地下。未知此老管領我輩能如生前否？時覺庵友愚在諸公間，日相追隨，所見所

---

　　① 　許紅霞：《珍本宋集五種》上冊，北京：北京大學出版社，2013 年版，第 119 頁。

聞所傳，加於人一等矣。余初以姜白石識銛朴翁，盛稱北磵於衆中。覺庵於蘇台、霅上至净慈，凡三同禪席。①

從這段文字可以推斷，夢真蓋因雅好詩文，故能結識居簡，而居簡大概也很喜歡這位法孫輩的後起之秀，帶著他一同來見自己的江湖詩友，這樣夢真纔得與馮去非、高翥、翁孟寅、葉紹翁、趙汝回、周弼等一大批江湖詩人結交，進入該群體，而一舉聞名。因此居簡對夢真必有提携扶持之恩，是夢真揚名晚宋詩壇的關鍵人物。

二、"活句"與"籟鳴"：夢真文字禪思想及其詩論

其實，夢真能得居簡青睞，不外乎與之有相同的志趣追求，即喜好文字禪，夢真《籟鳴集》前有一篇自序，詳細闡述了他的文字禪思想：

> 詩與禪俱用參，參必期悟而後已。參須參活句，不當參死句。活句下悟法，迥然獨得脱。死句中得來，略無上承當。知詩、禪無二致，是必曰悟而後已。唐之名家者不下三百餘輩，皆從參悟中來。王建《宫詞》有曰："樹頭樹底覓殘紅，一片西飛一片東。自是桃花貪結子，錯教人恨五更風。"學者多作境會，既不求意於言外，又不求悟於意外，徒誦之嘵嘵而卒無成功，是豈後□□揚子雲者用心之不苦耳。予結髮從□□□□，及其長也，討論湖海名流，凡□□□□□□疲。颯然白首，雖未臻閫奧門牆，□□□□□□能强使之爲也。必也遇物感興，而□□□□□諸中必形諸外，如風激林籟，自然□□□□□鳴也。故名是詩曰"籟鳴"。②

從上可知夢真明確主張詩禪無二、以禪喻詩，把詩歌當成禪文本來閱讀，這屬於典型的文字禪思想。爲此夢真還引用了禪宗啓發學人的金科玉律——"須參活句，不當參死句"。"活句"是指一種有語言的形式而無語言的指義功能的句子，宗門或稱之爲"無義語"③，其目的在於防止學者

① 《籟鳴集》卷下，許紅霞：《珍本宋集五種》上册，北京：北京大學出版社，2013 年版，第 180 頁。

② 《籟鳴集》卷下，許紅霞：《珍本宋集五種》上册，北京：北京大學出版社，2013 年版，第 137 頁。

③ 周裕鍇：《禪宗語言》，杭州：浙江人民出版社，1999 年版，第 280 頁。

根據宗師的"指東道西"而"尋言摘句",即追隨語言的邏輯性來理解佛法奧義,成爲禪師傳導啓悟學人的基本手段。

"須參活句,不當參死句"對南宋文人的詩歌創作產生了極大的影響。如南宋詩人曾幾即主張"學詩如參禪,慎勿參死句"(《讀吕居仁舊詩有懷其人作詩寄之》),陸游則説"我得茶山一轉語,文章切忌參死句"(《贈應秀才》),嚴羽也提倡"須參活句,勿參死句"(《滄浪詩話·詩法》)①。而這個觀念亦頗受南宋臨濟宗詩僧的喜愛,往往成爲其避免禪門責難的擋箭牌。譬如物初大觀在《吉上人詩引》中説:"句中有意,如禪家句中有眼也。"大觀強調讀詩、寫詩與參禪的一致性,實際就是爲自己寫詩、讀詩辯護,以參悟"活句"爲名,爲自己從事的詩文事業披上合法的外衣。可以説,夢真此處的想法與大觀完全一致。而且,這兩句話不僅能充作夢真追求詩文的合理借口,也體現了他的詩學思想,即解詩須"求意於言外",之後實現"悟於意外"。夢真強調"意於言外",與其主張的"參活句"密切相關,錢鍾書先生在《談藝録》中説:"禪宗'當機活煞'者,首在不執著文字,'句不停意,用不停機'。古人説詩,有曰:'含不盡之意見於言外'者。不脱而亦不黏,與禪家之參活句,何嘗無相類處。"②

除了"須參活句,不當參死句""求意於言外"的理念,夢真在這裏也提出了他的詩歌創作論,雖然原文有不少殘缺破損處,但是這並不妨礙我們的發掘、整理,文中有"必也遇物感興,而□□□□□諸中必形諸外,如風激林籟,自然□□□□□鳴也"之句,這説明夢真的創作主張與居簡、大觀等大慧派詩僧趨於一致,即都主張創作要遇物感興,自然爲之,反對掐擢胃腎,雕琢肝肺。因此他的詩集取名曰"籟鳴"。這幾句話也從側面反映了即使在南宋末年臨濟宗詩僧仍反對崇尚苦吟、雕琢詞句的晚唐體,不以之爲詩歌的美學範式。

三、主盟詩社:禪門文化精英的表徵

夢真崇尚詩文,主動結交文人士大夫及宗門同好,説明他也嚮往並致

---

① 〔宋〕嚴羽著,郭紹虞校釋:《滄浪詩話校釋》,北京:人民文學出版社,1961年版,第124頁。

② 錢鍾書:《談藝録》,北京:商務印書館,2011年版,第244~245頁。

力於做一位宗門裏的文化精英。我們知道，禪宗內部對僧人從事詩文寫作是非常反對的，熱心詩文的禪僧往往會被視爲使用"淫詞艷語"，甚至落下叛道的罪名。所以自大觀始，由於詩僧隊伍的壯大，詩僧之間出現了互相題核詩文，互相支持、援助的現象，尚友結盟的意識隨之出現。而尚友結盟形成"共同體"，以抵禦宗門排斥、責難的意識也就成了南宋理宗朝後期臨濟宗詩僧的思想特徵之一。到了夢真這裏也是如此，因爲他從本法系中難覓同道，所以不得不"向外"活動，結交宗門旁系同好，以及馮去非、陳允平等江湖詩人。而且，夢真的"尚友結盟"亦卓有成效——他與某些同好及詩人結成了詩社，經常會盟賦詩。

夢真有兩首詩就是表現其在詩社中會盟賦詩的活動情況，一首是《歲晚會盟分韻得皇字》：

> 風雪歲雲莫，文遊集我堂。酒酣憑北斗，歌動挹東皇。夢草生春碧，看梅掩夕香。諸□應念我，白髮覆眉長。[1]

另一首是《約諸友吟社會盟》：

> 青松色不華，凜氣冰我脾。綠竹籜乍殞，露出青瑶枝。白雲忽飛來，翳翳雙峨眉。於中君子心，不受松竹欺。皎皎明月珠，結佩光陸離。粲粲五雲錦，顛倒裁裳衣。美人兮不來，美人兮何之。蓬萊限弱水，玄圃圍青霓。毋視八極遊，結社青蓮池。[2]

從這兩首詩可知，夢真周圍已聚集了相當多的詩友，大家於固定時間匯聚一堂，一邊把酒高歌，一邊分韻賦詩，共同進行高雅的文藝活動，有時夢真還要充當東道主，主持賦詩活動。這説明他的詩文才氣已被周圍詩友廣泛認可，他確實是一位文化精英。這也證明了南宋臨濟宗詩僧追求宗門"文化精英化"的思想的延續。

綜上所述，儘管夢真出於臨濟虎丘一系，但由於其對詩文的熱衷使其與大慧世系的詩僧較爲親近，他結交居簡並主動追隨居簡與南宋江湖詩人交遊，爲宋末江湖詩人所熟知。他提出了明確的詩禪理念，並踐行了自己

---

① 《籟鳴續集》，許紅霞：《珍本宋集五種》上冊，北京：北京大學出版社，2013年版，第200頁。

② 《籟鳴續集》，許紅霞：《珍本宋集五種》上冊，北京：北京大學出版社，2013年版，第201頁。

的文化精英意識，與同好結成詩社。因此，夢真是南宋末代臨濟宗中頗有建樹的詩僧。

第二節　夢真的詩歌與晚宋詩歌

通過前面的討論，我們知道夢真在宗門內與居簡相識，進而結交了不少江湖詩人，如高翥、葉紹翁、周弼等，而且他的詩歌也得到了江湖詩人馮去非的稱贊，那麼照此推斷，夢真的詩歌應該與江湖詩人的審美趣味一致，或具有與之近似的藝術風格。因此下文將著重探究夢真的詩歌，比較其與江湖詩之异同。

一、"荒寒"與"纖巧"：夢真的絕句對江湖詩的接受

在夢真的詩歌中，體裁最多的是絕句和律詩，這也是江湖詩人所擅長的，因此，考察夢真與江湖詩的關係就應從比較這兩類詩歌的風格入手。

（一）荒寒凄冷的意境

就夢真絕句的題材而言，主要有大兩類。

一類爲描寫自然山水，如：

> 荒烟野水思悠悠，隔崖青山是別州。瑤瑟碎彈秋月白，九嶷只作一般愁。①（《送人皈衡湘》）

> 草滿長堤鷺滿洲，畫橋閑倚勝登樓。亂蟬不道斜陽暮，吟破西風樹樹秋。②（《蘇堤晚眺》）

> 萬峰環拱一峰尊，獨勢巍巍欲並吞。徐福不歸青海闊，秋山斜日自黄昏。③（《登秦望山》）

> 門外寒江有底忙，水禽來語月凄涼。自知不是天涯客，歸夢何須

①《籟鳴集》卷上，許紅霞：《珍本宋集五種》上册，北京：北京大學出版社，2013 年版，第 149 頁。

②《籟鳴集》卷上，許紅霞：《珍本宋集五種》上册，北京：北京大學出版社，2013 年版，第 152 頁。

③《籟鳴集》卷上，許紅霞：《珍本宋集五種》上册，北京：北京大學出版社，2013 年版，第 153 頁。

怯夜長。①（《宿湖澄渡》）

暮雨送潮還渤澥，西風迎月上蓬萊。闌干一曲無窮意，歷盡微茫眼未回。②（《江山一覽亭》）

另一類爲書寫羈旅行役，如：

遠山落木凍雲摧，歲晚歸心憶故梅。過盡千□人未起，雪花飛入轎窗來。③（《曉發水東》）

一片輕帆帶雨飛，嫩凉催試薄羅衣。水村人語西風急，折盡蘋花燕不歸。④（《鹽城買舟》）

何年許史與金張，翁仲無言卧夕陽。待得鶴歸華表日，春風吹石起爲羊。⑤（《過石人嶺》）

樓上寒更接曉鐘，半街寒月照西風。故園開遍黄花了，無數青山客夢中。⑥（《旅枕》）

病怯單衣未壓重，江行三日浪粘空。秋林盡□蟬如市，一片斜陽帶蓼紅。⑦（《江行舟次》）

夢真的上述作品均表現了相似的意境，如“秋山斜日自黄昏”“門外寒江有底忙，水禽來語月凄凉”“樓上寒更接曉鐘，半街寒月照西風”“秋林盡□蟬如市，一片斜陽帶蓼紅”之句，這些凄凉衰颯的景象寫出了作者對自然景物、節候變化的敏感，以及作者對外界刺激的心理反應，使讀者明顯地感覺到詩人的孤寂與壓抑。

---

① 《籟鳴集》卷上，許紅霞：《珍本宋集五種》上册，北京：北京大學出版社，2013年版，第154頁。

② 《籟鳴集》卷下，許紅霞：《珍本宋集五種》上册，北京：北京大學出版社，2013年版，第164頁。

③ 《籟鳴集》卷上，許紅霞：《珍本宋集五種》上册，北京：北京大學出版社，2013年版，第152頁。

④ 《籟鳴集》卷上，許紅霞：《珍本宋集五種》上册，北京：北京大學出版社，2013年版，第152頁。

⑤ 《籟鳴集》卷上，許紅霞：《珍本宋集五種》上册，北京：北京大學出版社，2013年版，第154頁。

⑥ 《籟鳴集》卷上，許紅霞：《珍本宋集五種》上册，北京：北京大學出版社，2013年版，第157頁。

⑦ 《籟鳴集》卷下，許紅霞：《珍本宋集五種》上册，北京：北京大學出版社，2013年版，第165頁。

　　我們認爲夢真的這類作品在風格上與江湖詩人的同體作品非常接近。江湖詩人在行謁江湖、漂泊流浪的生涯中，特別是在詩禍之後創作了大量的山水詩、行旅詩，在詩中描繪各地的自然景物，並借以抒發對自然變化和人情冷暖的敏感，對旅途艱難、羈旅愁苦的細膩感受。① 他們有不少七絕就描寫了秋光暮色、荒山野水等場景，並多用夕陽、西風、黃花、白髮、寒江等含有頹廢氣象的景物，使詩歌呈現出荒寒淒涼的意境以及漂泊無依的憂傷。比如：

　　　　秋風吹客客思家，破帽從渠自在斜。腸斷故山歸未得，借人籬落種黃花。②（葉紹翁《九日呈真直院》）

　　　　少日鄉間不解愁，閑聽畫角起譙樓。西風依舊闌干月，獨自瀟湘萬里秋。③（嚴粲《二水聞角》）

　　　　水國秋清潮半生，越王臺殿鎖荒城。西樓一夜思歸客，斜倚朱欄獨聽笙。④（周弼《客樓》）

　　　　老去驚秋白髮添，不禁涼吹逼疏簾。樓高幸自蛩聲遠，爭奈梧桐又傍檐。⑤（高翥《秋夜》）

　　　　一別吳松二十秋，敗荷枯柳總新愁。白頭交友凋零盡，賴有寒江幾個鷗。⑥（許棐《吳江道中》）

　　　　愔愔雲氣繞江城，至後寒輕詎可憑。兩日南風將雪信，床前蝙蝠夜翻燈。⑦（趙崇鉌《後至》）

　　由此可見，夢真在荒寒景象的處理上以及在表現孤獨、漂泊的心靈體

---

① 陶文鵬、韋鳳娟：《靈境詩心——中國古代山水詩史》，南京：鳳凰出版社，2004 年版，第 530~531 頁。

② 《江湖小集》卷十，《文淵閣四庫全書》第 1357 冊，臺北：臺灣商務印書館，1986 年版，第 71 頁上。

③ 《江湖小集》卷十，《文淵閣四庫全書》第 1357 冊，臺北：臺灣商務印書館，1986 年版，第 81 頁下。

④ 《江湖後集》卷一，《文淵閣四庫全書》第 1357 冊，臺北：臺灣商務印書館，1986 年版，第 733 頁上。

⑤ ［宋］高翥：《菊磵集》，《文淵閣四庫全書》第 1170 冊，臺北：臺灣商務印書館，1986 年版，第 141 頁下。

⑥ 《江湖小集》卷七十六，《文淵閣四庫全書》第 1357 冊，臺北：臺灣商務印書館，1986 年版，第 600 頁上。

⑦ 《江湖小集》卷六十六，《文淵閣四庫全書》第 1357 冊，臺北：臺灣商務印書館，1986 年版，第 514 頁下。

驗上與江湖詩人是比較一致的。換言之，夢真七絕確實存在向這一群體借鑒、模仿的可能。

（二）纖巧清新的情調

當然，夢真的七絕也不全是描寫荒寒的景象，某些作品書寫的是悠遊閑適的生活情趣，呈現出纖巧靈動、清新活潑的風格特徵。比如：

> 林霏漠漠曉啼鳥，籜笋風簷半卷舒。行到松□花影裏，乳雞呼動一群雛。① （《曉行天竺道中》）

> 小雨簾纖濕槿花，昏烟投盡滿林鴉。一雙□□不飛去，留伴漁翁守釣槎。② （《河橋晚眺》）

> 桑陰翳翳麥初黄，野水分流出筧忙。一樹白雞啼正急，鄰家竹外煮茶香。③ （《春晚山家》）

與上文選取的七絕山水詩比較，可以明顯地感覺到這些詩歌中夢真的心情要輕鬆、愉悦一些。然而，詩人用以表現自己情感的景物却是比較精微小巧的，像啼鳥、籜笋、小雨、桑蔭、野水、雞鳴等。這些細微的物象經過夢真的整合後也能恰如其分地表現細膩的情感體驗，如“行到松□花影裏，乳雞呼動一群雛”之句，描寫了詩人清晨在松蔭與花蔭之間穿行，耳邊忽聽得母雞呼雛的聲音，從視、聽覺角度表現了他徜徉道中悠遊、閑適的心境。“一樹白雞啼正急，鄰家竹外煮茶香”之句則凸顯了其晚春時步行山村偶逢農家烹茶聞得茶香的愜意。夢真這樣的審美情趣正是江湖詩人所具備的。

對於江湖詩人的審美情趣，清人沈德潛曰：“西江派黄魯直太生，陳無己太直，皆學杜而未嚌其臠者。然神理未浹，風骨獨存。南渡以下，范石湖變爲恬緛，楊誠齋、鄭德源變爲諧俗，劉潛夫、方巨山之流變爲纖

---

①　《籟鳴集》卷下，許紅霞：《珍本宋集五種》上册，北京：北京大學出版社，2013 年版，第 171 頁。

②　《籟鳴續集》，許紅霞：《珍本宋集五種》上册，北京：北京大學出版社，2013 年版，第 192 頁。

③　《籟鳴續集》，許紅霞：《珍本宋集五種》上册，北京：北京大學出版社，2013 年版，第 193 頁。

小，而四靈諸公之體，方幅狹隘，令人一覽易盡，亦爲不善變矣。"① 他將劉克莊、方嶽、永嘉四靈等江湖詩人的作品風格形容爲"纖小""狹隘"。實際上，追求纖小、細膩的風格不只是以上幾位江湖詩人，其他江湖詩人也有相同的審美取向，尤其是他們的七言絕句，如：

> 庭草銜秋自短長，悲蛩傳響答寒螿。豆花似解通鄰好，引蔓殷勤遠過墻。②（高翥《秋日三首》其二）

> 應憐屐齒印蒼苔，小扣柴扉久不開。春色滿園關不住，一枝紅杏出牆來。③（葉紹翁《遊園不值》）

> 老瓦盆深漾細萍，雨多流却半爿青。夜凉偶出庭心看，缺處光涵三兩星。④（沈説《明融盆池二首》其二）

> 過雨長堤蔥翠濕，小橋人靜支筇立。一縷竿頭顫霜鯽，風動青蒲見蓑笠。⑤（陳鑒之《西湖晚望》）

通過這些作品的對比可知夢真在七言絕句中表現的審美情趣與江湖詩人頗爲類似。這也證明夢真在七絕的創作上有著明顯的取法江湖詩人的痕迹，受江湖詩人的影響較大。

二、憂國憂民的情懷：夢真的律詩與時代主題

夢真生活於南宋王朝的末期，當時國家面臨蒙元的軍事威懾與入侵却難以抵抗，以致國土日漸淪喪。隨著民族危機的加重，越來越多的文人士夫開始直面這一現實，憂心國事的情懷成爲這一時期詩歌重要的主題之一。而夢真與許多文人士夫一樣牽掛國事，並不因自己置身方外而袖手旁觀，不聞不問。他也用詩歌來抒發内心的憂愁與苦悶。與七絶主要表現那

---

① ［清］沈德潛著，霍松林校注：《説詩晬語》卷下，北京：人民文學出版社，1979 年版，第 235 頁。

② ［宋］高翥：《菊磵集》，《文淵閣四庫全書》第 1170 册，臺北：臺灣商務印書館，1986 年版，第 124 頁下。

③ 《兩宋名賢小集》卷二百六十，《文淵閣四庫全書》第 1364 册，臺北：臺灣商務印書館，1986 年版，第 114 頁下。

④ 《兩宋名賢小集》卷二百八十四，《文淵閣四庫全書》第 1364 册，臺北：臺灣商務印書館，1986 年版，第 266 頁上。

⑤ 《兩宋名賢小集》卷三百三十一，《文淵閣四庫全書》第 1364 册，臺北：臺灣商務印書館，1986 年版，第 601 頁上。

種荒寒凄冷的意境和纖巧清新的情調不同，夢真律詩的内涵與意境則要深沉、凝重得多，這類作品呈現的大多是夢真感傷時弊、憂國憂民的情懷。比如《瓜州望金山有懷》：

> 何許金笳發，邊兵早禁城。夕陽收塔影，疏雨濕鐘聲。舊俗淳風民，新春白髮榮。大江東去急，猶帶犬羊腥。①

這首詩表現了夢真深沉的愛國意識，首聯寫詩人聽到不知何地傳來的金笳之聲，忽曉戍邊士兵要關城禁閉，“早”字表現了因外敵入侵邊兵比正常時期更早地鎖閉城門，形象地刻畫出强敵壓境對人們的心理威懾。頷聯借景抒情，以夕陽下昏暗的塔影和雨中發音渾濁、低沉的寺鐘等蘊含衰颯之氣的景象表現其内心的壓抑和悲觀。頸聯則用對比手法，往昔和平安定的時期，詩人常見的是瓜州、金山一帶淳樸的民風，是人民生活的幸福喜悦；而今由於强敵欺凌，人們再也不能像往常一樣生活。雖時至新春，可詩人看到的却是一群群白髮老者，這既表現了戰亂導致青壯年勞力大量減少，僅剩白髮蒼蒼的老人，也襯托出詩人對國家由盛轉衰的無比惋惜之情。尾聯將這種感情進一步深化，在古典詩歌裏，江水多象征綿綿不絶的惆悵，而詩人以“急”字形容之，强化了他難以紓解的愁苦，詩人還從這濤濤不盡的江水中嗅到了血腥與殺氣，可見其憂患意識之深。再如《四明山中書見》：

> 海角秋深值亂離，胡兵萬馬競交馳。紅烟不禁東西火，白骨難分貴賤尸。風雨燈前新鬼哭，松楸枕上故鄉悲。寥寥一片中天月，北去長城欲照誰。②

這首詩比前一首詩寫得更加悲憤沉鬱，很有“詩史”及宋末實録的味道，尤其是頷聯與頸聯，直觀生動地再現了蒙古鐵騎屠戮後四明一帶的慘象，反映了詩人無比沉痛的心情。這種題材的律詩夢真還有不少，如《采石望淮》《溢口泛舟之黄岡》《避地西山》《感時》等，皆體現出夢真對國事時局的關切，以及對人民遭受戰火摧殘的同情與感傷，正是因爲目睹了

---

① 《籟鳴集》卷上，許紅霞：《珍本宋集五種》上册，北京：北京大學出版社，2013年版，第159頁。

② 《籟鳴續集》，許紅霞：《珍本宋集五種》上册，北京：北京大學出版社，2013年版，第183頁。

蒙元軍隊的血腥殺戮，所以夢真在這些作品中寄予了平定戰亂、打敗强敵、恢復河山的理想，如《采石望淮》的頷聯“皇天自昔分南北，大浪何年洗甲兵”，《感時》的尾聯“必有真天子，祥光紫處看”，希望戰火速熄，宋室再現真命天子挽狂瀾於既倒。

這種對國家安危、民族興廢的感受也是夢真以前的臨濟宗詩僧所較少涉及的。前代的臨濟宗詩僧也有一些觸及社會、政治問題的詩歌，但是由於其處於南宋政權相對安定的時代，尚未遇到蒙元政權大規模的軍事壓迫與武裝侵略，因此那幾代的臨濟宗詩僧很少考慮到民族安危的問題。所以，夢真作品中出現的民族憂患意識充分説明了南宋臨濟宗詩僧的思想意識完全是隨著社會的變化而變化的，並不像普通的僧侶或者隱逸詩人那樣選擇置身方外，以消極的態度來看待社會的變革。

對於這一時期詩壇的主要創作群體江湖詩人，普遍的看法大多認爲他們是脱離社會現實的，國家的興廢似乎與之無關。然而，事實並非如此。他們對國家的命運、前途是相當在意的。很多詩人都抒發了沉鬱的憂國之情，而這也成了江湖詩人作品中常見的主題之一。就像張宏生先生所説的：“江湖詩人活動的年代，雖然宋、金對峙的局面已經確立，偏安的氣氛也很濃厚，但他們並没有忘記故國，並没有失去信念。在詩歌中，他們經常表示對‘萬里中原商虜塵’的悲憤，傾訴著濃重的故國黍離之思。”①其中不少作品就是律詩，如高翥《采石》：

> 采石興亡地，聲名宇宙齊。山眉間吴楚，江口折東西。今古多遺恨，英雄幾噬臍。征塵何日盡，北望轉悲凄。②

葉紹翁《石頭感古》：

> 夷甫諸人者，龜趺已故丘。但能揮玉塵，不解冠兜鍪。正朔從江左，經營僅石頭。中原雖可望，不忍上層樓。③

陳允平《鄂王墓》：

---

① 張宏生：《江湖詩派研究》，北京：中華書局，1995 年版，第 45~46 頁。
② ［宋］高翥：《菊磵集》，《文淵閣四庫全書》第 1170 冊，臺北：臺灣商務印書館，1986年版，第 134 頁下。
③ 《江湖小集》卷十，《文淵閣四庫全書》第 1357 冊，臺北：臺灣商務印書館，1986 年版，第 70 頁下。

鄂王墓在栖霞嶺，一片忠魂萬古存。鏡裏赤心懸日月，劍邊英氣塞乾坤。蒼苔雨暗龍蛇壁，老樹烟凝虎豹旛。獨倚東風揮客泪，不堪回首望中原。①

劉過《夜思中原》：

中原邈邈路何長，文物衣冠天一方。獨有孤臣流血泪，更無奇傑叫天閶。關河夜月冰霜重，宮殿春風草木荒。猶耿孤忠思報主，插天劍氣夜光芒。②

從以上作品來看，這些江湖詩人對國家有著非常忱摯的感情，雖然他們既無功名，也不居官位，但是仍關注國家的安危，表現出强烈的愛國情懷。而高翥、葉紹翁等人也都是與夢真有過交往的江湖詩人，可以想見，夢真以律詩書寫憂國情懷必然受到了這群詩人的影響。

綜上所述，夢真在絕句和律詩上所表現的情感內涵及審美情趣基本與同期的江湖詩人一致，可以説夢真的詩帶有明顯的江湖詩風格。夢真能形成這樣的風格，緣於他所交往的多是江湖詩人，在這一群體的熏染、帶動下，其詩歌自然趨於"江湖詩化"。

第三節　夢真其他體裁的詩歌與審美取向

在近體詩之外，夢真還有一些古體詩，主要是五、七言古詩以及樂府詩，這類作品雖然數量不及其近體詩，但就其體現的感情內涵和藝術特色而言，不少作品表現了夢真誠摯的情感，很容易引起讀者共鳴，而且題材多樣，下文試加以論述。

一、夢真的古體詩

夢真的古體詩不但題材衆多，而且每種題材都發揮了不同的效用，並

---

① 《江湖小集》卷十七，《文淵閣四庫全書》第1357冊，臺北：臺灣商務印書館，1986年版，第133頁上。
② ［宋］劉過：《龍洲集》卷五，《文淵閣四庫全書》第1172冊，臺北：臺灣商務印書館，1986年版，第26頁上。

展示出不同的藝術風格。有的古體詩讀之酷似書信，有的表現出壯觀的山水意境，有的則具有"詩史"的屬性，這些都值得一談。

（一）以詩爲文：夢真古體詩的藝術手法

夢真或用古體酬謝、送別，發揮詩歌的交際功能，比如《謝定上人惠石菖蒲》：

> 昆山白石天下奇，玲瓏峭拔森瓊枝。長安貴□愛如寶，千金不恪争致之。上人清貧苦禪縛，此石只應天上落。昌陽遠乞雁山苗，根盤九節相穿絡。曦和光映紅玉枒，仙人淚滴珠露溥。烟中髮立壯士怒，月下影拂青蛇寒。五陵萬化錦繡谷，秉燭夜觀愁不足。明朝急雨濕春風，轉眼枝頭換新緑。上人萬事輕浮雲，榮花濁夢曾不驚。殷勤遺我一秀種，臨風三嗅沆瀣之精華。①

根據詩人的意脉，這首詩可分爲三部分。第一部分爲前六句，主要表現昆山白石之珍貴，定上人得之不易，因爲它是適宜菖蒲生長的良好石體。陸游曾有《菖蒲》詩，其中有"雁山菖蒲昆山石，陳叟持來慰幽寂"之句，即謂昆山石生養菖蒲之宜。詩人此處以之形容定上人惠贈上等石菖蒲給自己。第二部分爲中間十句，主要形容菖蒲之俊美，此菖蒲産於雁蕩山，據錢仲聯先生引《嘉泰會稽志》考證："今會稽有一種，葉有脊如劍，爲之雁蕩菖蒲，生石上，節殊密，當不止一寸九節，今人多以拳石和沙中種之，爲几案之玩。"② 可知它既是菖蒲中的佳品，又是供文人墨客玩賞的器物，而且品相極好，在烟霧中視之，它似壯士的衝關怒髮而筆直挺拔；在月光下觀之，它如青蛇扭動身軀，寒氣逼人。詩人對喜愛不已，不惜秉燭通宵把玩、欣賞，連愁事也不足掛齒了。第三部分就是最後四句，主要表現的是詩人的謝意，贊美定上人淡薄名利，並感謝他的無私饋贈。再如《送侄公瑜歸石門山中》：

> 春深石門塢，野水蹯籬笆。藏藏笋破角，穰穰秋露芽。前村黄犢鳴，農語喧相嘩。汝之舊茅屋，風雨粗可遮。汝之舊山田，草萊猶可

---

① 《籟鳴集》卷上，許紅霞：《珍本宋集五種》上册，北京：北京大學出版社，2013 年版，第 143 頁。

② ［宋］陸游著，錢仲聯校注：《劍南詩稿校注》卷五十八，上海：上海古籍出版社，1985 年版，第 3362 頁。

畲。汝之舊蠹籍，句讀應未差。汝之白髮親，甘肯誰進粑。胡爲事遠遊，破帽翻風料。汝來拜我立我前，老眼視汝成昏花。昔者汝軀短且瘦，今汝之體長已加。昔者汝縮雙鬢鴉，今汝危冠殊可誇。我年五十又五歲，多病瘦骨棱枯槎。光陰强半客中過，松楸有夢頻還家。歸歟毋汝留，到門將及瓜。力耕力學力孝養，爲善最樂良無涯。出門一笑兩無語，海風吹斷紅曉霞。①

這首詩是夢真寫給侄子公瑜的，送他回石門山。在詩中夢真寄托了對侄子的拳拳期望和殷切叮嚀。詩可分兩部分，從第一句至第十六句爲第一部分，詩人告訴侄子公瑜家中一切安好，很適合他生活，囑咐他盡快回到石門山家中，奉養雙親。第十七句至最後爲第二部分，詩人回憶了當初侄子剛到這裏生活時的情境，那時侄子還只是個孩童，身材短小瘦弱，而今他已長大成人，能够承擔社會責任，因此詩人非常高興。除了這個對比之外，詩人還將自己與侄子對比，侄子的長大伴隨著自己的衰老，表現了詩人淡淡的憂傷，所以詩人希望侄子還家之後要孝順父母，堅持耕讀傳家，勸勉他與人爲善，這樣纔能樂生無涯。此外，像《謝傅意山吟稿》《明發留別苕磯諸友》《寄岩上丈人》等也都是同類題材的作品，表現了與之相近的情感體驗與藝術風貌。

從上述作品可知，夢真的古體詩意脉清晰流暢，結構井然有序，語言自然平淡，通俗樸實，毫無雕琢之氣，但情感變化明顯。雖然這兩篇作品本身是詩的形式，但讀之更讓人覺得像是兩封書信，極有“文”的特徵。可以説，這是夢真的“以文爲詩”和“以詩爲文”。

（二）寫景狀物：夢真古體詩與瑰麗雄奇的自然山水

夢真不僅用古體詩交際，有時也用它表現瑰麗雄奇的自然景觀。前文已述，夢真有不少絕句山水，與絕句山水的意境恰好相反，夢真的古體山水是“壯觀”的而不是“纖巧”的。比如《三月三日水樂洞即事》：

何年鈞天遊，夢授廣成曲。回聽韶濩音，□□□添俗。空山怪石老欲死，盡揭精靈付流水。洞□無水金石鳴，似宮非商還似徵。人言

---

① 《籟鳴集》卷上，許紅霞：《珍本宋集五種》上册，北京：北京大學出版社，2013年版，第150頁。

軒轅上升一萬八千歲洞天，波光倒影天爲底。百獸率舞魚龍翔，遺音至今猶在耳。又疑壺中別有天，王母畫宴瑤池仙。丁東玲瑯衆妙集，漏此一綫春風前。清廟猗那當日響，靈兮焄蒿復凄愴。四聰退布失周流，感慨後時空俯仰。桃花碧爛香浮浮，半開半落無人收。漁翁捨棹不敢入，要我汗漫無邊游。斜陽掛樹青山暮，昵昵市樓燈火聚。白雲不帶東西村，忘却湖邊舊行路。①

這裏表現的是詩人在上巳節暢游水樂洞時的奇幻感受。此處是杭州"烟霞三洞"之一的水樂洞，是一個天然溶洞。此洞比較奇特，因爲在洞中能聽到水聲，但不見水流，直至洞口方見清泉如注。而本詩就爲讀者描述了這種奇妙的地理景觀。詩人從他的聽覺角度書寫入洞之後的感受，以爲置身洞中恍如在軒轅黃帝的洞天，又如在西王母的瑤池宴會上，各種美妙的音樂皆能聽到，以至詩人離洞時竟有些戀戀不捨，大有時空變換迅速的幻覺。再如《晚宿石門洞》：

春江自何來，拍拍戰風力。拿舟飄一葉，到岸日將夕。巨靈何年手，怒擘雙石立。飛泉擷晴空，剪下練千匹。癡龍喚不醒，雷火搥辟歷。片雲忽飛來，濕粘半空碧。嗟予事幽討，天閟巧搜剔。迹混魚樵歡，行潔仙鬼泣。風流永嘉守，骨化苔下石。千年老木客，仿佛記陳迹。天香散鬱羅，曦光漏林密。微茫水國分，凄響一聲笛。回首歸路迷，□間甲子天。②

石門洞亦是江浙一帶的著名山水，位於青田縣，尤其是它的懸崖飛瀑最爲壯觀。詩人對此亦有表現，在他的眼中飛泉擷破了萬里晴空，瀑布似在天空垂下的千匹白練。更爲震撼的是，其發聲劇烈如雷火捶擊霹靂。即使是片雲飛來，仿佛也會被它激起的水汽粘濕，停於碧空之中不再浮動。這使我們明顯感受到夢真擅長寫景狀物，他懂得如何使用恰當的體裁，表現恰當的景觀。

---

① 《籟鳴集》卷上，許紅霞：《珍本宋集五種》上册，北京：北京大學出版社，2013年版，第147~148頁。

② 《籟鳴集》卷上，許紅霞：《珍本宋集五種》上册，北京：北京大學出版社，2013年版，第162頁。

（三）以詩存史：夢真古體詩中的"士人"與"胡兒"形象

其實，夢真五、七言古體中感情最沉鬱的是那些憂國憂民之作。當前學界對夢真的這類詩歌已有論述，本書此處就利用這些成果對其所未加闡發的地方做些補充。這類作品最大的特點自然是其"詩史"性及實錄性，有助於後代瞭解正史中未載之事，如《長江失險，胡騎馳突，四十日間陷連城一十五所。□□據金陵要地，分兵四掠，中外騷動五閱月。近者皇天悔禍，惡曜消落，民懷□□，將士用命，□□有日，□□就擒必矣，作詩以紀之。亥楚節》：

亥蠟甫灌徹，長江渡胡虜。橫驅一萬艘，箭鏑鳴風雨。掠我曾幾何，連城陷十五。牧侯裂冠纓，辮髮走胡虜。爭持牛酒近，金珠獻旁午。生民竟何之，身先魚肉腐。[1]

詩中敘述了元軍攻入後南宋官員紛紛迎降的情況，其中"牧侯裂冠纓，辮髮走胡虜"之句最值得注意，這說明當時某些地方官員爲了討好元軍已采取剃髮易服之舉。而這無疑是一種背離自己種族文明，甘心臣服於入侵者的可恥行爲。夢真在此雖未予直接批評，但他的憤恨鄙視之意已非常明顯。夢真崇尚文化，樂於結交文人士夫，他發現雖然這些人堪稱文化精英，但其中不乏毫無德行及違背民族大義的敗類。當然，夢真最欣賞的還是那些勇於面對強暴而不屈抗爭的義士，如他祭奠趙卬發的長詩。

再如《舞番曲》和《德祐錢塘錄事曲》二詩，都是對這段史實的記述，也富於史料價值。前者采用今昔對比的手法，回憶往日在都市觀看"胡人戲"時的情形，其中寫道："羌笛嚶嚶羯鼓催，一隊胡人假裝出。老胡鬚眉白如雪，兩道牙唇赤如血。皂旗斜插小胡腰，胡婦胡夫舞如蝶。聚觀堵墻歡且笑，神融氣消皆說妙。"[2] 可知在宋亡之前，南方百姓對北方金、元等民族非常鄙視，戲中人的扮相是對外族的刻意醜化，而觀衆則認爲這些形象惟妙惟肖，相信這就是外族人的形象。而且，當觀衆看到人物的醜態時，無不覺得解氣、舒坦。可見當時的民族矛盾、敵對情緒非常

---

① 《籟鳴集》卷下，許紅霞：《珍本宋集五種》上冊，北京：北京大學出版社，2013年版，第179頁。

② 《籟鳴續集》，許紅霞：《珍本宋集五種》上冊，北京：北京大學出版社，2013年版，第182頁。

嚴重。

後者則再現了宋亡之後元兵的飛揚跋扈，詩中寫道："胡兒躍馬如遊龍，金絲織袍光蒙茸。酒酣碧眼仰天笑，一箭忽墮雙飛鴻。嗚呼伯顏大人子，噤口無言足機智。黃金搜盡群府空，回首燕雲八萬里。"① 這裏記述了元軍滅宋後進入臨安城內的飛揚跋扈，這群胡兒縱馬馳騁，並借酒力有意炫耀自己的箭術，但當見到主帥伯顏後，就一個個地閉口無言，紛紛老實下來，因此夢真覺得胡兒很狡黠，頗有些機智。對比前者來看，可以發現"胡兒"形象在夢真的眼中發生了反轉，以往看戲夢真和普通市民一樣相信胡兒是蠢笨醜陋的，但是當真的胡兒打進自己的家門時，纔發現他們不但武藝高強，而且非常聰明，並不是戲中所表現的那樣。這可能也代表了南宋人民在宋亡之後的普遍心理。

從這三首詩來看，我們認為在這些頗有"詩史"性質的作品中，夢真不僅記錄了南宋亡國的慘痛，而且也展示出他對兩類人的心理認知，一是沒有民族氣節的官吏，他們為了苟活而背弃自己的民族屈膝事敵；二是胡虜，夢真以往相信戲劇的誇張扮演，認為胡人愚蠢可笑，但當胡人入主江南後，方知胡人擅戰狡詐，而這些恐怕都是他未曾料到的，這也是我們在研究夢真的"詩史"作品時需要注意的。

二、夢真樂府詩的現實主義批判精神

在夢真的衆多詩體中還有一類值得注意，那就是他的樂府詩，這些樂府詩繼承、發揚了宋以前樂府詩的精神，表現出夢真深沉的人文關懷及其對現實不合理現象的批判。比如《賣炭翁》：

> 伐薪南山窰，燒炭通都鬻。權門炙手熱，焰焰莫輕觸。闍人買炭不與直，炭翁縮縮僵門立。手皴足裂面黑漆，此時力不勝寒敵。嗚呼炭翁汝知否，炭是汝燒寒汝受。明朝天地春風酣，炭無人買□□安。②

---

① 《籟鳴續集》，許紅霞：《珍本宋集五種》上冊，北京：北京大學出版社，2013 年版，第182頁。

② 《籟鳴集》卷下，許紅霞：《珍本宋集五種》上冊，北京：北京大學出版社，2013 年版，第163頁。

　　這首詩一看就知是模仿白居易的新樂府《賣炭翁》而作，白居易作此詩意在表達"苦宮市也"。陳寅恪先生評之曰："蓋宮市者，乃貞元末年最爲病民之政，宜樂天新樂府中有此一篇。且其事爲樂天所得親有見聞者，故此篇之摹寫，極生動之至也。"① 雖然夢真的這首同名之作在藝術性上遜於原作，但體現了強烈的批評精神，尤其是詩中的細節描寫，即老翁的手足已經皸裂破皮，却還要僵立於刺骨的寒風中賣炭，充分體現了底層民衆艱辛、悲慘的生活境遇。而"嗚呼"二句更是直接陳述了賣炭翁的人生不幸，他把温暖留給了城中的權貴，自己却不得保暖，獨自受寒。抒發了夢真對下層人民的深刻同情。又如《商婦嘆》：

　　　　龍山渡口西風起，郎船一葉風波裏。扶桑□臘何許邊，一往五年無舊至。妾守空房變華髮，嬌兒裹頭年十八。阿耶生死兩無憑，七十二鑽龜換甲。焚香告天天莫嗔，願兒長大無災迍。後園桑麻暗如漆，絡絲聯布聊解貧。今生更結來生約，莫學今生太輕薄。斷腸格斷蓮葉枯，蓮心有子圓如珠。②

　　這首詩的抒情主人公是一位商人的妻子，她的丈夫大概乘船東渡日本一帶做生意，從婦人的述説可知，丈夫已經離開五年之久，一點消息也沒有。而在這五年裏她獨守空房，容顏憔悴、頭髮變白，含辛茹苦，將子女撫養成人。她對丈夫非常思念，由於夫君杳無音訊，所以她就多次占卜問卦，虔心禱告希望蒼天不要嗔怒，而且希望蒼天保佑自己的子女一生平安無災。雖然她對自己的婚姻有些不滿，覺得嫁人時有些輕薄草率，但結尾處詩人使用了傳統樂府雙關的手法，"蓮心"即"憐心"，就説明她的内心一直牽掛著夫婿，可見這是一位在感情上非常忠貞的婦人。而從這客觀的叙述中，夢真流露出對這位"商婦"的同情與敬佩，並暗含對商人的批評。

　　以上兩首詩與唐代白居易的新樂府類似，關注的都是社會現實問題，無論是形式還是内容都繼承了前代樂府詩的現實主義精神，對社會中不合理的現象作了批判。當然，夢真的樂府詩除了有白居易式的新樂府，還有

① 陳寅恪：《元白詩箋證稿》，北京：生活・讀書・新知三聯書店，2009 年版，第 255 頁。
② 《籟鳴集》卷上，許紅霞：《珍本宋集五種》上册，北京：北京大學出版社，2013 年版，第 156 頁。

傳統的舊題樂府，如《昭君行》：

> 漢庭公卿保賢哲，幾笑孫吳事兵説。群胡如蟻撼長城，一奏娥眉
> 成利捷。妾身不怨毛延壽，怨天不生顏貌醜。擊碎菱花不再看，到頭
> 何似雞隨狗。北風瀟瀟夜吹雪，燈寒暈淡花慵結。謾借琵琶寫苦心，
> 誰知眼底流清血。殷勤跪告單于天，和親有盟君勿渝。妾身千金弃如
> 土，要令夷夏同車書。穹廬矢心天未曉，哨群已迫黄河□。從此和親
> 不足憑，孫吳地下還應笑。①

昭君行向來爲文人所常詠，尤其是歐陽修、王安石等人的詠昭君之作
皆膾炙人口。對臨濟宗詩僧來説，"昭君"也是他們常詠之主題，如居簡
就寫過《昭君行》。夢真這首《昭君行》自具特色，先從漢朝公卿"壓兵"
起筆，由於漢朝不好軍事，結果胡人一至，不得不獻出美女和親。而這也
是一種曲筆，暗含了詩人對宋朝"輕武"政策的批判。之後書寫昭君個人
的感悟，點出了昭君的偉大意義，即"妾身千金弃如土，要令夷夏同車
書"，可見在夢真心中昭君是傳播華夏文明及文化的使者。她以一介弱女
子之身，換來的不僅是兩國的和平，也促進了不同種族之間文明的融合。
但是，胡人之心並不容易改變，他們是言而無信的，他們既然接納了昭
君，就應履行諾言不再犯境，可是"哨群已迫黄河□"，足見胡人不守信
用，野心狂妄。所以結尾感嘆和親無用，孫子、吳起等人在地下恐怕正嘲
笑世人無知。此處也是夢真對現實的影射，暗指元人狡詐，不可相信，而
滿朝公卿却渾然不覺，仍相信他們可以被自己的文明同化。

夢真的樂府詩還有一首《踏歌采蓮行》，描寫了打扮得漂漂亮亮的江
南青年男女乘著載滿酒肉的船隻，伴著飄飄青旗和陣陣鼓聲踏歌采蓮、通
宵娛樂的情景。② 在題材上，這種樂府與南朝樂府相似，表現的是男女情
愛，完全沿用了樂府舊題的主旨。

以上是夢真古體詩的基本情況，這些作品是比較優秀的。而且在某種
程度上，其藝術性和思想性甚至超越了其近體詩歌。我們認爲，夢真詩歌
呈現如此特點，可能與其師法對象有關。儘管夢真詩歌的近體與江湖詩比

---

① 《籟鳴集》卷上，許紅霞：《珍本宋集五種》上册，北京：北京大學出版社，2013 年版，
第 156 頁。

② 許紅霞：《珍本宋集五種》上册，北京：北京大學出版社，2013 年版，第 125 頁。

較一致，但夢真也並非專尚某一詩風。從他別的體裁的詩歌來看，夢真對南宋其他詩歌流派也多有學習與借鑒，這其中就包括江西詩派。夢真有一首《送江西詩人遊雁蕩》詩提到了江西詩派：

> 寂寞江西派，誰將正印傳。古窺行鼎篆，清聽攧崖泉。雙井春漚閟，三山碧瀨連。何當携我往，共捫詎羅肩。①

從詩的開端和結尾我們可以明顯地感到夢真對江西詩派在晚宋的衰落非常傷感，希望能够與這些江西餘脉詩人交遊。這就説明江西詩派對夢真的意義非同小可，他很傾慕這個曾在宋代產生巨大影響的文學流派。

在探究居簡、大觀等人的詩歌時，我們曾發現這些詩僧都非常欣賞江西詩派的"法度森嚴"，而且他們也將這種創作理念付諸實踐，運用於古體詩的寫作上。夢真也曾與居簡這樣的大家級別的詩僧有過交往，因此可以認爲夢真在五、七言古體詩的創作上有可能受到居簡等前輩的影響，也借鑒、模仿了江西詩派的"法度森嚴"。而且從其某些古體詩來看，情況也確實如此，不少詩歌都帶有相當縝密的結構而極像散文。

綜上所述，夢真雖然是南宋末代臨濟宗詩僧，但是他沒有因爲時代的巨變而使自己的詩歌呈現腐朽、衰颯之氣，他秉承了南宋臨濟宗詩僧的傳統，在詩歌風格的取向上，遊走於"江西"與"江湖"兩大詩派之間，融合了兩大詩派的優點，充分展示了一位宗門文化精英的特徵。

---

① 《籟鳴集》卷上，許紅霞：《珍本宋集五種》上册，北京：北京大學出版社，2013 年版，第 151 頁。

餘　論

一、"正始之音"：南宋臨濟宗詩僧的詩學道統

通過前文的研究，我們可以强烈地感受到南宋臨濟宗詩僧在創作時非常注重總結、歸納"道統"。"正始"一詞則是南宋臨濟宗詩僧在叙述道統時出現頻率最高的詞語，如淮海元肇《見北磵》詩有"橘洲骨冷不容呼，正始遺音掃地無。一代風流今北磵，十年妙語得西湖"①之句。元肇認爲本群體（臨濟宗詩僧）宗尚的是"正始遺音"，具體的傳承是，橘洲寶曇傳給北磵居簡，再傳至今。在他之前北磵居簡亦有此論，其《大雅堂》詩云："疏越正始音，細取麟角煎。"其《送高九萬菊磵遊吳門序》云："晚唐聲益宏，和益衆，復還正始。厥後爲之彈壓，未見氣力宏厚如此。"前文已述，"正始"是《詩大序》之"正始"，而非魏晋之"正始"。它説明在南宋臨濟宗詩僧心目中，尊奉儒家的詩學理念是他們的共識，詩僧也是一直沿著這個道統前行的。換言之，臨濟宗詩僧在寫詩爲文時並不將自己看成宗門僧徒，而是把自己當作儒者文士。他們有意識地用儒家道統來闡釋本群體的創作軌迹，而這個"道統"就是"元祐—江西"文學傳統。

我們以爲南宋臨濟宗詩僧之所以會形成道統思想，並以"元祐—江西"文學作爲本群體的詩學道統，其原因蓋可從居簡《大雅堂》詩得以窺見，"大雅堂"源於黄庭堅的《大雅堂記》，其文曰：

> 丹棱楊素翁，英偉人也，其在州閭鄉黨有俠氣，不少假借人，然以禮義，不以財力稱長雄也。聞余欲盡書杜子美兩川夔峽諸詩，刻石

①　《淮海挐音》卷下，《全宋詩》第 59 册，北京：北京大學出版社，1998 年版，第 36913 頁。

藏蜀中好文喜事之家，素翁粲然，向余請從事焉。又欲作高屋廣楹庥
此石，因請名焉。余名之曰"大雅堂"，而告之曰：由杜子美以来四
百餘年，斯文委地，文章之士，隨世所能，傑出時輩，未有升子美之
堂者，況室家之好耶！余嘗欲隨欣然會意處，箋以數語，終以汨没世
俗，初不暇給。雖然，子美詩妙處，乃在無意於文。夫無意而意已
至，非廣之以《國風》《雅》《頌》，深之以《離騷》《九歌》，安能咀
嚼其意味，闞然入其門耶！故使後生輩自求之，則得之深矣。使後之
登大雅堂者，能以余説而求之，則思過半矣。彼喜穿鑿者，弃其大
旨，取其發興，於所遇林泉人物、草木魚蟲，以爲物物皆有所托，如
世間商度隱語者，則子美之詩委地矣。素翁可並刻此於大雅堂中，後
生可畏，安知無渙然冰釋於斯文者乎！元符三年九月涪翁書。①

這篇記文有三點内容很值得注意：第一，黄庭堅表明了其詩歌"宗
杜"的思想，並拈出了他所欣賞的杜詩，即杜甫漂泊西南（四川地區）時
期創作的作品；第二，黄庭堅感慨老杜之後"斯文"委地，無人延續其詩
學香火；第三，黄庭堅指出了杜詩的美學特徵，即"子美詩妙處，乃在無
意於文"。再看居簡《大雅堂》詩：

少陵何人斯，日似司馬遷。太史牛馬走，於此何有焉。瞢者瞢不
理，知言超言前。政如春在花，春豈必醜妍。又如發清彈，意豈必在
弦。悠悠雲出山，滔滔水行川。雲水山川行，莫測何能然。不知其誰
知，軟語黄庭堅。庭堅語弗軟，壯折灩澦顛。盡寫劍硤詩，不數金薤
篇。密付草玄後，夜光寒燭天。扁作大雅堂，醉墨猶明鮮。至今百歲
後，此意惟心傳。炎宋諸王孫，傳癖不復痊。閉户閲宗派，尚友清社
賢。吕韓儼前列，芳蠟然金蓮。三洪偕二謝，病可携瘦權。奪胎换骨
法，妙處尤拳拳。疏越正始音，細取麟角煎。亦有老斫輪，堂下時
蹁躚。②

毫不誇張地説，這首詩完全可視爲"居簡的《大雅堂記》"。如果説黄

① 劉琳、李勇先、王蓉貴點校：《黄庭堅全集》第 2 册，成都：四川大學出版社，2001 年
版，第 437～438 頁。
② 《北磵詩集》卷一，《宋集珍本叢刊》第 71 册，北京：綫裝書局，2004 年版，第 252 頁
下。

庭堅在《大雅堂記》中打出了詩學宗杜旗幟,那麼居簡就緊隨其後,打出了宗法"元祐—江西"文學的旗幟。就本詩而言,很多詩句基本屬於對黃庭堅記文的演繹、再現,如"盡寫劍鋏詩,不數金薤篇",即山谷原文"盡書杜子美兩川夔峽諸詩"之句等。可見,此詩就是居簡針對山谷之文的有感而發。

最重要的是居簡在詩中表現的詩學理念和道統思想。首先,南宋臨濟宗詩僧自寶曇開始皆有自己的詩學理念。而且,有趣的是不論這些人身處何時,他們基本上都反對掐擢胃腎、雕琢肝肺的創作方式,而主張無意爲文,強調自然有感而發。這不正是黃庭堅《大雅堂記》中"子美詩妙處,乃在無意於文。夫無意而意已至"的反映嗎?而他的老師蘇軾早在《書黃子思詩集後》一文中就提到了這種思想:"蘇、李之天成,曹、劉之自得,陶、謝之超然,蓋亦至矣。而李太白、杜子美以英瑋絕世之姿,凌跨百代,古今詩人盡廢。"① 主張作詩崇尚自然,不事雕琢。山谷此言與蘇軾一脉相承。可以得知,臨濟宗詩僧的詩學理念就是取自蘇軾、黃庭堅所代表的"元祐—江西"一派。

其次,黃庭堅在記文中表達了"宗杜"思想,以及接續杜甫的願望。而從居簡詩來看,他認爲黃庭堅無疑做到了這點,是杜甫詩學當之無愧的"法嗣",即"至今百歲後,此意惟心傳"。"心傳"自然是禪宗"不立文字,以心傳心"的説法,居簡用之形容黃庭堅的詩歌淵源再恰當不過了。該句之後居簡列出呂本中、韓駒、三洪、二謝、祖可、善權之徒,這些人就是黃庭堅的"法嗣",他們在山谷之後亦延續著杜詩風格。因此居簡纔會感嘆:"疏越正始音,細取麟角煎。亦有老斫輪,堂下時蹁躚。"謂"元祐—江西"詩歌遠紹老杜,這詩學傳統就是詩壇的"正始之音",而自己這個"老斫輪"能以此爲宗法對象,也非常高興。可見,從杜甫到蘇、黃,再到江西諸子這一詩歌傳承體系,不僅是宋代詩人的共識,也是居簡等臨濟宗詩僧的共識。

由此觀之,居簡確立的詩學道統——"元祐—江西"文學傳統,是南宋臨濟宗詩僧選擇宗法蘇、黃的根本原因。因爲居簡上承惠洪、寶曇(兩

---

① [宋] 蘇軾撰,孔凡禮點校:《蘇軾文集》卷六十七,北京:中華書局,1986 年版,第2124 頁。

人皆主張"元祐—江西"文學傳統），下啓大觀、善珍、道璨、元肇等後輩，這些人又或爲其親自培養，或與其交往甚密，所以這一文學傳統纔能在臨濟宗內部傳遞下去。而這也就解釋了本書緒論部分所説的"悖離現象"，即南宋一朝的文人詩總體趨勢是回歸"唐音"，但大多數臨濟宗詩僧却能堅守"宋調"。毫無疑問，由居簡確立的道統在此起了決定性的作用。

二、蜀地文化傳統：影響南宋臨濟宗詩僧創作的地緣因素

南宋臨濟宗詩僧選擇師法"元祐—江西"文學之外，其創作還受宗門傳統（文字禪）、詩僧文化傳統等因素的影響。而這兩者又與蜀地文化、學術密切相關，即蜀學寫作傳統。

首先，南宋臨濟宗詩僧崇尚文字禪有著深厚的宗門傳統，這可以追溯到北宋雪竇重顯和圓悟克勤。關於雪竇重顯，日本學者忽滑谷快天稱其"代表禪道爛熟時代之第三人，（重）顯錦想繡腸，巧打詩偈，以述祖道。尤於頌古發揮其妙"[1]。"頌古"是以韻文對公案進行贊譽性解釋的體裁，形式類似於詩歌。重顯雖爲雲門宗禪僧，但其受臨濟宗汾陽善昭禪師影響頗深，效仿善昭作《頌古百則》，把宋初的頌古之風推向高潮，風靡整個叢林。所以我們也將其納入影響臨濟宗詩僧追求文字禪的祖師之一。更重要的是，頌古作爲有宋一代特有的體裁，比其他任何禪籍都更能體現整個時代"以文字爲禪"的特色。[2] 圓悟克勤自不必多説，他的《碧岩録》就是宋代文字禪的代表符號，它融合了公案、頌文和經教，用評唱直截了當地解説前代禪師的言行。不少禪僧以之爲參禪捷徑，從而專尚語言，甚至背離了禪宗"不立文字"的原則，導致大慧宗杲不得不以劈板、火燒《碧岩録》來打斷這種風氣。因此從這一角度來説，南宋臨濟宗詩僧推崇文字禪乃出於本宗傳統積習，就是從善昭、重顯、克勤這一系傳遞下來的。而且，文字禪是作爲"禪者不當以翰墨爲急"的傳統觀念的對立面出現的。"文字"亦指連綴而成的文章，尤其是文采斐然的詩歌。[3] 臨濟宗既有重文字禪之習，且文字禪又與詩歌緊密相關，那麼臨濟宗禪僧自然也就選擇

---

① ［日］忽滑谷快天：《中國禪學思想史》，朱謙之譯，上海：上海古籍出版社，1994 年版，第 402 頁。

② 周裕鍇：《文字禪與宋代詩學》，北京：高等教育出版社，1998 年版，第 37 頁。

③ 周裕鍇：《文字禪與宋代詩學》，北京：高等教育出版社，1998 年版，第 39 頁。

"以詩證禪"，所以詩歌創作必然勃興於臨濟宗。

其次，南宋臨濟宗詩僧多出亦離不開本宗"詩僧文化"傳統的影響。就宋代的全部詩僧而言，臨濟宗的人數最多，超過了其他禪宗派別，如曹洞宗、雲門宗。不止於禪宗內部，就是單獨拿出臨濟宗跟天台宗、律宗等比較，在詩歌創作上也是臨濟宗最盛。以北宋爲例，如曾與惠洪有詩歌唱酬的龍翔士珪。士珪（1083—1146），字粹中，號老禪，成都人，俗姓史氏。年十三，依大慈寺宗雅首座落髮具戒。逾五秋，南遊，謁玉泉勤、雲蓋智、百丈蕭、靈源清諸尊宿有年。登龍門，於佛眼清遠禪師言下大悟。政和末，開法和州天寧寺，繼佛眼住褒禪山。靖康改元，移廬山東林，退居分寧西峰，結茅寺旁竹間，號竹庵。入閩，紹興間住溫州龍翔寺。十六年七月示化，年六十四。有語錄、詩行世。事具《僧寶正續傳》卷六，《五燈會元》卷二〇列臨濟宗楊岐派南嶽下十五世。① 士珪又號竹庵，因此又被稱爲竹庵珪，惠洪有《珪粹中與超然遊舊，超然數言其俊雅，除夕見於西興，喜而贈之》詩：

> 蜀客快劇談，風味出譏誚。衆中聞巴音，必往就一笑。道人西州來，風度又高妙。吾家長頭郎，高蹈萬物表。平生少推可，説子不知了。吾初意魁梧，一見殊短小。籌燈欸夜語，每每犯吾料。貌和華林風，氣爽霜天曉。坐令岑寂中，絕塵追踥䠙。君看顯與訥，出蜀亦同調。竟如衆星月，聲光潑雲嶠。子亦當加鞭，歲月一過鳥。②

本詩叙述了惠洪與士珪初次見面時的感受，從中可知士珪與惠洪志趣相投，也熱心詩文。不僅如此，士珪還跟宗杲關係很好，曾邂逅同遊。因此臨濟宗從北宋已經萌發了詩僧互相交際的現象，這種傳統並未因宋室南渡而中斷，而士珪無疑是南宋蜀地詩僧寶曇、居簡等人的先導。

通過對臨濟宗文字禪譜系和詩僧譜系的考察，可以發現兩者之間存在著比較突出的"共性"，即兩大譜系的僧人基本上都出於蜀地（四川地區）。這也就意味著蜀僧可能是臨濟宗乃至整個叢林中最熱衷文化的，不論其詩文水平高低、優劣，都對"斯文"表現出熱情。這種熱情無疑和自

---

① 周裕鍇：《宋僧惠洪行履著述編年總案》，北京：高等教育出版社，2010 年版，第 65～66 頁。

② ［宋］釋惠洪：《石門文字禪》卷三，《四部叢刊》本。

古以來蜀地文化事業的興盛發達有關。前文我們在研究居簡時提到了蜀僧
祖秀，其曾寫過一篇《東坡像贊》：

> 漢之司馬、揚、王。唐之太白、子昂，是五君子者，皆生乎蜀
> 郡。未若夫子而有耿光，夫子之詩，抗衡者，其唯子美；夫子之文，
> 並軫者，其唯子長。賦亦賢於屈、賈。字乃健於鍾、王。此夫子之絶
> 技，蓋至道之秕穅。夫子之道，是爲后稷、伊尹，可以致其君於堯、
> 湯。時議將加之於鈇鉞，而夫子尤諷於典章。海表之遷，如還故鄉。
> 信蜀郡之五傑者，莫得窺夫子之垣墻。①

这不僅是祖秀对蘇軾的一次致敬，也是他對蜀地文學傳統的勾勒和禮
贊。而且，“元祐—江西”文學的核心人物——蘇、黃亦與蜀地有莫大的
聯繫。蘇軾成長於蜀，黃庭堅貶謫蜀地，都對蜀地文化產生了相當影響。
正因蜀地有如此深厚的文化寫作傳統，蜀僧長久浸染其中，所以他們對斯
文的追求可能也比其他地區的僧人要强烈一些，而臨濟宗亦因有一衆在蜀
地文學傳統熏陶下成長的詩僧，成就了其獨步宋代文壇的地位。

如上所述，從蜀僧文字禪譜系和蜀地詩僧譜系可知，在“元祐—江
西”文學傳統的影響之外，蜀地文化傳統亦發揮了極大的影響，而臨濟宗
詩僧選擇“元祐—江西”詩歌作爲自己的“正始之音”及詩學道統，大概
也和蘇、黃兩人對蜀地文化的推動、促進相關。

三、身份與環境的改變：南宋臨濟宗詩僧崇尚文字禪的原因

元人虞集在其《斷崖和尚塔銘》中寫道：“宋之南渡，國於江海之間，
而慧命克昌，有隆有杲，所謂千古豪傑之士，激揚宗要，風動雷應，聲光
莫盛焉。華公親承虎丘，而受妙喜衣版之付。佛照振其父風，演化相望。
而應庵以來，相繼者密庵傑、破庵先、無準範，遂終宋世矣。”② 虞集在
此盛贊臨濟宗在南宋宗門中的地位，其實臨濟宗能有如此地位，詩僧的作
用不可小覷，而這也是我們評價臨濟宗詩僧歷史地位及影響的關鍵。如果

---

① ［宋］釋曉瑩：《雲臥紀談》卷上，《卍續藏經》第 86 册，臺北：新文豐出版公司，1993
年版，第 3 頁下。

② 《道園學古録》卷四九《斷崖和尚塔銘》。

將眼光放到臨濟宗草創之初時來看，我們也會非常驚訝臨濟宗僧人形象的改變。

臨濟宗的家風最典型的是其"棒喝交馳"的接引學人方式，尤其在唐代，棒打喊喝幾乎是此宗的家常便飯，每位禪師都有這樣的經歷。這種方式雖然可使學人開悟，但其行爲則是反文化、非文化的，從而使得臨濟宗在文化素質相對低下的社會中備受歡迎，最終也爲臨濟宗培養了雄厚的接受群體，使其能在禪宗裏一枝獨秀，成爲宗門之重。然而，臨濟宗想要長遠發展，從邊緣走向中心，恐怕更需要對統治階層産生影響，獲得上層的支持。因爲在帝國時代，"政教關係"是宗教依附於皇權、政權，教權並不獨立。没有皇權層面的有力支持，任何宗教派系都有走向衰落、滅亡的危險。臨濟宗的禪僧肯定亦有這樣的認識。

趙宋王朝建立後，宋太祖吸取了唐五代藩鎮割據的慘痛教訓。故國家建設開始崇尚文治，人民傾心文化，所以宋代民衆的文化素養亦得到提升。此時禪宗僧人的來源也不再僅是底層的、文化水平相對較低的民衆，而是相當一批具有較高文化素質的民衆。這些人進入叢林之後，雖不會對"棒喝"等傳統修行方式加以否定，但爲了延續本宗的發展，他們肯定會選擇更爲高雅的行爲來打動、感染統治集團。這樣"斯文"之事就在臨濟宗大興，成爲該宗結交上層的一種廉價而有效的手段。宋代以文士治國，"斯文"成了禪僧與文士彼此接受的最大公約數。因此文字禪通過宋代文化精英階層漸漸産生了影響力，反饋到宗門内部，許多禪僧隨之而動，熱心詩文事業，以筆硯作佛事，雅好"斯文"，從而改變了臨濟宗以往"反文化、非文化"的形象。這種對"斯文"的渴慕直接促使臨濟宗一系詩僧輩出，到了南宋終於達到巔峰。

南宋臨濟宗（尤其是大慧看話禪世系下）詩僧輩出，這與北宋時期僅惠洪等少數詩僧孤軍橫槊的局面形成了鮮明的對比。我們認爲，南宋臨濟宗之所以出現此種"反傳統"現象，或者説詩僧創作的陡然興盛，還離不開以下幾點原因：

首先，這與此時期臨濟宗詩僧的出身經歷有關。這些詩僧進入禪林以前都飽讀詩書，接受過良好的文化教育，如橘洲寶曇的《龕銘》：

> 幼始知學，從先生授五經，習爲章句。自一少多病，父母許以出家，一遂投本郡德山院僧某爲師。師賢而能教其徒，俾從一時經論老

師遊，聽《楞嚴》《圓覺》《起信》，越五歲，舍去。①

對於北磵居簡，大觀《北磵禪師行狀》云：

師名居簡，字敬叟，潼川通泉龍氏。世業儒……資穎异，所業絶
出……②

再看物初大觀，其弟子釋元熙《鄮峰西庵塔銘》云：

……齠齔失怙恃，仲父教育，使就舉業，弃之……③

大觀的《淮海禪師行狀》也記載了淮海元肇的早年經歷：

時年十三，即禮觀爲師。十九剃染受具，觀使入教觀家，非其
志。智隨年長，習與日新。竺墳魯典，脉絡融攝。取次出語，律呂
自諧。④

而無文道璨也有這樣的經歷，《書趙騰可雲萍録》云：

幼從晦静湯先生遊，聞知行大要。剃髮入叢林，求千乘不傳之
學……少學夫詩，老老不加進，而嗜之無斁。⑤

這些人早已具備良好的文化素養，若非某些原因，他們可能根本不會
選擇進入宗門，這樣他們的人生軌迹也就能和普通文人士大夫一樣，通過
科舉入仕，憑著文化水平實現人生理想。但是，他們最終没能正常發展，
“被迫中斷”了這條道路，轉而成爲宗門弟子。雖然他們剃髮出家，但是
他們並未抛弃對文化的追求。因此他們熱心詩文，也就具有一定的心理補
償意味。雅好詩文既是進入宗門前的舊習，也是彌補自己無法像正常士子
一樣的心理遺憾。

---

① 《橘洲文集》卷尾，《續修四庫全書》第 1318 册，上海：上海古籍出版社，2002 年版，
第 131 頁下。
② 《物初賸語》卷二十四，許紅霞：《珍本宋集五種》下册，北京：北京大學出版社，2013
年版，第 984 頁。
③ 《明州阿育王山志》卷八下，《中國佛寺史志彙刊》本，臺灣：臺北明文書局，1980 年
版，第 389 頁。
④ 《物初賸語》卷二十四，許紅霞：《珍本宋集五種》下册，北京：北京大學出版社，2013
年版，第 1001 頁。
⑤ 《無文印》卷十，《宋集珍本叢刊》第 85 册，北京：綫裝書局，2004 年版，第 622 頁上。

其次，這些詩僧敢於奉行文字禪，務爲詩文詞章，也是因爲同好人數的增多。前文已述，自大觀開始臨濟宗內部的詩僧出現了"尚友結盟"意識，形成了詩僧"共同體"，大家像文人士大夫（尤像元祐文人）那樣互相品評詩文，切磋技藝，當然，這種結群有出於詩僧"抱團"、減輕宗門外部壓力的考慮。但實現這一目標的前提是，必須有越來越多的讀書人進入宗門。這樣纔能從根本上提升宗門禪僧的文化水平，從而改變禪宗的人文環境。但這也將不可避免地對早期禪宗的修行方式産生衝擊，使人擔憂禪僧們將精力放在對語言的學習與領悟上，會離道愈來愈遠。因此，大慧宗杲等禪師深感這樣下去禪宗"不立文字"的傳統必定會被破壞無疑，所以他要毀掉《碧巖錄》，否定文字禪。然而，宗杲此舉並未起到太大作用，只要宗門裏的文化精英愈多，文字禪就會愈盛。因爲相比其他禪法，文字禪對詩僧來説是最親切不過的。寫詩既然能實現禪悟，那麼這肯定是其首選，故文字禪之風沒有隨著燒毀的《碧巖錄》而削弱，反而更盛。

最後，宋代"五山十刹"制度對詩僧推行文字禪亦有不小的作用。從居簡到道璨，這些禪僧幾乎都曾住持南宋五山，像居簡曾住臨安的净慈寺，善珍先住明州的育王寺，後升至臨安徑山寺，元肇更是連住四寺，從明州育王寺升臨安净慈寺，再升靈隱寺，最後住徑山寺，大觀也曾住持明州育王寺。可以説他們都得到了官方的認可，纔能有此"殊榮"，住持高規格的寺院。他們能獲得這些機會，自然與他們跟世俗政權和皇權的交往有關。寶曇結識史浩家族、樓鑰家族，居簡結識韓元吉之子韓淲、大儒真德秀、趙西里等趙氏王孫，而他的弟子亦承襲其蔭，繼續與之交往。由此觀之，這些南宋政治、文化精英必定對寶曇、居簡等臨濟宗詩僧有扶助之功。而詩僧與之交往的重要途徑之一就是詩文酬唱，因爲他們需要借詩文與政壇及詩壇的精英建立聯繫，進而得其賞識，直至成爲摯友，這樣既可以提升自己在宗門的地位，也間接促進了臨濟宗在南宋佛教絕對的統治地位。

綜上所述，南宋臨濟宗詩僧推崇文字禪、熱心詩文寫作，實與詩僧自身的心理補償、禪僧群體文化素質的提升以及五山制度的影響密切相關。從社會學角度看，臨濟宗詩僧選擇文字禪、熱心詩文也有對宗門發展前景的考慮。他們要想獲得世俗政權與皇權的支持，必然要結交各方精英，想

得到這些精英的支持，展示自我才華是十分必要的，因此詩文成爲詩僧與
世俗社會精英達成交往的一種廉價且有效的手段，所以這促使南宋臨濟宗
詩僧積極投身創作，也最終使他們在詩歌創作上取得了可喜的成就。

附　録　論蜀僧寶曇、居簡詩歌創作與蘇軾之關係^①
——南宋臨濟宗詩文僧詩學“典範”的考察

　　宋室南渡以後，基於高宗“最愛元祐”的政治傾向^②，元祐黨人及元祐文學重獲肯定。因而，蘇軾詩文得以再度風行海内。這可以從高宗爲其親撰的制詞中得見，即“人傳元祐之學，家有眉山之書”^③。蘇軾詩文在南宋的流行，標志著他在南宋文壇確立了典範地位。對此，陸游曾説：“國初尚《文選》，當時文人專意此書……方其盛時，士子至爲之語曰：‘《文選》爛，秀才半。’建炎以來尚蘇氏文章，學者翕然從之，而蜀士尤盛。亦有語曰：‘蘇文熟，喫羊肉；蘇文生，喫菜羹。’”^④ 這段話反映出北宋與南宋截然不同的文學典範選擇，即作爲前代文學典範的《文選》已被當代的文學典範“蘇文”取代。

　　關於蘇軾在南宋文壇的典範地位，以往研究主要關注蘇軾對士大夫文學的影響。然而，從現存文獻看，蘇軾的典範地位並不只是體現在士大夫内，在南宋僧侶中，也有不少文學僧以蘇軾作品爲典範，大力模仿。遺憾的是，當前蘇軾研究對此類問題所論較少。作爲一名與佛教有著深厚因緣的士大夫，蘇軾與宋代僧侶文學創作的關係不應被忽略。據《五燈會元》，

---

　　① 本文收録於《新國學》第十三卷，成都：四川大學出版社，2016 年版。
　　② ［宋］李心傳：《建炎以來繫年要録》卷九十七，北京：中華書局，1956 年版，第 1289 頁。
　　③ ［宋］郎曄：《經進東坡文集事略》卷首《蘇文忠公贈太師制》，《四部叢刊》本。
　　④ ［宋］陸游撰，李劍國、劉德權點校：《老學庵筆記》卷八，北京：中華書局，1979 年版，第 100 頁。

蘇軾曾被宋代臨濟宗視爲傳燈法嗣的居士。① 由於蘇軾與臨濟宗關係匪
淺，因而自北宋元祐以後，就有臨濟宗文學僧選擇蘇軾作爲自己模仿、學
習的典範，譬如清凉惠洪。進入南宋，此風不墮，臨濟宗文學僧模仿蘇軾
者代不乏人。南宋兩位蜀地僧人橘洲寶曇和北礀居簡就是典型代表。關於
寶曇與居簡的生平經歷與文章成就，祝尚書先生已有專文論述。② 遺憾的
是，祝先生未對兩位僧人的詩歌創作與蘇軾的關係作深入探討。實際上，
從兩人的詩文集看，無論是詩歌的創作取向，還是創作手法，都體現了他
們明顯的學蘇痕迹。他們的創作可謂蘇軾詩文藝術在禪林的延展。因此考
察蜀僧寶曇、居簡對蘇軾的接受，必將有助於我們深入瞭解蘇軾在宋代文
學僧中的典範意義，有利於對宋僧詩歌以及宋僧"士大夫化"現象產生新
的體認。③ 考慮到研究對象的特點，本文采用比較文學常用的兩種研究方
法：一是影響與模仿的研究（influence ＆ imitation study），注意發掘寶
曇、居簡詩歌與蘇軾詩歌的"事實聯繫"及變异；二是平行研究
（parallel study），著重比較兩人與蘇軾的共通性。

一、次韻與題畫：寶曇對蘇軾詩歌艺术的接受

　　從兩人生活的時代看，寶曇的創作活動主要處於南宋孝宗紹興至寧宗
慶元之間，而居簡主要處於寧宗慶元至理宗淳祐之間。可知寶曇活躍於南
宋中期，居簡活躍於南宋晚期；從法嗣師承看，寶曇是大慧宗杲的弟子，
而居簡是佛照德光的門徒，就輩分而論，寶曇是居簡的師叔。因此，根據
時代的先後及師承關係，可見兩人的創作體現出南宋臨濟宗文學僧對蘇軾
"典範"意義的傳承，他們的詩作便頗有作爲蘇軾詩藝參照系的意義。

　　關於寶曇，《寶慶四明志》之《寶曇傳》謂其"工文辭""始爲蜀士
時，師慕東坡"④，介紹了寶曇對蘇軾的仰慕。可知寶曇因仰慕而學蘇軾，
所以在詩歌創作上深受蘇軾影響。寶曇作詩好點化、借用蘇軾詩句。譬如

---

　　① ［宋］釋普濟著，蘇淵雷點校：《五燈會元》卷十七，北京：中華書局，1984 年版，第
1146 頁。

　　② 祝尚書：《論南宋蜀僧寶曇、居簡的文學成就》，《新國學》第二卷，2000 年版。

　　③ 關於宋僧的"士大夫化"，詳見余英時：《朱熹的歷史世界——宋代士大夫政治文化研
究》，北京：生活・讀書・新知三聯書店，2011 年版，第 93 頁。

　　④ 《寶慶四明志》卷九，《文淵閣四庫全書》第 487 冊，臺北：臺灣商務印書館，1986 年
版，第 153 頁上。

"弗學飢鼠吟空牆"(《病寓靈芝寺夜聞講律有作》)化用蘇軾的"空壁轉飢鼠"①(《讀孟郊史二首》其一);"錦衣何必卷還客"(《和史魏公荔枝韻》)即脫胎於蘇軾的"錦衾速持卷還客"②(《次韻柳子玉二首·紙帳》)。再如"亦如深夜月,照我冰雪腸"(《曾知閣相宜堂》)取自蘇軾"使我冰雪腸,不受麴蘗醺"③(《九月十五觀月聽琴西湖一首示坐客》),又如"要學峨眉翠作堆"(《次韻楊綿州二首》其二)取自蘇軾"東望峨眉小,廬山翠作堆"④(《出城送客不及步行至溪上二首》其二)或"便覺峨嵋翠掃空"⑤(《秀州報本禪院鄉僧文長老方丈》)。這些詩句説明他對蘇詩相當熟悉,完全是有意識的模仿,以融入自己的詩歌寫作。

(一)次韻詩:對蘇軾"元祐體"詩歌的接受和對士大夫精神的認同

其實,寶曇學蘇並不僅是停留於模仿、套用蘇軾詩句的層面,而是對其創作傾向和手法全面、系統的學習。寶曇喜歡以次韻、唱和的形式賦詩。他效仿蘇軾"元祐體"詩歌,"以交際爲詩""以競技爲詩"。寶曇的次韻、唱和之作有 80 餘首,占其詩歌總數的三分之一。這類題材在以往的僧侶詩歌中不多見,而寶曇卻熱衷於此,足見他善於使用詩歌與人交際,以詩歌爲"有韻的尺牘"。這種創作方式與蘇軾"元祐體"詩歌完全一致。衆所周知,蘇軾在元祐時期主盟詩壇,元祐詩壇出現了"以交際爲詩、以競技爲詩"的創作傾向。蘇軾及其門人的次韻、唱和詩在這一時期劇增,詩歌創作由個體的自我獨白轉向了集體的交談,同時他們也將儒家詩學理念中"詩可以群"的傳統,從調節人倫關係的社會性功能轉變爲同一圈子裏的成員私人間的交往。⑥而寶曇的次韻、唱和詩也多是與朋友、同好的私人交往。試看他的《和史魏公燔黃》詩。

---

① [宋]蘇軾著,孔凡禮點校:《蘇軾詩集》卷十六,北京:中華書局,1982 年版,第 797 頁。本文所引蘇軾詩歌均出自此版本,爲了節省篇幅,後文引用的蘇詩祇注明書名、卷次和頁碼。

② 《蘇軾詩集》,卷七,第 316 頁。

③ 《蘇軾詩集》,卷三十四,第 1790 頁。

④ 《蘇軾詩集》,卷十三,第 618 頁。

⑤ 《蘇軾詩集》,卷八,第 412 頁。

⑥ 周裕鍇:《元祐詩風的趨同性及其文化意義》,《新宋學》第一輯,上海:上海辭書出版社,2001 年版。

東城十月天未霜，小輿初學江灔灔。出門千乘波低昂，酒壚厨傳
公爲航。潛魚出聽笑語香，月明夜避燈燭光。羲和催日升扶桑，擊鼓
駮駮旗央央。天機滿湖雲錦張，青山十里松髯蒼。下有種玉人堂堂，
公如晨興拊公床。再拜有詔來帝行，温詞寶墨俱琳琅。此不肖子七不
遑，錦標玉軸家襲藏。敬薪誠火來燔黄，須臾樂作三獻嘗。山川鬼神
如抑揚，其間翁仲涕泗滂，聖恩寬大不可量。天子謂公國津梁，如泰
山雲覆其陽。公九頓首不敢當，昆侖源深流且長。公祈寵靈德不忘，
忠孝乃可環吾傍。周用禮樂須文章，世世報國如其吭。壽公千歲汔小
康，尚可憑軾還侵疆。①

　　這是寶曇與孝宗朝名相史浩的唱和之作。史浩是寶曇事業的重要贊助
者，寶曇與他有過多次唱和、應酬。這首詩是兩人交往的一個縮影。詩中
叙述朝廷下詔給史浩“燔黄”的褒獎，史浩認真對待此事。從天未亮就
開始隆重準備，直至詔書到來。寶曇描述了他以敬誠的態度“燔黄”，頓
首叩謝聖恩，之後賞他的忠孝，祝他健康長壽，期望他能看到朝廷收復中
原的那天。寶曇對這個場景的描述仿佛使人身臨現場。但實際上，根據下
文史浩的和詩可知寶曇並未親臨現場。因此詩中的叙述多爲想象之詞。不
過，我們讀起來卻没有隔膜，這暗示他與史浩關係親密，大概多次與史浩
一同經歷類似的場面。史浩得到寶曇的詩後，寫下《次韻曇師以某焚三代
贈黄所示長句》一詩予以回應：

霽天破曉嚴清霜，宿具贈帛羅豆觴。旌旗蔽野氣軒昂，夾岸更復
飛舟航。金爐細爇百和香，絳籠然蠟影交光。問予何事出柴桑，爲指
白雲山中央。岩岩雙表鶴翅張，松楸靄靄摩青蒼。漸登幽域至饗堂，
向來百物陳滿床。錦囊綸誥列前行，奠酌器皿皆琳琅。祝言小子心不
遑，幾年恤典篋笥藏。抵今方獲燔贈黄，覬靈來兮染指嘗。潛德既拜
天褒揚，後嗣感激兩淚滂，帝恩欲報方思量。忽睹健句如柏梁，葩華
盈軸豔春陽。建安七子誰可當，何止李杜萬丈長。再四披閱予敢忘，
同來親賓皆在旁。共詫粲可能文章，其中一客起鳴吭。眾駭何爲色不

　　①　《橘洲文集》卷一，《續修四庫全書》第1318册，上海：上海古籍出版社，2002年版，
第63頁下。

康，未甘釋子侵予疆。①

史浩依照寶曇詩原韻廣和，一方面表達了史氏家族獲得"燔黃"殊榮的喜悦，子孫對"皇恩"的感激；另一方面表達了對寶曇詩才的贊嘆，稱他詩句老健，將他與建安七子和"李杜"相提並論，而且，史浩還特意描述了自己將寶曇詩與到場賓客親朋分享時他者驚詫寶曇這個和尚能作詩的情景，借助他者"嫉妒"的眼光，反襯寶曇高妙的詩采。

寶曇收到史浩回贈之作後，或許受原詩結尾兩句的影響，便又依前韻作了《病餘用前韻呈魏公》一詩：

> 蓬萊仙人雙鬢霜，有蔬一豆酒一觴。長歌勸客聲激昂，車如流水門如航。幾生道德爲腥香，今年入謝朝明光。歸心有如三宿桑，抱琴一笑江中央。曰余此琴吾翁張，越山入手修眉蒼。不容散花來後堂，毗耶室空唯一床。誰家金釵十二行，春風環佩鳴璆琅。斯須吐握曾未遑，自謂山穩舟深藏。不知有力來昏黃，如人裹飯不得嘗。吾寧萬籟同敷揚，四時花雨仍紛滂，山高水深未易量。可人啼鳥聲繞梁，六窗濯濯如秋陽。天人境界誰適當，我自襪綫無他長。唯余習氣不可忘，有時睥睨如無傍。爐熏茗碗供平章，一機直欲春其吭。戰酣意定心泰康，依舊爾界還吾疆。②

與前面兩首詩不同，這首詩寶曇運用了不少典故，如"三宿桑"、維摩詰居士與舍利弗辯難、天女散花、《莊子》中的"壑舟"與"裹飯"等，既展示出其深厚的知識儲備，又抒發了他甘於淡泊順應自然的平和心態。在詩中，寶曇流露出對寫作的熱愛。"襪綫"是他的自謙之詞，而"習氣不忘"纔是他對創作的真實感情，以至有時甚至以此爲榮，敢於睥睨群雄。"戰酣"説明寶曇是將這兩回次韻當作一場筆戰來對待的，這是以戰喻詩。③ 説明寶曇對次韻詩的寫作早已習然，能輕鬆應對詩的聲律、韻脚等規矩的限制，充分凸顯了他不畏智力競技的心態。

---

① ［宋］史浩：《鄮峰真隱漫録》卷二，《文淵閣四庫全書》第 1141 册，臺北：臺灣商務印書館，1986 年版，第 545 頁下～546 頁上。

② 《橘洲文集》卷一，《續修四庫全書》第 1318 册，上海：上海古籍出版社，2002 年版，第 63 頁下～64 頁上。

③ 參見周裕鍇：《以戰喻詩：略論宋詩中的"詩戰"之喻及其創作心理》，《文學遺産》，2012 年第 3 期。

這三首詩在内容上固然以表現寶曇與史浩的交誼爲主，但詩的形式更值得關注。因爲這三首詩句句押平水韻七陽，是典型的"柏梁體"。因此，寶曇與史浩的次韻是用柏梁體來展開的。這就具備了"元祐體"詩歌"以競技爲詩"的特徵。所以兩人唱和不但是對朋友所做的得體的應酬，也要恰當地展現自己的詩才。換言之，寶曇和史浩的次韻詩不僅具有交際性，亦兼有競技性。

次韻詩的競技性主要體現在韻脚詞彙的選擇上。因爲在次韻時作者一定要考慮原詩的韻脚詞彙，爲了避免與之重復，所以不得不全力以赴，刻意求新，正如楊萬里《答建康府大軍監門徐達書》云："蓋我爲嘗覩是物，而逆彼之覩，我不欲用是韻，而抑從彼之用。"① 可知反復次韻對一般的詩人來説確實存在著不小的難度。然而，對於那些有著高超的駕馭語言能力的詩人，次韻往往能"因難而見巧"，這不但不會成爲束縛他們才華的繩索，反而會成爲展示他們才華的舞臺。譬如蘇軾，費衮《梁溪漫志》云："東坡尤精於次韻，往返數四，愈出愈奇。"② 蘇軾在反復次韻中能做到韻脚詞彙不斷變化，不重復。那麽按照這條標準，我們就會發現，寶曇的次韻詩同樣達到了這一標準，而且他選擇的體裁還是要求句句押韻的柏梁體，難度比一般詩歌更大。相比之下，史浩的一首次韻詩却有三處重復了寶曇原詩韻脚的詞彙（琳瑯、不遑、文章），可見這場競技寶曇勝過史浩。這説明寶曇具備高超的語言能力，不怵"以競技爲詩"，敢於同士大夫精英較量詩才。因此，從寶曇次韻詩所體現的"以交際爲詩"和"以競技爲詩"這兩點判斷，他的創作深受蘇軾"元祐體"創作傾向的影響。

不僅於此，寶曇還將次韻交際、競技的功能擴展到了前輩先賢的作品，通過次韻尚友先賢，以表現對先賢精神的理解與真切的感受。③ 而且，這類作品在手法上也有學蘇的痕迹，譬如他的《和陶彭澤詠二疏》：

> 人生天地間，賓鴻自來去。歲晚洲渚空，稻粱適歸趣。秋風在羽翮，吾寧且高舉。老倒商山翁，爲人作師傅。二疏於此時，都人壯歸

---

① ［宋］楊萬里撰：《誠齋集》卷六十七，《文淵閣四庫全書》第1160册，臺北：臺灣商務印書館，1986年版，第639頁下。

② ［宋］費衮：《梁溪漫志》，上海：上海古籍出版社，1988年版，第77頁。

③ ［日］内山精也：《傳媒與真相——蘇軾及其周圍士大夫的文學》，朱剛譯，上海：上海古籍出版社，2013年版，第360頁。

路。登車一慷慨，墮甑誰復顧。黄金壽故人，不爲鄉曲譽。明朝問其餘，曲糵最先務。徑醉無缺供，餘歡話情愫。賢愚貴通達，父子無悔悟。先人有弊廬，衣食不足慮。此道今寂寥，寄聲謝朝著。①

這是一首"和陶詩"，寶曇和的是陶淵明的《詠二疏》，"二疏"即漢代的疏廣、疏受叔姪，兩人都曾做過太子的老師。但他們在事業鼎盛的時候選擇了急流勇退，從而幸免於政治鬥争，皆以壽終。因此陶淵明《詠二疏》表達了對"二疏"行爲的贊賞。作爲宋代寫作"和陶詩"的大家，蘇軾同樣次韻了這首詩，其《和陶詠二疏》云：

二疏事漢時，迹寓心已去。許侯何足道，寧識此高趣。可憐魏丞相，免冠謝陋舉。中興多名臣，有道獨兩傅。世途方轂擊，誰肯行此路。是身如委蛻，未蛻何所顧。已蛻則兩忘，身後誰毁譽。所以遺子孫，買田豈先務。我嘗遊東海，所歷若有素。神交久從君，屢夢今乃悟。淵明作詩意，妙想非俗慮。庶幾二大夫，見微而知著。②

從手法來看，蘇軾運用了類比、議論等，他將"二疏"與漢代的平恩侯許伯、丞相魏相類比，進而説明"二疏"的見識遠超這些"中興名臣"。接著引用《莊子·知北遊》中的典故，説明"二疏"的行爲合乎道家的哲理。最後表達自己與"二疏"神交已久，贊賞陶淵明作詩是"妙想"，爲後人拈出"二疏"見微知著的高明。

有蘇詩作比較，我們不難發現寶曇在同題次韻上也運用了類比、議論的手法。他運用了兩組類比，一是將"二疏"與前朝的"商山四皓"類比，諷刺"四皓"隱逸精神的動摇，以反襯"二疏"隱逸精神的果决；二是將"二疏"與後來的孟敏類比，指出孟敏深得"二疏"風神。這種類比顯然模仿了蘇軾原作。可知在"和陶詩"的創作上，寶曇也是以蘇軾同題作品爲典範的。

儘管現存寶曇文集只保存了一首"和陶詩"，但作爲文學僧的寶曇，創作這種次韻詩，其意義頗值得關注。要之，陶淵明是宋代士大夫崇仰的理想典範，蘇軾則是書寫"和陶詩"的典範，而書寫"和陶詩"的活動主

---

① 《橘洲文集》卷三，《續修四庫全書》第1318册，上海：上海古籍出版社，2002年版，第80頁上。

② 《蘇軾詩集》卷四十，第2183頁。

要在宋代士大夫群體之中進行。考慮到這些事實，我們就會發現寶曇作
“和陶詩”不僅是表現對先賢精神的理解，更是他對士大夫精神世界的認
同。換言之，寶曇在創作時飽含士大夫的精神與情懷。這是南宋文學僧
“士大夫化”現象的直觀證據。

（二）題畫詩：借鑒蘇軾“以畫爲真景”的創作傾向

寶曇的題畫詩創作是以蘇軾爲典範的，因此其題畫詩具有蘇軾題畫詩
“以畫爲真景”的特徵。美國漢學家艾朗諾（Ronald C. Egan）評價蘇軾
的題畫詩説：“蘇軾和黄庭堅能够穿越進入體驗藝術或幻覺的境界，整首
詩裏，他們都能進入畫境，以畫景爲真景。使詩歌的傳統寫作方式與新的
處理方式的結合有了可能性。這種結合本身就是一種創新。在許多詩中，
蘇軾仿佛有意地探索這樣的創新。讀者發現自己一會兒身在畫‘中’，過
一會兒又身在畫‘外’（或者反過來）。結果詩的展開非常新鮮，出人意
表。”[①] 比如《李思訓畫長江絶島圖》詩，蘇軾就將一副静態的畫圖變成
觀者置身其中的遊覽。這種創作取向同樣影響了寶曇，如《題李磐庵西潛
圖》：

> 何人意行山水重，草木驚笑來天風。茅簷雞飛犬升屋，屐聲疾奏
> 鄰家翁。逢迎初非乃翁事，盆盎净潔將無同。一犁春雨飽膏沐，千頃
> 秋日加瞳矓。恭惟耕稼我自出，敢與造物論豐凶。樹間井亦頗寒冽，
> 門前石不煩磨礲。願公藉石飲此水，鴨豬肥大牛羊豐。杖藜吾父坐吾
> 祖，日望四海寬租庸。太平果在放船手，此詩與畫當無窮。[②]

寶曇無疑是把圖畫當作真景來寫，他將自身移入畫面，叙述畫面帶給
他的心理感受。畫面上的景象亦由静止轉爲動態，使人產生穿行畫中身臨
其境之感。

除了這種把自我“移入”畫中，表現“以畫爲真景”的創作取向外，
寶曇在題畫詩的創作上還借鑒了蘇軾同類題畫作品的以下手法：

其一，借用前人關於真實世界的詩句用於繪畫。蘇軾好將前人詩句融

---

① ［美］羅納德·埃根：《題畫詩：蘇軾與黄庭堅》，《神女之探尋——英美學者論中國古典
詩歌》，藍玉，周裕鍇譯，上海：上海古籍出版社，1994年版，第128頁。
② 《橘洲文集》卷一，《續修四庫全書》第1318冊，上海：上海古籍出版社，2002年版，
第67頁下。

進自己的題畫詩中，作爲對畫家的贊美。用上一句前人的詩，就等於詩人對畫家說，他畫的景物堪與古人詩句匹配。如果是借自著名的詩人或詩篇，那贊美的色彩就特別強烈。① 譬如蘇軾《虔州八境圖》（其二）"濤頭寂寞打城還，章貢臺前暮靄寒"② 之句，借用劉禹錫的《石頭城》名句"潮打空城寂寞回"來顯示畫家以高超的畫技讓觀者從畫中品味出寂寞的情緒。

其二，注重抒發自己對繪畫的感受，或者記錄繪畫所激發的自己的思維工具。早期題畫詩對畫中景物的感受、體驗多爲概括性的，詩人著筆不多。但是，蘇軾的題畫詩中個人的感悟、體驗和畫本身一樣重要。③ 譬如《書王定國所藏烟江疊嶂圖》，蘇軾在敘述畫面景物的同時就穿插了自己在黃州時期特有的心理體驗。而這兩大特徵在寶曇的題畫詩中也有很好的表現，如《爲李方舟題東坡赤壁圖》：

> 大江赤壁黃州村，魚龍吹血波濤渾。腥風不洗賊臣淚，暗濕官樹旌旗昏。城南啞啞一笑入，愁日動地回春溫。夜闌魑魅不敢舞，璧月如水舟如盆。客親饋魚婦致酒，北斗可挹天可捫。當時跨鶴去不返，水仙王家真畫存。百年畫史有眼力，東坡曉掛扶桑暾。④

寶曇在詩中點化了蘇軾《後赤壁賦》中的語句，以及范仲淹《廬山瀑布》之"北斗想可挹"，展現了畫家對蘇軾豪放灑脫精神的準確拿捏。在對畫面的敘述時又蘊含自我對蘇軾的同情，寶曇既感嘆蘇軾當年的不幸遭遇，又能欣賞他的樂觀豁達，並於結尾處以有幸觀畫作結：一來欣喜蘇軾泛舟赤壁的畫作被保存下來；二來贊賞畫師"有眼力"，準確把握了蘇軾的風神。

（三）典故運用注重切合對象身份：寶曇接受蘇軾詩歌的另一特徵

在創作傾向上，次韻與題畫是寶曇模仿蘇軾詩歌最爲顯著的特徵，但

---

① ［美］羅納德·埃根：《題畫詩：蘇軾與黃庭堅》，《神女之探尋——英美學者論中國古典詩歌》，藍玉，周裕鍇譯，上海：上海古籍出版社，1994 年版，第 126 頁。
② 《蘇軾詩集》卷十六，第 793 頁。
③ ［美］羅納德·埃根：《題畫詩：蘇軾與黃庭堅》，《神女之探尋——英美學者論中國古典詩歌》，藍玉，周裕鍇譯，上海：上海古籍出版社，1994 年版，第 118 頁。
④ 《橘洲文集》卷二，《續修四庫全書》第 1318 冊，上海：上海古籍出版社，2002 年版，第 73 頁下。

是寶曇學蘇並不局限於這些，比如他寫詩用典也喜歡切合對象身份。關於蘇軾用典切合對象身份，清人趙翼評價道："宋人詩，與人贈答，多有切其人之姓，驅使典故，爲本地風光者。如東坡與徐君猷、孟亨之同飲，則以徐、孟二家故事，裁對成聯；送鄭户曹，則以鄭太、鄭虔故事，裁對成聯；又戲張子野娶妾，專用張家事點綴繁拂，最有生趣。……皆以切合爲能事。"① 寶曇作詩用典亦效仿此法，像《送王性之子仲言倅公赴泰州》"山陰故侯家，受射幾世世。袖有換鵝經，父子固多藝。日高卧東床，吾祖得佳婿"之句，詩題中的王性之是王銍，而"仲言"是其次子王明清，寶曇以東晋王氏家族的王羲之父子比附王銍父子。這種用典將贈別對象與其古代同姓先賢相比擬，不僅是贊揚其高尚的人品，還能借此説明其榮耀的家世。又如《上劉左史二首》（其一）"鄴下家聲晚更高，南朝徐庾總爾曹"之句，以建安七子之一的劉楨比附"劉左史"，稱贊其詩才之高，家學淵源深厚，也是自然貼切。可見寶曇深得東坡用典妙處。

二、廣博富贍的用典與以文爲詩：居簡對蘇軾詩歌藝術的接受

居簡的創作成就無論在南宋文人之中，還是在僧侣内部都享有極高的聲譽。比如爲《北磵文集》作序的張自明評價居簡："讀其文，宗密未知其伯仲；誦其詩，合參寥、覺範爲一人，不能當也。"② 稱贊其詩文成就已逾唐之宗密，宋之道潛、惠洪。再如葉適，其《奉酬光孝堂頭禪師》詩："簡師詩語特驚人，六反掀騰不動身。説與東家小兒女，塗紅染緑未禁春。"③ 稱居簡詩才不凡。這是文人士大夫對居簡文學成就的評價。而在宗門之内，居簡的詩文同樣得到了積極肯定，如晚宋臨濟宗禪僧淮海元肇《見北磵》詩云：

橘洲骨冷不容呼，正始遺音掃地無。一代風流今北磵，十年妙語得兩湖。人皆去獻遼東豕，我亦來觀屋上烏。春盡闌門無恙不，楊花

---

① ［清］趙翼著，霍松林，胡主佑校點：《甌北詩話》，北京：人民文學出版社，1963 年版，第 176 頁。

② 《北磵文集序》，《文淵閣四庫全書》第 1183 册，臺北：臺灣商務印書館，1986 年版，第 2 頁下。

③ 《北磵詩集》，《宋集珍本叢刊》第 71 册，北京：綫裝書局，2004 年版，第 241 頁上。

飛作雪模糊。①

本詩叙述了寶曇圓寂之後，宗門之内無人承接"正始遺音"，以至"斯文"委地，禪林的創作傳統中斷。直到居簡出世，才重振宗門，恢復了這一傳統。因此元肇將兩人相提並論，視他們爲南宋詩文僧的領袖與盟主。質言之，在詩文寫作上，元肇認爲居簡接踵寶曇。我們認爲，元肇有這樣的體認，可能就是因爲二人都選擇蘇軾爲典範，因而在詩歌風格上較爲相似，所以給後來者留下了這種傳承的印象。

確實，居簡是繼寶曇後南宋禪僧群體大力學蘇的代表，而且他也善於學蘇。首先，居簡在創作上也有意師法蘇軾，喜好點化、借用蘇軾詩句。如"弱水繞山三萬里，斷魂長記碧簫森"（《水仙》）模仿蘇軾"蓬萊不可到，弱水三萬里"②（《金山妙高臺》），再如"試策奇勛到黑甜"（《茅屋》）的"黑甜"一詞借用蘇詩"三杯軟飽後，一枕黑甜餘"③（《發廣州》），"向來文字如翻水"（《秋塘陳敬父席上餞薛子舒》）脫胎於蘇軾詩句"機鋒不可觸，千偈如翻水"（《金山妙高臺》），"桂爲詩人馥，鄰喧羯鼓催"（《酬趙樂天》）點化蘇軾的"千杖敲鏗羯鼓催"④（《有美堂暴雨》），"炎炎金石流，凛凛復墮指"（《陳卿座上得貴字》）則是脫胎於蘇軾"折膠墮指，此衲不寒；爍石金流，此衲不熱"⑤（《磨衲贊》）之句，"少陵何人斯，曰似司馬遷"（《大雅堂》）也是采用《苕溪漁隱叢話》⑥記載的蘇軾之語。可見居簡對蘇軾詩文是非常熟稔的。

其次，居簡效仿蘇軾"以才學爲詩"，在詩中大量用典，用典範圍涵蓋四部典籍。蘇軾作詩用典富贍廣博，信手拈來。後人評曰："東坡最善

① 《全宋詩》第 59 册，北京：北京大學出版社，1998 年版，第 36913 頁。按，本詩頷聯第二句第六字雖是"兩"，但與第一句對應的"北"字並不對仗，而且不合聲律，所以"兩湖"蓋形誤，疑當作"西湖"。

② 《蘇軾詩集》卷二十六，第 1368 頁。

③ 《蘇軾詩集》卷三十八，第 2067 頁。

④ 《蘇軾詩集》卷十，第 482 頁。

⑤ ［宋］蘇軾撰，孔凡禮點校：《蘇軾文集》卷二十二，北京：中華書局，1986 年版，第 635 頁。

⑥ ［宋］胡仔纂集，廖德明校點：《苕溪漁隱叢話》，北京：人民文學出版社，1962 年版，第 72～73 頁。

用事，既顯而易，讀又切當。"① 這與蘇軾讀書精博是分不開的。正如王十朋所言："東坡先生之英才絶識，卓冠一世，平生斟酌經傳，貫穿子史，下至小説、雜記、佛經、道書、古詩、方言，莫不畢究。"② 在蘇軾的影響下，居簡寫詩也呈現出用典廣博的特徵，如《孤山行》：

> 盛時考槃古逸民，湖山草木咸知名。至今八篇爛古錦，豈特五字如長城。長驅萬騎到其下，束手按甲循牆行。大邦維翰蔽騷雅，退衝既折猶精神。抗衡劇孟一敵國，彈壓西子孤山春。死諸葛走生仲達，送修静邀陶淵明。聚蚊莫及怒雷迅，老瓦不亂黄鐘鳴。清彈豈爲賞音廢，自芳更問林扉扃。鷗盟未冷浪拍拍，弋者何慕鴻冥冥。水流山空鶴態度，冰枯雪寒梅弟兄。梅當成實自調鼎，鶴既生子仍姓丁。向來偶同賦招隱，老去亦各相忘形。故廬夜夜月如晝，少微耿耿天無雲。千金倘可市駿骨，萬古適足空凡群。百身可贖但虚語，九原唤起知無因。爲公滿酌井花水，酹一抔土公應聞。

這首詩幾乎句句用典。起句之"考槃"即指《詩·衛風·考槃》。"至今"句之"八篇"指林逋的八首詠梅詩，"和靖梅花七言律凡八首，前輩以爲孤山'八梅'"③，同句"古錦"是"古錦囊"的省稱，用的是李賀的典故。④ 下句"豈特五字如長城"的比喻出自劉長卿自詡"五言長城"的典故。⑤ "循牆行"取自《左傳·昭公七年》"循牆而走"句。⑥ "大邦維翰"取自《詩·大雅·板》"大邦維翰，大宗維翰"⑦句，"退衝既折"取自馬融《廣成頌》"蓋安不忘危，治不忘亂，道在茲乎，斯固帝王之所以曜神武而折暇衝者也"⑧。"抗衡劇孟"出自《史記·遊俠列傳》，周亞夫

---

① ［宋］胡仔纂集，廖德明校點：《苕溪漁隱叢話·前集》，北京：人民文學出版社，1962年版，第 257 頁。

② ［宋］王十朋：《集注分類東坡先生詩》卷首附自撰《集注分類東坡先生詩序》，《四部叢刊》本。

③ ［元］方回評選，李慶甲集評點校：《瀛奎律髓彙評》卷二十，上海：上海古籍出版社，1986 年版，第 785 頁。

④ ［宋］歐陽修、宋祁：《新唐書》卷二〇三，北京：中華書局，1975 年版，第 5788 頁。

⑤ ［宋］歐陽修、宋祁：《新唐書》卷一九六，北京：中華書局，1975 年版，第 5608 頁。

⑥ 楊伯峻：《春秋左傳注》（修訂本）第 4 册，北京：中華書局，1990 年版，第 1295 頁。

⑦ 程俊英、蔣見元：《詩經注析》，北京：中華書局，1991 年版，第 847 頁。

⑧ ［南朝宋］范曄撰，［唐］李賢等注：《後漢書》卷五十上，北京：中華書局，1965 年版，第 1967 頁。

得劇孟相助，稱贊得劇孟“若得一敵國”①。“死諸葛走生仲達”取自《晋書·宣帝紀》記載的當時百姓諺語。②“送修静邀陶淵明”引用《佛祖統紀》中“虎溪三笑”③的典故。“聚蚊”句語出《漢書·中山靖王列傳》“聚蚊成雷”④一句。“老瓦”句源自成語“黄鐘毁弃，瓦釜雷鳴”。“鷗盟”指與白鷗爲盟，即歸隱之意，乃古代詩歌中常見典故。“弋者”句出自揚雄《法言》“鴻飛冥冥，弋人何篡焉”⑤。“梅當”句引用《尚書》“若作和羹，惟爾鹽梅”⑥之句和《韓詩外傳》“伊尹負鼎操俎調五味而立爲相”⑦之句。“鶴既生子仍姓丁”典出托名陶淵明的《搜神後記》之“丁令威化鶴”⑧的故事。“招隱”即《楚辭·招隱篇》。“千金倘可市駿骨”典出《戰國策·燕策》郭隗遊説燕昭王之事。⑨“萬古適足空凡群”點化杜甫《丹青引贈曹霸將軍》“一洗萬古凡馬空”⑩。“百身”取自《詩·秦風·黄鳥》“如可贖兮，人百其身”⑪。就範圍而論，本詩所用典故涵蓋了經、史、子、集四部，足以説明居簡讀書之多、知識儲備之厚。

除了用典廣博之外，居簡還有一個方面與蘇軾、寶曇相似——用典切合對象身份。如《送陳紫薇分韻得壽字》“況復湖海豪，不在曹劉後”二句，此典出自《三國志·魏書·陳登傳》“陳元龍湖海之士，豪氣不除”。這就是用典切合對象身份，即用古代同姓先賢陳元龍比附贈詩對象陳紫薇

① ［漢］司馬遷：《史記》卷一百二十四，《點校本二十四史修訂本》，北京：中華書局，2013 年版，第 3841 頁。

② ［唐］房玄齡等：《晋書》卷一，北京：中華書局，1974 年版，第 9 頁。

③ ［宋］志磐：《佛祖統紀》卷三十六，《大正新修大藏經》第 49 册，第 342 頁中。

④ ［漢］班固，［唐］顏師古注：《漢書》卷五十三，北京：中華書局，1962 年版，第 2423 頁。

⑤ ［漢］揚雄：《揚子法言》卷五，《文淵閣四庫全書》第 696 册，臺北：臺灣商務印書館，1986 年版，第 305 頁下。

⑥ 《尚書注疏》卷九，《文淵閣四庫全書》第 54 册，臺北：臺灣商務印書館，1986 年版，第 204 頁上。

⑦ 《韓詩外傳》卷七，《文淵閣四庫全書》第 89 册，臺北：臺灣商務印書館，1986 年版，第 830 頁上。

⑧ 《搜神後記》卷一，《文淵閣四庫全書》第 1064 册，臺北：臺灣商務印書館，1986 年版，第 470 頁下。

⑨ 《戰國策》卷二十九，《文淵閣四庫全書》第 406 册，臺北：臺灣商務印書館，1986 年版，第 440 頁下。

⑩ ［唐］杜甫著，［清］仇兆鰲注：《杜詩詳注》卷十三，北京：中華書局，1979 年版，第 1147 頁。

⑪ 程俊英、蔣見元：《詩經注析》，北京：中華書局，1991 年版，第 352 頁。

（陳卓）。再如《劉簿分賜茶》"君家阿伶兩眼花，以德頌酒不頌茶"之句，借"竹林七賢"中的劉伶比附賜茶給他的劉主簿。又如《送常德徐使君兼簡李伯達》"孺子老蹣跚，尊前小謫仙"之句，則以東漢高士徐穉比附徐使君，以李白比附李伯達。

此外，對某些蘇軾發明的典故居簡還會反復、多次使用。譬如"蚯蚓泣"之典，這個典故在居簡詩中多次出現，如"圭零璧碎不復惜，自候泣蚓聲悲嘶"（《謝司令惠賜茶》）、"瓦瓶只候蚯蚓泣，不復浪驚浮俗眼"（《劉簿分賜茶》）、"長須嫩煮蚓方泣，小龍新破團初瀹"（《和六一居士守汝陰禁相似物賦雪》）等。"蚯蚓泣"是將瓶罐燒水發聲比喻成蚯蚓的哭泣。這種奇特的比喻手法源於蘇軾，即《次韻柳子玉二首·地爐》"細聲蚯蚓發銀瓶"之句，成爲居簡多次使用的典故。

居簡還繼承了蘇軾"以文爲詩"的創作傾向，詩中多使用虛字、散文原句，以作散文的手法賦詩。蘇軾的詩歌尤其是古體詩，如《遊金山寺》《百步洪》等，或直敘遊歷，或鋪寫景物，大有宋代散文平易自然、婉轉流暢的特徵。誠如趙翼《甌北詩話》卷五所言："以文爲詩，自昌黎始，至東坡益大放厥詞，別開生面，成一代之大觀。"[1] 具體而言，就是把散文中能夠使用的虛字盡可能地用在詩中。另外，在寫詩時盡可能地運用散文的章法和叙述方式。[2] 而居簡的古體詩也有這種特點，比如《陳卿座上得貴字》：

> 後來如積薪，在前類揚粃。群飛刺天去，尋墜九地底。扶搖轉羊角，力盡固應爾。趙孟能賤之，何取趙孟貴。譬夫春方妍，處處耀桃李。冶容倚皓態，厥類巨勝紀。一時顏色鮮，永永曷足恃。要當見平生，姑待灝商至。梗楠大蔽牛，支廈棟梁器。春風不知喜，秋風不知畏。炎炎金石流，凜凜復墮指。四時有常守，坐看造物戲。用大古所難，肯顧萬牛廢。懷哉楚令尹，落落差可擬。彈冠既三仕，解冠輒三已。豈弗曰代耕，豈弗曰行志。終將奚以爲，了弗事慍喜。一笑付儻來，道在百不理。特操固超絕，小智護嗟异。區區榮辱際，判然遂成

---

① ［清］趙翼著，霍松林、胡主佑校點：《甌北詩話》，北京：人民文學出版社，1963 年版，第 56 頁。

② ［韓國］安熙珍：《蘇軾"以文爲詩"在文學史上的意義》，《中華文化研究》，1999 年冬之卷。

二。炙手苟可熱，駢首爭附麗。欣戚變妻孥，況復論州裏。悠哉經濟
才，未始掛牙齒。不獨不過口，未必不掩鼻。惡此而逃之，政恐不免
耳。弗爲天下先，聞諸老聃氏。徐行後長者，孟氏亦若是。聃也未暇
學，學孟顧不遑。唐虞已千古，執中揆諸理。問之果何事，孝悌而
已矣。①

居簡和傳統"詩僧"的最大不同就在於過往詩僧的作品體裁多以五律
和七絕爲主，居簡却多作古體，而且不少還是這樣的長篇，因此就居簡詩
歌而論，我們將他視爲宋代士大夫詩亦未嘗不可。而這或許是他以蘇軾爲
典範，長期模仿、學習的結果。

本詩的開頭引用漢代名臣汲黯的原話，單刀直入，直接討論"人生顯
貴"的問題。之後舉例引證，以揚秕、桃李與楩楠、楚令尹作對比，前者
説明倚靠外力而求得的富貴難保長久，後者説明長久的顯貴離不開寵辱不
驚的心態。接著又以譬喻、議論等手法，討論富與賤、榮與辱之別，以
"謝安捉鼻"的典故，指出真正的"經濟才"往往是澹泊名利、榮辱的。
最後又引用老聃、孟子"不敢爲天下先""徐行後長者謂之弟""堯舜之
道，孝弟而已矣"②之句，闡述澹泊名利榮辱如同孟子所謂的"孝悌之道"
一般，普通人做起來是易如反掌的。這首詩給我們的直觀感受是：第一，
居簡使用了很多經、子、史典籍中的原文入詩，而且都是散文化的語句，
如"後來如積薪""徐行後長者""孝悌而已矣"等；第二，詩中使用了不
少虛字，如譬夫、叵、姑待、豈弗、區區、不免、耳、而已、矣。由此觀
之，居簡的古體詩實是模仿蘇軾的"以文爲詩"。再如《逆風行》：

大塊噫氣一氣同，條達萬匯參化工。不教扶搖轉羊角，五日一吹
零雨蒙。喚醒枯槁皆蒙茸，假借秋鬘回春容。後來見説蘭臺宫，君臣
相與論雌雄。至今雌雄無辨白，幾回擬問蘭臺客。便從平地欲泠然，
結口土囊呼不得。坐使六月七月背汗揮老農，燥土滴作蘭塘融。赫赫
炎炎濯無處，積威蓄鋭盡數施玄冬。一葉東來順流水，怒號不肯吹船
尾。轉船又復投西去，蓬蓬依舊從東起。試從逆境求諸己，可容不拜

---

① 《北磵詩集》，《宋集珍本叢刊》第 71 册，北京：綫裝書局，2004 年版，第 255 頁下。
② 楊伯峻譯注：《孟子譯注》，北京：中華書局，2005 年版，第 277 頁。

飛廉賜。謹勿顛狂蹈前轍，長不鳴條伴華月。①

　　這首詩的寫法也富於散文化，起句用《莊子·齊物論》"夫大塊噫氣，其名爲風"承題，之後用典，借《莊子·逍遙遊》"搏扶摇羊角而上者九萬里"、《詩·豳風·東山》"零雨其濛"、蘇軾《寄周安孺茶》"山圃正春風，蒙茸萬旗簇"表現大自然中的風。接著引用宋玉《風賦》、蘇軾《颶風賦》與蘇轍《黄州快哉亭》之典，過渡到前人對"風"的描寫與議論，再從古代轉到當下，凸顯風對農事和行舟的影響。結尾議論，强調人力在逆境中的作用，求風不如求己。詩歌意脉連貫，叙議結合，近於説理散文。而像這種"以文爲詩"的古體在居簡的詩中還有許多，如《吴吾何待制前四鶴入山》《有虎》《蝗去》《宥蟻》《送譚浚明歸江西》等，限於篇幅，此不贅述。

　　值得一提的是，雖然居簡的次韻、唱和詩不多，數量上也不及寶曇，但是，居簡有兩首次韻詩却帶有蘇軾"元祐體"的創作傾向，這兩首詩屬於"禁體物"或"白戰體"，體現了"以競技爲詩"的傾向，以及挑戰自我智力極限的意義，分别是《和六一居士守汝陰禁相似物賦雪》和《和東坡守汝陰禱雨張龍公祠得小雪會飲聚星堂用歐公故事》。先看第一首：

　　　漣漪碎剪成新萼，廉纖帶雨尤輕薄。人間但見巧番騰，天上不知誰製作。九地瑕疵都粉飾，重雲揯塞難恢廓。曉光奪目增眩轉，夜色侵燈尤閃爍。康莊充斥去無路，老幹壓低摇不落。寒棱凍得水生皮，氣豔冷欺裘擁貉。可勝思苦相嘲謔，旋忘手凍争拿攫。亂委平堆可照書，圓瑳小握供彈雀。静聞裂竹亟扶顛，勇作探春思躚屬。犯寒果勝附炎熱，苦飢預慶歌豐樂。長須嫩煮蚓方泣，小龍新破團初瀹。默觀造物真戲劇，更看一色吞沙漠。載賡險韻付銜枚，孤軍大敵空横槊。寡和尤知白雪高，非偶自貽齊大噱。

再看第二首：

　　　六花萼萼都無葉，萬花鬥白都輸雪。緩飄微霰止還集，急趁回風飛欲絶。山固無愁鬢先老，竹非爲米腰頻折。向來囊螢本同調，今夕風燈不愁滅。僧窗處處茶烟濕，漁舟個個綸竿掣。老坡不犯汝南令，

_____

① 《北礀詩集》，《宋集珍本叢刊》第 71 册，北京：綫裝書局，2004 年版，第 295 頁下。

粲如晴午裁新繒。乾坤蕩蕩無畛畦，比類區區空瑣屑。霧沉雲重記葳
蕤，雨收風拾書輕瞥。肯爲忠臣六月飛，剩煩太史從頭説。粗人金帳
暖如春，詩人布衾冷如鐵。①

這兩首次韻詩的原作分別是歐陽修的《雪，時在潁州作，玉、月、
梨、梅、練、絮、白、舞、鵝、鶴、銀等事，皆請勿用》：

新陽力微初破萼，客陰用壯猶相薄。朝寒棱棱風莫犯，暮雪綏綏
止還作。驅馳風雲初慘澹，炫晃山川漸開廓。光芒可愛初日照，潤澤
終爲和氣爍。美人高堂晨起驚，幽士虛窗靜聞落。酒壚成徑集瓶罍，
獵騎尋踪得狐貉。龍蛇掃處斷複續，猊虎團成呀且攫。共貪終歲飽虀
麥，豈恤空林飢鳥雀。沙墀朝賀迷象笏，桑野行歌没芒屩。乃知一雪
萬人喜，顧我不飲胡爲樂。坐看天地絶氛埃，使我胸襟如洗淪。脱遺
前言笑塵雜，搜索萬象窺冥漠。潁雖陋邦文士眾，巨筆人人把矛槊。
自非我爲發其端，凍口何由開一噱。②

以及蘇軾《聚星堂雪並引》：

窗前暗響鳴枯葉，龍宮試手初行雪。映空先集疑有無，作態斜飛
正愁絶。眾賓起舞風竹亂，老守先醉霜松折。恨無翠袖點橫斜，祇有
微燈照明滅。歸來尚喜更鼓永，晨起不待鈴索掣。未嫌長夜作衣棱，
却怕初陽生眼纈。欲浮大白追餘賞，幸有回飆驚落屑。模糊檜頂獨多
時，歷亂瓦溝裁一瞥。汝南先賢有故事，醉翁詩話誰續説。當時號令
君聽取，白戰不許持寸鐵。③

所謂“禁體物語”和“白戰體”即源於歐、蘇二人的這兩首詩。“白
戰”就是赤手空拳的肉搏戰，手無寸鐵，短兵器也不能用。戰鬥不許使用
兵器，用以比喻寫“體物詩”不能用“體物語”，也就是比喻詠雪詩不能
用那些常用來詠雪的字眼。換句話説，如果你在詩中用玉、月、梨、梅、

---

① 《北磵詩集》卷一，《宋集珍本叢刊》第 71 册，北京：綫裝書局，2004 年版，第 253 頁
上。

② ［宋］歐陽修撰，李逸安點校：《歐陽修全集》卷五十四，北京：中華書局，2001 年版，
第 764 頁。

③ ［宋］歐陽修撰，李逸安點校：《歐陽修全集》卷三十四，北京：中華書局，2001 年版，
第 1813 頁。

練、絮、白、舞、鶴、鵝、銀這類字中的任何一個，就算手中有了兵器，至少是有了"寸鐵"。① 寫作這類詩的意義在於"於艱難中特出奇麗"，也就是人爲地設置"障礙"，堅決不用熟悉和容易的字眼，在極度困難的語言選擇中，使詩歌産生一種奇特而新鮮的美感。

關於歐陽修和蘇軾這兩首"白戰體"詩的寫法，學界已有詳細的討論，故本文不再贅述。② 本文主要關注的是居簡如何模仿前輩創作"白戰體"。

首先，居簡在描寫手法上模擬歐、蘇，由物及人，也是從寫雪轉到寫雪中之人。比如第一首詩，居簡也是從大雪降臨寫起，描寫大雪的彌漫，充塞天地，以及天明時雪的炫目和夜燈下雪的閃爍。描畫了大雪覆路、大雪壓枝、寒水結冰等雪中景象。接著寫人們不畏寒冷，在雪中展開各種活動，刻畫了人們在聽到爆竹聲後更期待穿上草鞋，趕快迎接春天的心理。所以作者認爲大概人們耐寒勝過耐熱，因而苦飢之人也敢在雪天行歌，慶賀豐年的到來。最後，作者由外向描寫自己燒水煮茶，默默地觀照外界，感慨自然萬物的變化，真如遊戲一般，反映了愜意閑適的心理。

其次，居簡在寫作技巧上效仿蘇軾，巧妙用典以規避禁用詞語。比如第二首，居簡次韻蘇軾的作品時采用了不少典故，譬如爲了規避"雪花"用"六花"替代，在表現自然景物被大雪覆蓋的場景上，爲了不落俗套，也爲了和前詩體現出不同，采用擬人兼用典（陶淵明不爲五斗米折腰）的方法，表現白雪覆山和大雪壓竹的景象。更巧妙的是，居簡用車胤囊螢，點化鄭谷《雪中偶題》"亂飄僧舍茶烟濕"，柳宗元《江雪》"孤舟蓑笠翁，獨釣寒江雪"等三組與"雪"沾邊的典故規避了禁忌詞彙。結尾處還運用鄒衍"六月飛雪"的典故，以及杜甫《茅屋爲秋風所破歌》詩句，將粗人的豪奢和詩人的貧賤進行鮮明對比，展示自己對文人生活窘迫的憤憤不平。使這首本來出於遊戲目的挑戰自我智力極限的作品，在思想領域産生了升華效應。可以説，全詩雖不見與雪有關的字詞，讀之却能感到詩中處處有雪。

---

① 周裕鍇：《白戰體與禁體物語》，《古典文學知識》，2010 年第 3 期。
② 程千帆：《被開拓的詩世界》，《程千帆全集》第九卷，石家莊：河北教育出版社，2001年版，第 62～81 頁。

最後，居簡的這兩首"白戰體"詩不僅展現出深厚的學識，也體現了南宋中後期文學僧在知識水平及創作水平上對宋初詩僧的超越。譬如宋初"九僧"與進士許洞賦詩，給人留下了"詩僧"知識貧乏的印象。其實，許洞要求他們的乃不許涉及自然界中的習見之物，並未達到"白戰體"不許用傳統巧似手段去形容自然風物的難度。① 可是他們連這種難度都無法超越，足以説明宋初詩僧的知識、創作水平低下。但是到了宋代中後期，像居簡這樣的僧人已然能在規則如此復雜、難度如此之大的條件下，憑藉自己深厚的學識底蘊，挑戰一般士大夫都不敢涉及的詩歌體裁。這説明經過宋代文化的百年熏陶，僧侶的創作水平已有了質的飛躍，表明此時的文學僧群體在知識儲備上更趨"士大夫化"。

三、寶曇、居簡詩歌"學蘇"原因探析

蜀僧寶曇、居簡能够大力學蘇，模仿與借鑒蘇軾詩文，這固然受益於南宋初期通過"最愛元祐"來解禁蘇軾文學的政治因素。但是，我們以爲寶曇、居簡選擇蘇軾作爲典範，同樣有其他因素的影響，畢竟文學是以包括他人的心靈活動在內的客觀世界作爲自己反映的對象的。一位作家選擇自己的創作典範，也不可能僅受單一因素的影響，而是多元因素的共同作用。

首先，追慕本鄉先賢的心理促使他們生發了積極學習和繼承蘇軾文學的傳統。祝尚書先生《宋代巴蜀文學通論》一書指出，宋代巴蜀作家尊重鄉邦文獻，對本鄉先賢充滿景仰之情，尤其是蘇軾，以後學習蘇文，代有其人。② 寶曇、居簡都是蜀人，他們對蘇軾的景仰與其他蜀士是一樣的，這在居簡的詩文中即可一見，如《東坡畫像贊》：

> 帝哀先生，爲天下忌。速反其轅，卒不憖遺。遂騎箕尾，而分天章。雲漢昭回，衣被八荒。載馳六丁，收拾文字。神京遐陬，旁羅曲致。落人間者，太山毫芒。寒者綺紈，餒者稻粱。取彼譖人，投畀豺

---

① 程千帆：《被開拓的詩世界》，《程千帆全集》第九卷，石家莊：河北教育出版社，2001年版，第71頁。

② 祝尚書：《宋代巴蜀文學通論》，成都：巴蜀書社，2005年版，第524頁。

虎。既粱其餼，而紈其袴。豢以人爵，俾敏厥修。息公之譖，承天之休。①

僅從"取彼譖人，投畀豺虎"二句就可以看出居簡對蘇軾的景仰之深，對進讒言構陷蘇軾的小人之痛恨。居簡本是僧人，似乎不該關心俗世的鬥爭，因此他這種强烈的愛憎之情就説明居簡同富有正義感的士大夫是一道的。

其次，寶曇、居簡研習蘇軾詩文也離不開蜀學傳統，即蘇氏蜀學的影響。因爲蜀學與詩文僧雙方在思想理念上存在著共識，即蜀學"文道觀"與禪宗文字禪思想相通。蘇氏蜀學注意融合而不是批判佛老思想。② 這是蘇軾對待佛老思想不同於宋學其他流派的地方。因此蘇氏蜀學顯然更容易受到佛門弟子的青睞，寶曇、居簡在這一方面對蘇軾必大有好感，故接受其創作；另一方面，蘇氏蜀學崇尚文辭，贏得了寶曇、居簡等詩文僧的追隨。朱熹曾批評蘇氏蜀學説"其詞意矜豪譎詭""吾弟讀之，愛其文詞之工而不察其義理之悖"③，雖然這是朱熹對蘇氏蜀學的不滿之詞，但也指出了蘇氏蜀學的精髓，那就是推崇文章寫作來發明"道"。朱熹認爲蘇軾這樣做是"害道"。對此，美國漢學家包弼德却認爲："蘇軾把寫作看作是表達對事物的看法的載體。……寫作使得那些難於瞭解和定義的觀念有可能被細膩地表達出來。"④ 換言之，蘇氏蜀學崇尚詞章或文學寫作，不僅不是害"道"，反倒是更清楚地闡釋"道"。這種看法與宋代佛教流行的文字禪觀念非常接近。文字禪主張詩歌文字即禪理的一種表現，或詩歌可以包容禪理，禪理就在詩歌之中。⑤ 因此，僧侶寫詩不但不是對禪理的損害，而是對禪理的發揚。這就打破了僧人作詩犯綺語口業的禁忌，從而爲詩文僧自由寫作打開了方便之門。寶曇、居簡等詩文僧熱衷寫作，正是文字禪理念的反映，所以在思想理念上，禪僧無疑與蘇氏蜀學流派同道。以

---

① 《北磵文集》卷六，《文淵閣四庫全書》第 1183 册，臺北：臺灣商務印書館，1986 年版，第 369 頁上。

② 粟品孝：《朱熹與宋代蜀學》，北京：高等教育出版社，1998 年版，第 13 頁。

③ ［宋］朱熹：《晦庵集》卷四十一，《文淵閣四庫全書》第 1143 册，臺北：台灣商務印書館，1986 年版，第 193 頁下。

④ ［美］包弼德：《斯文：唐宋思想的轉型》，劉寧譯，南京：江蘇人民出版社，2001 年版，第 308 頁。

⑤ 周裕鍇：《文字禪與宋代詩學》，北京：高等教育出版社，1998 年版，第 29～30 頁。

寶曇爲例，他所結交的文人士大夫有不少是蘇氏蜀學的支持者，比如李
石、汪應辰，尤其是汪應辰，他曾與朱熹就蘇學展開激烈辯論。更有趣的
是，汪的兩位老師呂本中、張九成又是大慧宗杲的世俗弟子，而張九成和
宗杲也是蘇軾的支持者。可見，寶曇、居簡接受蘇軾詩文又離不開蜀學及
蜀學人士的影響。

最後，蘇軾與宋代臨濟宗淵源深厚，也影響了寶曇、居簡以蘇軾爲創
作的典範。就蘇軾而言，蘇軾本人就被列在臨濟宗東林總常禪師的法嗣之
下。而且他又與臨濟宗的寶峰克文禪師有交誼。就臨濟宗而言，他們對蘇
軾也是非常推重的，比如大慧宗杲，當時就曾流傳關於他是"東坡後身"
的傳說：

> 開禧丙寅，眉州重修圖經，號《江鄉志》。末卷《雜記門》云：
> "佛日大師宗杲，每住名山，七月遇蘇文忠忌日，必集其徒修供以薦。
> 嘗謂張子韶侍郎曰：'老僧東坡後身。'張曰：'師筆端有大辨才，非
> 老先生而何！'鄉僧可升在徑山爲侍者，親聞此語。"今按杲《年譜》
> 蓋生於元祐四年己巳，而東坡卒於建中靖國元年辛巳，此時杲已十三
> 歲矣。杲平生尊敬東坡，忌日修供或有之，必無後身之說，可升之
> 妄也。①

雖然宗杲宣稱自己是"東坡後身"是個離奇的傳說，但是其對蘇軾的
尊敬是毋庸置疑的，而宗杲又是寶曇的老師、居簡的師祖，因此兩人必然
在宗杲的影響下對蘇軾同樣生發出類似的感情，從而影響了他們選擇蘇軾
作爲自己的典範。

四、寶曇、居簡詩歌"學蘇"的當下理論意義

寶曇和居簡在學習、模仿蘇軾之後，形成了近似於蘇軾"元祐體"的
詩歌風格，這對我們當前的宋代文學僧研究提供了新的體認。

首先，寶曇、居簡的詩歌揭示了宋代僧人詩歌總集的缺點與問題。衆
所周知，宋代的幾部僧人詩歌總集如陳充《九僧詩集》、陳起《聖宋高僧
詩選》、孔汝霖《中興禪林風月集》、釋宗憩《江湖風月集》、釋靜照《無

---

① ［宋］趙與旹：《賓退錄》卷四，上海：上海古籍出版社，1983 年版，第 52 頁。

象照公夢遊天台偈》等，在收錄詩歌時，基本上選擇的都是僧人的五律或者七絕，而很少見古體詩，包括寶曇、居簡也是如此。尤其是陳起《聖宋高僧詩選》，陳氏只收錄他們的五、七言律絕，卻沒有本文所引之古體詩。然而，這樣的選擇標準是不合乎寶曇、居簡等僧人的實際情況的，因此宋僧總集中的“僧詩”是陳起等人憑著自己的審美取向收錄的，所選作品或許不能準確體現那位宋僧的真實的作品風格。

其次，分析寶曇、居簡詩歌，有助於糾正我們當下文學僧研究中存在的一些“偏見”、彌補一些疏漏。第一，學界大多以爲“僧詩”的風格以“蔬筍氣”或“酸餡氣”爲主，能够接近精英文士群體的詩文僧少之又少。但是，從寶曇、居簡的作品來看，這種看法很可能需要重新審視。寶曇、居簡的作品證明宋代禪林的文學書寫活動有向蘇軾等精英文士靠攏的趨勢。第二，由於受到陳起等人編纂的宋僧總集影響，我們對“僧詩”形成誤解，以爲“僧詩”主要是五、七言律絕，但是寶曇、居簡的作品證明“僧詩”在體裁上是多元化的。第三，通過對寶曇、居簡效仿蘇軾的分析，以及對比“九僧”的情況，可見宋代僧人的詩學典範是存在嬗變的，從宋初的九僧師法賈、姚晚唐體，到寶曇、居簡學習蘇、黃元祐體，這說明有宋一代的僧人詩歌創作與宋代主流詩壇的發展幾乎是同步的。同時也說明詩文僧的創作同樣存在著“唐宋變革”的趨勢。而這是我們詩僧研究領域中較少注意到的現象。

最後，寶曇、居簡的詩歌創作是南宋詩文僧“士大夫化”最有力的證明。海內外許多學者都曾指出宋代僧人存在“士大夫化”的現象，在探討該現象時，過往的研究往往集中於北宋僧人，對南宋僧人有所忽略。在對僧侶接受士大夫“典範”的考察上，注重發掘僧侶與儒學家的聯繫，而較少考慮僧侶與“精英文士”的選擇與接受，其實宋代僧侶閱讀儒家經典和學習文學典範實爲一事之兩面，這些都是他們“士大夫化”的重要表徵。透過寶曇與居簡的詩歌創作，我們瞭解到他們在思想傾向、文學創作上與宋代精英文士是完全一致的。因此，在審視這一群體時，我們也應該立足宋代士大夫文學語境對其產生的影響，要在宏觀的“宋型文化”視野中去研究他們的創作。

五、結論

綜上所述，寶曇、居簡都以蘇軾爲典範，進行詩歌創作實踐活動。他們效仿蘇軾"元祐體"詩歌"以交際爲詩""以競技爲詩""以才學爲詩"，雖都好用蘇軾詩語，但各自創作取向不同。寶曇好作次韻詩，敢於同文人士大夫反復次韻；在題畫詩的寫作上，寶曇取法蘇軾"以畫爲真景"，讓自己的觀畫體驗和畫面圖景有機結合。居簡作詩大量用典，以廣博富贍的典故表情達意，展現了深厚的知識儲備。他還"以文爲詩"，運用虛詞、援引散文原句，使詩歌趨於散文化，表達流暢。而在用典上，寶曇和居簡都追求用典切合對象，都有過以次韻挑戰自我智力極限的經歷，這是他們"學蘇"上的相同點。他們的創作與其對典範的選擇密切相關，這種現象反映了以蘇軾爲代表的"元祐文學"向南宋禪宗文學領域的延展，是南宋詩文僧"士大夫"化的有力證據。

參考文獻

一、著作類

《明州阿育王山志》，《中國佛寺史志彙刊》，臺北：臺北明文書局，1980 年版。

班固撰，顏師古注：《漢書》，北京：中華書局，1962 年版。

包弼德：《斯文：唐宋思想的轉型》，劉寧譯，南京：江蘇人民出版社，2001 年版。

曾棗莊：《宋文通論》，上海：上海古籍出版社，2008 年版。

曾棗莊等：《全宋文》，上海：上海辭書出版社，合肥：安徽教育出版社，2006 年版。

昌彼得等：《宋人傳記資料索引》，臺北：鼎文書局印行，1976 年版。

陳起：《江湖後集》，《文淵閣四庫全書》第 1357 冊，臺北：臺灣商務印書館，1986 年版。

陳起：《江湖小集》，《文淵閣四庫全書》第 1357 冊，臺北：臺灣商務印書館，1986 年版。

陳師道：《後山詩話》，何文煥：《歷代詩話》，北京：中華書局，1983 年版。

陳思：《兩宋名賢小集》，《文淵閣四庫全書》第 1364 冊，臺北：臺灣商務印書館，1986 年版。

陳寅恪：《元白詩箋證稿》，北京：生活·讀書·新知三聯書店，2009 年版。

陳與義著，白敦仁校箋：《陳與義集校箋》，上海：上海古籍出版社，2002 年版。

陳振孫：《直齋書錄解題》，上海：上海古籍出版社，1987 年版。

陳自力：《釋惠洪研究》，北京：中華書局，2005 年版。

程千帆：《程千帆全集》，石家莊：河北教育出版社，2000 年版。

道融：《叢林盛事》，《卍續藏經》第 148 冊，臺北：新文豐出版公司，1993 年版。

丁福保：《歷代詩話續編》，北京：中華書局，1983 年版。

杜甫著，仇兆鰲注：《杜詩詳注》，北京：中華書局，1997 年版。

杜繼文、魏道儒：《中國禪宗通史》，南京：江蘇人民出版社，2007 年版。

范曄撰，李賢等注：《後漢書》，北京：中華書局，1965 年版。

方東樹著，汪紹楹點校：《昭昧詹言》，北京：人民文學出版社，2006 年版。

方回：《桐江續集》，《文淵閣四庫全書》第 1193 冊，臺北：臺灣商務印書館，1986 年版。

方回選評，李慶甲集評校點：《瀛奎律髓彙評》，上海：上海古籍出版社，1986 年版。

方立天：《禪宗概要》，北京：中華書局，2011 年版。

房玄齡等：《晉書》，北京：中華書局，1974 年版。

傅璇琮：《黃庭堅和江西詩派資料彙編》，北京：中華書局，1978 年版。

傅璇琮：《全宋詩》，北京：北京大學出版社，1998 年版。

高翥：《菊磵集》，《文淵閣四庫全書》第 1170 冊，臺北：臺灣商務印書館，1986 年版。

郭慶藩撰，王孝魚點校：《莊子集釋》，北京：中華書局，2004 年版。

郭紹虞：《宋詩話輯佚》，北京：中華書局，1980 年版。

郭紹虞：《中國歷代文論選》，上海：上海古籍出版社，2001 年版。

韓愈撰，馬其昶校注：《韓昌黎文集校注》，上海：上海古籍出版社，1986 年版。

洪邁撰，孔凡禮校點：《容齋隨筆》，北京：中華書局，2005 年版。

洪修平：《禪宗思想的形成與發展》（修訂本），南京：江蘇古籍出版社，2000 年版。

忽滑谷快天：《中國禪學思想史》，朱謙之譯，上海：上海古籍出版社，1994 年版。

胡仔纂集，廖德明校點：《苕溪漁隱叢話》，北京：人民文學出版社，1962 年版。

許紅霞：《珍本宋集五種：日藏宋僧詩文集整理研究》（上、下），北京：北京大學出版社，2013 年版。

黃啓江：《文學僧藏叟善珍與南宋末世的禪文化──〈藏叟摘稿〉之析論與點校》，臺北：新文豐出版公司，2010 年版。

黃啓江：《一味禪與江湖詩──南宋文學僧與禪文化的蛻變》，臺北：臺灣商務印書館，2010 年版。

黃庭堅撰，任淵等注，劉尚榮校點：《黃庭堅詩集注》，北京：中華書局，2003 年版。

惠洪：《冷齋夜話》，張伯偉編校：《稀見本宋人詩話四種》，南京：江蘇古籍出版社，2002 年版。

惠洪：《林間錄》，《卍續藏經》第 148 册，臺北：新文豐出版公司，1993 年版。

惠洪：《石門文字禪》，《四部叢刊初編》本。

金程宇：《稀見唐宋文獻叢考》，北京：中華書局，2009 年版。

李承貴：《儒士視域中的佛教──宋代儒士佛教觀研究》，北京：宗教文化出版社，2007 年版。

李昉等：《太平廣記》，北京：中華書局，1961 年版。

李貴：《中唐至北宋的典範選擇與詩歌因革》，上海：復旦大學出版社，2012 年版。

李國玲：《宋人傳記資料索引補編》，成都：四川大學出版社，1994 年版。

李國玲：《宋僧著述考》，成都：四川大學出版社，2007 年版。

李石：《方舟集》，《文淵閣四庫全書》第 1149 册，臺北：臺灣商務印書館，1986 年版。

林湘華：《禪宗與宋代詩學理論》，台北：文津出版社，2002 年版。

劉過：《龍洲集》，《文淵閣四庫全書》第 1172 册，臺北：臺灣商務印書館，1986 年版。

劉克莊：《後村先生大全集》，《四部叢刊》本。

劉克莊撰，王秀梅點校：《後村詩話》，北京：中華書局，1983 年版。

劉琳、李勇先、王蓉貴點校：《黃庭堅全集》，成都：四川大學出版社，2001 年版。

劉餗撰，程毅中點校：《隋唐嘉話》，北京：中華書局，1979 年版。

樓鑰：《攻媿集》，《文淵閣四庫全書》第 1153 冊，臺北：臺灣商務印書館，1986 年版。

陸游著，錢仲聯校注：《劍南詩稿校注》，上海：上海古籍出版社，1985 年版。

呂肖奐：《宋詩體派論》，成都：四川民族出版社，2002 年版。

莫礪鋒：《神女之探尋》，上海：上海古籍出版社，1994 年版。

内山精也：《傳媒與真相——蘇軾及其周圍士大夫的文學》，朱剛、益西拉姆譯，上海：上海古籍出版社，2001 年版。

歐陽修、宋祁等：《新唐書》，北京：中華書局，1975 年版。

歐陽修撰，李逸安點校：《歐陽修全集》，北京：中華書局，2001 年版。

錢志熙：《黃庭堅詩學體系研究》，北京：北京大學出版社，2003 年版。

錢鍾書：《宋詩選注》，北京：生活・讀書・新知三聯書店，2002 年版。

錢鍾書：《談藝錄》，北京：商務印書館，2010 年版。

阮閱編，周本淳校點：《詩話總龜》，北京：人民文學出版社，1987 年版。

紹隆等：《圓悟佛果禪師語錄》，《大正藏》第 47 卷。

沈德潛著，霍松林校注：《說詩晬語》，北京：人民文學出版社，1979 年版。

史浩：《鄮峰真隱漫錄》，《文淵閣四庫全書》第 1141 冊，臺北：臺灣商務印書館，1986 年版。

釋寶曇：《橘洲文集》，《續修四庫全書》第 1318 冊，上海：上海古籍出版社，2002 年版。

釋大觀：《北礀居簡禪師語錄》，《卍續藏經》第 121 冊，臺北：新文豐出版公司，1993 年版。

釋道璨：《柳塘外集》，《文淵閣四庫全書》第1186冊，臺北：臺灣商務印書館，1986年版。

釋道璨：《無文印》，《宋集珍本叢刊》第85冊，北京：綫裝書局，2004年版。

釋居簡：《北磵集》，《文淵閣四庫全書》第1183冊，臺北：臺灣商務印書館，1986年版。

釋普濟著，蘇淵雷點校：《五燈會元》，北京：中華書局，1984年版。

釋曉瑩：《雲臥紀談》，《卍續藏經》第86冊，臺北：新文豐出版公司，1993年版。

釋元肇：《淮海外集》，《禪門逸書續編》，臺北：漢聲出版社，1987年版。

司馬光：《資治通鑒》，北京：中華書局，2011年版。

司馬遷：《史記》，北京：中華書局，1963年版。

蘇軾：《東坡志林》，《文淵閣四庫全書》第863冊，臺北：臺灣商務印書館，1986年版。

蘇軾撰，孔凡禮點校：《蘇軾文集》，北京：中華書局，1986年版。

蘇轍著，曾棗莊，馬德富校點：《欒城後集》，上海：上海古籍出版社，1987年版。

孫昌武：《禪思與詩情》（增訂版），北京：中華書局，2006年版。

陶文鵬、韋鳳娟：《靈境詩心——中國古代山水詩史》，南京：鳳凰出版社，2004年版。

陶文鵬：《唐宋詩美學與藝術論》，天津：南開大學出版社，2003年版。

脫脫等：《宋史》，北京：中華書局，1977年版。

王定保：《唐摭言》，《文淵閣四庫全書》第1035冊，臺北：臺灣商務印書館，1986年版。

王力：《漢語詩律學》，上海：上海教育出版社，2005年版。

王文誥輯注，孔凡禮點校：《蘇軾詩集》，北京：中華書局，1982年版。

韋海英：《江西詩派諸家考論》，北京：北京大學出版社，2005年版。

魏慶之編，王仲聞點校：《詩人玉屑》，北京：中華書局，2007年版。

吳喬：《圍爐詩話》，《續修四庫全書》第 1697 冊，上海：上海古籍出版社，2002 年版。

伍曉蔓：《江西宗派研究》，成都：巴蜀書社，2005 年版。

謝枋得：《疊山集》，《文淵閣四庫全書》第 1184 冊，臺北：臺灣商務印書館，1986 年版。

性統：《續燈正統》，《卍續藏經》第 84 冊，臺北：新文豐出版公司，1993 年版。

徐復觀：《中國文學的精神》，上海：上海書店出版社，2006 年版。

薛師石：《瓜廬集》，《文淵閣四庫全書》第 1171 冊，臺北：臺灣商務印書館，1986 年版。

閻孟祥：《宋代臨濟禪的發展演變》，北京：宗教文化出版社，2006 年版。

嚴羽撰，郭紹虞校釋：《滄浪詩話校釋》，北京：人民文學出版社，1983 年版。

楊伯峻：《春秋左傳注》，北京：中華書局，1990 年版。

楊萬里：《誠齋集》，《文淵閣四庫全書》第 1160、1161 冊，臺北：臺灣商務印書館，1986 年版。

葉適：《水心集》，《文淵閣四庫全書》第 1164 冊，臺北：臺灣商務印書館，1986 年版。

頤藏主編，蕭萐父等校點：《古尊宿語錄》，北京：中華書局，1994 年版。

宇文所安：《追憶：中國古典文學中的往事再現》，鄭學勤譯，北京：生活·讀書·新知三聯書店，2004 年版。

張宏生：《江湖詩派研究》，北京：中華書局，1995 年版。

張培鋒：《宋代士大夫佛學與文學》，北京：宗教文化出版社，2007 年版。

張毅：《宋代文學思想史》，北京：中華書局，1995 年版。

張鎡：《南湖集》，《文淵閣四庫全書》第 1164 冊，臺北：臺灣商務印書館，1986 年版。

趙令畤：《侯鯖錄》，北京：中華書局，2002 年版。

趙翼著，霍松林、胡主佑校點：《甌北詩話》，北京：人民文學出版社，1963 年版。

志磐：《佛祖統紀》，《大正藏》第 49 冊。

智昭：《人天眼目》，《大正藏》第 48 卷。

周密：《齊東野語》，北京：中華書局，1983 年版。

周裕鍇：《百僧一案》，上海：上海古籍出版社，2007 年版。

周裕鍇：《禪宗語言》，杭州：浙江人民出版社，1999 年版。

周裕鍇：《宋代詩學通論》，成都：巴蜀書社，1997 年版。

周裕鍇：《宋僧惠洪行履著述編年總案》，北京：高等教育出版社，2010 年版。

周裕鍇：《文字禪與宋代詩學》，北京：高等教育出版社，1998 年版。

周裕鍇：《中國禪宗與詩歌》，上海：上海人民出版社，1992 年版。

周裕鍇：《中國古代闡釋學研究》，上海：上海人民出版社，2003 年版。

朱剛、陳玨：《宋代禪僧詩輯考》，上海：復旦大學出版社，2012 年版。

自融撰，性磊補輯：《南宋元明禪林僧寶傳》，《卍續藏經》第 79 冊，臺北：新文豐出版公司，1993 年版。

祖詠編、宗演增訂：《大慧普覺禪師年譜》，吳洪澤等：《宋人年譜叢刊》第 7 冊，成都：四川大學出版社，2003 年版。

二、碩士、博士學位論文

柴繼紅：《釋居簡及其詩歌研究》，西安：西北大學，2009 年。

方新蓉：《大慧宗杲與兩宋詩禪世界》，成都：四川大學，2008 年。

許紅霞：《南宋詩僧叢考》，北京：北京大學，2003 年。

三、期刊論文

方立天：《華嚴宗的現象圓融論》，《文史哲》，1998 年第 5 期。

呂肖奐：《赵秉文题画诗文本分析》，《广州大学学报》，2006 年第 5 期。

張宏生、程千帆：《"火"與"雪"：從體物到禁體物》，《中國社會科學》，1987 年第 4 期。

周裕鍇：《惠洪文學禪的理論與實踐及其對後世的影響》，《北京大學學報》（哲學社會科學版），2008 年第 4 期。

周裕鍇：《詩可以群：略談元祐體詩歌的交際性》，《社會科學研究》，2001 年第 5 期。

周裕鍇：《詩中有畫：六根互用與出位之思——略論〈楞嚴經〉對宋人審美觀念的影響》，《四川大學學報》（哲學社會科學版），2005 年第 4 期。

周裕鍇：《以戰喻詩：略論宋詩中的"詩戰"之喻及其創作心理》，《文學遺産》，2012 年第 3 期。

周裕鍇：《法眼看世界：佛禪觀照方式對北宋後期藝術觀念的影響》，《文學遺産》，2006 年第 5 期。

後　記

　　《僧詩與江湖——南宋臨濟宗詩僧研究》是我在博士學位論文的基礎上修改而成的。論文自 2014 年通過答辯，至今已過六載，撫今追昔，不勝感慨。

　　2011 年，我從西華師範大學考入四川大學，有幸師從周裕鍇教授攻讀博士學位。我與周老師初次見面，是在那年春季川大博士招生考試的面試現場。在考試前，我從未見過、聯繫過周老師，却能一考即中，有違網上盛傳的"考博攻略"，從寫攻略者的角度看，沒有聯繫導師貿然考博簡直是亂來。以至於我的親友，包括我的學生，很多人至今仍不相信。那年，由於報考古代文學的人很多，面試分成下午和晚上兩場，我被安排到了晚上。面試是抽題考試，我抽到的題目是黃庭堅《弈棋二首呈任公漸·其二》，題紙上自然不會標出它的題目和作者，由於讀研時我跟隨佘正松先生研究唐代文學，看的宋詩不多，因此這首詩對當時的我來說，是完全陌生的作品。不過，這首詩中的用典我是清楚的，其中"湘東一目誠甘死"，我看到後很激動，因爲考試前一年的暑假，在佘先生的指導下，我閱讀了不少中古史料，這句話中的典故即出自我看過的《南史》，所以當我將詩中的典故説出後，心情非常愉悦。面試結束後，我立刻返校，一邊準備碩士學位論文的答辯，一邊等待考博成績和録取分數綫的出爐，然而，等待的過程異常煎熬，因爲那年川大不僅成績出得晚，録取名單也出得晚，好在結局是圓滿的。那年秋季，我順利升學，從此成爲周老師的一名學生。

　　進入川大後，在周老師的身邊，我如沐春風。我的研究重心由唐入宋，從唐詩研究轉向宋詩研究，翻閱的"全字頭"總集，從《全唐詩》

《全唐文》變成了《全宋詩》《全宋文》。我的博士學位論文在周老師的悉心指導下完成，周老師提倡的治學理念，如"研究即闡釋""人易言之，我寡言之；人難言之，我易言之""闡釋的循環"，以及傳授給我們的佛教文學研究方法，更新了我的學術研究理念和論文寫作思維；在他的"佛教文學研究"課上，我從禪宗史、禪僧文學、宋代文學中獲益良多，這增加了我對宋代禪僧文學的研究熱情和興趣，並直接影響了我的博士學位論文的選題；在開題之前，周老師向我推薦閱讀的各類宋僧詩集選本，啓發了我抓住詩體特徵，研究南宋臨濟宗詩僧，挖掘其文學史意義的寫作思路；在撰寫論文的過程中，周老師還對論文的邏輯架構、材料提出了非常寶貴的修改意見，可以説我的論文凝結了老師的諄諄教誨和一片心血，而在這裏我只想用最樸素的語言再道一聲："謝謝您，周老師！"您對我的關懷與幫助，我將永遠銘感！此外，我還要對在論文答辯過程中向我提出諸多合理建議的熊良智、馬德富、祝尚書、吕肖奐、何劍平等老師，致以誠摯的感謝！

畢業之後，我的身份從博士生轉變爲高校"青椒"。六年來，沉重的生活壓力、煩雜的教學科研任務，以及從年初到歲末需要填寫的各類表格，使我疲於應對。加之生性疏懶，多年來"讀而不作"，博士學位論文的修改一拖再拖，深愧於師恩。爲了再度"自我突破"，我於 2019 年春季向復旦大學中文系主任朱剛教授提出訪學申請。很幸運，同年 7 月 2 日申請獲批，因此在畢業五年後，我又從講台走下，成爲一名學生。2019 年 9 月 11 日，我進入復旦大學中文系開啓了訪學生涯。去年下半年，除去聽朱剛老師爲研究生講授的"宋代文學研究專題"課之外，我幾乎整天泡在復旦邯鄲校區的文科圖書館或光華樓中文系資料室，珍惜這來之不易的學習機會，並如飢似渴地旁聽復旦開辦的各類學術講座，拓展學術視野。在撰寫有關訪學項目的論文時也一直注意修改自己的博士學位論文，朱剛老師在南宋"非士大夫文人"和禪僧詩歌研究上的成果，以及他的精彩講授均給我了很大的啓發，使我對南宋詩僧及其創作萌發了新的體認，本書"僧詩與江湖"的標題，即我受朱剛老師的研究成果啓發而想出來的。在此，我要感謝朱剛老師。

除了上述老師之外，我還要感謝本科時代爲我啓蒙的李琨老師，您講授的"古代文學""古代詩歌研究"課程爲我點亮了學術研究的心燈，爲我打開了通往學術聖殿的道路，當年若無您對我的關懷與教導，我是不會成爲研究生的。我還要感謝碩士同門林陽華師兄，林師兄的無私幫助與指點使我有信心考博、讀博。當年在考川大的前兩天，師兄爲我發來的複習材料，讓彼時内心極度鬱悶的我重燃鬥志，助我一考即中。這些師友是我的榜樣，他們的幫助讓我實現了高校教師的願望。

在論文寫作和書稿修改過程中，我的博士同門師兄、師姐也提供了幫助，並惠賜大作。他們是李貴、羅寧、楊挺、左志南、趙德坤、方新蓉等老師。李貴老師的研究促使我從"唐宋轉型"的角度審視南宋禪僧詩歌的創作。羅寧老師的研究讓我認識到弄清研究對象的内涵與外延的必要性。楊挺和左志南老師擅長運用西方文論分析宋人的佛禪思維與詩歌創作，爲我的研究提供了新的理論；趙德坤和方新蓉老師的研究則提示我關注宋代佛禪思維與宋僧創作的聯繫。另外，寧智鋒、張昌紅、秦蓁、楊吉華等師兄、師姐，戴路、沈揚、張志傑、胡楠芳等師弟師妹，在這六年間亦給予我不少幫助，在此一併感謝！

感謝四川大學中國俗文化研究所將本書列入出版資助計劃，感謝責任編輯徐凱老師對本書的細緻審讀，嚴格把關。在修改論文及書稿的這兩年，兒子出生，我常常邊顧幼子邊工作，寫作修改時斷時續，加之本人才疏學淺，研究過程中常有綆短汲深之感，因此書中疏漏一定不少，懇請讀者諒解並不吝指正。

遼陽　張碩

庚子年十月廿一日記於申城浉河之畔茗陽天下山立方